CLEOPATRA'S EGYPT

Age of the Ptolemies

THE BROOKLYN MUSEUM

KLEOPATRA

Ägypten um die Zeitenwende

VERLAG PHILIPP VON ZABERN · MAINZ

KUNSTHALLE DER HYPO-KULTURSTIFTUNG

16. Juni – 10. September 1989

Ägypten
um die Zeitenwende

KLEOPATRA

Die Ausstellung wurde vom Brooklyn Museum vorbereitet und verdankt ihr Zustandekommen der Förderung und großzügigen Unterstützung von: The J. M. Kaplan Fund; Edward H. Merrin; National Westminster Bank, USA; The National Endowment for the Humanities; The National Endowment for the Arts; The New York State Council on the Arts; The Museum Council of The Brooklyn Museum sowie der Haftungsübernahme seitens des Federal Council on the Arts and Humanities.
Für die Abwicklung der Transporte stellten Cadillac Motor Car und die Lufthansa AG ihre Hilfe zur Verfügung.

Ausstellung in der
Kunsthalle der Hypo-Kulturstiftung
München 16. Juni – 10. September 1989

Umschlag:
Kat.-Nr. 15

Vorsatz:
Tempel der Hathor in Dendera.
Relief der Südwand: Kaisarion und Kleopatra VII. beim Opfer

Frontispiz und Innentitel:
Tempel der Hathor in Dendera.
Fassade (nach Description de l'Egypte, 1809)

Katalog-Handbuch:
324 Seiten mit 60 Farb-, 127 Schwarzweiß- und 13 Strichabbildungen

ISBN 3-8053-1014-5
ISBN 3-8053-1065-X (Museumsausgabe)
Satz: Robert Hurler, Notzingen
Lithos: SWS-Repro-Service, Wiesbaden
Papier: Papierfabrik Scheufelen, Lenningen
Gesamtherstellung: Zaberndruck, Mainz am Rhein
Printed in Germany/Imprimé en Allemagne
Printed on fade resistant and archival quality (PH 7 neutral)

Die Ausstellung wird veranstaltet von der Kunsthalle der Hypo-Kulturstiftung zusammen mit der Staatlichen Sammlung Ägyptischer Kunst, München.

Stiftungsvorstand:
Dr. Hans Fey, Dr. Eberhard Martini, Dr. Karl Albrecht Freiherr von Pechmann

Fachbeirat:
Peter A. Ade, Prof. Dr. Götz Adriani, Dr. Johann Georg Prinz von Hohenzollern, Prof. Dr. Dietrich Wildung

Wissenschaftliche Beratung:
Dr. Sylvia Schoske, Prof. Dr. Dietrich Wildung

Organisation:
Peter A. Ade

Sekretariat:
Ingrid Krause, Gabriele Bodmer

Konzeption:
Richard A. Fazzini, Robert S. Bianchi, Donald Spanel, Mary McKercher

Katalogredaktion:
Prof. Dr. Dietrich Wildung, Dr. Sylvia Schoske

Übersetzung:
Birgit Schlessinger

Ausstellungsgestaltung:
Matthias Kammermeier

Einbauten
Planung:
Sebastian Stadler

Ausführung:
Mathias Schmalzl

Beleuchtung:
IKEA, München

Glasverarbeitung:
Andreas Oswald GmbH, München

Transporte:
Hasenkamp, Köln/München

Inhalt

Leihgeber

Allard Pierson Museum	Amsterdam
Kelsey Museum of Archaeology, University of Michigan	Ann Arbor, Michigan
Staatliche Museen zu Berlin, Hauptstadt der DDR, Ägyptisches Museum/Papyrussammlung	Berlin
Staatliche Museen Preußischer Kulturbesitz, Ägyptisches Museum	Berlin
Verein zur Förderung des Ägyptischen Museums, Staatliche Museen Preußischer Kulturbesitz	Berlin
Staatliche Museen Preußischer Kulturbesitz, Antikenmuseum	Berlin
Akademisches Kunstmuseum der Universität Bonn	Bonn
Museum of Fine Arts	Boston
The Brooklyn Museum	Brooklyn
Musées Royaux d'Art et d'Histoire	Brüssel
Harvard University Art Museums (Arthur M. Sackler Museum)	Cambridge, Massachusetts
The Cleveland Museum of Art	Cleveland
Ny Carlsberg Glyptotek	Kopenhagen
The Detroit Institute of Arts	Detroit
Kestner-Museum	Hannover
Pelizaeus-Museum	Hildesheim
Museum of Fine Arts, Houston	Houston
Staatliche Kunstsammlung Kassel, Antikensammlung	Kassel
Rijksmuseum van Oudheden	Leiden
The British Museum	London
The J. Paul Getty Museum	Malibu, Kalifornien
Staatliche Münzsammlung	München
Staatliche Sammlung Ägyptischer Kunst	München
Peabody Museum of Natural History	New Haven
Yale University Art Gallery	New Haven
The Metropolitan Museum of Art	New York
Musée du Louvre	Paris
The University Museum, University of Pennsylvania	Philadelphia
North Carolina Museum of Art	Raleigh
Rosicrucian Egyptian Museum	San José, Kalifornien
Württembergisches Landesmuseum, Antikensammlung	Stuttgart
Vatikanische Museen	Vatikan
Kunsthistorisches Museum	Wien

Private Leihgeber
Christos G. Bastis
The Harer Family Trust
Jack A. Josephson
Richard M. Keresy
Charles Pankow und Heide Betz
Anonyme Leihgeber

Vorwort

Übergänge sind im Leben des einzelnen und in der Geschichte der Völker prägende Phasen. Ein Übergang steht am Anfang unserer eigenen abendländischen Geschichte, der Aufstieg der griechisch-römischen Welt, die sich an die Stelle der Reiche des Alten Orients setzt.
Weit verzweigt ist das Thema dieser Begegnung von Orient und Okzident, und seiner Bearbeitung und Darstellung setzen sich traditionelle Fächergrenzen und eine wenig erforschte Übermenge historischer Quellen entgegen.
Robert S. Bianchi und Richard A. Fazzini vom Department of Egyptian, Classical and Ancient Middle Eastern Art des Brooklyn Museum, Brooklyn, New York, hatten den Mut, diese faszinierende Epoche zum Thema einer Ausstellung zu machen. Sie haben in jahrelanger Arbeit die fachlichen, personellen und organisatorischen Voraussetzungen für ein Projekt geschaffen, das dem Publikum und der Fachwelt völlig neue Horizonte erschließt. Sie verstanden es, Fachleute in aller Welt zur Mitarbeit zu motivieren, und sie haben mit ihrem Konzept Leihgeber in Amerika und Europa so sehr überzeugt, daß eine einzigartige Auswahl von Kunstwerken zusammengetragen werden konnte. Robert T. Buck, Direktor des Brooklyn Museum, hat die Realisierung der Ausstellung vorbehaltlos unterstützt und letztlich ermöglicht.

Die Kunsthalle der Hypo-Kulturstiftung ist glücklich, nach Brooklyn und Detroit als einzige Station in Europa diese Ausstellung zeigen zu können, dem Publikum zum Erlebnis, der Forschung als Anstoß.
Dank gebührt an erster Stelle den amerikanischen Freunden und den privaten und öffentlichen Leihgebern, die dem Ausstellungsort München zugestimmt haben. Die Staatliche Sammlung Ägyptischer Kunst hat sich wie schon in der Vergangenheit wiederum als Partner zur Verfügung gestellt. Sylvia Schoske und Dietrich Wildung haben Kleopatra für München vorbereitet, und Matthias Kammermeier hat eine außergewöhnliche Architektur geschaffen. Franz Rutzen bürgt dafür, daß der Katalog auch in seiner deutschen Version zum Standardwerk wird. Ihnen allen sei herzlich gedankt.

München,
im Mai 1989

Kunsthalle der
Hypo-Kulturstiftung

Die deutsche Übersetzung des Katalogs verzichtet auf die umfangreichen wissenschaftlichen Anmerkungen und auf die ausführliche Bibliographie des amerikanischen Originalkatalogs, der für den wissenschaftlichen Gebrauch heranzuziehen und zu zitieren ist.

Chronologische Übersicht

VORGESCHICHTE
4. Jahrtausend v. Chr. – ca. 3000 v. Chr.

FRÜHGESCHICHTE ca. 3000 v. Chr. – 2670 v. Chr.
I. – II. Dynastie

ALTES REICH ca. 2670 v. Chr. – 2160 v. Chr.
III. – VIII. Dynastie

ERSTE ZWISCHENZEIT
ca. 2160 v. Chr. – 2040 v. Chr.
IX. – X. Dynastie,
XI. Dynastie
(thebanisches Fürstentum)

MITTLERES REICH 2040 v. Chr. – 1781 v. Chr.
XI. – XII. Dynastie

ZWEITE ZWISCHENZEIT 1781 v. Chr. – 1550 v. Chr.
XIII. – XVII. Dynastie

NEUES REICH 1550 v. Chr. – 1075 v. Chr.

1550–1291 v. Chr.	XVIII. Dynastie
Ramessidenzeit:	
1291–1185 v. Chr.	XIX. Dynastie
1185–1075 v. Chr.	XX. Dynastie

DRITTE ZWISCHENZEIT 1075 v. Chr. – 664 v. Chr.

1075–945 v. Chr.	XXI. Dynastie
945–718 v. Chr.	XXII. Dynastie (Libyer)
820–718 v. Chr.	XXIII. Dynastie
ca. 730–712 v. Chr.	XXIV. Dynastie
ca. 775–653 v. Chr.	XXV. Dynastie (Kuschiten)

SPÄTZEIT 664 v. Chr. – 332 v. Chr.

664–525 v. Chr.	XXVI. Dynastie (Saiten)
525–404/401 v. Chr.	XXVII. Dynastie (erste persische Herrschaft, gleichzeitig libysche Gegenkönige)
ca. 404–399 v. Chr.	XXVIII. Dynastie
399–380 v. Chr.	XXIX. Dynastie (aus Mendes)
380–342 v. Chr.	XXX. Dynastie (aus Sebennytos)
380–362 v. Chr.	Nektanebos I.
362–360 v. Chr.	Teos
360–342 v. Chr.	Nektanebos II.
342–332 v. Chr.	XXXI. Dynastie (zweite persische Herrschaft, gleichzeitig Gegenkönig Chabbasch)

MAKEDONISCHE HERRSCHAFT
332 v. Chr. – 305 v. Chr.

332–323 v. Chr.	Alexander der Große
323–317 v. Chr.	Philippos Arrhidaios
317–310 v. Chr.	Alexander II.
323–305 v. Chr.	Ptolemaios, Sohn des Lagos als Satrap

PTOLEMÄERZEIT 305 v. Chr.–30 v. Chr.

305–282 v. Chr.	Ptolemaios I. Soter I.
285/282–246 v. Chr.	Ptolemaios II. Philadelphos
246–222 v. Chr.	Ptolemaios III. Euergetes I.
222–205 v. Chr.	Ptolemaios IV. Philopator
205–180 v. Chr.	Ptolemaios V. Epiphanes
180–164 v. Chr. 163–145 v. Chr.	Ptolemaios VI. Philometor
145 v. Chr.	Ptolemaios VII. Neos Philopator
170–163 v. Chr. 145–116 v. Chr.	Ptolemaios VIII. Euergetes II.
116–107 v. Chr.	Ptolemaios IX. Soter II.
107– 88 v. Chr.	Ptolemaios X. Alexander I.
88– 80 v. Chr.	Ptolemaios IX. Soter II.
80 v. Chr.	Ptolemaios XI. Alexander II.
80– 55 v. Chr. 55– 51 v. Chr.	Ptolemaios XII. Neos Dionysos
51– 30 v. Chr.	Kleopatra VII.:
51–47 v. Chr.	mit Ptolemaios XIII.
47–44 v. Chr.	mit Ptolemaios XIV.
41/36 –30 v. Chr.	mit Ptolemaios Kaisarion
(48–44 v. Chr.	Verbindung mit Julius Cäsar)
(41–30 v. Chr.	Verbindung mit Marc Anton)

EINHEIMISCH-ÄGYPTISCHE GEGENKÖNIGE IN THEBEN

205–199 v. Chr.	Harmachis
199–186 v. Chr.	Anchmachis
131/130 v. Chr.	Harsiese

RÖMERZEIT 30 v. Chr.–337 n. Chr.
(Ägypten wird von Rom aus regiert)

In diesem Katalog werden folgende römische Kaiser erwähnt:

30 v. Chr.–14 n. Chr.	Oktavian, der spätere Augustus
14– 37 n. Chr.	Tiberius
37– 41 n. Chr.	Caligula
41– 54 n. Chr.	Claudius
54– 68 n. Chr.	Nero
68– 69 n. Chr.	Galba
91– 96 n. Chr.	Domitian
98–117 n. Chr.	Trajan
117–138 n. Chr.	Hadrian
138–161 n. Chr.	Antoninus Pius
180–192 n. Chr.	Commodus
193–211 n. Chr.	Septimius Severus
211–217 n. Chr.	Caracalla
211–212 n. Chr.	Geta
218–222 n. Chr.	Elagabal
222–235 n. Chr.	Severus Alexander
284–305 n. Chr.	Diokletian
306–337 n. Chr.	Konstantin der Große

Kurze Genealogie der Ptolemäer

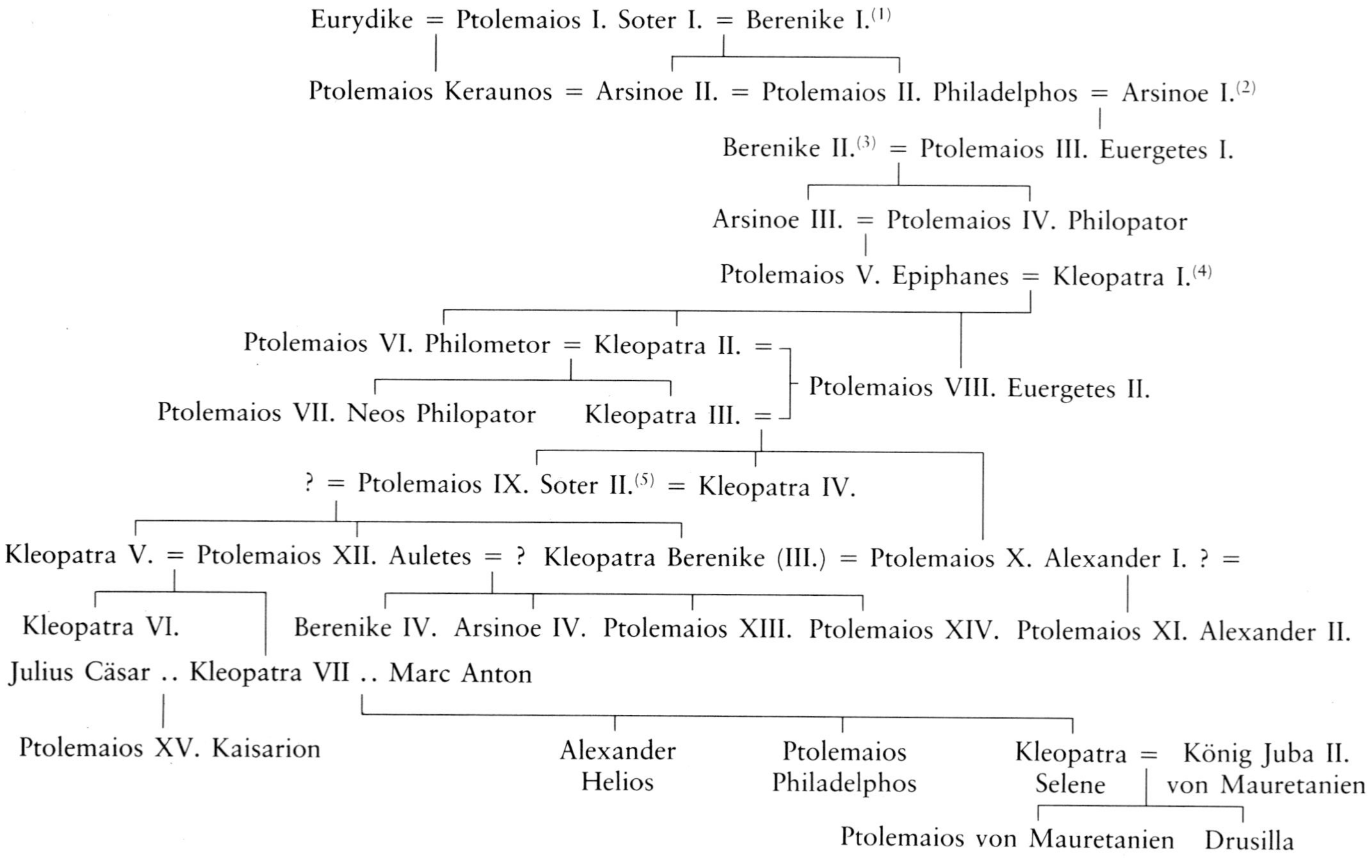

(1) Aus makedonisch-griechischem Adelsgeschlecht
(2) Tochter des Königs Lysimachos von Thrakien (Griechenland)
(3) Tochter des hellenistischen Königs Magas I. von Kyrene, dem Sohn Berenikes I.
(4) Tochter des hellenistischen Königs Antiochos III. von Syrien
(5) Möglicherweise ist Ptolemaios IX. der Sohn von Ptolemaios VIII. und Kleopatra II.

Der Mittelmeerraum

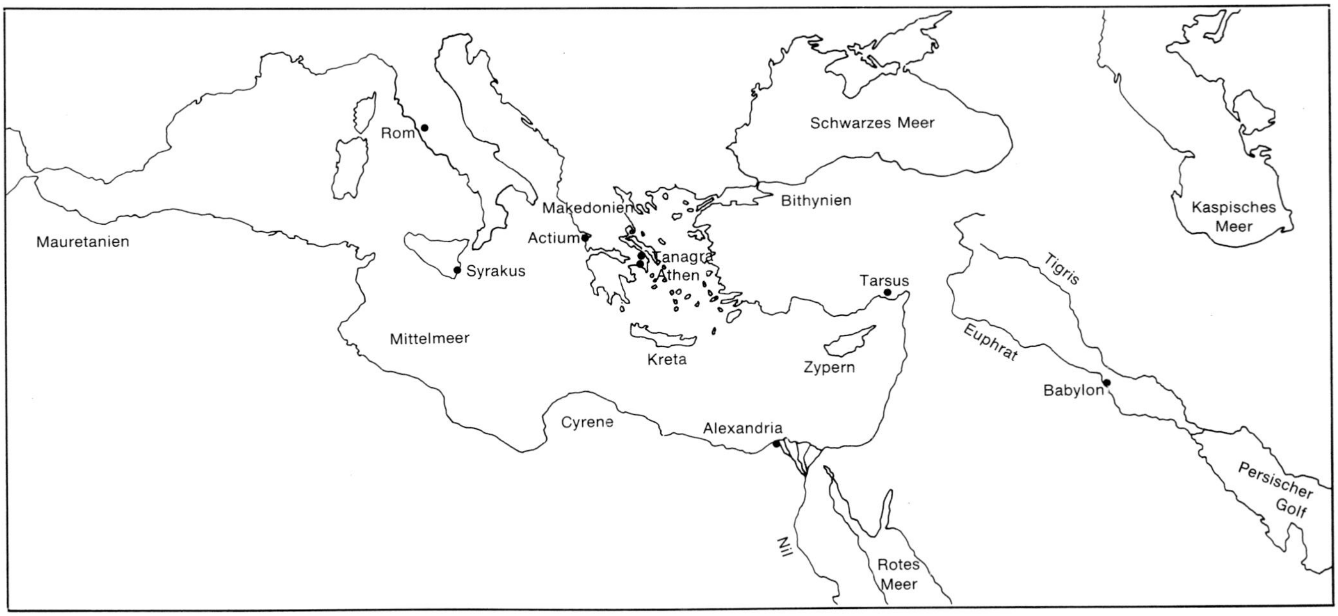

Ägypten

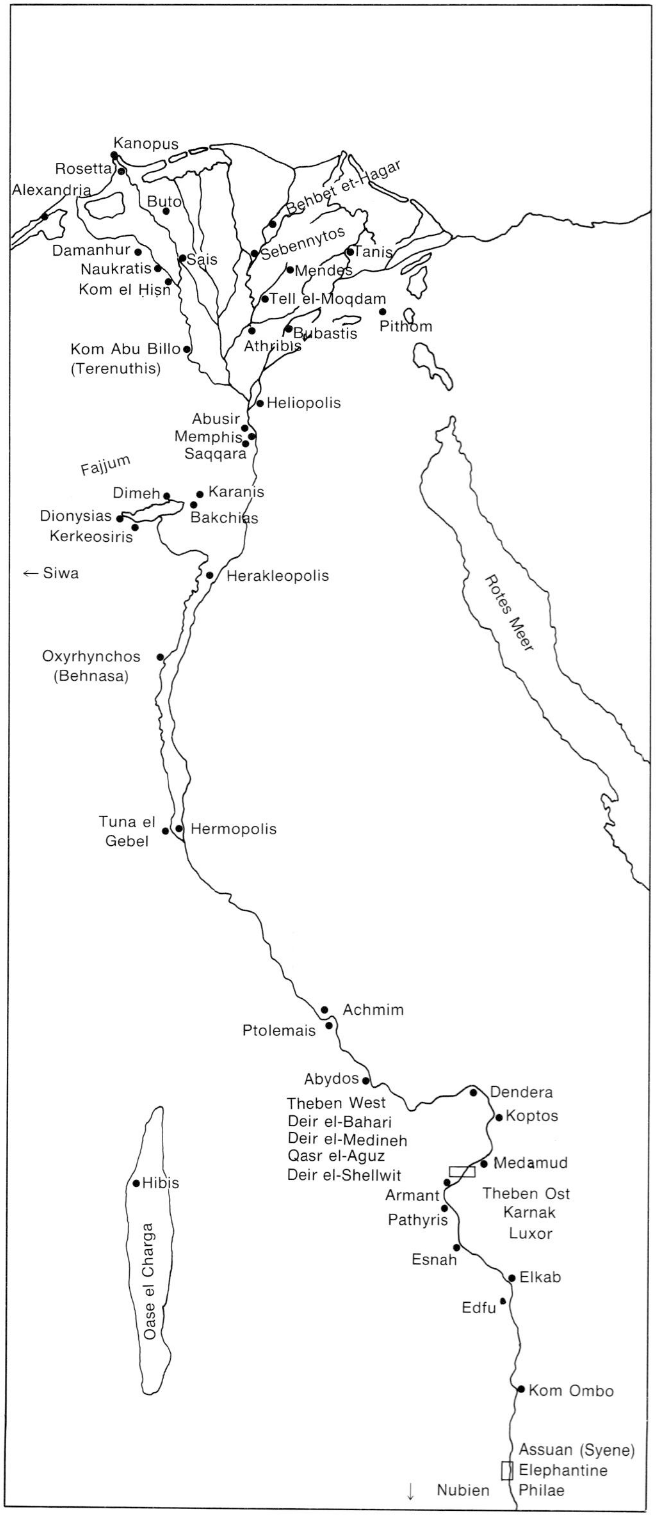

Kanopus
Rosetta
Alexandria
Buto
Behbet et-Hagar
Sebennytos
Tanis
Damanhur
Naukratis
Kom el Ḥiṣn
Sais
Mendes
Tell el-Moqdam
Pithom
Bubastis
Athribis
Kom Abu Billo
(Terenuthis)
Heliopolis
Abusir
Memphis
Saqqara
Fajjum
Dimeh
Karanis
Dionysias
Bakchias
Kerkeosiris
← Siwa
Herakleopolis
Rotes Meer
Oxyrhynchos
(Behnasa)
Tuna el
Gebel
Hermopolis
Achmim
Ptolemais
Abydos
Dendera
Theben West
Deir el-Bahari
Deir el-Medineh
Qasr el-Aguz
Deir el-Shellwit
Koptos
Medamud
Theben Ost
Karnak
Luxor
Hibis
Armant
Pathyris
Esnah
Elkab
Edfu
Oase el Charga
Kom Ombo
Assuan (Syene)
Elephantine
Philae
↓ Nubien

Mythos Kleopatra

von Dietrich Wildung

Große Frauengestalten der Weltgeschichte sind dem patriarchalischen Selbstverständnis des Abendlandes immer auffällig, ja suspekt gewesen. Zu Heiligen glorifiziert, zu Hexen verfemt, wurden sie ausgesondert aus dem Lauf der Jahrtausende, zu Objekten der Phantasie und Legendenbildung abstrahiert.

Die altägyptische Geschichte, seit 3000 v. Chr. schriftlich aufgezeichnet und in zahllosen Denkmälern bezeugt, nennt in ihren Königslisten seit frühester Zeit Frauen auf dem Thron der Pharaonen, ohne darin Außergewöhnliches zu sehen. Erst dem modernen Betrachter erscheint diese generelle Gleichrangigkeit der Frau als ein bemerkenswertes, vielleicht sogar beunruhigendes Phänomen der altägyptischen Kultur. Königin Hatschepsut, um 1470 v. Chr. Herrscherin des Nillandes, hat die Phantasie der Romanschriftsteller wieder und wieder beflügelt und ist zum machtgierigen Mannweib verfremdet worden. Teje, die um 1390 v. Chr. aus „bürgerlichen" Verhältnissen zur Großen Königlichen Gemahlin Amenophis' III. aufgestiegene Schwiegermutter der Nofretete, vereinigt in ihrer Lebensgeschichte alle Elemente einer Illustriertenromanze, und Nofretete schließlich ist in ihrer Berliner Büste nicht nur zum Maskottchen einer Weltstadt verkommen, sondern wird in der kühlen Perfektion ihres Porträts als modernes Schönheitsideal mißbraucht. Keine Königin Ägyptens jedoch ist der Frauengestalt in der Rangliste der Popularität auch nur nahe gerückt, die alle in den Schatten stellt – Kleopatra.

Die Geschichte des Mediums Film ist gleichzeitig eine Geschichte des modernen Kleopatra-Bildes. Bereits 1899 dreht Georges Méliès, Filmpionier in Frankreich, seine „Cleopatra". 1912 folgt in New York ein Kleopatra-Film mit Helen Gardner, 1913 in Italien „Marcantonio e Cleopatra". Vom 1917 mit Theda Bara gedrehten Kleopatra-Film sind offenbar keine Kopien erhalten geblieben. Berühmtheit erlangt Claudette Colbert 1934 in der Rolle der ägyptischen Königin. Vivian Leigh in Gabriel Pascals „Caesar and Cleopatra" (1946) ragt ebenso aus mehr als einem halben Dutzend Verfilmungen des Themas nach 1945 heraus wie die wohl bekannteste Darstellerin der ägyptischen Königin, mit ihr fast zur Identität verschmolzen: Elizabeth Taylor im 20th Century Fox-Monumentalfilm von 1963. Die Filmversion von Asterix und Kleopatra sei als Kuriosum nicht verschwiegen.

Die Vermarktung der Lebensgeschichte der Kleopatra im Film setzt nur den Schlußpunkt unter eine jahrhundertelange Omnipräsenz der ägyptischen Königin auf den Brettern, die die Welt bedeuten, in Schauspiel und Oper. Der Bogen spannt sich beim Sprechtheater von George Bernard Shaw (1898) über William Shakespeare, dessen „The life of Anthony and Cleopatra", im Jahr 1607 uraufgeführt, für zahlreiche Autoren des 17. und 18. Jahrhunderts zum Vorbild wird, bis zurück in die Mitte des 16. Jahrhunderts, zu Etienne Jodelles Tragödie „Cléopâtre" aus dem Jahr 1552. Am Beginn der „modernen" Kleopatra-Rezeption steht letztlich Boccaccio, der sich 1373 erstmals seit der Antike des Stoffes annimmt.

Curiosa der Kleopatra-Bühnenstücke sind Daniel Caspers von Lohenstein Trauerspiel von 1661, das in barocker Sprachflut eine Kulturgeschichte Ägyptens entwickelt, und Pierre Corneilles 1642/43 uraufgeführte Tragödie „La mort de Pompée", die, von Voltaire wegen der „ohne Zweifel pompösesten Verse, die ich je gemacht habe" (Corneille über Corneille) abqualifiziert, für lange Zeit in Vergessenheit geraten ist. Eine seltsame Blüte treibt August von Kotzebues „Tragödie" Cleopatra (um 1805), eine zeitkritische Satire, in der Cäsarion „in Matrosenkleidung" und Kleopatras Kammerjungfer „etwa wie ein Leipziger Stubenmädchen gekleidet" auftreten sollten.

Plakat zur italienischen Version von G. Pascals Kleopatra-Film (1946). (Privatsammlung München)

Die erstaunlichste Popularität genoß das Thema Kleopatra offenbar auf der Opernbühne. Über einhundert Opern, Singspiele, Ballette, Operetten haben sich seit der opera dramatica „Cleopatra" des Venezianers G. F. Guazzini vom Jahre 1633 des Stoffes angenommen. Mehr als zwanzig Kleopatra-Opern waren bereits komponiert worden, als Georg Friedrich Händel 1724 seinen Julius Caesar in London aufführte. 1742 wird die Königliche Schaubühne, nachmals die Berliner Oper, mit C. H. Grauns Oper „Cleopatra e Cesare" eröffnet – 224 Jahre vor der Eröffnung der Metropolitan Opera in New York mit Samuel Barbers und Franco Zeffirellis „Antony and Cleopatra".

In der Reihe der Komponisten, die sich mit Kleopatra auseinandergesetzt haben, finden sich die Namen von Domenico Cimarosa (1789), Hector Berlioz (1829), Jules Massenet (1915), Sergej Prokowjew (1934) und Gian Francesco Malipiero (1938). Für das 1908 entstandene Kleopatra-Ballett von Fokin/Arensky gestaltet Diaghilew 1914 in London eine Aufführung mit Bühnenbildern von Robert und Sonja Delaunay.

Kleopatra als Motiv der bildenden Kunst – ein Thema, das zu weit gespannt ist, als daß es in diesem Rahmen angegangen werden könnte. Als Endpunkt und zumindest quantitativer Höhepunkt sei nur Hans Makarts 1876 entstandenes Monumentalgemälde „Kleopatras

Tod“ genannt, in dem sich Urteile und Vorurteile von Jahrhunderten zu einem Sittenbild schwüler Erotik und orientalischen Luxus' verdichten.

Extreme definieren den Rahmen des Kleopatra-Bildes. Brecht setzt ihr in der Dreigroschenoper ein fragwürdiges Denkmal:

Ihr saht die schöne Kleopatra,
Ihr wißt, was aus ihr wurd!
Zwei Kaiser fielen ihr zum Raub.
Da hat sie sich zu Tod gehurt
und welkte hin und wurde Staub.

In den „Iden des März“ läßt Thornton Wilder den Caesar über Kleopatra schreiben:

Sie ist wohl eine noch viel bemerkenswertere Frau geworden. Gespräche zu führen, Gespräche! wird wieder ein Vergnügen sein... die Fragen, die sie stellt! Alle Menschen in unserer Welt, alle sind geistesträg, außer Dir, Kleopatra!

Diese Spannweite des Kleopatra-Bildes der Neuzeit – liebestolle Verführerin und hochgeistige Gesprächspartnerin der Großen ihrer Zeit – ist vorgeprägt in der antiken Literatur. Plutarch, 1592 erstmals ins Englische übersetzt, ist Shakespeares direkte Quelle; die Schriften des Sueton und Cassius Dio setzen sich ausführlich mit Kleopatras Zeit auseinander, der weltgeschichtlich entscheidenden Epoche des Übergangs Roms von der Republik zum Kaiserreich, des Umbruchs der multikulturellen Mittelmeerwelt zur römischen Hegemonie, des Sieges des Okzidents über den Orient, des Abendlands über das Morgenland. Zeitgenossen der von ihnen geschilderten Ereignisse sind diese Autoren indes allesamt nicht. Mit Ausnahme von Caesar selbst (in seinem „Bürgerkrieg“) und seinem Gefolgsmann A. Hirtius (in dessen „Alexandrinischem Krieg“) berichten sie alle aus der Retrospektive, berufen sich auf Informationen aus zweiter Hand, zitieren aus heute verlorenen Schriften. Plutarch und Sueton schreiben über Kleopatras Zeit aus einer Distanz von 150 Jahren, Cassius Dio trennen fast 200 Jahre vom Gegenstand seines Berichts. Sie alle sind Römer, sie alle blicken auf den Ort des Geschehens, auf das ägyptische Alexandria als eine orientalische Welt von rätselhafter Pracht, die dem nüchternen Rom dekadent und verrucht erscheinen mußte.

Texte und Bilder aus Ägypten selbst aber stellen Kleopatra in eine Kontinuität pharaonischer Geschichte, die von der Fiktion einer lückenlosen Abfolge von Herrschern seit der 1. Dynastie um 3000 v. Chr. ausgeht und die sich über Kleopatra hinaus in die römische Kaiserzeit

W. Shakespeare, Antony and Cleopatra. Ausgabe London 1786. (Archiv Deutsches Theatermuseum, München)

fortsetzen wird, eine Kontinuität, die von der Fremdstämmigkeit der makedonischen Ptolemäer, denen Kleopatra angehört, ebensowenig Notiz nimmt wie vom gänzlich unägyptischen Charakter der römischen Kaiser, die seit Augustus das Nilland beherrschen werden. So erscheint Kleopatra im traditionsschweren Ornat der Pharaonen, in dem sich auch noch die Kaiser des 3. Jahrhunderts n. Chr. in Ägypten zeigen werden, und sie führt eine Titulatur, die sich in drei Jahrtausenden kaum verändert hat, „Herrin der Beiden Länder“, „Sohn des Re“.

Individualbiographische Züge werden in diesen Texten und Bildern, die fast ausschließlich aus Tempeln stammen, nicht greifbar. Kleopatra hat aus ägyptischer Sicht keinerlei Sonderstellung als letzte Herrscherin der makedonischen Ptolemäerdynastie, ja als letzte ägyptische Königin überhaupt, bevor das Pharaonenreich unter Octavian-Augustus dem römischen Imperium einverleibt wird, sondern sie ist Königin unter Königen, Vorgängern aus drei Jahrtausenden und Nachfolgern aus drei Jahrhunderten gleichgesetzt, ein Stück Kontinuität des Pharaonenreiches.

Die ägyptischen Quellen dieser Endzeit erwecken die Illusion einer heilen Welt, in der Kleopatra in altehrwürdiger Tradition durch das Opfer vor den ägyptischen Göttern die Ordnung des Kosmos aufrechterhält, während doch in Wirklichkeit das Pharaonenreich – kulturell zwar ungebrochen – politisch ans Ende gekommen ist. In ihrer Lebensgeschichte, wie sie in römischen Quellen aufgezeichnet wurde, vermischen sich biographische Realität und Personalisierung hellenistisch-orientalischer Herrschaftsidee als Gegensatz zu rationalem politischen Kalkül römischen Zuschnitts. Kleopatra symbolisiert den Verfall der orientalischen Welt, zwingt aber in ihrem großen Abgang von der Bühne der Weltgeschichte den Römern auch Achtung ab, ist sie doch die letzte Repräsentantin einer über Jahrtausende führenden Macht des Ostmittelmeerraumes. Diese ihre Identifizierung mit dem Orient ist politische Tendenz und literarische Erfindung, denn mit der altägyptischen Welt war sie sowenig verbunden wie ihre Ahnen, die makedonischen Ptolemäer.

69 v. Chr. wird sie als Tochter Ptolemaios' XII. in eine Zeit innenpolitischer Fehde geboren. Siebzehnjährig besteigt sie den Thron, als hochgebildet und geistreich geschildert, in einem Dutzend Sprachen bewandert, darunter der Schrift und Sprache der alten Ägypter, von so starker persönlicher Ausstrahlung, daß die Frage, ob sie nun schön oder häßlich gewesen sein mag, zur belanglosen Äußerlichkeit schwindet. 48 v. Chr. begegnet ihr Caesar, und in dieser von gegenseitiger Faszination geprägten Beziehung sieht Rom alsbald die Personifizierung des Gegensatzes Orient-Okzident. Caesarion, 47 v. Chr. als Frucht dieser Liebesbeziehung geboren, wird von Caesar als Sohn anerkannt, und Kleopatra läßt seine Geburt als neuerliche Erfüllung des altägyptischen Geburtsmythos im Tempel von Armant darstellen und vereinnahmt damit Caesar selbst für ihre dynastische Vision einer Einbindung Roms in die Tradition eines ägyptischen Großreichs. Als sie ein Jahr später auf Einladung Caesars Rom besucht, in Caesars Gemächern hofhält, eine Statue ihrer selbst im Tempel der Venus Genetrix am Forum erhält und sich ganz als selbstherrliche Königin gebärdet, erregt sie mehr und mehr den Argwohn der Römer, die ihren Caesar im verderblichen Bann dieser Frau erleben und das Gespenst einer Einverleibung Roms in ein hellenistisch-orientalisches Reich aufsteigen sehen. Caesars Ermordung am 15. März 44 v. Chr. mag auch durch diese Befürchtungen motiviert gewesen sein. Einen Monat später verläßt Kleopatra Rom und ernennt Caesars Sohn Caesarion als Dreijährigen zum Mitregenten. 41 v. Chr. tritt ihr in Marc Anton, dem Herrn der römischen Ostprovinzen, der neue Repräsentant Roms entgegen. Ihre erste Begegnung in Tarsus an der Südküste Kleinasiens weiß Kleopatra zu einem Sieg als Frau zu machen, den sie jedoch als Schritt zum politischen Sieg versteht. Als orgiastische Begegnung von Aphrodite und Dionysos werden die Tage von Tarsus beschrieben; Marc Anton folgt Kleopatra nach Alexandria zu den weltvergessenen Monaten eines „unvergleichlichen" Lebens. 40 v. Chr. gebiert ihm Kleopatra das Zwillingspaar Alexandros Helios und Kleopatra Selene, in ihren Namen Sonne und Mond gleichgesetzt.

Vier Jahre halten die politischen Ereignisse Marc Anton von Kleopatra fern, 37 v. Chr. kehrt er zu ihr zurück, heiratet sie, ohne sich von seiner Frau Octavia, der Schwester des Octavian, des nachmaligen Kaisers Augustus, scheiden zu lassen. Ein drittes Kind, Ptolemaios, wird ihm von Kleopatra geboren, und er beginnt, den Ostteil des Reiches, Phönikien und Zypern, Kleinasien und Kreta, Iudäa und das Nabatäerland unter Kleopatras Kindern aufzuteilen. Rom entfremdet, vom Kriegsglück verlassen, begibt er sich tiefer und tiefer in politische Utopien. Er ernennt Kleopatra zur „Königin der Könige" und spricht ihr den Ostteil des Reiches von Kyrene bis Persien zu. Als „neue Isis" regiert sie nun neben Marc Anton, dem als „Osiris-Dionysos" in Alexandria ein Tempel errichtet wird.

Die militärische Auseinandersetzung mit Rom ist unvermeidlich. Ende 32 wird Kleopatra der Krieg erklärt, und am 2. September 31 v. Chr. bringt die Schlacht bei Actium an der griechischen Westküste den Untergang der ägyptischen Flotte. Marc Anton und Kleopatra fliehen und schmieden, nach Alexandria zurückgekehrt, in ausweglóser Situation neuerliche Schlachtpläne. Am 1. August 30 v. Chr. unterliegt Marc Anton den Truppen des Octavian und gibt sich selbst den Tod. Im September 30

Hans Makart, der Tod der Kleopatra, 1876 (Leihgabe der Bundesrepublik Deutschland, Staatliche Kunstsammlung Kassel)

v. Chr. entzieht sich Kleopatra, 39jährig, durch einen tödlichen Schlangenbiß der Schmach, von Octavian im Triumphzug durch Rom geführt zu werden. Neben Marc Anton wird sie in Alexandria königlich bestattet. Ihr großer Abgang von der Bühne der Weltgeschichte markiert den Beginn einer neuen Epoche – nicht nur des Nahen Ostens, sondern der ganzen Mittelmeerwelt. Das Erbe Alexanders des Großen, von den Ptolemäern über drei Jahrhunderte in Ägypten verwaltet und gemehrt, geht endgültig ein in das Römische Reich.
Trotz ihres politischen Scheiterns bleibt Kleopatra ein großes Beispiel für die Rolle des Individuums in der Weltgeschichte, ein Beispiel allerdings, das in seiner einzigartigen Vermengung von Erotik und Intellekt, emotionaler Hingabe und politischem Kalkül die antiken Berichterstatter ebenso wie die Autoren der Neuzeit die ungebrochene Präsenz eines anderen Faktors geschichtlicher Realität übersehen ließ, die Präsenz der Kontinuität altägyptischer Kultur und Zivilisation, die, von den dramatischen Ereignissen dieser Jahrzehnte unbeeindruckt, sich und den pharaonischen Ahnen treu blieb.
Kleopatras Ende ist nicht das Ende Altägyptens. Ihr persönliches und politisches Scheitern hat vielmehr Ägypten stärker ins Bewußtsein der Römer gerückt als irgendeine

andere der unterworfenen Kulturen. Ihre Vision eines mittelmeerischen Großreichs unter ägyptischer Führung hat sich jenseits der Politik im kulturellen und religiösen Bereich schließlich doch noch verwirklicht. Wenn nicht Kleopatra als „neue Isis", so doch die Göttin Isis, wenn nicht Marc Anton als „Osiris-Dionysos", so doch der Gott Osiris erobern das ganze Römische Reich und finden Verehrer bis an die Grenzen der damals bekannten Welt.

H. Fischer, W. Peck und H. Wenzel haben durch ihre Vorarbeiten zu diesem Artikel beigetragen.

Das ptolemäische Ägypten und Rom: Ein Überblick

von Robert S. Bianchi

Dieser historische Abriß soll vor einem breiten Hintergrund einige Ereignisse aufzeigen, bei denen Mitglieder des ptolemäischen Königshauses mit römischen Staatsmännern und Generälen konfrontiert waren, und die internationale Bühne darstellen, auf der sich die Karriere Kleopatras VII. entwickeln konnte. Die Vielschichtigkeit des Themas müßte umfassender beleuchtet werden, aber die hier gegebenen Möglichkeiten begrenzen Umfang und Inhalt des vorliegenden Aufsatzes.

Der ungehinderte Einmarsch Alexanders des Großen (KAT. 46) in Ägypten im Winter 332 v. Chr. brachte der pharaonischen Geschichte eher eine bruchlose Fortsetzung als eine durchgreifende Änderung. Alexander hat zweifellos mit Mazakes, dem persischen Satrapen, also Statthalter, konspiriert und eine Einigung ausgehandelt, nach der ihm von Mazakes Ägypten kampflos überlassen wurde und dieser sich dafür persönlich auch weiterhin bereichern konnte. Zu einer derartigen Absprache konnte es nur mit Wissen hoher Beamter kommen, unter denen sicherlich viele einheimische Ägypter waren. Wie schon vor ihm die Perser, so erkannte auch Alexander sehr schnell, daß die ungebrochene Unterstützung seitens dieser tiefverwurzelten einheimischen Bürokratie der ausschlaggebende Faktor war, wenn es darum ging, das Land und seine Schätze unter Kontrolle zu bringen. Die Loyalität dieser privilegierten Schicht wiederum war an uralte religiöse Vorstellungen und Traditionen gebunden – das pharaonische Ägypten war eine Theokratie, in der der Pharao sowohl als König wie auch als Hoherpriester fungierte. Als Ausweitung dieses königlichen Vorbilds konnte jeder im Staatsdienst sowohl Beamter wie auch Priester sein, er war somit in seiner Existenzberechtigung von der Krone abhängig. Zweifellos hat Alexander erkannt, wie wichtig es war, diese ganz besondere Einheit von Klerus und Staat aufrechtzuerhalten. Er ließ sich angeblich nach pharaonischem Ritus in Memphis krönen und erfuhr eine Offenbarung des Gottes Amun durch das Orakel in der fernen Oase Siwa in der westlichen Wüste. Beides sollte im Gegensatz zu den persischen Königen vor ihm seine Entschlossenheit zeigen, die Stellung Pharaos zu übernehmen. Auf diese Weise nutzte er denen, auf deren Dienste er selbst dringend angewiesen war.

Wenige Monate nach dem Tod Alexanders 323 v. Chr. brachte Ptolemaios, Sohn des Lagos (KAT. 11, 46, 48), sein langjähriger Gefolgsmann und Mitglied seines engsten Beraterstabes, Ägypten unter seine Kontrolle. Mit einigen wohlkalkulierten und geschickten Schachzügen erklärte sich dieser Ptolemaios 305/304 v. Chr. zum König von Ägypten und begründete somit das makedonisch-griechische Königshaus, das Ägypten bis zum ersten Jahrhundert v. Chr. beherrschen sollte. Als König trug er den Namen Ptolemaios (I.) Soter; während seiner Regierung ergriff er keine Maßnahmen, um das von Alexander gesetzte Beispiel rückgängig zu machen. Es gab sogar Familienangehörige Nektanebos' II. (360-342 v. Chr.), des letzten einheimischen Pharaos in Ägypten (KAT. 7, 9), die ihre Stellungen und Ämter, die bis in die Regierungszeit Ptolemaios' I. Soter hinein erblich blieben, auch weiterhin behielten. Aber auch Ägypter anderer Gesellschaftsschichten, darunter ein Bergarbeiter im Wadi Hammamat, gingen trotz der Veränderungen im Königshaus und Herrscheramt ihrer jeweiligen Beschäftigung ohne Unterbrechung nach (KAT. 29). Diese Zusammenarbeit erwies sich als so effektiv und vorteilhaft, daß die rein ägyptische Familie, die die Priesterschaft des Ptah in Memphis (KAT. 115, 116) stellte und die wohl während der Regierung Ptolemaios' I. Soter eingesetzt wurde, durchgehend bis zur Eroberung Ägyptens durch Octavian, den späteren Augustus, im Jahre 30 v. Chr.

dieses Amt innehatte. Die Ptolemäer haben sich in ihrer Innenpolitik wohl ganz bewußt nicht in bestehende ägyptische Institutionen eingemischt und Veränderungen, so gut es ging, vermieden. Die Folgen dieser Zurückhaltung kann man an ihrer Außenpolitik ablesen, angefangen mit der Regierung Ptolemaios' I. Soter.

Die erfolgreichen Bemühungen Ptolemaios' I., nach dem Tod Alexanders des Großen Ägypten zu seinem eigenen Reich zu machen, wurden von den anderen Diadochen, wie man die Nachfolger Alexanders bezeichnet, mit Mißtrauen beobachtet. Jeder hegte insgeheim den Wunsch, sich selbst zum einzigen Nachfolger des großen Eroberers zu machen. Daraus resultierte eine komplizierte, oft verwirrende und sich anscheinend ständig wiederholende Abfolge von Bündnissen und Vertragsbrüchen, von Kriegen, Friedensschlüssen und neuerlichen Feindseligkeiten. Es waren anscheinend auch ständig dieselben Gebiete, die immer wieder durch dieselbe Partei gewonnen und wieder verloren wurden. Die hellenistischen Monarchien waren mit ihren eigenen Kriegen so beschäftigt, daß nur wenige die immer stärker werdende militärische Bedeutung Roms für das Abendland erkannten.

So stützten sich die Ptolemäer im dritten Jahrhundert v. Chr. weiterhin auf das Wohlwollen der einheimisch ägyptischen Beamtenschaft, die als Verbindungsglied zu der großen Masse der ungebildeten bäuerlichen Bevölkerung fungierte. Die Bauern fügten sich auch weiterhin in die bestehenden sozialen Verhältnisse und sicherten so die Stabilität des Reiches. Dieser beständige innere Friede ermöglichte es Ptolemaios II. Philadelphos (KAT. 12) und seinem Sohn und Nachfolger Ptolemaios III. Euergetes I., ihre Aufmerksamkeit und die Ressourcen der Nation auf die Vereinnahmung überseeischer Besitztümer zu konzentrieren.

Unter Ptolemaios II. wurde der Kanal vom Nil zum Roten Meer wieder instand gesetzt, Expeditionen brachten Elefanten nach Ägypten, und der ägyptische Hof unterhielt diplomatischen Briefwechsel mit dem Hof des Aschoka, des buddhistischen Kaisers, dessen Reich das Gangesgebiet in Indien umfaßte. Die Hochzeit Ptolemaios' II. Philadelphos mit seiner Schwester Arsinoe II. (1. Seite Artikel Quaegebeur und KAT. 12, 60-62) vergrößerte sein Königreich um die Gebiete, welche sie schon zuvor für sich selbst in Besitz genommen hatte. Es ist wohl auch ihr Verdienst, daß ägyptische Vorstellungen und Ideen nach Italien kamen. Der allererste Austausch von Botschaftern zwischen dem ptolemäischen Hof und Rom fand zu der Zeit statt, in der Ptolemaios II. Philadelphos zusammen mit ihr regierte. Ptolemaios III. Euergetes behielt diese Expansionspolitik bei und erzielte im Verlauf des Vierten Syrischen Krieges einen beträchtlichen Gebietszuwachs. Es bestanden aber auch Verbindungen zu anderen Königshöfen; so wurde eine mit homerischen Szenen geschmückte Vergnügungsjacht von Hieron II., Tyrann von Syrakus, nach Alexandria geschickt.

Aus dieser Zeit stammen zwei Quellen, die einen wertvollen Einblick in die Situation in Ägypten selbst gewähren. Zunächst das Archiv des Zenon, eine Sammlung abgelegter Merkzettel und Notizen: Zenon war der ranghöchste Beamte im Dienst des Apollonius, des Finanzministers unter Ptolemaios II. und Ptolemaios III. Diese Dokumente zeigen, daß Apollonius in Ägypten und in der Levante weitreichende persönliche Geschäftsinteressen hatte, die er mit einer eigenen Handelsflotte wahrnahm. Zenon war wiederum in der Lage, zweifellos auf Grund seiner Kenntnisse und eigenen Verwicklungen in die Unternehmungen seines Arbeitgebers, Geschäfte auch auf eigene Rechnung abzuwickeln. Die Ptolemäer und die für sie arbeitenden Griechen scheinen im In- und Ausland nahezu ein Jahrhundert lang unbeschränkten Frieden und wirtschaftliches Wachstum genossen zu haben.

Diese vorteilhafte Stellung der Griechen im Dienste der Krone kann man mit jener der einheimisch ägyptischen Priesterschaft vergleichen, deren Angehörige ebenso Privilegien besaßen, wie das Dekret von Kanopos zeigt, das 237 v. Chr. unter der Regierung von Ptolemaios III. Euergetes erlassen wurde. Durch dieses Dekret wurde u.a. die Anzahl der Phylen, der verschiedenen Priesterklassen, an welche die einheimische Geistlichkeit gebunden war, von vier auf fünf heraufgesetzt. Gleichzeitig wurde die wirtschaftliche Unterstützung sichergestellt, die für die Unterhaltung der Kulte, die man ihrem Aufgabenbereich neu hinzugefügt hatte, nötig war. Diese deutlichen Konzessionen an die einheimische Geistlichkeit wurden durch den Auftrag zum Bau des Horustempels in Edfu (Abb. 1, 2) nochmals verstärkt. Hier konnten die einheimischen Priester den Falkengott als Beschützer Ägyptens verehren, der die Fortführung der ägyptischen Vorstellung von der göttlich-königlichen Erbfolge garantierte. Durch sie war Horus mit den Kulten früherer, einheimischer Pharaonen verbunden, besonders mit denen der 19. und 30. Dynastie (KAT. 8). Auf diese Weise sicherte man der Priesterschaft dieses allerwichtigsten einheimi-

Abb. 1 Pylon des Tempels des Falkengottes Horus in Edfu. Ptolemaios XII. Auletes, Vater Kleopatras VII., erschlägt die Feinde Ägyptens vor Horus, der Verkörperung des Gottkönigtums.

schen Heiligtums dieser Zeit die sichtbare Verbindung mit ihrer Vergangenheit.

Am Ende des dritten Jahrhunderts v. Chr. konnte Ptolemaios IV. Philopator (KAT. 13) für die Besetzung von Offiziersstellen ganz offensichtlich keinen ausreichenden Nachschub aus der Masse der hellenistisch-griechischen Söldner sicherstellen. Daher wurde die ptolemäische Garnison in Itanos auf Kreta von einem Römer befehligt. Als die außerägyptischen Besitzungen Ptolemaios' IV. Philopators durch Antiochos III., den hellenistischen König von Syrien, bedroht wurden, konnte er nicht genügend Truppen aufbieten, um der Herausforderung zu begegnen. Er war gezwungen, einheimische Ägypter als Soldaten einzustellen. Diese einheimischen Truppen, die ihre Befehle durch Dolmetscher erhielten, erwiesen sich bei der Schlacht bei Raphia 216 v. Chr. als ausschlaggebender Faktor. Der Sieg Ptolemaios' IV. wurde jedoch durch eine politische Revolte im Inland getrübt. Obwohl man nicht mit absoluter Gewißheit eine Verbindung zwischen der einheimisch ägyptischen Teilnahme an dieser Schlacht und der anschließenden Erhebung in der Thebais, dem von Theben abhängigen Gebiet, im Herbst 206 v. Chr. herstellen kann, so sind sich doch alle Bearbeiter dieser Ereignisse über deren ursächlichen Zusammenhang einig. Diese Revolte führte zum tatsächlichen Abfall Oberägyptens und der Einsetzung einer Gegendynastie mit einheimischen Ägyptern als Herrschern. Wenn auch ein direkter Beweis für vergleichbare Feindseligkeiten aus früheren Zeiten fehlt, kann man deren Existenz doch aus der Tatsache ableiten, daß Ptolemaios II. Philadelphos seine erste Frau Arsinoe I. nach Koptos, etwas nördlich von Theben gelegen, verbannte. Koptos könnte er als Exil ausgewählt haben, weil seine Bewohner gegenüber der Krone spürbar feindlich eingestellt

waren. In einer derartigen Umgebung wären jegliche politische Bestrebungen seiner verstoßenen Frau sehr beschränkt und sogar ihr Leben in Gefahr gewesen.
Der thebanische Aufstand und die folgenden Revolten waren zweifellos nur möglich geworden, weil die Ägypter in den verantwortlichen Stellungen erkannt hatten, daß der Verwaltungsmechanismus, den sie selbst einst für die Krone unterhielten, sehr leicht nationalistischen Interessen dienstbar gemacht werden konnte. Ganz plötzlich hatte der Aufstand die latent vorhandene Macht der einheimischen Ägypter in allen Bereichen der ptolemäischen Gesellschaft deutlich zum Ausdruck gebracht. Ptolemaios IV. Philopator sah sich einem einheimischen Aufruhr gegenüber, der die Grundfesten der Landesverwaltung erschütterte. Nahezu gleichzeitig mit dem thebanischen Aufstand gab es davon unabhängig am Hof in Alexandria eine Verschwörung von monströsem Ausmaß. Sie wurde von dem alexandrinischen Griechen Sosibios angeführt, der zur Spitze des Verwaltungsapparates aufgestiegen war. Sosibios mißbrauchte seine Vertrauensstellung, indem er vor Land und Volk den Tod des Königs verheimlichte und weiterhin vorgab, daß Ptolemaios IV. Philopator nur indisponiert sei. Er kam auch weiter seinen Pflichten nach, allerdings nur für seine eigenen Zwecke. Daß dieses Versteckspiel viele erwiesenermaßen getäuscht hatte, zeigt, wie weit sich die Krone schon von ihrem Auftrag entfernt hatte und sogar den eigenen Ministern entfremdet war. Beide Ereignisse entlarvten die Unfähigkeit der Krone, das Land effektiv zu regieren. Die Verschwörung wurde von den Alexandrinern aufgedeckt, die als Partei immer mehr in die Familienfehden der Ptolemäer einbezogen wurden. Dieser Mob rief dann ein Kind zum König aus; das Schicksal des Sosibios jedoch ist unklar.
Die Wahl Ptolemaios' V. Epiphanes (KAT. 51, 52) zum König und seine 196 v. Chr. erfolgte Einsetzung in Memphis nach ägyptischem Ritus, wie sie auf dem Stein von Rosetta beschrieben ist, scheint für die einheimischen Ägypter nur von geringer Bedeutung gewesen zu sein. Die Ägypter in der Thebais blieben dessen ungeachtet auch weiterhin unabhängig, und selbst im Delta gab es in dieser Zeit eine Rebellion. Angesichts dieser Auf-

Abb. 2 Plan des Tempels des Falkengottes Horus in Edfu. Wie in vielen ägyptischen Tempeln befindet sich das Sanktuar mit dem Naos (Abb. 14) hinter einer Folge von Höfen im rückwärtigen Teil des Tempels. (Nach Cauville 1984. Mit Genehmigung des Institut Français d'Archéologie Orientale)

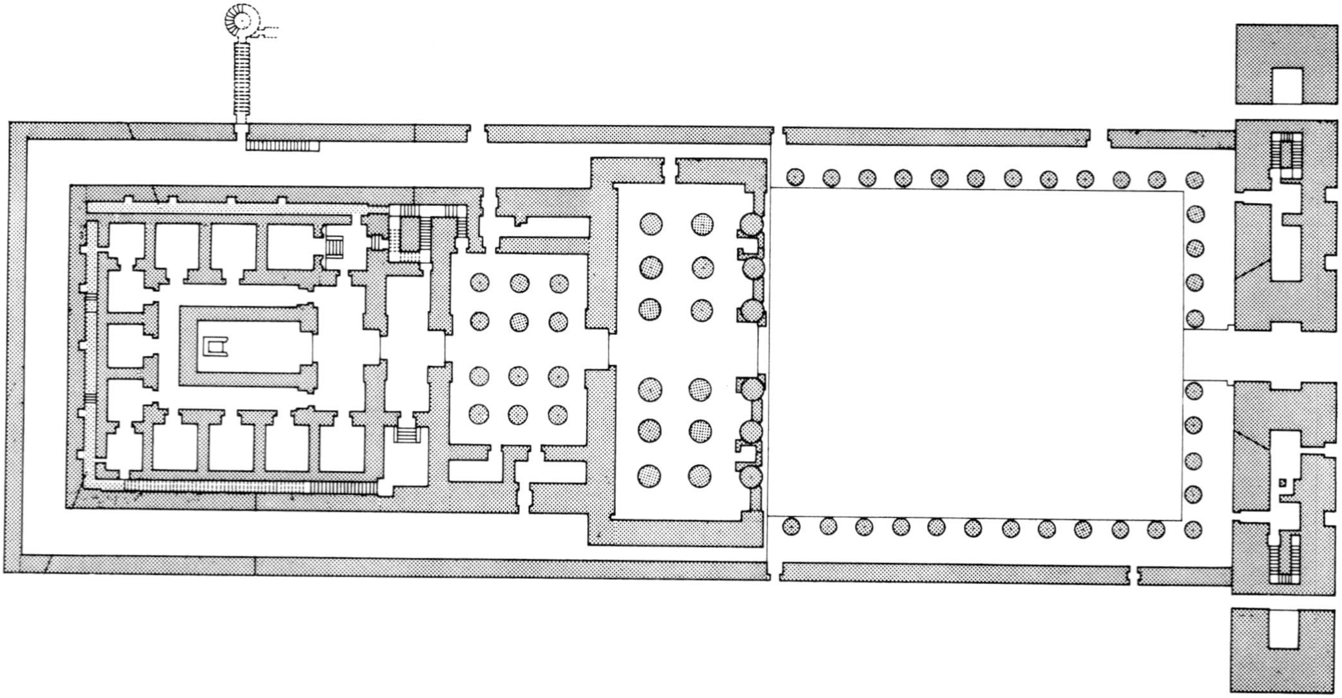

stände gewinnt man den Eindruck, daß sich das ptolemäische Ägypten kaum von den anderen Epochen der langen altägyptischen Geschichte unterscheidet. Die nebeneinander bestehenden Dynastien der Dritten Zwischenzeit, die Andeutung einer einheimischen Dynastie während der Ersten Persischen Herrschaft der 27. Dynastie und die rivalisierenden Dynastien des vierten Jahrhunderts v. Chr. zeigen, daß die Unruhen der ptolemäischen Zeit in ein festes Schema passen, nach dem einheimische politische Bestrebungen zwar zur Teilung des Landes führen, aber nicht notwendigerweise auch die ägyptische Gesellschaft umstürzen müssen. In viel stärkerem Maße war die Außenpolitik durch die Aufstände des zweiten Jahrhunderts v. Chr. betroffen. Die Regierung war so sehr mit der Niederschlagung der Aufstände beschäftigt, daß sie fast alle außerägyptischen Besitzungen verlor.

In diesem Jahrhundert ist die Geschichte des ptolemäischen Ägypten eine verworrene Abfolge von mörderischen Verschwörungen mit Interventionen des Auslands und zunehmender Einmischung Roms in das Schicksal Ägyptens. Rom wurde unter Ptolemaios VI. Philometor zu einem wichtigen Faktor, als im Verlauf des Sechsten Syrischen Krieges Antiochos IV. 168 v. Chr. in Ägypten einfiel. Der völlige Zusammenbruch des ptolemäischen Ägypten wurde durch den römischen Legaten Gaius Popilius Laenas verhindert, der Antiochos IV. zwang, ein römisches Ultimatum zum Abzug aus dem Lande zu akzeptieren. Damit wurde das römische Interesse an Ägypten überdeutlich. Obwohl die römischen Legionen bis zum ersten Jahrhundert v. Chr. ägyptischen Boden nicht betreten sollten, wurde es für Ägypten immer schwerer, von Rom unabhängig zu bleiben.

Das politische und schließlich militärische Eingreifen Roms in Ägypten konnte die fundamentalen Gegensätze der beiden Völker nicht überwinden. Ägypten war längst ein Land mit zwei Kulturen: der pharaonischen und der hellenistischen. Die Römer aber mußten sich mit der letzteren auseinandersetzen, da sie nur mit den Ptolemäern, den Herrschern, und nicht mit den Ägyptern, den Untertanen, zu tun hatten. Diese Gegensätze gipfelten in einem Vorfall um 140 v. Chr., als der Römer Scipio Aemilianus zusammen mit dem stoischen Philosophen Panaetius im Verlauf einer diplomatischen Inspektionsreise durch den Osten nach Alexandria gelangte. Beide Männer waren in ihrer einfachen und konservativen Haltung Repräsentanten typisch römischer Eigenschaften, wie sie im Prinzip des *mos maiorum* formuliert wurden, dem Festhalten an den Gebräuchen der Väter. Solche Männer und ihre Zeitgenossen erlitten förmlich einen Kulturschock, als sie mit dem nach römischen Vorstellungen abstoßenden Auftreten und Benehmen von Ptolemaios VIII. Euergetes II. (KAT. 17, 50) konfrontiert wurden. Sie sahen sich einem grotesk übergewichtigen Monarchen gegenüber, der vor seinen Gästen partout in einem Schleiergewand auftreten wollte. Vermutlich waren Panaetius und Scipio Aemilianus nicht in der Lage, den kulturellen Hintergrund für das königliche Gehabe zu begreifen, welches nach römischen Vorstellungen vollkommen inakzeptabel war. Ptolemaios VIII. Euergetes II. war Vertreter der hellenistisch-griechischen Auffassung von *tryphe*, von Luxus, einer Vorstellung, die auch, aber nicht ausschließlich die üppige Zurschaustellung von Reichtum beinhaltet und an Prahlerei grenzt. Es war genau dieser Aspekt des Lebens am ptolemäischen Hof, der Marc Anton (KAT. 74) so faszinierte, gleichzeitig aber viele Römer so sehr brüskierte, daß sie Kleopatra VII. (KAT. 70-72) nur noch verachten konnten.

Dennoch regierte Ptolemaios VIII. Euergetes II. mehr als fünfzig Jahre, die längste belegte Regierungszeit eines Ptolemäers. Obwohl er nach pharaonischem Ritus in Memphis gekrönt worden war, gab es unter ihm nochmals einen Aufstand der einheimischen Ägypter. Die innerfamiliären Streitigkeiten eskalierten in offenen Feindseligkeiten und Mord. So wurde Ptolemaios VII. Neos Philopator, der weniger als ein Jahr an der Regierung war, von seinem Onkel Ptolemaios VIII. eliminiert. Das geschah kurz nach dem Tod von Ptolemaios VI. Philometor, dem Vater Ptolemaios' VII. Der Kampf zwischen Kleopatra II., der Frau und auch Schwester Ptolemaios' VIII., und ihrer Tochter aus der früheren Ehe mit Ptolemaios VI., nämlich Kleopatra III., die ebenfalls mit Ptolemaios VIII. verheiratet war, sollte sich bis ins erste Jahrhundert v. Chr. ziehen: Seine Söhne Ptolemaios IX. Soter II. und Ptolemaios X. Alexander I. stritten untereinander und mit Kleopatra II. weiter um die Herrschaft im Lande. Das Fehlen von Münzen mit Bildern dieser zwei Ptolemäer könnte man als Indiz dafür nehmen, daß das Volk teilweise zum Tauschhandel zurückgekehrt war (dazu KAT. 56, 57).

Während der ersten Hälfte des ersten Jahrhunderts v. Chr. war die politische Situation Ägyptens im Verhältnis zu Rom paradox. Obwohl die römischen Interessen an Ägypten sich so verstärkt hatten, daß römische Generäle und Staatsmänner häufig dafür verantwortlich wa-

ren, daß bald dieses, bald jenes Mitglied der königlichen Familie König bzw. Königin wurde, wagte es doch kein Römer, Ägypten mit Waffengewalt zu erobern. Ptolemaios X. Alexander I., der wohl ahnte, wie sehr Rom seinen politischen Absichten dienlich sein könnte, vermachte Ägypten Rom sogar testamentarisch, auch wenn die Bestimmungen dieses Testaments nie in Kraft traten. Nach dessen Tod setzte der römische Diktator Sulla den Sohn Ptolemaios' X., Ptolemaios XI. Alexander II., zusammen mit dessen Stiefmutter auf den Thron Ägyptens. Noch keine zwei Wochen später ließ er seine Stiefmutter umbringen. Das erzürnte die Alexandriner so sehr, daß sie ihn ebenfalls töteten, nachdem er kaum drei Wochen lang regiert hatte. Nachdem sie nun einen von Rom unterstützten Kandidaten umgebracht hatten, reagierten die Alexandriner schnell und machten in der Hoffnung, Vergeltungsmaßnahmen abwehren zu können, kurzerhand Ptolemaios XII. Auletes (KAT. 53, 54), einen Sohn Ptolemaios' IX. Soter II., zum König.

Auch Ptolemaios XII. erkannte die Macht Roms. Nachdem er Julius Cäsar (KAT. 73) kräftig bestochen hatte, um sich selbst den Thron zu sichern, bekam er den offiziellen Ehrentitel »Freund und Verbündeter« Roms. Diese Verbindung trug ihm die Mißgunst der Alexandriner ein: Als die Römer eigenmächtig Zypern annektierten, das im Besitz Ägyptens gewesen war, setzten die aufgebrachten Alexandriner Ptolemaios XII. kurzerhand ab, und er eilte nach Rom, um Wiedergutmachung zu verlangen. Seine älteste Tochter Kleopatra VI. übernahm die Regierung, nach ihrem Tod gefolgt von ihrer Schwester Berenike IV. Nach Zahlung einer weiteren Bestechung, diesmal an den Römer Gabinius, wurde Ptolemaios XII. Auletes mit Hilfe der römischen Legionen wieder als König Ägyptens eingesetzt. Im Jahr 51 v. Chr. starb er, nachdem er möglicherweise verfügt hatte, daß seine Tochter Kleopatra VII., zu diesem Zeitpunkt siebzehn Jahre alt, mit ihrem Bruder Ptolemaios XIII., damals erst zehn Jahre alt, das Land gemeinsam regieren sollte.

Die Karriere Kleopatras VII. stellt sich kurzgefaßt folgendermaßen dar: In den Jahren 60 – 52 v. Chr. hatte die Tochter Ptolemaios' XII. Auletes (und Kleopatras V.?) erlebt, wie der Einfluß Roms auf die ptolemäische Politik immer stärker wurde.

Sie lernte, daß ptolemäisches Geld römischen Einfluß kaufen konnte, und erlebte unmittelbar, wie eine Frau, Berenike IV., über Ägypten herrschte. Sie wußte den Wert römischer Legionen genau zu taxieren: Sie hatten ihren Vater wieder auf den Thron gebracht. Nachdem sie an ihrem eigenen Hof Intrigen zum Opfer gefallen war, begann sie eine Liebschaft mit Julius Cäsar, der in Ägypten einmarschierte und ihre Ansprüche auf den Thron unterstützte. Sie wurde wieder auf den Thron gehoben, nun aber zusammen mit ihrem noch jüngeren Bruder Ptolemaios XIV., nachdem Ptolemaios XIII. von Cäsar besiegt worden und im Nil ertrunken war. Cäsar war angeblich der Vater ihres Sohnes, den sie Cäsarion nannte. Auf Einladung Julius Cäsars reiste sie schließlich auch nach Rom. Nach dessen Tod ließ sie, einem Gerücht zufolge, ihren noch verbliebenen Bruder Ptolemaios XIV. vergiften und kehrte nach Ägypten zurück. 41 v. Chr. reiste sie zu einem Treffen mit Marc Anton nach Tarsus gegenüber von Zypern an der türkischen Küste. Die Begegnung wurde verschwenderisch gestaltet; der von Kleopatra VII. vorgegebene Rahmen entsprach der Vorstellung von *tryphe*, die ehemals Scipio Aemilianus so entsetzt hatte. Kleopatras und Marc Antons gemeinsamer Drang nach Weltherrschaft konfrontierte sie mit den Legionen Octavians, der sie schließlich 31 v. Chr. in der Schlacht bei Actium besiegte. Beide beendeten ihr Leben durch Selbstmord. Kleopatras Tochter mit Marc Anton jedoch überlebte, heiratete Juba und wurde Königin von Mauretanien.

Vor dem Hintergrund dieser harten Fakten erscheint uns Kleopatra VII. heute als ehrgeizige und emanzipierte Frau. Die historischen Quellen zeigen, daß es zur Zeit ihres Zusammentreffens mit Julius Cäsar 48 v. Chr. in der mediterranen Welt nur zwei wirklich unabhängige Staaten gab, Ägypten und Rom, und zwei Herrscher, die die absolute Macht anstrebten: Julius Cäsar und Kleopatra VII. Dieses Umfeld und ihre Charaktere lassen vermuten, daß beide den jeweils anderen für ihre eigenen politischen Ziele ausgenutzt haben. Die Ermordung Julius Cäsars brachte Kleopatra in eine schwierige Lage: Octavian war für sie unerreichbar, da seine Einstellung der ihren so völlig entgegengesetzt war. Er war genau wie Scipio ein Kind des römischen *mos maiorum*, während sie orientalische *tryphe* verkörperte. Die zeitgenössischen Quellen beschreiben sie nicht als berühmte Schönheit,

◁ *Abb. 3 Der Stein von Rosette*

In drei verschiedenen Schriften ist hier die Inthronisation Ptolemaios' V. Epiphanes im Jahr 196 v. Chr. in Memphis verzeichnet. Anhand dieses Textes gelang J.-F. Champollion 1822 die Entzifferung der Hieroglyphen. (London 24)

Abb. 4 Die byzantinische Kaiserin Irene
Im zwölften Jahrhundert lebte die Legende von Kleopatra VII. wieder auf, was zum Teil der Persönlichkeit Irenes, Gemahlin des byzanitinischen Kaisers Johannes II. Comnenus, zuzuschreiben ist. Mosaik in der südlichen Galerie der Hagia Sophia in Istanbul.

sondern eher als eine Frau mit außergewöhnlicher Persönlichkeit und einnehmender Umgangsart. Sie lebte monogam, so berichten es die Quellen, bewunderte und liebte zuerst Julius Cäsar und dann Marc Anton, den sie für ihre eigenen Ziele manipulierte.

Die Seeschlacht zwischen Marc Anton und Octavian im September 31 v. Chr. bei Actium war für die Geschichte des Abendlandes von allergrößter Tragweite, denn sie konfrontierte die beiden letzten unabhängigen Staaten des Mittelmeerraums. Kleopatra VII. und Marc Anton vertraten die Kultur des ptolemäischen Ägypten, Octavian verkörperte Rom. Diese Schlacht, das letzte Seegefecht der Antike, veränderte das Schicksal der abendländischen Welt, die, hätten Kleopatra VII. und Marc Anton gesiegt, den Traditionen des ptolemäischen Ägypten anheimgefallen wäre. Kleopatra und Marc Anton unterlagen. Ihre Selbstmorde im Jahre 30 v. Chr. beschlossen ein Kapitel ägyptischer Geschichte und eröffneten ein neues.

Octavian, der spätere Augustus (KAT. 75), veränderte die Struktur des alten Ägypten von Grund auf. Er schloß die Grenzen für alle Ausländer, indem er das Land zu seinem persönlichen Herrschaftsgebiet bestimmte. Reisen konnten nur mit speziellen Visa durchgeführt werden. Die Verwaltung des Landes beruhte nun nicht mehr auf dem Zusammenspiel von Angehörigen privilegierter Schichten mit dem neuen Regime. Sie wurde langsam, aber konsequent in andere Bahnen gelenkt: Die Ägypter, ob einheimisch oder griechisch, wurden mit der Realität einer Regierung konfrontiert, deren vom Ausland ernannte Beamte über allen standen und die sich auf im Land stationierte Legionen stützen konnte. Die römische Verwaltung war in ihrem Bestreben, höchstmögliche Abgaben aus einem Land herauszupressen, das auf diese Weise immer mehr verarmte, noch skrupelloser und unerbittlicher als die Ptolemäer.

Die Erinnerung an das pharaonische Ägypten blieb jedoch bestehen. Die Ägyptomanie der Römer, die den Geist des alten Ägypten für künftige Zeiten lebendig erhielt, basierte zum großen Teil auf den Monumenten des ptolemäischen Ägypten. Im Zuge der Besetzung des Landes stießen die Römer beinahe täglich auf die Denkmäler der Ptolemäer und nahmen sie als Vorbild für ihre eigenen Bauprojekte in Ägypten. Die Erinnerung an Kleopatra die Große blieb so lebendig, daß spätere Historiker ihre Geschichte sowohl mit der Zenobias, der Königin von Palmyra, die 269 n. Chr. in Äypten einfiel, als auch mit jener der byzantinischen Kaiserin Irene (Abb. 4), die im zwölften Jahrhundert als selbständige Herrscherin auftrat, vermischten und zu einer einzigen Geschichte verwoben.

Griechen und Ägypter: Rechtsstellung, ethnische und kulturelle Identität zweier Volksgruppen

von Roger S. Bagnall

Der gegenseitige Austausch zwischen Griechen und Ägyptern, griechischer und ägyptischer Kultur war mehr als ein halbes Jahrhundert das zentrale Denkmodell für die Erforschung des hellenistischen Ägypten. Der Glaube an eine Mischbevölkerung und Mischkultur, der bis zum Zweiten Weltkrieg über ein Jahrhundert lang die Lehrmeinung bestimmt hat, wird in der Wissenschaft nun langsam von der Überzeugung abgelöst, daß Griechen und Ägypter eher nebeneinander als miteinander gelebt haben, daß ihre Kulturen koexistierten, ohne sich zu vermischen. Doch auch innerhalb dieses Konsenses besteht eine deutliche Begriffsverwirrung, die sich im Detail wie im Ganzen ausdrückt. Ein Beispiel mag hier genügen: Der kretische Kavallerist Dryton heiratete 150 v. Chr. in zweiter Ehe eine Frau namens Apollonia, auch Senmonthis genannt. Sie hatte einen griechischen und einen ägyptischen Namen. War sie nun Griechin oder Ägypterin? In den letzten fünf Jahren haben sich vier Wissenschaftler, zwei Demotisten und zwei Hellenisten, zu dieser Frage kontrovers geäußert, wobei sich aber jeweils ein Demotist und ein Hellenist einig waren. Diese Familie ist der Wissenschaft seit neun Jahrzehnten bekannt und steht im Mittelpunkt einer kleinen Sammlung von Papyrusurkunden; man kennt mehrere Generationen und viele Verwandte. Warum werden wir uns über die ethnische Zugehörigkeit dieser Frau nicht einig?

Ich glaube, daß es drei grundsätzliche Schwierigkeiten bei der Klärung dieser Frage gibt. Eine davon bestand schon immer, ist kaum lösbar, baut sich jedoch langsam ab und liegt in den Quellen begründet. Es gibt zwar eine Überfülle von verschiedensten Nachrichten aus dem hellenistischen Ägypten, aber sie sind nach Ort, Zeit und Art des Dokumentes sehr unterschiedlich gestreut. Viele Texte sind inhaltlich unergiebig, von den gelegentlichen literarischen Werken einmal abgesehen, denen jedoch häufig der historische Zusammenhang fehlt, der zu ihrem völligen Verständnis als kulturelles Dokument nötig wäre. Die beiden anderen Schwierigkeiten liegen bei uns selbst. Erstens kann die Nichtbeachtung von Orts- und Zeitfaktoren zu fehlerhaften Vergleichen führen und gar nicht vorhandene Konflikte heraufbeschwören. Wir können nicht davon ausgehen, daß man ein Dokument des zweiten Jahrhunderts mit unserem Verständnis vom dritten Jahrhundert interpretieren kann oder daß eine generelle Aussage über Ptolemaios I. zu einer ihr widersprechenden über Ptolemaios II. überhaupt im Gegensatz steht. Noch wichtiger jedoch ist der Mangel an begrifflicher Klarheit bei unseren Fragen. Was bedeutet denn eigentlich die Frage »Ist Apollonia Griechin oder Ägypterin?« für die Mitte des zweiten Jahrhunderts? Was bedeutet »Hellenisierung« oder »Ägyptisierung«? Zur fehlenden Begriffsklarheit kommt noch der Mangel an tiefer gehender Auseinandersetzung mit der Problematik; von wenigen Ausnahmen abgesehen ist es noch nicht gelungen, zum Begriffsproblem mehr als nur die oberflächlichsten Antworten zu finden. Keine dieser Unzulänglichkeiten kann durch einen so kurzen Artikel beseitigt werden. Meine Absicht ist es vielmehr, bestimmte Punkte in den griechisch-ägyptischen Beziehungen nochmals aufzugreifen, und zwar so, wie sie in der neuesten Fachliteratur besprochen werden, und kurz die Richtung anzudeuten, in die diese Untersuchungen weisen.

Als die Römer Ägypten nach dreihundertjähriger ptolemäischer Herrschaft in Besitz nahmen, sahen sie in der Unterscheidung Ägypter oder Grieche keinen Sinn, was als Folge ihrer feindseligen Einstellung gegen Ägypten interpretiert wurde. Vielleicht aber sollte man ihre Haltung eher als einen Versuch werten, einen komplexen Sachverhalt in ihre eigenen Rechtsvorstellungen vernünftig einzubauen. Sie anerkannten den Anspruch der Bürger der drei griechischen Städte Ägyptens (Alexandria, Ptolemais, Naukratis) auf Sonderstatus, die als »Alexandriner« bzw. *astoi* bezeichnet wurden und dem Rest der Bevölkerung gegenüber Privilegien besaßen. Die große Masse des Volkes dagegen, die in den Gauhauptstädten oder auf dem Land lebte, waren alle »Ägypter«. Die Regierung verlieh besondere Privilegien (zumeist steuerlicher Art) an die Einwohner von Gaumetropolen (Hauptzentren), die dann im dritten Jahrhundert n. Chr. als Stadtbürger bezeichnet wurden. Aber mehr als zwei Jahrhunderte lang waren auch sie rein rechtlich nur Ägypter. Es spielte keine Rolle, ob sie bereits seit zehn Generationen rein griechisch waren oder ob ihr Vater lediglich Griechisch gelernt und ihnen einen griechischen Namen gegeben hatte. Sie waren Ägypter. Wir mögen heute eine solche Pauschalisierung als primitiv herabsetzen, aber sie gibt sicherlich den Umstand wieder, daß es für die Römer überaus schwer gewesen sein muß, die Griechen und Ägypter zu scheiden. Der Bürgerstatus half nicht viel, denn es gab nur drei griechische Städte, und der Großteil der Griechen, wie auch in den meisten anderen Regionen der griechischen Welt, die die Römer besetzt hatten, lebte nicht dort. Schließlich hatte die römische Regierung auch keine Bedenken, die Gesellschaft in Schichten aufzuteilen und voneinander getrennt zu halten.

Dem Folgenden muß eine grundsätzliche Bemerkung vorausgehen: Das Problem der ethnischen Identität, mit dem wir uns befassen, betrifft nur einen kleinen Teil der Bevölkerung. Die große Masse, die königlichen Bauern (denen der König sozusagen auf ewig königliches Land verpachtete), blieb vollkommen ägyptisch, während die Griechen in den Städten und wahrscheinlich die meisten der Militärsiedler auf dem Land sowohl in Sprache wie Kultur eindeutig griechisch blieben (was die Möglichkeit von Mischehen nicht ausschließen muß). Uns soll hier die in Umfang und Bedeutung unbekannte Grenzsituation jener interessieren, für die eine solche ethnische Unterscheidung nicht mehr klar gegeben war.

Knapp einhundert Jahre vor der römischen Machtergreifung war für Ptolemaios VIII. die Unterscheidung noch praktikabel. In dem berühmten Edikt von 118 v. Chr. (*P.Tebt* I 5.207-220=*C.Ord.Ptol.*53) zur Rechtssprechung der griechischen und ägyptischen Gerichtshöfe werden Griechen und Ägypter von der Regierung als abgrenzbare Gruppen bezeichnet. Das Gesetz liefert allerdings keine Angaben darüber, wie man den Status eines Griechen oder Ägypters erkennt. Der Wortlaut des Gesetzes zeigt, daß Ägypter und Griechen Verträge miteinander sowohl in Griechisch wie auch in demotischem Ägyptisch niederschrieben und daß sogar Griechen mit Griechen geschlossene Verträge in Demotisch festhielten. Daraus ergibt sich ganz klar, daß schon für das frühe zweite Jahrhundert v. Chr., wenn nicht schon viel eher, die Bestimmung der ethnischen Zugehörigkeit auf Grund der verwendeten Sprache der Situation überhaupt nicht gerecht wird. Worauf beruhte dann die ethnische Zugehörigkeit? Rein äußerlich und objektiv betrachtet ist die Antwort, wenigstens was die Männer betrifft, leicht. Es war ein offizieller Status, den man spätestens seit der Zeit Ptolemaios' II. in allen Rechtsangelegenheiten angeben mußte. Wie man jedoch einen solchen Status erlangte und was er dann subjektiv für den einzelnen, im besonderen für Frauen, in außeramtlichen Angelegenheiten bedeutete, ist viel schwerer zu beantworten.

Der Gebrauch von Doppelnamen, die schon oben als spezifisches Problem der Interpretation beschrieben wurden, steht im Mittelpunkt unserer Betrachtung. Die jüngsten Forschungen haben gezeigt, daß das ausdrückliche Auftreten von Doppelnamen nur die Spitze des Eisberges zeigt: Häufig sind Leute mit Doppelnamen überhaupt nicht zu ermitteln, da sie generell immer nur jeweils einen der Namen verwenden – den griechischen in dem einen, den ägyptischen im anderen Zusammenhang. Man könnte sogar so weit gehen und sagen, daß sie sich als Inhaber von zwei Namen verstanden und nicht, wie wir sagen, eines »Doppelnamens«. Willy Clarysse meint, daß die Namenswahl vom jeweiligen Zusammenhang abhing; der griechische Name werde nahezu ausschließlich in solchen Dokumenten verwendet, die mit dem offiziellen Amt oder Status als königlicher Amtsträger, sei es in der Verwaltung oder beim Militär, zu tun hätten, während der ägyptische Name in nahezu allen Privatangelegenheiten verwendet werde, und da besonders in demotischen Texten. So zeigt Clarysse, daß »im späten zweiten Jahrhundert der bekannte Dorfschreiber von Kerkeosiris (im Faijum; vielleicht das heutige el-Gharak el-Sultani) Menches, Sohn des Petesuchos, einen gut ägyptischen Namen hatte, wie man das von einem *Comogrammateus* (Dorfschreiber) wohl so erwarten darf. Jedoch wissen wir zufällig durch ein einziges Privatdokument in seinem umfangreichen Archiv, daß Menches auch einen griechischen Namen hatte, nämlich Asklepiades, den er allerdings in seiner amtlichen Funktion als Dorfschreiber nie verwendet hat ... Andererseits war der Dorf-*Epistates* (ein örtlicher Richter, in dessen Aufgabenbereich u.a. Fragen der Sicherheit liegen, der Polizeigewalt vergleichbar) von Kerkeosiris während der gleichen Zeit ein Grieche, wie das in der gesamten ptolemäischen Zeit üblich war, genauso wie seine Vorgänger und Nachfolger im Dorf. Das Merkwürdige an dieser Geschichte jedoch ist der Umstand, daß der *Epistates* mit dem griechischen Namen Polemon wahrscheinlich der Vater des Dorfschreibers mit dem ägyptischen Namen Petesuchos (alias Polemon) und Bruder des Menches ist.« Die *agoranomoi* (Notare) von Pathyris (heute Gebelein) und Krokodilopolis (bei Pathyris; vielleicht das heutige al-Riseikat) haben alle griechische Namen, aber da, wo sie außerhalb ihrer Funktion als *agoranomoi* belegt sind, sind die Namen von zwei anderen Familienmitgliedern ägyptisch. Zwei ihrer Ehefrauen sind »wohl versorgte«, *s.ḥm.t sʿnḫ*, ein Status, der nur durch eine demotische Urkunde nach ägyptischem Recht errichtet werden konnte und sonst immer mit Priesterfamilien verbunden ist.

Ein anderes Beispiel für den Gebrauch von Doppelnamen findet sich in den Archiven des Dionysios, Sohn des Kephalas. Während seiner dokumentierten Laufbahn (117/116 bis nach 104 v. Chr.) war Dionysios Soldat, Priester und Landwirt. Er war eines von drei Kindern aus der Ehe der Demetria mit Kephalas, beides gut griechische Namen. Kephalas selbst war eines von vier Kindern von Dionysios und Senobastis, die anderen hießen Peteharpokrates, Tothoes und Petenuphis. Alle seine Brüder hatten somit ägyptische Namen. Auf dieser Seite der Familie sind keine Pseudonyme belegt, was aber an der Art der erhaltenen Dokumente liegen kann. Demetria verwendete die Pseudonyme Sarapias und Senabellis, sie war die Tochter von Heliodoros alias Herieus und Senamunis. Dionysios hatte zwei Pseudonyme, Plenis und *Pꜣ-ʿšꜣ*, und er heiratete Isidora alias Taesis (ein aus dem Ägyptischen übersetzter griechischer Name), Tochter des Hermophilos alias Pachois und der Tetosiris. Als der Bruder des Dionysios diesen in einem griechischen Schriftstück ansprach, nannte er ihn »meinen Bruder Plenis«. Sein griechischer Name ist nur ein einziges Mal in seinen demotischen Urkunden genannt – und da bezeichnet er sich sehr aufschlußreich mit Hinweis auf seine militärische Stellung als Grieche.

Man könnte noch mehr Beispiele anführen, aber alle zeigen letztendlich doch die Gültigkeit von Clarysses Schlußfolgerungen. Doppelnamen finden sich überwiegend bei Personen in offiziellen Stellungen; sie treten aber nur gelegentlich auf, wobei zumeist ein Name genügt; der jeweils verwendete Name ist in offiziellem Zusammenhang der griechische, im Privatbereich der ägyptische. Die Belege für das vermehrte Auftreten dieses Phänomens stammen vor allem aus der zweiten Hälfte des zweiten Jahrhunderts. Man kann sich nur schwer der Schlußfolgerung entziehen, daß wir es hier zumindest in sprachlicher Hinsicht mit einem Bereich zu tun haben, der wahlweise ägyptisch oder griechisch, dieses aber nur in offiziellem Kontext war. Bezogen auf Dionysios, den Sohn des Kephalas, hat Pestman wie folgt geschlossen: »Dionysios konnte sowohl Griechisch wie auch Demotisch schreiben, er war somit zweisprachig. Das zeigt unserer Meinung nach, daß er aus ägyptischen Verhältnissen stammte, denn es kam nur selten vor, daß ein geborener Grieche Ägyptisch lernte und demotisch schreiben konnte. In sozialer Hinsicht war die umgekehrte Situation eher denkbar, darüber hinaus war das Erlernen der demotischen Schrift eine so mühsame Angelegenheit, daß es für jemanden, der schon Demotisch konnte, sicher leichter war, auch noch die griechische Schrift zu lernen als umgekehrt.«

Und doch liegen die Dinge nicht ganz so einfach; manche Leute verwendeten Doppelnamen, obwohl sie keine offizielle Stellung innehatten; wahrscheinlich haben auch einige Griechen Ägyptisch gelernt. Man mußte natürlich nicht unbedingt die schwierige demotische Schrift beherrschen, um vernünftig Ägyptisch sprechen zu können, außerdem konnte man einen Schreiber für das Aufschreiben eines Textes bezahlen. Darüber hinaus können wir in Fällen, in denen die Quellen zu einer bestimmten Familie nicht so zahlreich sind, wie in den angeführten Beispielen, das »primäre« kulturelle Umfeld eines einzelnen oder einer Familie nur sehr schwer feststellen, ganz zu schweigen von dem ursprünglichen ethnischen Hintergrund. Wenn jemand sowohl in griechischem wie auch ägyptischem Kontext auftritt und beide Sprachen verwendet, können wir dann überhaupt die Möglichkeit ausschließen, daß nicht vielleicht doch irgendein griechischer Vorfahre Ägyptisch gelernt hat? In dem Fall der Familie des Menches müßte man wohl zugestehen, daß im späten zweiten Jahrhundert weder Namen noch amtliche ethnische Bezeichnungen viel über die ursprüngliche Herkunft aussagen. Jeder Fall muß gesondert betrachtet werden, auch wenn Pestmans Annahme zugegebenermaßen korrekt sein mag.

Kommen wir nun auf Apollonia zurück, die Frau des kretischen Kavalleristen Dryton. Ihr Familienstammbaum väterlicherseits (wir wissen nichts über ihre Mut-

ter) besteht nahezu ausschließlich aus Männern mit Doppelnamen und Frauen mit ägyptischen Namen. Der erste uns bekannte Ahne ist Hermokrates alias Panas, Soldat in Pathyris (161 belegt), Großvater der Apollonia väterlicherseits. Ihre drei Schwestern hatten alle Doppelnamen, ihre fünf Töchter aus der Ehe mit Dryton ebenso. Diese Familie allein ist für die einen (wie schon beschrieben) ursprünglich hellenisch, aber ägyptisiert und für die anderen ursprünglich ägyptisch und hellenisiert. Clarysses Ausführungen über den Gebrauch von Doppelnamen scheinen mir immerhin zu zeigen, daß in dieser Familie die griechischen Namen primär zusammen mit der militärischen Rangfunktion genannt werden und erst sekundär, wenn es um den gesellschaftlichen Status dieser Militärs ging. Wenn kein offizieller Zusammenhang gegeben war, ließ man die griechischen Namen normalerweise fallen. Wir müssen wohl davon ausgehen, daß das Milieu sprachlich, rechtlich und kulturell vorwiegend ägyptisch war: Als *Personen* waren sie Ägypter, als *Amtsträger* handelten sie als Griechen. Wir können nichts über ihre Abstammung sagen, und die Doppelnamen, die bis in die 180er Jahre zurückreichen, sagen darüber nichts aus: Sie zeigen nur, daß der Gebrauch von griechischen Namen in offiziellem Kontext bis in diese Zeit zurückreicht.
Und doch bezeichnen sich Apollonia und ihre Schwestern ausdrücklich als Griechinnen; der Papyrus *SB* I 4638 besagt, daß Apollonia und ihre Schwestern Cyrenerinnen waren. Für die Männer im Militärdienst werden griechische oder pseudogriechische ethnische Bezeichnungen angegeben. Sie hatten Anspruch, als Griechen zu gelten, und zwar in der Weise, in der das oben zitierte Dekret Ptolemaios' VIII. das Wort gebraucht, und sie agierten in beiden Sprachen. Im Falle der Frauen können wir außer dem gesellschaftlichen Motiv, den griechischen Status zu beanspruchen, der ihnen mit mehr Geltung verbunden zu sein schien, kein anderes erkennen. Trotz aller königlichen Versuche, die *laokritai*, die einheimischen ägyptischen Richter, beizubehalten, sind diese schließlich verschwunden, während die gängigen ägyptischen Rechtsfälle, zunehmend in griechischen Akten festgehalten, vor die *chrematistai*, die über Land reisenden griechischen Richter, gebracht wurden. Es verwundert wohl kaum, daß die Römer diese Leute von den Nachfahren der makedonischen Siedler, die etwas Ägyptisch sprachen, nicht trennen konnten: Apollonia und ihre Familie hätten eine solche Unterscheidung auch keineswegs gewünscht. Es sollte uns auch nicht überraschen, daß die Bandbreite der möglichen Definitionen des Hellenismus und auch sein kulturelles Wesen unter den späteren Ptolemäern die Bezeichnung »Hellene« letztendlich sinnlos machten. Gleiches passierte später auch mit dem römischen Bürgerrecht. Der Sinn eines sozialen Unterscheidungskriteriums ist es doch, andere dadurch auszugrenzen; das Senken von Schranken hebt das Bedürfnis, sich von der Masse abzusetzen, nicht auf, sondern führt nur zum Ruf nach neuen Schranken. Andere Möglichkeiten, sich sozial abzuheben, werden gefunden. Man kann nicht an Prestige gewinnen, wenn man wie jeder andere ist.
Dies jedoch ist letztlich eine Frage des rechtlichen Status. Wenn wir uns noch einmal der gesellschaftlichen und kulturellen Realität der ptolemäischen Zeit zuwenden, so muß man den Verfall der ethnischen Schranken untersuchen, um zu sehen, wie sehr er auf die Integration der Gesellschaft eingewirkt hat. Die große Masse der Bauern in der ägyptischen Gesellschaft blieb vom Hellenismus, außer als Untertanen, sicherlich unberührt. Die besitzende Schicht, die wir besprochen haben, war zweifellos eine recht kleine Gruppe, obwohl sie vergleichsweise viele Dokumente auf Papyrus hinterlassen hat. Ein bedeutender Teil dieser ägyptischen besitzenden Schicht waren die Priester; wir kommen später noch einmal auf sie zurück. Die Integration in umgekehrter Richtung ist fast ebenso schwierig zu fassen: Welchen Einfluß hatte Ägypten auf die Griechen? Inwieweit wurden Ägyptens Griechen »ägyptisiert«? Ganz allgemein kann man die Grundhaltung der Griechen gegenüber Ägypten und den Ägyptern als Ausnutzung und Ausbeutung bezeichnen. Sogar diejenigen, die sich für ägyptischen Einfluß auf die Ptolemäer selbst stark gemacht haben, haben im Grunde nur gezeigt, daß ägyptische Vorbilder königlichen Vorhaben nutzbar gemacht wurden, nicht aber, daß die königliche Familie ägyptisiert worden wäre. Zweifellos waren die Griechen für Traditionen anderer Länder empfänglich, und so haben sie zum Beispiel offenbar Elemente der ägyptischen Medizin und Weisheitsliteratur übernommen.
Man muß sich davor hüten, solche Phänomene als »Ägyptisierung« der Griechen aufzufassen. Was hätte man unter diesem Begriff überhaupt zu verstehen? Da sind zunächst ganz unbestreitbar einige direkte Hinweise auf Griechen, die Ägyptisch lernten, wie bereits beschrieben wurde. Dryton hatte, lange schon bevor er im Jahre 150 eine Ägypterin heiratete (ein Vorgang, der oft als »Ägyptisierung« betrachtet wird), seine Geldgeschäfte in

demotischen Verträgen festgehalten. Der lange Aufenthalt des Ptolemaios, *katochos* im Serapeum zu Memphis (zeitweise zusammen mit seinem Bruder und anderen Hellenen), war sicherlich der Grund für seine intensive Teilnahme am ägyptischen Tempelleben. Tempel waren immer weniger eine rein ägyptische Welt, sondern ein Bereich, in den immer stärker Griechen, griechische Sprache und Kultur eindrangen.

Aber ein noch wichtigerer Punkt muß betont werden: Der Hellenismus war, seit wir ihn fassen können, immer schon ortsspezifisch, partikularistisch und rezeptiv gewesen. Einerseits nutzten die Griechen fremde Kulturen aus, andererseits aber waren sie durchaus geneigt, von den Fremden in Sprache, materieller Kultur, Bildungswesen und Religion zu lernen und manches zu übernehmen, ohne jedoch dadurch Abstriche von ihrem hellenischen Wesen zu machen. Gerade diese Verbindung von Offenheit und tief verwurzelter Abneigung gegen Absorption ihrer eigenen Identität ist ein Kennzeichen der griechischen Kultur im Vergleich zur ägyptischen, die sich extrem abkapselte und wohl deshalb auf Dauer nicht überleben konnte. Die Fähigkeit der Griechen, sich auf neue Lebensbedingungen einzustellen, ohne dadurch ihre kulturelle Identität zu verändern, und ihre Machtstellung in Ägypten versetzten sie in die Lage, sich in Ägypten nach Belieben zu bedienen, ohne dabei ihr griechisches Wesen aufzugeben. Dies scheint umgekehrt den Ägyptern nicht möglich gewesen zu sein.

Es ist immer wieder betont worden, daß die griechische Besetzung in der ägyptischen Kultur praktisch keine sichtbaren Spuren hinterlassen hat. Als zwei ferne Anklänge an griechische Literatur (Homer, *Ilias* 22) und an griechische Opferbräuche in den Tempeltexten von Edfu entdeckt wurden, kam das einer Sensation gleich. Wie Claire Préaux ausführte, war ägyptisches Leben in nahezu allen Aspekten eng mit der Religion verknüpft. Fremden Einflüssen und Personen aber blieb die ägyptische Religion im wesentlichen verschlossen, wenn auch an Festtagen gelegentlich Griechen ägyptische Tempel aufsuchten. Die ägyptischen Kulte blieben jeglichen Neuerungen grundsätzlich verschlossen, sofern sie nicht aus ihnen selbst erwachsen waren. So bestanden die alten Kulte in dieser hermetischen Abgeschlossenheit bis zu ihrem endgültigen Untergang in der Spätantike, als das Christentum, das eine fremde Religion mit dem Wiedererstarken der ägyptischen Sprache vereinte, an ihre Stelle trat.

Ein merkwürdiger Aspekt dieser Abgeschlossenheit muß noch hervorgehoben werden. Die Architekten dieser Politik (ein vielleicht etwas tendenziös gewählter Ausdruck) waren sicherlich die Priester, welche die Kulte unter Kontrolle hatten. Und doch finden wir Priester auch in der Gruppe der »Hellenisierten« vertreten – nämlich jene, die Doppelnamen trugen und königliche Ämter innehatten und die griechische Sprache gebrauchten. Zwei Beispiele für dieses Phänomen wurden bereits angeführt. Dionysios, der Sohn des Kephalas, ist vor seinem Eintritt in die Armee als Priester belegt, und die *agoranomoi* unterhielten eine Institution (die der versorgten Frauen), die man sonst nur aus Priesterkreisen kennt. Der interessanteste Fall jedoch findet sich in viel höheren Kreisen. Mehrere griechische Gedichte auf Epitaphen aus der Nekropole von Hassaia bei Apollinopolis Magna (Edfu) machen uns mit einer Familie bekannt, die im späten zweiten Jahrhundert eine hohe militärische Rangstellung innehatte. Grundsätzlich stammen diese Gedichte eindeutig aus griechischer literarischer Tradition, aber J. Yoyotte hat aufgezeigt, daß sie doch bedeutende Elemente ägyptischer Religion beinhalten. Die genannten Personen können darüber hinaus zweifelsohne mit Leuten identifiziert werden, die ägyptische Grabsteine besitzen, auf denen sie ägyptische Namen führen. Einer ist ein *syngenes* (Gefolgsmann des Königs), ansonsten sind die Männer hohe Armeeoffiziere oder haben, wie in einem Fall, die Aufsicht über einen Kornspeicher; sie fungieren aber gleichzeitig als Priester altägyptischer Tempel, als Propheten des Osiris, des Horus, des Harsomtus. Die militärischen Ränge sind sowohl in den hieroglyphischen wie in den griechischen Texten aufgezählt, die Priesterränge in den griechischen jedoch nicht. Ebenso wie der gemeine Soldat und der niedere Beamte erscheinen diese Männer in offizieller Funktion mit griechischem Namen, im Privatleben dagegen haben sie ägyptische Grabsteine, ägyptische Namen und ägyptische Priesterämter – obwohl sie doch der höchsten Schicht der ägyptischen Gesellschaft angehören.

War die ägyptische Kultur in ihrer traditionellen Auffassung von Religion und Gelehrsamkeit tatsächlich für fremde Einflüsse so völlig unempfänglich, wie gemeinhin angenommen wird? Ägyptische Literatur beeinflußte griechische Schriften, ägyptische Götter wurden von Ausländern verehrt (freilich nicht immer so, wie die Ägypter selbst sie verehrten), und die ägyptische Kunst wurde bei der griechischen Stadtbevölkerung schließlich ausgesprochen populär. Wurde nicht auch in umgekehrter Richtung der eine oder andere dieser Bereiche durch die Griechen beeinflußt? In einer Hinsicht lautet die Antwort ganz klar »nein«. Das Demotische – eine geschriebene Sprache, die weitgehend im Einflußbereich der Priester lag – war gegen die Übernahme von griechischen Wörtern ausgesprochen resistent. Nahezu alle griechischen Wörter in ptolemäischen demotischen Dokumenten beziehen sich auf wenige Bereiche: Epitheta von Königen und Göttern, griechische Adjektive, Beamtentitel (diese nur selten – sie wurden für gewöhnlich ins Demotische übersetzt), ein paar Fachausdrücke in Verwaltung und Militär und einige Dinge des täglichen Lebens. Die gesamte demotische Literatur war im wesentlichen frei von griechischen Wörtern mit einer herausragenden Ausnahme: die wissenschaftlichen und medizinischen Texte, die eine sehr große Zahl von griechischen Wörtern übernommen haben. Erst in römischer Zeit kann man einen stärkeren griechischen Einfluß auf die demotische Literatur erkennen – sicherlich nicht ohne Grund. Von den wissenschaftlichen und medizinischen Texten abgesehen, weisen auch die spätptolemäischen demotischen Weisheitslehren deutliche Einflüsse aus dem zeitgenössischen Umfeld auf, sowohl aus dem griechischen wie aus dem semitischen.

Trotz der Begrenztheit dieses Kulturaustausches blieb das Volk von der griechischen Präsenz nicht unberührt. Sogar das Leben der Bauern wurde beeinflußt, sowohl durch die Entwicklung einer Marktwirtschaft nach griechischem Muster als auch – neben anderen wirtschaftlichen Veränderungen – durch die zunehmende Verbreitung von Münzgeld. Dazu kam auch noch, daß sich die Verwaltung allmählich vom traditionellen ägyptischen Muster zunächst zu griechischen, dann römischen Vorstellungen weiterentwickelte. Die höheren Schichten der ägyptischen Gesellschaft unterlagen, wie oben beschrieben, zumindest teilweise einer Hellenisierung. Bei Wohlhabenderen kann man eine gewisse Vertrautheit mit der griechischen Poesie voraussetzen, da sie vermutlich im Verlauf ihrer Tätigkeiten eher mit griechisch Gebildeten Kontakt hatten. In der römischen Zeit brauchten die Priester das Griechische für ihre Amtsausübung, und sogar die Orakel wurden in Griechisch gegeben. Die Kluft zwischen den sich verändernden Menschen Ägyptens und ihrer auf alten Traditionen beharrenden Kultur gibt vielleicht den Schlüssel zum Verständnis des allmählichen Absterbens Altägyptens und seines legendären Rufs in der Römerzeit, und hierin mag auch der Grund dafür liegen, daß fast ganz Ägypten innerhalb kürzester Zeit zum Christentum überwechselte. Aber das wäre ein eigenes Thema.

Das ptolemäische Ägypten: Priester und traditionelle Religion

von Jean Claude Goyon

Die Erschaffung der Welt und die Rolle des Königs

Die Religion der alten Ägypter – das Weltbild einer in sich geschlossenen menschlichen Gemeinschaft im Altertum – basiert auf einer ganz speziellen Auffassung vom Universum. Diese besondere Vision der göttlichen Ordnung, bereits sehr früh in Heliopolis formuliert und in den theologischen Schulen Ägyptens weit verbreitet, bewahrte ihren Einfluß bis in die letzten Tage der nationalen Unabhängigkeit Ägyptens. Nach dieser Auffassung war der Schöpfung eine konstante Bedrohung, die der eigenen Zerstörung, immanent. Für einen Ägypter in pharaonischer Zeit waren religiöses Handeln und Denken, die ihn im Kult leiteten, eine Antwort auf diese Bedrohung, deren Unvermeidbarkeit damit abgewendet wurde.

In der heliopolitanischen Lehre war das grundlegende Schema der Schöpfung folgendermaßen definiert: Der Verborgenheit des flüssigen Nichts (*Nun*) entstiegen, aus dem alle Dinge durch den Willen und Schöpfergedanken eines Demiurgen (Re, Atum) entstehen, hatte die neue Welt am Anfang die Gestalt eines Urhügels angenommen, der Pyramide, des Obelisken der Sonnenheiligtümer der 5. Dynastie in Abusir, des *Benben* in Theben, und Licht und Sonne, die sichtbare Form des Lichtes und den Ursprung und das Abbild des Lebens (Re-Harachte) willkommen geheißen. Dann kamen die Lebewesen und bevölkerten die Erde. Und aus dem Kampf zwischen den Elementen – Chaos und Ordnung, Wasser und Erde, Schatten und Licht, Tod und Leben – entstand der vom Auf- und Untergang der Sonne bestimmte Tageslauf. Damit dieser Kreislauf in Bewegung blieb, mußte der Demiurg den Kosmos im einmal erschaffenen Zustand durch Willenskraft aufrechterhalten. Anders ausgedrückt, mußte die Schöpferkraft für *immer und ewig* das Leben und die Schöpfung wollen und sie erdenken, um durch ununterbrochene und nicht erlahmende Erneuerung den Schöpfungsakt des »Ersten Males« fortzusetzen, wie der Ursprung der Welt in den hieroglyphischen Texten beschrieben war.

Sollte die Schöpferkraft angesichts der ihr immanenten Zerstörung ihr Schaffen beenden und sich abwenden, so bietet die religiöse Handlung zusammen mit den nötigen Worten die einzige Rettung. Nur sie allein kann die Gottheit dazu veranlassen, das Universum fortbestehen zu lassen und in dem Zustand aufrechtzuerhalten, in dem es am Weltbeginn nach der Gottheit Wunsch und Gedanken geschaffen worden war. Diese »Urordnung« drückten die Ägypter bildlich in ihrer Schrift und Ikonographie in Gestalt eines weiblich-göttlichen Prinzips aus, der »Göttin« Maat (einer personifizierten Abstraktion, KAT. 12), welche die göttlichen Gaben kosmischen Gleichgewichts und des Lebens verkörperte. Darüber hinaus verkörperte Maat alle für den Menschen relevanten Faktoren politischer und sozialer Ordnung: Wahrheit, Gerechtigkeit, Autorität und Respekt vor der Autorität. Sie war auch Ausdruck der Notwendigkeit des ewigen Austausches, der zwischen der menschlichen Gemeinschaft, die an das Leben glaubt, und der sie begründenden Kraft, der Gottheit, stattfinden und andauern muß. Somit ist Maat der wesenhafte symbolische Ausdruck kultischen Lebens in all seinen Aspekten, eines Kultes, der für ewig gefeiert werden soll. Hier wird klar, wie die Vorstellung von einer göttlichen Gabe, der Menschheit die Kontrolle über ihr irdisches Schicksal zu übertragen, von Anfang an mit dem Ursprung der Maat, des göttlichen Prinzips von Gleichgewicht und Leben, verknüpft ist. Die Gottheit verpflichtet somit die Menschen, die von ihr gesetzten Regeln zu beachten, und stellt deren Verletzung unter die höchste Strafe: Vernichtung der Menschheit wie auch ihres Universums. Gemäß dieser Denkweise kommt allerhöchste Bedeutung der Vorstellung zu, Gott übertrage Verantwortung auf den Menschen, und die Gemeinschaft oder ihr Oberhaupt trage die Verantwortung für die strikte Beachtung der Gebote.

Tatsächlich ist dieses grundsätzliche Übertragungsschema schon sehr früh im heliopolitanischen Mythos von den Kindern des Re (der Neunheit) bezeugt, der in ptolemäischer Zeit in allen theologischen Systemen des Südens sehr stark ausgeprägt ist. In diesem Mythos bilden Osiris und Horus, sein Sohn, das letzte Glied in der Übertragungskette, in der Re, der Schöpfer, Maat seinen irdischen Erben zuweist. Sobald Horus den Seth (den jüngeren Bruder) bestraft und ihm somit alle Rechte auf den Thron entzogen hat, wird er der siegreiche Nachfolger des ermordeten Osiris und somit zum Modellfall des legitimen Erben, der umgehend von Göttern und Menschen anerkannt wird. Er besitzt die Macht, dafür zu sorgen, daß die Ordnung der Welt, Maat, respektiert wird; er ist Garant der göttlichen Ordnung im Universum der Menschheit, und ebendiese Macht überträgt er auf seine irdische Erscheinung, den Pharao, »den lebenden Horus«, den königlichen Vereiniger der beiden Länder.

Re-Harachte
(Schöpferwort, Gedanke, Licht)
= Maat (Ordnung)

Schu	Tefnut
(männlich, Luft, Licht, KÖNIG)	(weiblich, Hitze, Wasser, KÖNIGIN)

Geb	Nut
(Vater, fruchtbare Erde)	(Mutter, Himmel, Geburt)

Osiris/Isis	Seth/Nephthys
(König + Königin =irdische Ordnung)	(Rivale + Schwester =Unordnung)
älter	jünger
legitim	illegitim
Erbe	enterbt

→ HORUS = PHARAO
irdischer König durch göttliches Recht

Abb. 5 Göttlicher Stammbaum des Horus

Schon seit der 1. Dynastie ist diese ewige Nachfolge in der königlichen Titulatur zum Ausdruck gebracht worden: Der König ist Horus (KAT. 8, 9) und darüber hinaus auch Sohn des Re, denn es ist seine Aufgabe, die Ordnung, also Maat, fortzusetzen, zu sichern und weiterzugeben. Als einziger und oberster Priester überträgt er die praktische Durchführung des Kultes, dessen Ursprung und Garant immer er selbst bleibt, auf die Priesterschaft. Daraus entwickelte sich ein ganz besonderes Verhältnis zwischen der Macht und dem Heiligen. Die Funktion Pharaos heiligte ihn, wie oben beschrieben, in dem Maße, daß man ihn als den »vollkommenen Gott« (*nṯr-nfr*) auf Erden betrachtete; zugleich aber war er allein der »Herr des Ritualvollzugs« (*nb-jrt-jḫt*). Wie ein Leitfaden zieht sich diese übermächtige Grundidee durch die Geschichte, vor allem in der ptolemäischen Zeit. Sie wird durch den Pharao-Horus verkörpert und beruht auf einem *Prinzip*, das Fragen nach dem Menschen in ihm, wie auch nach dem Ursprung seiner Legitimität oder nach seiner ethnischen Herkunft, zweitrangig macht. Für den gläubigen Ägypter – und der Glaube war in Ägypten über mehr als drei Jahrtausende der alles bestimmende Faktor – überlagerte die Existenz des Garanten des Seelenheils, den der Pharao verkörperte, alle politischen Zufälligkeiten dieser Welt: Es mußte einen König geben, gleich wie man ihn nannte, um die allumfassende Katastrophe abzuwenden, die einträte, wenn man die Maat verletzte: die Rückkehr der Schöpfung ins Chaos.

Dieser Glaube, der auf einer Urangst beruht, deren Bedeutung man nicht unterschätzen darf, erklärt, wie Ägypten im Verlauf seiner sehr langen Geschichte immer wieder imstande war, Gaufürsten aus dem Süden (die Mentuhotep-Könige der 11. Dynastie) ebenso wie Emporkömmlinge, z.B. die Ramessiden der 19. Dynastie, oder, noch ungewöhnlicher, »Barbaren«-Könige wie die Libyer der 22.–23. Dynastie, die Kuschiten der 25. Dynastie und schließlich die Perser wie Darius oder Kambyses als Horus-Könige anzuerkennen. Die Menschen des Niltals – in Glaubensvorstellungen verhaftet, die in der Tiefe ihrer Vergangenheit wurzelten – hatten zu allen Zeiten ihren gelehrten Schreibern, ihren Theologen und ihrer Priesterschaft vertraut. Die Priester hatten tatsächlich niemals aufgehört, so zu denken und zu handeln, daß das nationale Gleichgewicht gemäß dem Sonnen-

Abb. 6 Fassade des Hathortempels in Dendera
Die Säulen und die Kapitelle sind Sistren nachempfunden, Rasselinstrumenten, die im Kult der Hathor und anderer Göttinnen verwendet wurden.

glauben der Ahnen, dem Kernpunkt ihres wichtigsten Dogmas, aufrechterhalten würde. Die Priesterschaft diente somit im Herzen der ägyptischen Gesellschaft als ein wesentlicher Garant der politischen Stabilität, denn sie erfreute sich des immerwährenden Vertrauens der Untertanen im Königreich, für die sie die eigentliche Anwendung des monarchischen Prinzips auf das gesellschaftliche Leben in Ägypten verkörperte: Aufgrund der minutiösen Durchführung von Kult und Liturgie *im Namen des Königs und für ihn* hielten die Priester die Präsenz und das Funktionieren der lebenspendenden Schöpfungsenergie des »Ersten Augenblicks« im Universum aufrecht.

Insbesondere in der Lagidenzeit, der Zeit der Ptolemäer, als die großen Tempel von Edfu (Abb. 1, 2), Dendera (Abb. 6), Philae (Abb. 7), Kom Ombo und Esna unter den ersten Ptolemäern erbaut wurden und als man die Tempelanlagen und Kulte in Theben, z.B. den Tempel des Amun-Re in Karnak (KAT. 20, Abb. 21, 22), erneuerte, begann die Priesterschaft mit der Ausarbeitung und *in extenso* mit der Umsetzung eines zwar nicht neuen Konzeptes der königlichen Funktion, aber doch einer erneuerten Ausdrucksform ihrer praktizierten Prinzipien. Im Goldenen Zeitalter des Neuen Reiches hatte man sicherlich oft genug einen Pharao, beispielsweise Ramses II., sehen können, wie er selbst die Zeremonien in Theben ausführte, wie etwa bei der feierlichen Prozession des Amun-Re, des Königs der Götter, beim Schönen Fest im Wüstental. Unter den Ptolemäern und später unter den römischen Kaisern deutet nichts darauf hin, daß diese Souveräne in Menschengestalt an den Liturgien im Süden wirklich selbst teilnahmen. Nichtsdestoweniger

Abb. 7 Gesamtansicht der Insel Philae in Nubien
Blick von der Nachbarinsel Bigga. Zwischen den beiden Pylonen des Isistempels befindet sich das Mammisi. (David Roberts 1846)

wurden sie aber dort anerkannt, denn ihre Kartuschen tauchen sehr häufig auf zeitgenössischen religiösen Bauwerken auf.

Daß die Nachfolger von Alexanders Makedonen an den Feiern der Liturgien von Edfu oder Philae nicht teilnahmen, soll jedoch nicht heißen, daß diese Könige fremden Ursprungs, die Ägypten nach 331 v. Chr. beherrschten, vom einheimischen Kult völlig ausgeschlossen oder abgeschnitten waren. Dagegen spricht schon die Tatsache, daß sie sich darum bemühten, die Tempeldomänen wieder in ihre alten Besitztümer zu setzen, Neubauten zu finanzieren und sich selbst einen Platz unter den vergöttlichten königlichen Ahnen oder sogar – wie bei Alexander d. Gr. oder Arsinoe II. – im Pantheon vergöttlichter Heroen zu sichern. Trotzdem scheint es zwischen dem Norden und dem Süden ein starkes Gefälle gegeben zu haben. Während die Synoden der »griechisch-ägyptischen« Priester in Memphis abgehalten wurden, während das Delta ein Aufblühen von Kulten erfuhr, die, wenn schon nicht neu, so doch wenigstens dem Glauben der ägyptischen Griechen angepaßt waren (z. B. Isis, Sarapis; KAT. 98, 99), so besaß der Süden von Herakleopolis bis Philae im großen und ganzen eine Sonderstellung, was die wirklich einheimischen Kulte betraf. Er sah sich selbst als den wahren Hort der reinen Lehre pharaonischer religiöser Traditionen.

Nach 331 v. Chr. tendierte die Liturgie in den Tempeln des Südens, vor allem die Festliturgie, dazu, einen vorwiegend priesterlichen Charakter anzunehmen, der sich im Kern nicht sehr von dem unterschied, was früher zur Zeit der Priesterkönige der 21.–23. Dynastie stattgefunden hatte. In dieser Zeit waren die thebanischen Hohenpriester des Amun, allen voran Herihor (ca. 1000 v. Chr.), mit dem totalen Zusammenbruch der ramessidischen Macht konfrontiert und mußten durch den »Gottesstaat des Amun« einen wirksamen Weg finden, das Land zu regieren und wieder zu vereinen. Diese Priesterkönige stützten ihren Anspruch auf ihre höchste Befähigung als priesterliche Vertreter des Königs im Dienst des Gottes. Ihre Legitimität ergab sich sowohl aus ihrem Amt selbst wie auch aus einem Orakel des Amun, d. h. aus dem geoffenbarten Wort des Gottes, was eigentlich nur eine öffentliche Verkündigung der Übertragung der Maat darstellte. Priester und König konnten traditionsgemäß nur in dieser direkten Übertragung zur Einheit verschmelzen, und das konkrete Handeln des Priesters fand seine wahre Bedeutung nur durch die Macht der Umstände und der Notwendigkeiten des göttlichen Kultes.

Horus-König und Triumph des Falken-Königs

Die Übertragung der priesterlichen Funktionen, die, wie wir gesehen haben, bereits gegen Ende des ersten Jahrtausends in Theben langsam einsetzte, sollte in der ptolemäischen Zeit zur Regel werden. So hat etwa in Edfu bei den großen jährlichen Feierlichkeiten, bei denen traditionsgemäß der regierende König (ein Ptolemäer, dessen Thronnamen wir kennen und dessen Abbild auf Münzen belegt sein kann, der sich aber nie so weit in den Süden vorgewagt hätte) die Kulthandlungen geleitet und ausgeführt hätte, ein priesterlicher Vertreter, meistens der örtliche Hohepriester, den Platz des Souveräns eingenommen und Rang und Namen eines »Priesters des Königs« erhalten. Das zeigt den Wandel in der theologischen Auffassung von der Rolle des Königs noch deutlicher, obwohl rein formal das Erscheinungsbild des Königs in den Tempelreliefs weiterhin minutiös aufrechterhalten wurde. Dort sind einzig die Namen oder Bilder des regierenden Königs aufgeführt, mit göttlichem Stammbaum, in Memphis zum König von Ägypten gekrönt. Wir haben zuvor gesehen, daß Pharao-Horus, der das Prinzip von der Erhaltung der Maat verkörperte, ungeachtet seines Namens anerkannt und überall akzeptiert wurde, nicht wegen seiner Persönlichkeit, sondern um das Grundprinzip der sozialen Harmonie zu wahren. Auf der Grundlage dieser Gedanken und unter bewußtem Einsatz der Figur des Horus, Träger sowohl des Göttlichen als Sohn des Osiris wie des Königlichen als Pharao, »Horus der Lebenden«, »Gold-Horus«, faßten die Priester des 3. Jahrhunderts v. Chr. in der Darstellung des Horusfalken und seines lebenden Abbildes, des heiligen Falken, alle Eigenschaften zusammen, die das Wesen pharaonischen Königtums ausmachten, also die oben beschriebene wesenhafte Verknüpfung von Macht und Heiligem. Während das Delta allmählich hellenisiert wurde, belebte der Süden die königlichen Elemente der heliopolitanischen Lehre und verlieh ihnen eine liturgische Kraft, die nie zuvor erreicht worden war.

Die ptolemäischen Tempelwände in Edfu und Philae haben nahezu vollständig die Reliefs und Texte der großen Königsliturgien überliefert, die zu Ehren des »Lebenden Abbildes«, des »Lebenden Falken« oder des »dem Harachte heiligen Tieres« gefeiert wurden. Der lebende Greifvogel, belebt durch die lebenspendende Energie des großen Sonnenkönigs Horus, wurde unter all den vielen seiner Art im Vogelhaus des Tempels ausgewählt und war zeitlebens der inkarnierte Horus und das irdische Königsprinzip. All die feierlichen Liturgien des königlichen Jahreszyklus, die an den Tagen gefeiert wurden, die der Festkalender nach uraltem heliopolitanischem Vorbild bestimmte, verbanden den lebenden heiligen Falken mit der Statue des Gottkönigs, die im Tempel aufbewahrt wurde.

Auf diese Weise liefen um das 2. Jahrhundert v. Chr., als die Bauarbeiten an den königlichen Tempeln im Süden praktisch abgeschlossen waren, in einer Region, die von der turbulenten politischen Welt der fernen Ptolemäer in Alexandria vollkommen abgeschnitten war, die Zeremonien des Herrscherkultes, die jährlichen Höhepunkte der Verherrlichung des monarchischen Prinzips, in ihrer ganzen Komplexität innerhalb der Tempelwände ab, abseits von der unreinen Berührung mit der profanen Außenwelt. Nur die Schlußphase der großen Feierlichkeiten der Erneuerung der königlichen Macht beim Neujahrsfest gewährte dem Volk einen Blick auf die Herrlichkeit seines Gottkönigs.

Dieser Zyklus harmonierte mit dem Sternenjahr; die Riten waren in den kosmischen Rhythmus einbezogen und ihr Symbolgehalt durch ebendiesen Rhythmus inspiriert. In ihrer Verflechtung mit dem Kalender waren die Riten die feierliche Begehung der wesentlichen Handlungen und Ereignisse des sich ewig erneuernden Lebens des Königs der Welt. Die liturgischen Spiele, die der göttlichen Geburt des Horus-Königs, seiner Krönung und Thronbesteigung, schließlich der wiederholten Bestätigung seiner königlichen Macht, die die ewige Dauer seiner Regierung sichern sollte, gewidmet waren, stellten die zentralen Ereignisse des religiösen Jahres dar. Die Priesterschaft gründete ihre Tätigkeit auf die uralten Rituale aus Heliopolis, wo sie schon lange vor der Pyramidenzeit kodifiziert worden waren und in den Tempelarchiven ehrfurchtsvoll aufbewahrt wurden; die Priester fertigten neue Abschriften an, vervollständigten sie und brachten sie ans Licht, damit sie die *ordo* der Zeremonien bilden konnten. Und unter der Führung des *Priesters des Königs* vollzog die Priesterschaft in tiefer Gläubigkeit und mit größtmöglichem Aufwand die Feier der Rituale.

Die Königlichen Riten

Die Liturgien des Horus-Königs (im folgenden werden einige dieser Feierlichkeiten beschrieben) begannen in der Regel, zumindest in Edfu, am Ende des vierten Monats jenes langen ägyptischen Frühlings, der *Peret*-Jahreszeit (28. Pharmouthi im koptischen Kalender, ungefähr Ende März). Im »Geburtshaus« (*Mammisi*), einem eigenen Gebäude im Vorhof des Tempels, wurde das Mysterium der göttlichen Geburt von Horus dem Erben gefeiert, dem legitimen König des Universums, Nachfolger des Osiris und Paradigma für alle Könige. Seit der 18. Dynastie war der Mythos von der wunderbaren Geburt des irdischen Königs bekannt. In diesem Mythos nahm der Schöpfergott Amun auf magische Weise den Platz des leiblichen Vaters ein, des regierenden Königs, um mit der Königin den Thronfolger zu zeugen. Diese königliche Mutter war durch den Kontakt mit dem Göttlichen geweiht und brachte, als ihre Stunde kam, das königliche Kind zur Welt. Es war derselbe Mythos, angepaßt an den des Osiris, der ein grundlegendes Thema der Mythen der ptolemäischen Zeit darstellte. Die Mutter ist hier Isis: Königin, Frau des Osiris, die nach dessen vorübergehender Auferstehung von ihm schwanger wird; der langersehnte Sohn ist Horus, allerdings ein Horus, der als Symbol des Universalherrschers verstanden wird (KAT. 96, 97).

Es ist seine nahende Geburt, die von den Priester-Schauspielern der Liturgie angekündigt wird. Sie übernehmen die Rollen der in dem heiligen Schauspiel auftretenden Götter, die in Form ihrer kleinen tragbaren Statuen anwesend sind. Während die Theogamie und das Empfangen des Gottessohnes (zart angedeutet in dem Bild vom Töpfergott Chnum, der den Körper des Kindes auf seiner Scheibe formt) im verborgenen beschworen wurden, geschah die Verkündigung an Isis, daß sie den König Ägyptens zur Welt bringen würde, in einem Festakt. Nachdem man sie zum Kindbett geleitet hatte, brachte die Mutter des Rettergottes im Schutze der Geburtsgottheiten Bes und Hjt und der sieben Hathoren, der Genien der ewigen Freude, das göttliche Kind zur Welt. Dieses wunderbare

Abb. 8 Szene aus dem Mammisi auf Philae
Das göttliche Kind wird gestillt, der Gott Chnum bildet es auf seiner Töpferscheibe und der Gott Thoth gibt ihm die Lebensjahre; ganz rechts überreicht Augustus in seiner Funktion als Pharao ein Pektoral. (Nach Champollion)

Abb. 9 Die Geburt des Kindgottes Harpokrates („Horus das Kind") vor Amun-Re, der Göttin Nechbet und Kleopatra VII. Der geflügelte Skarabäus über dem Kind verkörpert den König von Ober- und Unterägypten; es ist der Sonnengott Chepri, der jeden Morgen erscheint und mit Harpokrates, dem Sohn Amuns, gleichgesetzt wird. Die Szene stammt aus dem zerstörten Mammisi in Armant. (Nach Lepsius)

Kind wurde von seinem göttlichen Vater anerkannt und begann sein Leben als göttlicher Säugling, der von göttlichen Ammen gestillt wurde (Abb. 8–10).
Das gesamte rituelle Spiel war in bezug auf die Geburt des Horus im Papyrusdickicht des Deltas, der Verborgenheit der Sümpfe von Chemmis bei Buto, umgestaltet worden. Dadurch lag der zentrale Punkt der Zeremonien in der Darbietung des Bildes des Falkengottes mit der Krone von Ober- und Unterägypten vor einem Hintergrund, der an die Marschen des Deltas erinnerte. Der Symbolgehalt der Szene war darüber hinaus zweifach: Wenn sie auch vorrangig darstellte, wie der Welt ein neuerschienener König vorgeführt wurde, so war auch bezweckt, an die Art und Weise zu erinnern, in der der König des Universums bei der Schöpfung erschienen war. Der Falke war nämlich auch die erste lebendige Inkarnation des Re-Harachte, der ebenjene Welt in Besitz nahm, die sein göttliches Wort soeben aus dem Wasserchaos heraus hat aufsteigen lassen. Ein neues Mal war das Licht enthüllt worden und garantierte nun das Leben.

Geburt und Erschaffung der Welt, das waren die treibenden Kräfte hinter den Feierlichkeiten der Hauptmysterien der jährlichen königlichen Schauspiele. Anschließend war es notwendig, zu den eigentlichen Herrschaftsritualen fortzuschreiten. Obwohl wir auf Grund der fehlenden Quellen den jeweiligen genauen Zeitpunkt der Feste nicht kennen, so folgten sie einander in logischer Reihenfolge, vom 28. Pharmouthi bis zum schicksalshaften Krönungstag: dem ersten Tag des Monats Thoth um Mitte Juli.
Mit der Verkündigung durch Re selbst, daß der Erbe auf die Welt gekommen sei: »Isis hat ihren Horus zur Welt gebracht...«, gewann der verjüngte König seine Macht zurück, und Maat, kurzfristig bedroht, regierte von neuem das Universum. Trotzdem war es nun noch notwendig, die göttlichen Beschlüsse über die Zukunft der Regierung zu bestätigen, und zwar jeweils an Neujahr. Mit dem Erscheinen der Sothis, des Sirius-Sterns, des Vorboten der nahenden Nilflut, bereiteten die Akteure des Rituals die allerwichtigste Zeremonie der jährlichen Festordnung vor: die Bestätigung der Erbschaft des Horus und die Krönungsfeierlichkeiten, die mit dem Neujahrstag zusammenfielen (1. Thoth, um den 20. Juli). Nachdem die Astrologenpriester die Ankunft der neuen Überschwemmung verkündet hatten, wartete das Volk ungeduldig auf das Wunder der Selbsterneuerung der ägyptischen Landwirtschaft, während mit dem ersten Anzeichen der Dämmerung am Neujahrstag ein geschäftiges Treiben in den Tempeln begann, die Horus im gesamten Süden geweiht waren. Die nun einsetzende Liturgie erforderte die Anwesenheit von zwei heiligen Symbolen des Königtums: der göttlichen Statue des Horus und seinem Lebenden Abbild, dem heiligen Greifvogel (Abb. 12). Alle Riten, die während der 20 Tage der Feierlichkeiten gleichzeitig oder nacheinander stattfanden, waren auf sie bezogen. Frühmorgens am ägyptischen Neujahrstag fand eine Prozession statt, welche die für das Fest ge-

kleideten und gesalbten Akteure zu den Stätten der Feierlichkeiten brachte. Zuerst passierte man die Schwelle des Allerheiligsten, dann durchschritt man das Vestibül, die hypostyle Halle und den Pronaos, bis man in den Hof gelangte. In feierlichstem Ernst setzte sich die Prozession fort zum »Kiosk der Verleihung der Erbschaft«. Nach dem Sakrament der Salbung und nach prophylaktischen Handlungen gegen die »Gefahren des Jahres« wurden Horus-König und sein Lebendes Abbild einander gegenübergestellt und mit den Emblemen der Bestätigung ihres Erbes versehen, während der Vorlesepriester und der Chor die Verse des großen Hymnus »Die Verehrung des Horus, dessen Erbe gesichert ist« sangen.

Sobald der leitende Priester das Bild des königlichen Falken und den Kopf des »Lebenden Falken« gesalbt hatte, stimmte er die feierliche Begrüßung an:

Heil dir Horus, Sohn des Osiris!
Mögest du beschützt sein! Mögest du beschützt sein!
Du bist der älteste Sohn des Onnophris,
Verehrung dir, Siegreicher Horus! – vier Mal –.

Dann traten die Akolyten hervor und ließen den ersten Schwarm von Botenvögeln frei, die auffliegen sollten, um der ganzen Welt zu verkünden, daß der König lebe und herrsche unter dem höchsten Schutz des Schöpfers. Unmittelbar danach begannen die Krönungsfeierlichkeiten. Ein Priester in der Rolle des Thoth rief Horus feierlich zum König aus, indem er die bedeutungsschweren Worte des »Königlichen Dekretes, gesprochen von Re-Harachte« intonierte und so die Weltherrschaft auf den Sohn des Osiris übertrug. Manchmal übernahmen abwechselnd Isis und Nephthys, von weiblichen Angehörigen der Priesterschaft dargestellt, wie z. B. in Philae, die wesentlichen Passagen des Dekrets und verkündeten sie so laut, daß die Welt der Menschen draußen ihre Bedeutung erfassen konnte. Das Volk, von dem Geheimnis der Riten ausgeschlossen, war sich aber deren Bedeutung immer bewußt und durchlebte ängstlich die Wartezeit. Im heiligen Bezirk brachten nun die Stolisten, Priester, die mit der Salbung und der Bekleidung der göttlichen Statuen beauftragt waren, die Kronen, die Rote des Nordens und die Weiße des Südens, die Szepter und Waffen und weihten alles der Statue des Horus und seinem »Lebenden Abbild«, das ihn begleitete. Während dieser ganzen Zeit sang ein Chor die Litaneien für den Schutz des Jahres, und dazu wurde das Sakrament der Salbung der Horusstatue mit einem duftenden Salböl, »der größte Jubel« (*hekenu*) genannt, vollzogen.

Gleichzeitig erfuhr auch der lebende Falke eine ähnliche

Abb. 10 Die göttlichen Ammen aus dem zerstörten Mammisi in Armant (Nach Lepsius)

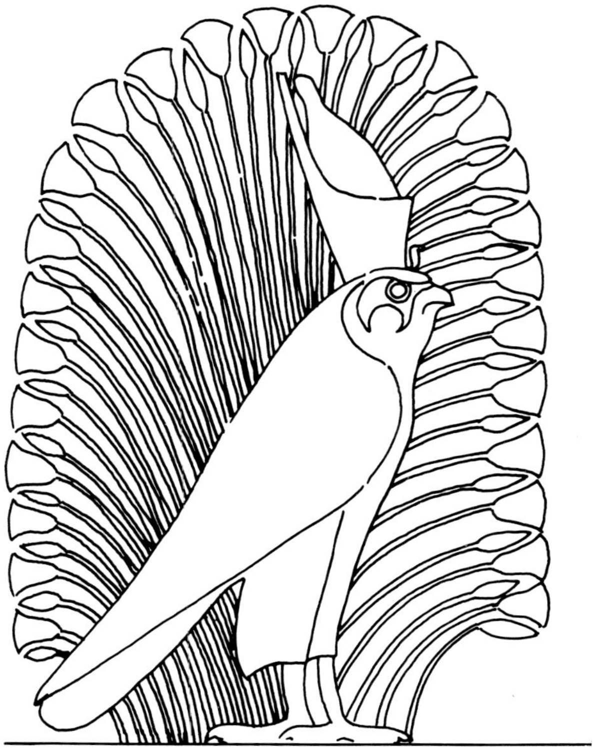

Abb. 11 Horus im Schutz der Sümpfe
Aus dem Mammisi auf Philae. (Nach Lepsius)

Salbung und erhielt geweihten Schmuck, die Szepter und die Sonnensträuße von Heliopolis – Symbole des ewigen Lebens, dessen Garant er werden würde.
»Deine Maat ist mit Dir, o Lebendes Abbild, Lebender Falke, und Du bist ihr Herr...«
Wenn diese heiligen Worte gesprochen waren, war der wichtige Tag des 19. Thoth angebrochen, ein Zeitpunkt, der damit zusammenfallen mußte, daß man der Welt der Menschen den Vollzug des allerhöchsten Aktes verkündete, durch den das Leben gesichert war. Dann brachte man die Botenvögel aus den Vogelhäusern des Tempels, damit sie die Heilsbotschaft in die vier Himmelsrichtungen des Universums trügen. Nachdem sie die Ölung erhalten hatten, die ihre Mission heiligte, stiegen nacheinander ein Falke, der den »Lebenden Falken« des Jahres symbolisierte, ein Ibis, ein Geier und schließlich nochmals ein Falke, der Horus, den Sohn des Osiris verkörperte, empor. Ihr Aufsteigen wurde vom liturgischen Chor begleitet, der nochmals die Strophen des »Dekretes des Re« sang und so dem Horus die Herrschaft über Ägypten und seine Menschen übertrug. Das war nötig, weil der *tatsächliche* König, der Garant der Maat, von diesem Augenblick an das »Lebende Abbild«, der heilige Greifvogel des Jahres war. Da war es von geringer Bedeutung, daß man an entsprechender Stelle in den heiligen Sprüchen den Namen des in Alexandria regierenden Königs einfügte; er wurde erst nach der Einsetzung des heiligen Tieres des Harachte verkündet. Eigentlich spielte nur dieses Tier eine wirkliche Rolle und war für das Volk Ägyptens der auf der Erde lebende Gottkönig. Aus diesem Grund auch wurde der heilige Falke gemeinsam mit der Prozessionsstatue des Horus von Edfu bzw. Philae dem Volk gezeigt, das in Freudentaumel fiel und in Gesängen um Gnade flehte.
In späterer Zeit, um das erste Jahrhundert v. Chr., als in Edfu und Philae die Pylone errichtet worden waren, formierte sich die Prozession im Festhof und ging dann weiter zum Erscheinungsbalkon des Falken. In früherer Zeit war er nur für das Fest im Eingangsbereich des Tempels errichtet worden, nun wurde einfach auf dem Übergang über dem Haupttor zwischen den beiden Pylontürmen an der Südfront des Tempels ein Balkon errichtet (Abb. 1), und zwar an der Seite, die sich nach außen der Welt der Menschen zuwandte. Der Pylon selbst war eine symbolische Darstellung des Horizontes nach altägyptischer Auffassung: ein Schnitt durch die beiden Uferberge des Niltals im Osten und im Westen. In der Mitte des Pylons bildete der obere Abschluß des Mitteleingangs eine eigene Terrasse, auf der das göttliche Abbild und sein lebendes Pendant in Erscheinung treten konnten. Dieses Erscheinen entsprach dem der Sonne, die ihren Lauf über das Land Ägypten vollzog, und für die versammelte Menschenmenge war dies die Bestätigung, daß die unschätzbare Gabe des Lichts des Lebens ihre Erneuerung erfahren hatte. Die Symbolik dieser Liturgie bestätigte auch die unbedarftesten Bauern Oberägyptens, die sich zum Fest versammelt hatten, über jeden Zweifel hinaus, daß ihre Welt dauern würde, daß sie immer geschützt und regeneriert würde, weil König und Gott, in der Verehrung Ägyptens eng verbunden, soweit man zurückdenken konnte, sich gemeinsam darum bemühten, Ägypten Leben zu schenken.

Die Vereinigung mit der Sonnenscheibe

Es wäre ein sinnloser Versuch, den vollen Ablauf aller Feste und täglichen Liturgien nachvollziehen zu wollen,

Abb. 12 Prozession aus dem Horustempel in Edfu
Der Zug der Priester, angeführt vom Pharao, trägt die göttlichen Bildnisse des Lebenden Falken und des falkenköpfigen Harachte („Horus-der-beiden-Horizonte"). (Nach Chassinat)

die dem liturgischen Jahr der ägyptischen Tempel den unwandelbaren Rhythmus verliehen bis hin zu jenen Tagen, als das Christentum letztendlich über die alte Religion triumphierte. Eine Hauptzeremonie im ägyptischen Tempeljahr der Ptolemäerzeit muß jedoch noch beschrieben werden, eine Zeremonie, die übrigens wesentlich dazu beigetragen hat, die Architektur des ägyptischen Idealtempels der spätesten Zeit nachzuzeichnen. Diese Zeremonie war das Ritual der Vereinigung mit der Sonnenscheibe. Am ersten Tag des Jahres, wenn der neue Kreislauf begann, der jeden Jahreszeitenwechsel markierte und damit letztlich in den kritischsten Stunden des Jahres, verließ in allen Tempeln, ob groß oder klein, die göttliche Statue das Dunkel des Allerheiligsten und wurde feierlich zur Terrasse auf dem Tempeldach getragen. Dort wurde sie den Strahlen der aufgehenden Sonne ausgesetzt. Der Symbolgehalt dieser Handlung wird unmittelbar deutlich. Die Tempelstatue trug in sich – das war zumindest die innerste Überzeugung der alten Ägypter – einen Teil der die Welt treibenden universalen kosmischen Energie, die sich in der Sonne manifestierte. Die Kultfigur speicherte diese Energieladung wie ein Akkumulator, und sie ließ sie hinausstrahlen aus dem Dunkel und der Beschütztheit des Sanktuars und verströmte sie über die Außenwelt und die Menschheit. Wenn man sie nicht wieder auflud, würde sich die Energie erschöpfen, würden die Strahlen versiegen. So setzte sich die Vorstellung durch, das göttliche Bildnis müsse nach einem festen Zeitplan den direkten Sonnenstrahlen ausgesetzt werden, um ihm so die Macht zurückzugeben, die für die Welt so lebenswichtige Energie zu erhalten, zu verbreiten und schließlich zu regenerieren.

In der Ptolemäerzeit waren alle Tempel – Edfu, Dendera, Kom Ombo, Philae, der kleine Hathortempel in Deir el-Medine auf der thebanischen Westseite oder der der Isis in Deir el-Schelwit – für die Zeremonie der Vereinigung mit der Sonnenscheibe mit besonderen architektonischen Vorkehrungen versehen. Ihr Plan sah eine Treppe vor, die nach Osten emporführte. So vollzog sich der Aufstieg der Statue zur Sonne (Abb. 13), heraus aus der Verborgenheit des Sanktuars über die *wabet*, Ort der Vorbereitung und des Übergangs, zum Bereich des vollen Lichtes auf der Terrasse oben auf dem Gebäude. Auf diesen Terrassen war ein mit Vorhängen geschmückter Kiosk Mittelpunkt der Liturgie: In ihm wurde die Statue kurz vor Aufgang der Sonne enthüllt, die sie mit ihren ersten Strahlen umfangen sollte. Von denselben Terrassen tauchte an der Westseite eine gerade Treppe in die Dunkelheit des Tempels hinab, in das verborgene Allerheiligste (Abb. 14). Sobald die Liturgie beendet war, trug man die Statue mit Musik und Gesang diese Treppe hinunter. Wieder in ihrer Kapelle eingeschlossen, übernahm die Statue von neuem ihre Aufgabe, als Kern des Universums ihre Strahlen auszusenden und Ordnung und Leben zu stiften.

Was machte es da schon aus, daß sich die Ptolemäer in ihren schrecklichen, sich gegenseitig vernichtenden Kämpfen selbst zerfleischten? Oder daß später die Kaiser im fernen Rom, weit entfernt vom Niltal, einander ablösten? War es von Belang, daß die Sprache der Griechen und Römer, deren Verwaltungsbeamte Strategen oder Präfekte hießen, deren Wirtschaft auf Stateren und Sesterzen basierte und deren Soldaten Hopliten oder Legionäre waren, der Welt bewies, daß diese Fremden für den Moment die Herren Ägyptens waren? Die gelehrten Priester wußten sehr wohl, daß auf ihren Schultern der Glaube des Volkes ruhte, von dem sie selbst ein Teil waren. Ihnen war die gewaltige Verantwortung auferlegt, durch ihr theologisches Wissen, durch ihre Archive, ihre fragilen Papyri, durch den getreuen Vollzug der Riten ihre nationale Identität zu bewahren, die untrennbar mit ihrer ruhmreichen Vergangenheit verknüpft war. Als Wahrer der Tradition, als Hüter einer Sprache und Schrift, die der profanen Welt völlig unverständlich wurden, versuchten sie in der letzten großen Phase ägyptischer Baugeschichte im 3. Jahrhundert v. Chr., ihre Tempel zur Grundfeste und zum einzigartigen Ausdruck des Fortbestands ihrer Vorstellung vom Schöpferwort zu machen, das die Lebenskraft des Universums schafft, faßt und trägt. Ihre Tempel waren die Welt; all ihre Wände bargen Leben, und sogar die Architektur war in ihren Elementen der Ausdruck von Leben. In ihren Millionen Hieroglyphen und Tausenden Götterfiguren in versenktem und erhabenen Relief überlieferten die Tempel glaubenstreu und fromm all das heilige Wissen, all die heiligen Worte ihres geweihten Erbes. Ptolemäische

Abb. 13 Prozession aus dem Hathortempel in Dendera
Dieses Relief aus einem der Treppenaufgänge zeigt hinter der Königin und dem König Priester, die einen Schrein der Göttin Hathor auf das Tempeldach tragen. (Nach Chassinat/Daumas)

Abb. 14 Das ptolemäische Allerheiligste im Horustempel in Edfu
Der Naos aus schwarzem Granit ist eine ältere Stiftung Nektanebos' II. aus der XXX. Dynastie. (Photographie von J. P. Sebah [gest. 1890])

Tempel sind die Bücher, in denen die ewige Religion des pharaonischen Ägypten lebt und fortleben wird bis ans Ende der Welt.
Der Zeit und der Vergeßlichkeit der Menschen trotzend, wurde so die ewige Existenz eines Ägypten bewahrt, das dem Glauben treu blieb, durch den es einst stark geworden war. Die Bilder, Worte und Sprüche in Stein, den Träger des Ewigen, geschnitten, sind der vornehmste Versuch des Menschen, der jemals in der ganzen Antike erdacht und realisiert wurde, die Fleischwerdung und Verwirklichung des Schöpferworts auszudrücken. Diese Zeugnisse eines monumentalen Glaubensaktes, den ein Volk für sein Heil versuchte, haben über die Jahrhunderte hinweg genauso, wie sie es gewollt hatten, das Gleichgewicht des Universums gewährleistet und der Menschheit immer wieder die Hoffnung gegeben, sich dieses wertvollste Gut zu erhalten: das von Gott geschenkte Leben.

Kleopatra VII. und der Kult der ptolemäischen Königinnen

von Jan Quaegebeur

Die Insel Philae im Süden Ägyptens, mit dem großen Isistempel als Mittelpunkt, blieb in den Jahrhunderten, in denen sich das Christentum in Ägypten ausbreitete, ein Bollwerk der heidnischen Kulte. Erst um 536 n. Chr. wurden diese durch den byzantinischen Kaiser Justinian eingestellt. Unter den zahlreichen, zumeist griechischen und demotischen Besucherinschriften in den Tempeln auf Philae aus der ptolemäischen und römischen Zeit befindet sich das Graffito eines gewissen Petesenufe in demotischer Schrift, eines Buchschreibers der Isis, in dem er seine Verehrung für Osiris zum Ausdruck bringt und weiterhin berichtet: »Ich überzog die Statue der Kleopatra mit Gold.« Der Text verweist auf das Jahr 90 des Diocles (Diokletian), das entspricht dem Jahr 373 n. Chr. F. Ll. Griffith nimmt an, daß sich »Kleopatra« auf Kleopatra VII. bezieht, die letzte ptolemäische Königin, und daß somit fast 400 Jahre nach ihrem Tod eine ihrer Holzstatuen (das Wort 'Statue' ist mit dem Zeichen für Holz determiniert) mit Edelmetall überzogen wurde. Diesem deutlich persönlichen Beleg einer posthumen Verehrung für die letzte ptolemäische Herrschergestalt aus dem Jahr 373 n. Chr. möchte ich ein anderes, wiederum demotisches Graffito zur Seite stellen, das allerdings sechshundert Jahre älter ist. Ein Teilnehmer einer Expedition zu den Steinbrüchen des Wadi Hammamat im zwanzigsten Jahr des Ptolemaios, Sohn des Ptolemaios (266/265 v. Chr.), empfiehlt seinen Namen dem Gott Min und den lokalen Göttern und sagt von sich selbst: »der Handwerker des Gottes, Psenamunis- ...kam, um eine Statue Pharaos und ein Bildnis der Arsinoe zu schaffen.« Arsinoe II., Schwester und Gemahlin Ptolemaios II., war 270 v. Chr. gestorben, somit handelte es sich wohl um Statuen des noch lebenden Monarchen und der bereits verstorbenen Königin. Die beiden demotischen Graffiti beziehen sich eindeutig auf die Kultstatuen ptolemäischer Herrscher. Die Ehrerbietung, die man den Königinnen makedonischer Herkunft zollte, die in Ägypten die Namen Berenike, Arsinoe oder Kleopatra trugen, ist eng mit der Verehrung der ptolemäischen Königsfamilie verbunden. Diese Verehrung ist sowohl Teil des einheimischen Kultrituals – das relativ unbekannt ist und darum hier besonders besprochen werden soll – wie auch des dynastischen Kultes, der einen hellenistisch-griechischen Hintergrund hat. In beiden Fällen steht eine Vielzahl von schriftlichen, archäologischen und ikonographischen Belegen zur Verfügung. Was die Verehrung einzelner Königinnen angeht, so muß man, sowohl in ägyptischem wie in griechischem Kontext, generell unterscheiden zwischen der Vergöttlichung einer Königin allein – ursprünglich nach ihrem Tod, später zu ihren Lebzeiten – und ihrer Verehrung gemeinsam mit ihrem Gatten als lebendes Königspaar bzw. als verstorbene Eltern oder Ahnen. Man darf auch nicht vergessen, daß neben dem offiziellen Kult eine Verehrung im Volk bestand, deren Existenz sich z. B. aus Hinweisen auf private Heiligtümer ablesen läßt.

Die Zuweisung bestimmter Kultnamen an König und Königin zur Propagierung ihres religiösen und politischen Programms ist eine rein griechische Angelegenheit und wurde beispielsweise auch von der Seleukidendynastie in Syrien praktiziert. Gleichzeitig waren dadurch die Untertanen in der Lage, die Könige Ägyptens, welche alle Ptolemaios hießen, und ihre Königinnen voneinander zu unterscheiden. Die Numerierung, mit der sie heute versehen sind, wurde ihnen von den Historikern verliehen, wobei über die Zählweise keineswegs Einigkeit herrscht. So hat Ptolemaios (II.), der Sohn des Ptolemaios (I. Soter, des »Retters«), erst recht spät den Beinamen Philadelphos angenommen, den er von seiner Schwester und Frau Arsinoe (II.) übernommen hatte,

welche bei ihrer Vergöttlichung den Kultnamen *(thea) philadelphos*, »die bruderliebende (Göttin)« erhalten hatte; zusammen wurden sie als *theoi adelphoi*, »Bruder-Schwester-Gottheiten«, verehrt.
Man kann, vom jeweiligen Ursprung einmal abgesehen, in der Verehrung der Ptolemäer einige Unterschiede zwischen den hellenistischen und einheimischen Kulten feststellen. Im griechischen Umfeld von Alexandria, der neuen Hauptstadt an der Küste, und von Ptolemais in Oberägypten, zwei Städten, in denen man den dynastischen Kult organisierte, wurden die Priester und Priesterinnen aus den Reihen der bedeutendsten griechisch-makedonischen Einwandererfamilien gewählt. Sie waren eponym, das bedeutet, daß ihre Namen in den Datierungen von offiziellen Dokumenten verwendet und jährlich ausgewechselt wurden. In Alexandria gab es einen Priester des Alexander, des Stadtgründers, und der vergöttlichten Ptolemäer, deren Zahl im Verlauf der Geschichte natürlich immer größer wurde. Neben ihm sind Priesterinnen der Königinnen belegt, die häufig einen besonderen Titel trugen wie z. B. *kanephoros* »Trägerin des goldenen Korbes« der Arsinoe II. Philadelphos und auch *athlophoros* »Trägerin des Siegespreises« der Berenike II. Euergetis, »der Wohltäterin«. Für Alexandria sind die eponymen Priesterschaften von etwa 285 bis 100 v. Chr. gut belegt, besonders durch griechisches und demotisches Material aus ganz Ägypten. Gegen Ende des zweiten Jahrhunderts v. Chr. lassen sich einige Veränderungen feststellen, und diese Institution stirbt nahezu aus. Wir sehen, daß Ptolemaios IX. Soter II., Ptolemaios X. Alexander I. und auch Kleopatra III. selbst Priester bzw. Priesterin im dynastischen Kult gewesen sind. Nach 84/83 v. Chr. sind Namen von eponymen Priestern nicht mehr belegt. In Ptolemais ist der dynastische Kult erst ab 215 v. Chr. (Ptolemaios IV. Philopator) gesichert und wurde weniger aufwendig als in Alexandria durchgeführt. Als Stadtgründer nahm Ptolemaios I. Soter in Ptolemais den Platz Alexanders des Großen ein. Hier datiert die letzte größere Liste von Priestern und Priesterinnen (der Arsinoe II., Kleopatra I., II., III. und IV.) in die Jahre 138/137 v. Chr.
Durch Entscheidungen auf Synoden integrierte die einheimische Geistlichkeit eine ägyptische Version des hellenistischen Ptolemäerkultes gänzlich in die Priesterschaften und Rituale der lokalen Tempel. Tempelschreiber und diverse Priester verweisen in ihren Titulaturen auf Grabstelen, Statuen und Papyri auf ihre Einbeziehung in den dynastischen Kult. Was nun die Informationen zu einzelnen Königinnen angeht, so kennen wir ägyptische Priester nur im Dienst der vergöttlichten Arsinoe II. Philadelphos. Ihr Kult war besonders populär und hielt sich, wie wir noch sehen werden, bis ins erste Jahrhundert v. Chr. Im Gegensatz zum griechischen Gegenstück des Kultes wurden Alexander der Große, der Gründer Alexandrias, und Ptolemaios I., Gründer von Ptolemais, in den einheimischen Kult nicht mit einbezogen. In dieser Hinsicht ist es auch bemerkenswert, daß der Name Alexandria im Ägyptischen selten verwendet wurde; man gebrauchte im allgemeinen den einheimischen Namen Rakotis. Für gewöhnlich stiegen die jeweiligen Ahnen zu den Bruder-Schwester-Gottheiten auf (Ptolemaios II. und Arsinoe II.). Die Namen des ersten Königspaares, Ptolemaios I. und Berenike I., tauchen zwar in einigen griechischen und ägyptischen Quellen auf, aber der Umstand, daß sie nur gelegentlich in der Reihe der vergöttlichten Ahnen erscheinen, ist noch nicht gänzlich geklärt.
Bevor wir nun die zahlreichen ägyptischen Monumente, die mit dem Kult der ptolemäischen Königsfamilie verbunden sind, in eine historische Abfolge setzen, müssen wir unsere Aufmerksamkeit zunächst auf die Vielschichtigkeit der hellenistischen Quellen richten. Es gibt eine Unmenge von schriftlichen griechischen Belegen für die Bedeutung des dynastischen Kultes: Papyri, private Denkmäler, Ortsnamen und sogar Personennamen. Die griechischen Papyri bieten mehr als bloße Datierungen, die den (griechischen) Namen des eponymen Priesters und gelegentliche Hinweise auf ägyptische Priester, die mit dem dynastischen Kult verbunden sind, beinhalten. Letztere finden sich auch in demotischen und sogar in hieroglyphischen Texten. So wissen wir z. B. aus den sogenannten Abgabegesetzen, daß ab 263 v. Chr. ein beträchtlicher Teil der *apomoira* (eine Steuer auf Obstplantagen und andere Gärten) für die Aufwendungen des Kultes Arsinoes II. Philadelphos bestimmt war. Die große Oase Faijum, ein fruchtbares Gebiet, in dem sich viele Griechen niedergelassen hatten, wurde zum Arsinoitischen Gau umbenannt, und eine ganze Anzahl von Städten erhielt ihren Namen. Sie besaß einen Tempel in Philadelpheia, einer Siedlung, deren Name auf ihren Kultnamen zurückgeht.
Sogar außerhalb des ägyptischen Kernlandes, im ptolemäischen Großreich, bezeugen private Denkmäler die Popularität ihres Kultes; eine beträchtliche Anzahl von Städten, insbesondere florierende Häfen, wurden nach ihr benannt. Aber auch die Namen Berenike und Kleo-

patra finden sich in Ortsnamen wieder. Was die Personennamen betrifft, so begegnen wir dem dynastischen Namen Ptolemaios wie auch den makedonischen Königinnennamen ebenfalls bei den einheimischen Ägyptern. Die generelle Verbreitung demonstriert die Loyalität zum Königshaus. In den gehobenen einheimisch-ägyptischen Priesterkreisen von Memphis waren die Namen Berenike und Arsinoe sicherlich politisch gefärbt und brachten die Verbindung zu den griechischen Herrschern zum Ausdruck. Noch nach dem Fall des ptolemäischen Königshauses behielt der Name Kleopatra ein gewisses Ansehen. Im zweiten Jahrhundert n. Chr. finden wir ihn in einer bekannten einheimischen Familie: Die Frau des Soter, Archon von Theben, heißt Kleopatra. Ein noch deutlicheres Beispiel bietet 270 n. Chr. zur Zeit der palmyrenischen Besetzung Königin Zenobia, die als neue Kleopatra auftritt und sogar diesen Namen übernimmt. Man sollte schließlich auch die Gleichsetzung der Königinnen mit bestimmten Göttinnen, vor allem mit Aphrodite und ihrer ägyptischen Erscheinungsform Hathor, nicht unerwähnt lassen. Die Fülle des papyrologischen Materials wird wesentlich durch die epigraphischen Texte ergänzt, wobei die Weihinschriften in Stein besondere Beachtung verdienen. Zusätzlich zu diesen griechischen Dokumenten (deren Anzahl ständig wächst) verfügen wir noch über eine allerdings viel kleinere Menge von literarischem Material – z. B. die berühmte Elegie auf die Locke der Berenike von Kallimachus, einem Dichter mit Verbindung zur alexandrinischen Bibliothek, oder den Bericht des Kallixeinos über die große Prozession Ptolemaios' II. Philadelphos.

Unter den archäologischen Nachweisen für die Königinnen und ihre Kulte nehmen Münzen (KAT. 56, 57) und Skulpturen in hellenistischem Stil einen bedeutenden Platz ein. Zu den letzteren gehören vor allem die individuellen Porträts der Mitglieder des Königshauses (KAT. 60, 63, 64). Die Wiedergabe persönlicher Züge ist in vielen Fällen bemerkenswert. Entsprechend basiert die Identifizierung der unbeschrifteten fragmentarischen Statuen vor allem auf Vergleichsstudien mit den »Porträts« auf den Münzen. Der Porträtwert dieser Münzen, auf denen Könige, Königinnen wie auch Königspaare abgebildet sind, steht außer Frage. Man denkt sofort an die charakteristische Nase Kleopatras der Großen, von der Pascal schrieb: »Le nez de Cléopâtre: s'il eût été plus court, toute la face de la terre aurait changé.« (»Die Nase der Kleopatra: Wäre sie kürzer gewesen, das Anlitz der ganzen Erde hätte sich verändert.«) Die besonders typische Adlernase der letzten Kleopatra ist auf Münzen tatsächlich zu erkennen und bildet somit eine Basis, bestimmte Skulpturen zu identifizieren. Auf Münzen werden aber auch vergöttlichte Königinnen dargestellt, wie z. B. die verstorbene Arsinoe II. (KAT. 57 c, d), deren Abbild noch lange nach ihrem Tod auf Münzen geprägt wurde. Mit ihrem Diadem und Schleier ähnelt sie eher einer römischen Matrone als einer vergöttlichten ägyptischen Königin. Das gebogene Widderhorn hinter ihrem Ohr auf diesen Münzen betont ihre Göttlichkeit und ist gleichzeitig ein Hinweis auf Alexander, dessen göttliche Natur durch das Orakel von Siwa verkündet wurde, das den Eroberer als »Sohn des Ammon« begrüßte. Das Widderhorn verbindet sie mit dem traditionellen ägyptischen Hauptgott Amun wie auch mit früheren Königen, dem vergöttlichten Ramses II. (19. Dynastie) und den Pharaonen der 18. Dynastie, die ebenfalls mit diesem Attribut dargestellt wurden. Diese Verbindung der frühen hellenistischen Ikonographie mit der pharaonischen Vergangenheit ist besonders bemerkenswert. Ein anderes Element ist das Szepter, das auf manchen Münzen mit Arsinoe II. zusammen auftritt. Man deutet es als eine Art Stab mit Kobra, ein Kultobjekt, das in einigen ägyptischen religiösen Szenen auftaucht. Einige Weinkrüge (*oinochoai*) bzw. deren Fragmente werden im Englischen als »queens' vases« bezeichnet [im Deutschen als Ptolemäerkannen, Anm. d. Übers.], denn sie tragen Reliefszenen mit der Königin, die in einigen Fällen durch eine Inschrift näher bezeichnet ist und wie eine Göttin ein Füllhorn in ihren Armen hält; neben ihr befindet sich gelegentlich ein Hörneraltar. Einige dieser Elemente treten manchmal auch in Darstellungen in pharaonischem Stil auf (KAT. 62).

Was sagen uns die ägyptischen Denkmäler und Inschriften über die Verehrung der ptolemäischen Königinnen durch die einheimische Bevölkerung? Die frühesten, sicher datierbaren Dokumente gehören in die Zeit nach dem Tod Arsinoes II. (270 v. Chr.), als ihr Brudergemahl Ptolemaios II. noch lebte. Bemerkenswerterweise haben wir von Berenike I. nur posthume Darstellungen in Gemeinschaft mit ihrem Gemahl Ptolemaios I., welcher selbst als Pharao auf Tempelreliefs aus seiner Regierungszeit ohne sie auftritt (siehe KAT. 11). Von Arsinoe I., der ersten Frau Ptolemaios' II., die verstoßen und nach Koptos verbannt wurde, gibt es keine dokumentarischen Nachweise, die man ihr mit Sicherheit zuschreiben kann. So muß sich unser Augenmerk zunächst auf die ausdrücklichen und detaillierten Angaben zur Ver-

Abb. 15 Die Mendesstele
Die Inschrift schildert die Einsetzung des Kultes für seine vergöttlichte Gemahlin Arsinoe II. durch Ptolemaios II. Philadelphos. (Kairo CG 22181)

göttlichung Arsinoes II. richten. Die große Mendesstele, heute in Kairo (Abb. 15), beschreibt, wie Ptolemaios II. nach ihrem Tod in seinem fünfzehnten Regierungsjahr ihren Kult einsetzte. Den diesbezüglichen hieroglyphischen Textabschnitt kann man folgendermaßen übersetzen: »Seine Majestät befahl, daß man ihre Statue in allen Tempeln aufstellen solle. Das erfreute deren Priester, denn sie kannten ihre edle Haltung gegenüber den Göttern und ihre vortrefflichen Taten zum Wohle des ganzen Volkes ... Ihr Name wurde proklamiert: Geliebte des Widders, die Göttin Philadelphos, Arsinoe.« Der obere Teil der Stele zeigt den König beim Opfer vor dem Widder, vor einem Kindgott, vor Banebdjedet, Hatmehit (Hauptgott und -göttin von Mendes) und Arsinoe. Der König wird von seiner Frau begleitet; hinter dem Königspaar erscheint eine dritte Person mit Königskrone, der Sohn und Mitregent Ptolemaios' II., der später in noch jungen Jahren einem Attentat zum Opfer fiel und daher den Thron des Vaters nie bestiegen hat. Es ist bezeichnend, daß die verstorbene Arsinoe sowohl unter den lokalen Göttern wie auch neben ihrem opfernden Gemahl erscheint. Diese Situation – eine einzelne Person sowohl als Subjekt wie Objekt einer kultischen Handlung – ist mit ramessidischen Darstellungen vergleichbar, in denen Ramses II. in Anbetung vor dem vergöttlichten Ramses II. steht, der dann auch als Statue auftreten kann. Neben der Mendesstele gibt es noch eine große Statuenbasis, heute im Freilichtmuseum beim Serapeum in Alexandria, auf der die Füße von drei Figuren erhalten sind, die man durch die Inschrift als Amun (in der Mitte) mit Ptolemaios II. zu seiner Rechten und Arsinoe II. Philadelphos zu seiner Linken identifizieren kann. In der nur fragmentarisch erhaltenen Inschrift spricht Amun zu Arsinoe folgende Worte: »Ich mache dich zu einer Gottheit an der Spitze der Götter auf Erden... Ich gebe dir den Lebensatem, der meiner Nase entströmt, um deinem *Ba* Leben zu geben und deinen Leib in alle Ewigkeit zu verjüngen.« Die jenseitsbezogene Ausdrucksweise zeigt deutlich, daß Arsinoe bereits tot ist.

Aus der Zeit zwischen dem Tod Arsinoes II. 270 v. Chr. und dem Ptolemaios' II. 246 v. Chr. verfügen wir über eine außerordentlich große Anzahl von Belegen für die Verehrung der Arsinoe. Da sind zunächst die Darstellungen Ptolemaios' II. zu nennen, der seine Schwestergemahlin als Göttin feiert. Neben den Tempelreliefs auf Philae sind bisher erst zwei Stelen mit Ptolemaios II. in Anbetung vor Arsinoe II. sicher zugeschrieben worden. Aber kürzlich ist mir ein weiteres Dokument dieser Art bekannt geworden, eine Stele im Royal Ontario Museum (Abb. 16), auf der ein Hörneraltar (ein Element, das auch im hellenistischen Kult vorkommt) die beiden Figuren voneinander trennt. Die Bedeutung der Stele ergibt sich aus der Haltung der Arsinoe, die ganz deutlich von den hellenistischen Darstellungen der Königin auf *oinochoai* geprägt ist. Den langen Stab, den sie in völlig unägyptischer Weise mit der hocherhobenen Hand umfaßt, kann man möglicherweise mit dem Szepter in Verbindung bringen, das manchmal zusammen mit Königinnen auf Münzen auftaucht. Offensichtlich bestand zwischen den hellenistischen und den ägyptischen Ausprägungen des Kultes Arsinoes II. als eigenständiger Gottheit ein gewisser wechselseitiger Einfluß. Die Tatsache, daß Arsinoe, wie wir schon von der Mendesstele her wissen, in Tempeln zusammen mit dort ansässigen Gottheiten als *synnaos thea* (»göttliche Mitbewohnerin des Tempels«)

Abb. 16 Stele mit Arsinoe II. (?) vor einem Altar ▷
Hellenistische Einflüsse auf die einheimische Kunst Ägyptens zeigen sich in Stil und Motiven. (Toronto 979.63)

Abb. 17 Das Tor Ptolemaios' II. Philadelphos auf Philae
Die Reliefs und Inschriften dieser Szene gehören in die große Zahl noch unveröffentlichter Belege für Arsinoe II.

verehrt wurde, ist für zahlreiche Ortschaften gesichert. Kultstelen belegen mehrere solcher Orte im Delta. In den Kalksteinbrüchen von Maasara und auf Wänden und Toren mehrerer Tempel Oberägyptens (z. B. in Theben) wurde Arsinoe sogar in das lokale Pantheon integriert. Eine ganze Reihe von Belegen (zumeist Tempelreliefs) wurde bis jetzt noch nicht publiziert, darunter zwei Szenen am Tor Ptolemaios' II. auf Philae (Abb. 17). Memphis, der zweitwichtigsten Stadt nach Alexandria, kann nur ein ikonographischer Beleg mit einer gewissen Wahrscheinlichkeit zugeschrieben werden (KAT. 61). Und doch wissen wir durch eine große Zahl von hieroglyphischen und demotischen Grabinschriften bekannter Priesterfamilien, daß Arsinoe II. Philadelphos dort zusammen mit dem Hauptgott Ptah sogar bis 75 v. Chr. verehrt wurde. Mitglieder der Familie, die das Hohepriesteramt innehatte, haben über eine bestimmte Zeit hinweg auch den Kult für die frühzeitig verstorbene Schwester Arsinoes II., Prinzessin Philotera, durchgeführt. Aus diesem Grund sind die Namen Arsinoes und Philoteras miteinander auf einem unpublizierten Siegelabdruck aufgeführt, der sich im Metropolitan Museum of Art in New York (10.130.1563) befindet.

Von besonderem Interesse ist ein Türsturz in Stockholm, auf dem die Götter von Athribis von Ptolemaios II. angebetet werden; ihm folgt Arsinoe II., die ein Sistrum schüttelt. Man geht davon aus, daß Arsinoe hier als lebende Königin abgebildet ist. Da sie aber nicht mit einem normalen königlichen Titel bezeichnet ist, sondern als »König von Ober- und Unterägypten«, muß man einen Vergleich mit der Mendesstele ziehen, auf der sie nach ihrem Tod mit dem regierenden König vereint ist. Ähnliche Situationen sind auch für das Neue Reich belegt: Ein verstorbener und vergöttlichter König (z. B. Amenophis I.) oder eine Königin (Ahmes Nefertari) können nicht nur einzeln, sondern auch zusammen mit anderen lokalen Göttern verehrt werden; genauso können auch sie selbst anderen Göttern opfern. Bei anderen Bildnissen Arsinoes II. in kultischer Haltung mit Sistrum wird ihre göttliche Natur durch den Zusatz »Tochter des Amun« deutlich gemacht, ein Titel, der eng mit der zuvor beschriebenen Beziehung zwischen Arsinoe und Amun zusammenhängt. Die Zuweisung des Königstitels an Arsinoe auf bestimmten Denkmälern, vermutlich posthum, ist mit der Rolle verbunden, die sie wahrscheinlich in der ptolemäischen Flottenpolitik gespielt hat, die ihr Bruder nach ihrem Tod fortsetzte. Königinnen, die den Königstitel tragen oder als »Tochter des Amun« bezeichnet werden, sind schon aus pharaonischen Zeiten bekannt, wie die berühmte Hatschepsut oder die mit Amun verbundenen Gottesgemahlinnen der 26. Dynastie, die man in gewissem Sinne als Königinnen betrachten kann.

Ein weiteres wichtiges Beweisstück für die Vergöttlichung Arsinoes II. ist die Tatsache, daß sie in jeder der oben genannten Darstellungen eine ganz besondere Krone trägt (Abb. 18), die sich von der traditionellen Königinnenkrone unterscheidet. Sie setzt sich aus der unterägyptischen Krone, aus der zwei gerade Federn ragen, Kuhgehörn, Sonnenscheibe und Widderhörnern zusammen. Eine vereinfachte Version befindet sich auf einem bemerkenswerten Papyrusfragment, das sich heute in Paris befindet und eine Königin in rituellem Kontext zeigt. Diese Krone scheint eine Variante der Krone des Gottes Geb zu sein, dem Begründer und Vater der mythischen Götterdynastie (siehe Abb. 6). Sie wurde vermutlich aus Anlaß der Vergöttlichung Arsinoes geschaffen, wie auch die Krone der Prinzessin Berenike (siehe unten). Auf jeden Fall findet sich die Krone auf dem Kopf ptolemäischer Könige und, in Ausnahmefällen, auf den Häuptern einiger Kleopatras. Ebenso wie einige griechische Texte, so setzen auch manche hieroglyphischen Inschriften Arsinoe mit Isis gleich anstatt, wie sonst üblich, mit Aphrodite. Dieser Umstand scheint mit Arsinoes Königtum in Verbindung zu stehen: Isis, die Tochter des Geb, wird

Abb. 18 Die Krone Arsinoes II.
Abweichend von den traditionellen ägyptischen Kronen besteht diese aus der unterägyptischen Krone, zwei geraden Federn, Kuhgehörn, Sonnenscheibe und Widderhörnern.

häufig als Königin bezeichnet und kann ebenso wie ihr Bruder und Gemahl Osiris-Onnophris als »König von Ober- und Unterägypten« tituliert werden und ihren Namen in eine Kartusche schreiben lassen. Auf einer Statue im Vatikan (siehe unten) wird sie daher »Tochter des Geb« und »Abbild der Isis« genannt.

Wir kommen nun zu den Statuen Arsinoes II. Philadelphos. Ein Bildnis aus dem Metropolitan Museum of Art in New York ohne Krone, aber mit Füllhorn, stellt nach der Inschrift auf dem Rückenpfeiler »Arsinoe, die Göttin Philadelphos, Isis« dar (KAT. 62). In einer inschriftlosen Skulptur im traditionellen Stil in Leiden (KAT. 67) dürfen wir wohl auch Arsinoe mit ihrem speziellen Kopfputz erkennen. Auch einige Basisblöcke von Statuen sind erhalten; ein Exemplar befindet sich heute in Chicago und trägt eine hieroglyphische Inschrift, die diesen Basisblock in die Regierungszeit Ptolemaios' II. datiert und in griechisch den Namen »Arsinoes Philadelphou« (im Genitiv) aufweist. Die Tatsache, daß man gelegentlich einen in griechisch geschriebenen Namen neben eine hieroglyphische Inschrift setzt, ist ein weiteres Indiz dafür, daß die gehobene einheimische Geistlichkeit für die griechische Sprache sehr wohl empfänglich war.

Neben dem Graffito im Wadi Hammamat, das zu Beginn des vorliegenden Aufsatzes angeführt wurde, soll noch ein Abschnitt aus der berühmten Pithomstele zitiert werden. Er handelt von einem Hafen mit dem Namen Arsinoe, der sich an der Nordspitze des Roten Meeres befindet, wo »ein Tempel für [Arsinoe] Philadelphos errichtet wurde; er [Ptolemaios II.] ließ die [Statuen der] Bruder-Schwester-Gottheiten hier aufstellen«. Man könnte hier an die drei Kolossalstatuen denken, die sich heute im Vatikan befinden (Abb. 19, 20) und die zwar in Rom gefunden wurden, aber vermutlich aus Heliopolis stammen. Die Statue des Königs zeigt laut Inschrift den lebenden Ptolemaios II.; die Inschrift auf der Statue der Arsinoe mit den Epitheta »Tochter des Geb« und »Abbild der Isis« weist diese Statue, bei der die Krone fehlt, als die vergöttlichte Arsinoe II. aus; die dritte ist nahezu identisch mit der zweiten, bleibt aber anonym. Manche meinen, daß sie Philotera darstellen könnte, aber es ist genauso möglich, daß es sich um ein weiteres Bildnis Arsinoes handelt, die einmal mit ihrem Bruder zusammen als die Bruder-Schwester-Gottheiten und einmal allein für ihren eigenen Kult dargestellt ist. Für Ptolemaios II. selbst war es als ihrem Witwer, aber auch als einem auf ewig mit einer zur Göttin erhobenen Schwester und Gemahlin Verbundenen nur ein kleiner Schritt zum göttlichen Status innerhalb des Kultverbands der *theoi adelphoi*. Aus der Zeit Ptolemaios' II. scheint es nur eine Reliefszene dieses Kultes zu geben: einen Block aus Tanis (KAT. 12), auf dem die Göttin Arsinoe abgebildet ist, vor ihr der vergöttlichte König, dargestellt als blitzeschleudernder Zeus.

Zu der Regierungszeit Ptolemaios' III. mit Berenike II., die den Kultnamen *theoi euergetai*, »die wohltätigen Gottheiten«, annahmen, sind zwei wichtige Punkte anzumerken. Auf dem sogenannten Tor des Euergetes in Karnak begegnen wir zum ersten Mal, auf zwei Szenen verteilt, dem dynastischen Kult. Er bezieht sich hier nicht nur auf das lebende Königspaar, sondern auch auf die verstorbenen Eltern. In der einen Szene (Abb. 21) verbrennt Ptolemaios III. Weihrauch vor dem als »Vater des Königs« bezeichneten Ptolemaios II. und vor Arsinoe als Göttin Philadelphos, zusammen den Bruder-Schwester-Gottheiten. In der anderen Szene (Abb. 22) sehen wir die Anerkennung des Gottkönigtums Ptolemaios' III. und Berenikes II., die auf der Seite der Götter stehen. Sie tragen Zeremonialgewänder, in denen man eine neue Ver-

sion des Jubiläumsgewandes (*heb-sed*-Gewandes) sehen könnte, und erhalten von Chons, der als Schreibergott fungiert, ihre Titel und die ewige Herrschaft. Der zweite wichtige Punkt in dieser Regierungszeit ist die Vergöttlichung der Berenike, der frühzeitig verstorbenen Tochter von Ptolemaios III. und Berenike II., ein Ereignis, von dem das dreisprachig abgefaßte sogenannte Kanopusdekret ausführlich berichtet. In Kanopus fand 238 v. Chr., gerade zum Zeitpunkt des Todes der Prinzessin, eine Priestersynode statt. Man beschloß neben anderem, Statuen der Berenike in allen wichtigen Tempeln Ägyptens aufzustellen (von denen allerdings noch keine identifiziert wurde) – dies war natürlich keineswegs eine ursprünglich vorgesehene Entscheidung. Im folgenden erfahren wir, daß man für Berenike eine spezielle Krone entwarf, die genau beschrieben wird, und daß man das regierende Königspaar mit göttlichen Ehren versah. Die Darstellung im oberen Teil der Stele von Kom el-Hisn (Abb. 23), die eine Version des Kanopusdekrets enthält, gibt uns ein interessantes Bild des Herrscherkultes: auf der rechten Seite eine Reihe von ägyptischen Göttern, ihnen en face gegenüber die wohltätigen Gottheiten, das sind Ptolemaios III. und Berenike II. in Zeremonialgewändern und den Kronen der regierenden Monarchen wie auf dem Chonstor in Karnak, gefolgt von Thot und Seschat, die die Regierungsjahre des Gottkönigtums aufzeichnen, dahinter die Bruder-Schwester-Gottheiten (Ptolemaios II. und Arsinoe II.) und schließlich die Retter-Gottheiten (Ptolemaios I. und Berenike I.).
Gerade durch die Analyse der Szenen auf dem Tor des Euergetes und auf der Stele von Kom el-Hisn kann man die Funktion Ptolemaios' IV. und Arsinoes III. auf einer Stele in London (KAT. 13) verstehen. Das Königspaar vollzieht hier keineswegs einen kultischen Akt vor den Göttern von Imet bei Tanis, ihre Haltung und ihre besondere Kleidung weisen sie vielmehr selbst als Götterpaar aus. Ähnliche Anordnungen von Göttern und vergöttlichten Königen sind schon im Neuen Reich belegt. Auch aus der Regierungszeit Ptolemaios' IV. gibt es Darstellungen, die die verschiedenen zusätzlichen Aspekte des dynastischen Kultes erläutern. Im großen Horustempel von Edfu sieht man den König zusammen mit seiner

Abb. 19 Kolossalstatue Arsinoes II.
Diese Statue könnte ebenso wie Abb. 20 als wirkliche Kultstatue gedient haben. Auf dem Rückenpfeiler wird Arsinoe II. als „Tochter des Geb" und „Abbild der Isis" bezeichnet. (Vatikan 31)

Frau nicht nur beim Empfang des Gottkönigtums, sondern auch selbst bei der Durchführung der Ahnenkultriten. Darüber hinaus kennen wir eine großformatige Szene, in der Ptolemaios IV. Philopator die Opfergaben für die lokale Göttertriade Horus, Hathor und Harsomtus überreicht. Hinter der Triade folgen Ptolemaios III., II. und I. mit ihren jeweiligen Frauen, die somit als *synnaoi theoi* in den Tempelkult mit einbezogen werden. Derartige Szenen sind erstmals vor ca. 10 Jahren in einem Vortrag von E. Winter zum Herrscherkult in ptolemäischen Tempeln vorgestellt worden. Der Edfutempel, der der Theologie des Gottkönigtums gewidmet ist, liefert das ergiebigste Material an diesen Szenen aus den Regierungszeiten Ptolemaios' IV. bis IX. In Winters Untersuchung scheint keine Darstellung in die Regierungszeit Ptolemaios' V. Epiphanes datiert zu sein, von dem auch nur geringe Bautätigkeit bekannt ist; durch einen schweren Aufstand im Süden kamen die Arbeiten in Edfu zum Erliegen. Somit ist die Dokumentation des Herrscherkultes durch politische Ereignisse beeinflußt worden, die sich auf den Baufortschritt am Tempel auswirkten. Wir dürfen auch die Stele aus Annobeira (bei Damanhur) nicht vergessen, auf der Ptolemaios V. in Begleitung der Königin vor den Lokalgöttern, denen drei Königspaare folgen, beim Erschlagen der Feinde dargestellt ist. Ptolemaios V. und Kleopatra I. werden im Edfutempel sowohl von Ptolemaios VI. wie auch von Ptolemaios VIII. als Elternpaar verehrt. Nicht nur in Edfu sind besonders von Ptolemaios VIII. prächtige Szenen bekannt, die den dynastischen Kult illustrieren. Die jüngste dieser Szenen in Edfu jedoch stellt Ptolemaios IX. beim Opfer vor Ptolemaios VIII. und Kleopatra III. dar. Nach Ptolemaios IX. gibt es nur noch eine Türinschrift in Kom Ombo, in der die Ahnenreihe Ptolemaios' XII. Neos Dionysos (mit dem Spitznamen Auletes, »der Flötenspieler«) von seinen Eltern Ptolemaios IX. und Kleopatra III. die ganze Linie zurückverfolgt bis zu den Bruder-Schwester-Gottheiten Ptolemaios II. und Arsinoe II. In Kom Ombo erfahren wir auch, daß man immer noch die Statuen der Ahnen in einer Prozession herumgetragen hat. Obwohl der Bau diverser großer Tempel unter Ptolemaios XII. fortgeführt wurde, ist es noch immer

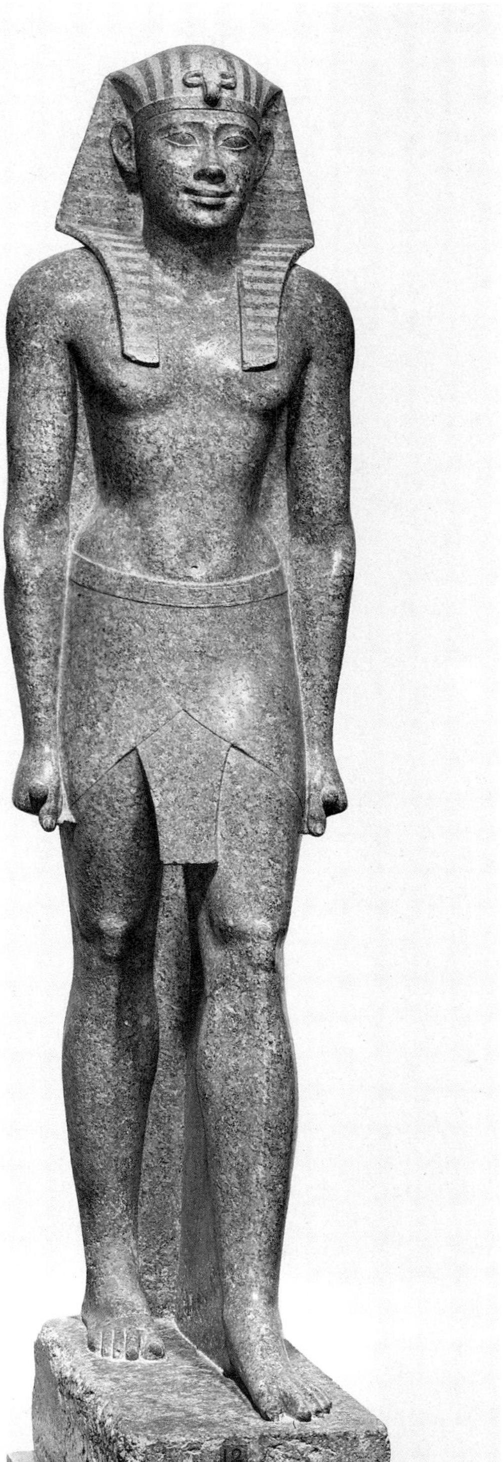

Abb. 20 Kolossalstatue Ptolemaios' II. Philadelphos
Diese Statue stammt ebenso wie Abb. 19 möglicherweise ursprünglich aus Heliopolis. Die Identität des Königs ist durch seine namentliche Nennung in der Inschrift auf dem Rückenpfeiler gesichert. (Vatikan 32)

Abb. 21 Relief vom Tor des Euergetes in Karnak
Ptolemaios III. beim Weihrauchopfer vor Ptolemaios II. und Arsinoe II. als Göttin Philadelphos. (Nach P. Clère)

schwierig, seine Rolle im Herrscherkult klar zu definieren. Zusammen mit seiner Schwester und Gemahlin Kleopatra V. Tryphaina bildet er die *theoi philopatores philadelphoi*, »die vaterliebenden und Bruder-Schwester-liebenden Gottheiten«, die Königin jedoch verschwindet nach seinem zwölften Regierungsjahr aus den offiziellen Daten. Danach haben wir aus seiner Regierungszeit nur einige ziemlich unsichere Angaben über die Königin(nen) für den kurzen Zeitraum, in dem sich der König in Rom aufhielt.
Bevor wir nun auf die große Kleopatra, die siebte und letzte Königin dieses Namens, zu sprechen kommen, fassen wir kurz die Stellung der Königinnen im dynastischen Kult zusammen. Im eponymen Kult, auf den wir im folgenden zurückkommen werden, genossen mehrere Königinnen zusätzlich zu der Stellung neben dem Gatten auch individuelle Verehrung. In der einheimisch-ägyptischen Version des Kultes betraf das, abgesehen von den Königspaaren, nur Arsinoe II. Philadelphos. (Die Prinzessinnen Philotera und Berenike, die vor Thronantritt verstarben, werden hier nicht mit einbezogen, da sie nie zu Königinnen wurden.) Der hochentwickelte dynastische Kult scheint in der ersten Hälfte des ersten Jahrhunderts v. Chr. mit der letzten Nennung von Namen eponymer Priester und von Arsinoe II. Philadelphos als *synnaos thea* in Memphis zu verschwinden. Danach gibt es keine Darstellungen von der Verehrung von Ahnen und regierenden Monarchen mehr. Im letzteren Fall nahm

Abb. 22 Relief vom Tor des Euergetes in Karnak
Ptolemaios III. und Berenike II. erhalten vom Gott Chons ihre Titel und die Symbole der ewigen Herrschaft. (Nach P. Clère)

die Königin immer den zweiten Rang nach ihrem Gatten ein, mit einer Ausnahme: Kleopatra III., die in den Datumsangaben vor ihre Söhne, die Mitregenten, gesetzt ist und die auch einmal vor Ptolemaios IX. in einer Kultszene in Karnak auftritt.

Über die Verehrung Kleopatras VII. zu Lebzeiten und nach ihrem Tod sind wir nur spärlich unterrichtet. Es sind keine Darstellungen bekannt, und man kann ihr auch nicht mit Sicherheit Statuen zuweisen, die im einheimischen Kult ein Rolle gespielt haben könnten. Sie tritt allerdings auf Tempelwänden, wie z.B. in einer Orakelkapelle in Koptos, als den Kult vollziehende Königin auf. Die große Zahl von leeren Kartuschen am Ende der ptolemäischen Epoche, wie zum Beispiel in Dendera und Kom Ombo, machten die Identifizierung der Königin allerdings schwierig. Sofern ihr Name auf ägyptischen Denkmälern auftaucht, wird er für gewöhnlich von ihrem Beinamen »die Göttin, die ihren Vater liebt« (*thea philopator*) begleitet, der sie als Gottheit charakterisiert und somit die dynastische Tradition aufrechterhält. Auf den Münzbildern gemeinsam mit Marc Anton wird sie als *thea neotera* bezeichnet (KAT. 57w). Die Bedeutung dieses Titels, der sie mit Aphrodite-Hathor gleichsetzt bzw. mit einer neuen, jüngeren Kleopatra Thea, einer syrischen Königin des zweiten Jahrhunderts v. Chr., ist nicht geklärt. Er kommt auch auf einem griechischen Papyrus von 36/35 v. Chr. vor, in dem der Beiname Philopator gefolgt wird von Philopatris, »die ihr Vaterland

Abb. 23 Die Kom el-Hisn-Stele
Diese Szene aus dem oberen Bogenfeld bietet eine interessante Darstellung des Königskultes. Ptolemaios III. und Berenike II. (in der Mitte) stehen einer Reihe von Göttern (rechts) gegenüber, sie selbst werden gefolgt von Thoth, Seschat und den vergöttlichten Herrschern Ptolemaios II., Arsinoe II., Ptolemaios I. und Berenike I.

liebt«. Unglücklicherweise liegt von einem königlichen Preislied in demotischer Literaturschrift aus dem ersten Jahrhundert v. Chr. bisher nur eine provisorische Beschreibung vor; folgende Überschrift wurde vorgeschlagen: »Glorifizierung der Kleopatra Philopator« : »Man bejubelt die großen Taten der Königin und ihre Siege; man ruft sie an als die göttliche Beschützerin des Landes.« Zweifellos am bekanntesten ist die große Darstellung an der äußeren Rückwand des Hathortempels in Dendera (Abb. 24), wo sie auffälligerweise gleich zweimal hinter ihrem Sohn und Mitregenten Ptolemaios XV. Kaisarion auftritt. Da sie hier in kultischer Haltung abgebildet ist, betont diese Darstellung (die sie, wie oft behauptet wird, als Isis-Hathor zeigt) nicht gerade ihre Göttlichkeit. Zum Angedenken an die Geburt ihres Sohnes Kaisarion, der als Sohn des Re betrachtet wurde, ließ sie einen Tempel in Hermonthis errichten, der sich jedoch nicht bis zur heutigen Zeit erhalten hat. Glücklicherweise liefern mehrere alte Zeichnungen interessante Anhaltspunkte, aus denen man entnehmen kann, daß hinsichtlich ihrer Stellung, die doch sehr von dem agierenden Mitregenten abhing, eine gewisse Unsicherheit bestand. In Ritualszenen tritt sie im allgemeinen allein oder vor dem männlichen Herrscher oder auch gemeinsam mit Ptolemaios XV. Kaisarion auf. Einmal wird sie als »König von Ober- und Unterägypten« bezeichnet, ein anderes Mal trägt sie als Tochter des Geb die besondere Krone, die auch die vergöttlichte Arsinoe II. getragen hat. Im Inneren des Denderatempels ist eine Königin hinter einem König abgebildet, die diese Krone alternierend zu der traditionellen trägt. Kleopatra VII. erscheint auch auf einer Stele mit dieser königlichen Krone, während sie auf einer anderen mit griechischer Inschrift (KAT. 72) als Pharao mit der Doppelkrone dargestellt ist. Eine fast vergessene, aber doch wichtige Information bietet die Nennung des Titels »Priester des Pharao« auf der Grabstele des memphitischen Hohenpriesters Petobastis-Imuthes (46-30 v. Chr.). Dieses Amt hatte schon sein Vater Psenptais unter Ptolemaios XII. inne, aber da dieser sehr

Abb. 24 Relief am Hathortempel in Dendera ▷
Die Szene auf der Rückwand des Tempels zeigt Kleopatra VII. und Kaisarion, den Sohn, den sie Julius Cäsar gebar. Sie bringen den Göttern des Tempels ein Opfer. Die kleine Figur dazwischen stellt den Ka Kaisarions dar.

junge Hohepriester 39 v. Chr. durch Kleopatra VII. ernannt wurde, kann sich das Priesteramt nur auf diese Königin beziehen.
In welchem Umfang dieses Priesteramt eine Fortsetzung des Amtes des »Priesters der Königsstatuen« aus der Spätzeit (26.–30. Dynastie) darstellt, ist bislang ungeklärt. Es ist wohl auch von größerer Bedeutung, die Verbindung zur römischen Epoche zu untersuchen, die mit der Besetzung Alexandrias und Ägyptens durch Octavian im Jahr 30 v. Chr. begann. 28/27 v. Chr. ernannte der neue *princeps* Augustus den neuen Hohenpriester Psenamunis III. zum Priester des Caesar (d.h. des Kaisers), ein Zeichen dafür, daß der Kaiserkult in Ägypten in mancher Hinsicht mit dem ptolemäischen Herrscherkult verbunden ist. Andererseits taucht der lateinische Beiname *divi filius*, den Augustus in Rom als (adoptierter) Sohn des ermordeten und später vergöttlichten Julius Cäsar annahm, in Ägypten in der Form »[der Gott], der Sohn des [großen] Gottes« auf. Über den Kaiserkult im einheimisch-ägyptischen Milieu gibt es keine Darstellungen, es hat sich insgesamt nur sehr wenig Material erhalten. Daher muß man auf die Fragmente einer Statue im pharaonischen Stil ausweichen, die vermutlich einen Kaiser als Herkules darstellt. Dagegen werden die Frauen der neuen Herrscher nicht mehr verehrt.
Kleopatra VII. jedoch, letzter Monarch eines unabhängigen Ägypten, die nach ihrer Niederlage bei Actium den Tod durch das Gift einer Schlange wählte, hält weiterhin die Phantasie gefangen. Viele Autoren sind der Ansicht, daß das Mittel ihres Selbstmordes – der Biß einer heiligen Kobra – Kleopatra in den Augen derer, die an den einheimischen religiösen Vorstellungen festhielten, zu einer unsterblichen Göttin machte. Über die Aussagekraft konkreterer Zeugnisse für einen posthumen Kult herrscht keine Einigkeit. Eine griechische Inschrift in Rosetta aus dem Jahr 4/5 n. Chr., die einen großen Tempel der Kleopatra erwähnt, ist ebenso umstritten wie ein Papyrus aus dem frühen dritten Jahrhundert n. Chr., der auf Aphrodite-Kleopatra, möglicherweise in Alexandria, Bezug nimmt. Vor dem Hintergrund dieser fraglichen Belege bekommt das demotische Graffito, das am Anfang zitiert wurde, eine besondere Bedeutung. Hat Kleopatra nicht auch sogar im Tempel der Venus in Rom selbst eine goldene Statue erhalten?

Die pharaonische Kunst im ptolemäischen Ägypten

von Robert S. Bianchi

Eine ernsthafte und breit angelegte wissenschaftliche Auseinandersetzung mit der ägyptischen Kunst der ptolemäischen Epoche beginnt 1887 mit Gaston Masperos kritischer Stellungnahme zur Statue des Hor aus Alexandria (Abb. 25). Haartracht, Physiognomie und besonders der Faltenwurf stellten für Maspero den fehlgeschlagenen Versuch eines einheimisch-ägyptischen Handwerkers dar, hellenistisch-griechische Formen zu rezipieren. Masperos Ausführungen waren so überzeugend, daß sie in der ägyptologischen Literatur bis heute als die charakteristischen Züge des sogenannten Mischstils der Ptolemäerkunst fortbestehen, definiert als ästhetisch unbefriedigender Versuch, hellenistische Formen in einen pharaonischen Rahmen einzupassen. Masperos Ansichten wurden nahezu unverändert von A. W. Lawrence und später von I. Noshy übernommen, wobei beide aber nie die Richtigkeit von Masperos Aussage überprüft haben. In jüngeren Arbeiten folgen sowohl G. Grimm wie auch Cl. Vandersleyen kritiklos den Ansichten Masperos und bringen auch keine neuen Argumente, die seine Interpretation stützen würden.

Ein Jahrzehnt nach Masperos Veröffentlichung hat F. von Bissing 1896 eine Gruppe nicht-idealisierender Köpfe einer Untersuchung unterzogen. Viele von ihnen waren während des neunzehnten Jahrhunderts gesammelt worden, ohne daß man groß auf Statuentypen (KAT. 110), Inschriften oder archäologische Zusammenhänge geachtet hätte. Bissing bezeichnete jeden dieser Köpfe als Darstellung eines *geron*, eines alten Mannes, und kam zwangsläufig zu dem Schluß, die ganze Gruppe sei von den Formprinzipien der klassischen Kunst beeinflußt. Sogar C. Edgar, der den ägyptischen Charakter der Körper, die zu den Köpfen gehören und von denen manche mit Hieroglyphen versehen sind, erkannte, blieb hinsichtlich der Köpfe bei der etablierten Ansicht und bezeichnete sie als »europäisch« und somit als »nichtägyptisch«. Als Ergebnis dieser anfänglichen Studien sah man in solchen nicht-idealisierenden Bildnissen »Porträts« im abendländischen Sinne. Da die ursprüngliche Interpretation nie genauer untersucht oder hinterfragt wurde, kam auch niemals der Gedanke auf, daß diese Bildnisse ägyptisch sein könnten. So haben auch B. Bothmer, der ein Beispiel ausführlicher behandelt hat (Boston 50.3427), und jüngst Cl. Vandersleyen die Köpfe nach wie vor der hellenistischen Tradition verpflichtet gesehen.

Diese Auffassung wirkte so überzeugend, daß B. Schweitzer versucht hat, das Bildnis des Horsitutu (KAT. 28) in die Entwicklung der römisch-republikanischen Porträtkunst des ersten Jahrhunderts v. Chr. einzupassen, obwohl die Statue doch viel eher in die Zeit um 300 v. Chr. zu datieren ist. Schweitzers Feststellung, daß die Physiognomie des Horsitutu in irgendeiner Weise mit dem Stil der römisch-republikanischen Porträts verbunden sei, war wiederum Grundlage für zwei weitere Behauptungen. Wenn man davon ausging, daß solche Bildnisse stilistisch mit bestimmten Exemplaren römisch-republikanischer Porträtkunst verbunden waren, dann stellten a) diese ägyptischen Bildnisse ebenso selbständige Porträts dar (KAT. 41) und b) hatten somit die nicht-idealisierenden ägyptischen Bildnisse, die erwiesenermaßen ins vierte und dritte Jahrhundert v. Chr. datierten, die Entwicklung der römisch-republikanischen Porträtkunst zwangsläufig beeinflußt.

Der Irrtum liegt in der Annahme, daß diese nicht-idealisierenden Köpfe tatsächlich Porträts seien, d.h., daß ihre Züge mit denen bestimmter Individuen übereinstimmten. Nach ägyptischem Verständnis von »Porträt« sind es aber nicht Menschen, die porträtiert werden sollen, sondern ihre Altersstufen bzw. Lebensphasen. Dieses

Abb. 25 Hor, der Sohn des Hor
Erste Aussagen über die Stilistik dieser Statue haben die Erforschung der ptolemäischen Kunst über ein Jahrhundert lang nachteilig beeinflußt. (Kairo CG 697)

Prinzip ergibt sich aus dem, was zahlreiche Wissenschaftler als die hieroglyphische Grundstruktur der ägyptischen Kunst bezeichnet haben – die Kunst als Weiterentwicklung des hieroglyphischen Schriftsystems. Demnach sind die Grundregeln des Erscheinungsbildes von hieroglyphischen Zeichen gleichzeitig das Regelwerk für die bildende Kunst. Zeichen und Darstellung sind daher untereinander vernetzte Symbolstrukturen. Diese Ansicht schließt die Existenz von nicht-idealisierenden Bildnissen allerdings nicht aus, was sich mit einer Untersuchung des altägyptischen Weltverständnisses zeigen läßt.

Seit dem Alten Reich haben die Ägypter den Lauf der Zeit bildlich mit deren Auswirkungen auf die körperliche Erscheinung des Menschen ausgedrückt. Die Türpfosten der Mastabas des Alten Reiches zeigen infolgedessen den Grabherrn generell in zwei Altersstufen, einer eher jugendlichen, die man als idealisierend, und einer mehr fülligen und gesetzten, die man als nicht-idealisierend bezeichnen könnte. Diese Unterscheidung ist modern; für den alten Ägypter sind beide Bilder idealisierend: Jedes stellt eine Hieroglyphe dar, die ganz allgemein eher einen Lebensabschnitt als einen bestimmten Moment abbildet. Dieser symbolische Kontrast zwischen dem gespannten jugendlichen und dem korpulenten alten Körper, wie man ihn in diesen Mastabas des Alten Reiches vorfindet, wurde im Edfutempel wiederaufgenommen und dort für die Darstellung der Sonne beim Auf- und Untergang verwendet. In ganz ähnlicher Weise entwickelten die ägyptischen Künstler der Spätzeit mehrere Typen für die Darstellung reiferer Männer, was aber nur die spätere Fixierung derselben künstlerischen Idee bedeutet. Der erste klar definierte Typus ist die Gruppe der 'Eierköpfe', so benannt, weil das Profil ihrer geschorenen Köpfe im Profil an Hühnereier erinnert. Wenn man die Stilelemente für die Wiedergabe von Altersmerkmalen (s. S. 63 f.) auf die Vorderansicht dieser Köpfe anwendet, kann man die idealisierende Variante (Abb. 26) leicht in den nicht-idealisierenden Typ wie KAT. 41–44 umwandeln.

Mit dem Typus der Eierköpfe ist der der 'Achterköpfe' verbunden. Diese Verbindung stützt sich allerdings nur auf die Ähnlichkeit in der Vorderansicht. Der Terminus Achterköpfe soll zum Ausdruck bringen, daß die ovale Gesichtsform in Höhe der Ohren eingezogen ist und die Gesichtskontur somit der Zahl 8 gleicht. KAT. 39 ist ein repräsentatives Beispiel für diesen Typ.

Eine dritte Gruppe kann als 'polygonale Köpfe' bezeichnet werden; die ausgeprägten Ebenen, die sich in der Profilansicht dieser Köpfe zeigen, treffen in charakteristischer Weise kantenartig aufeinander; Beispiele sind KAT. 30 und 38. Eine derartige Auffassung von der Schädelstruktur begegnet schon im Alten Reich, beispielsweise bei der Büste des Anchhaf in Boston (Abb. 27). Sie wird zum festen Bestandteil der Kunst der Spätzeit, wie sich am Kopf der Statue des Psammetichsaneith (Kairo CG 726) und in den Reliefs im Pronaos des Petosirisgrabes in Tuna el-Gebel aus dem späten vierten Jahrhundert v. Chr. zeigt (Abb. 28). Die ägyptischen Bildhauer der Spätzeit, die mit dieser polygonalen Struktur des Kopfes arbeiteten, konnten eine Variante entwickeln, die sich durch die Zufügung einer extrem gebogenen Nase auszeichnet. KAT. 34 ist ein Beispiel dieser Variante und hat Entsprechungen in Köpfen in Venedig (284) und Brüssel (E. 5346).

Auch die idealisierenden Köpfe, die nicht unter die 'Eierköpfe' einzuordnen sind, können in Typen gegliedert werden, deren zwei klar unterscheidbar sind. Der erste wurde im Verlauf der 30. Dynastie gebräuchlich und zeigt sich am besten in der Dattari-Statue (KAT. 22). Stil und physiognomische Details des Kopfes sind Varianten von Grundformen, wie sie sich bei einem zeitgleichen Kopf mit Kugelperücke in München finden (Glyptothek 29). Derartige Köpfe entsprechen dem Muster der 'Eierköpfe', aber jedes der Beispiele zeigt die volle Variationsbreite, die in jeder vorgegebenen Form steckt. Es ist aus diesem Grunde falsch, wie Quaegebeur gezeigt hat, Unterschiede innerhalb eines Typs als Anzeichen weitreichender stilistischer Abweichungen anzusehen und diese Unterschiede regionalen Schulen zuzuordnen. Die zweite Gruppe der idealisierenden Köpfe, bestes Beispiel ist KAT. 35, zeigt dies deutlich. Die Charakteristika sind ein ovales Gesicht mit Adlernase und kurzgeschnittenes Haar. Entsprechende Köpfe gibt es in Stockholm (NME 73) und Kopenhagen (AEIN 293). Das Kopenhagener Beispiel weicht von dem in München nur insofern ab, als sein Haar aus einer undifferenzierten Masse besteht und die Strähnen nicht deutlich angegeben sind. Das Fehlen solcher Details bei dem einen oder anderen ansonsten stilistisch ähnlichen Stück ist in der Ptolemäerzeit etwas Gängiges und kommt auch in Reliefdarstellungen vor (KAT. 61).

Das unveränderte Vorhandensein eines manchmal mit Hieroglyphen versehenen Rückenpfeilers nimmt diese Köpfe aus dem hellenistischen Umfeld heraus und setzt sie voll und ganz in das einheimisch-ägyptische Milieu, zu dem Auftraggeber und Künstler dieser Werke gehörten. Diese Ägypter waren immer Angehörige der wohlhabenden Schicht (s. S. 29), die als die wichtige Geistlichkeit des Landes nicht nur den größten Teil der Vermögenswerte kontrollierten (s. S. 30), sondern auch die Traditionen der Ahnen lebendig erhielten (s. S. 43). Es war ebendiese Priesterschicht, die die nicht-idealisierenden Bildnisse der ptolemäischen Zeit in Auftrag gab, Bildnisse, die keinerlei Parallelen in den Darstellungen der Ptolemäer selbst haben, weder im ägyptischen noch im hellenistischen Stil. In dieser Hinsicht stimmen diese Bildnisse mit einer bemerkenswerten Eigenart der ägyptischen Kunst der Spätzeit überein, daß nämlich die extremsten Beispiele nicht-idealisierender Bildnisse für gewöhnlich die von Privatleuten, nicht die von königlichen Personen, sind. Darüber hinaus hat man zu allen Zeiten in der ägyptischen Kunst nicht-idealisierende Frauenbildnisse generell vermieden. Bei keinem einzigen Beispiel einer Frauendarstellung im pharaonischen Stil aus der Ptolemäerzeit läßt sich eine Altersgeprägtheit feststellen, nicht einmal bei Kleopatra VII. selbst (Abb. 24). (Ein Bildnis, das oft als das der Kleopatra VII. bezeichnet wird, ist übrigens eine moderne Nachbildung.) Die nicht-idealisierende Fülligkeit der Gesichter bei KAT. 58 und 65, weiblichen Versionen des *physkon*-Typs von KAT. 50, ist viel zurückhaltender als bei dem Priesterkopf in Wien (KAT. 32). Diese Bemerkungen bezeugen mit eindeutigen stilistischen Kriterien den nationalägyptischen, nicht-hellenistischen Ursprung solcher nicht-idealisierenden Bildnisse.

Zunächst muß die Forschungsgeschichte dieser nicht-idealisierenden Darstellungen aufgezeigt werden, damit klar wird, warum die Datierung der angeführten Beispiele so sehr umstritten ist. Sowohl Bissing wie Edgar mußten zur Untermauerung ihrer These, daß diese Köpfe durch die Lehren der klassischen Kunst beeinflußt waren, ein kulturelles Milieu herausarbeiten, in dem derartige kulturübergreifende Einflüsse wirksam werden konnten. Darum war Bissing der Meinung, daß Details des Berliner Grünen Kopfes (KAT. 43) stilistisch denen auf einem Relief eines gewissen Henat in Berlin (15414) ähneln, und er hat daraus geschlossen, daß sie zeitgleich seien. Er verglich dann diese Arbeiten mit den Reliefs des vierten Jahrhunderts aus dem Grab des Petosiris (Abb. 28), die kurz vorher entdeckt worden waren und die, wie man glaubte, griechischen Einfluß zeigen. Davon ausgehend schloß er, daß alle drei ägyptischen Denkmäler zeitgleich seien. Bissing hatte aber nur die Details der Al-

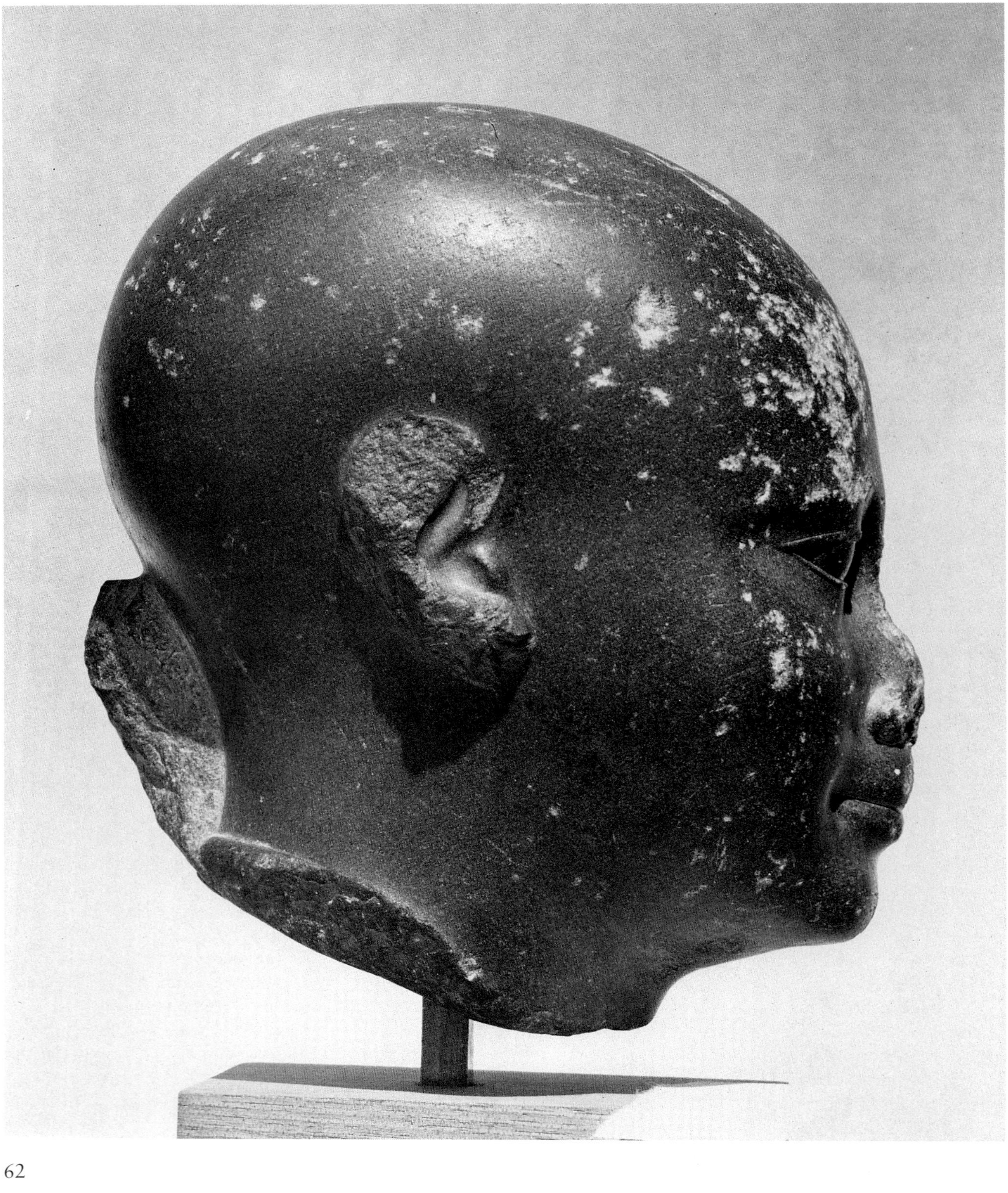

tersporträts verglichen, ohne dabei zu erkennen, daß die Köpfe nicht derselben typologischen Gruppe angehörten. Seine Analyse war somit methodologisch nicht haltbar, denn durch das Mimesis-Prinzip (s. S. 71) war es dem ägyptischen Handwerker freigestellt, Details nach Belieben zu wiederholen. Seine Argumentation bestätigt eigentlich nur, daß die 'Eierköpfe' und die 'polygonalen Köpfe' zeitgleich sein können und daß sie im vierten Jahrhundert v. Chr. belegbar sind. Er hat nämlich nicht erkannt, daß für die Datierung die Typologie über dem Detail steht und daß man jeden einzelnen Kopf zuerst in seine jeweilige typologische Gruppe einfügen muß, bevor man seinen chronologischen Standpunkt bestimmen kann. Nichtsdestotrotz haben sich Bissings stilkritische Äußerungen in der Literatur festgesetzt. Der jüngste Versuch von Vandersleyen, solche Porträts unter klassischen Einfluß zu zwingen, ist nur symptomatisch für die Dominanz und Langlebigkeit dieses unbegründeten Vorurteils.

Die Problematik der Datierung dieser nicht-idealisierenden Köpfe erreichte in der Zeit zwischen den beiden Weltkriegen neue Dimensionen. In den 30er Jahren haben J. Cère, B. Gunn und Ch. Kuentz Arbeiten zu den nicht-idealisierenden Statuen des Harwa beigesteuert, und R. Anthes schrieb über die Würfelstatue des Petamenophis in Berlin (Abb. 29), deren Kopf altersgeprägte Züge aufweist. Diese Arbeiten zeigten, daß die Statuen des Harwa und des Petamenophis, beide mit nicht-idealisierenden Gesichtszügen, Privatleute bzw. ägyptische Beamte darstellten, deren Karrieren man mit Hilfe der beigefügten hieroglyphischen Inschriften sicher in die erste Hälfte des siebten Jahrhunderts v. Chr. datieren konnte. In ebendieser Zeit steckte die griechische Bildhauerei noch in den Kinderschuhen und war durch einen abstrakten Idealismus gekennzeichnet. Als Resultat bleibt festzuhalten, daß diese ägyptischen Köpfe, bei denen jeglicher griechische Einfluß fehlt, am Anfang einer Entwicklung standen, die bis ins erste Jahrhundert v. Chr. andauerte. Bei dem Versuch, diese Evolution näher zu bestimmen, unterzog Anthes als nächstes Bissings Auffassung einer kritischen Untersuchung und kam zu dem Schluß, daß es sich bei den stilistischen Ähnlichkeiten zwischen dem Berliner Grünen Kopf (KAT. 43) und den Köpfen im Relief des Henat um künstlerische Freiheiten, nicht aber um chronologische Datierungskriterien handelte. Er datierte dann KAT. 43 und die Henat-Reliefs in die Zeit um 530 v. Chr., da er erkannt hatte, daß letztere in die unmittelbare zeitliche Nähe der Regierung Darius' I. zu rücken sind. Diese Datierung wurde später von E.

◁ *Abb. 26 Ein idealisierender 'Eierkopf'*
Die Charakteristika solcher Köpfe können in vielfältiger Weise verändert werden, um einen nicht-idealisierenden Effekt zu erzielen. (Brooklyn 55.178, Charles Edwin Wilbour Fund)

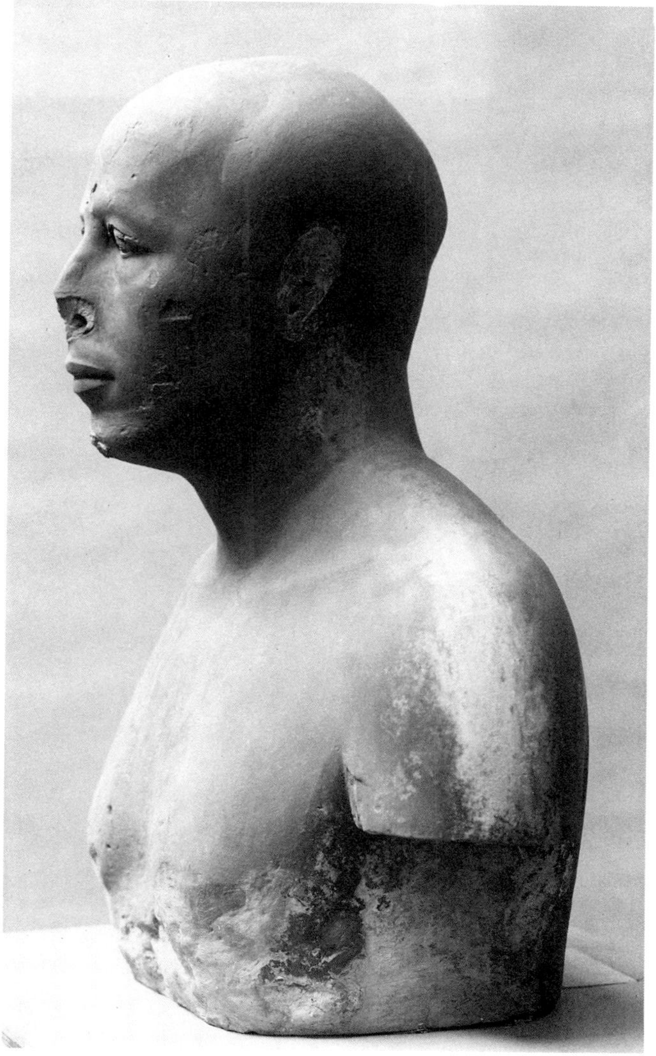

Abb. 27 Die Büste des Anchhaf
Der Schädelaufbau dieses nicht-idealisierenden Kopfes gehört in eine Tradition, die sich bis in die Ptolemäerzeit erhalten hat, wo die Schädel mehrerer nicht-idealisierender Bildnisse noch in ganz ähnlicher Weise modelliert wurden. (Boston 27.442)

Jelínková und H. de Meulenaere bestätigt. W. Kaisers Versuch, den Berliner Grünen Kopf in das späte fünfte Jahrhundert v. Chr. zu datieren, basiert auf der Weiterentwicklung der früheren Versuche von Anthes, mußte aber fehlschlagen, denn Kaiser hat, wie Bissing vor ihm, die typologischen Unterschiede nicht erkannt. Auch er war davon ausgegangen, daß stilistische Ähnlichkeiten bei Köpfen genügten, um deren Gleichzeitigkeit zu beweisen.

Diese Arbeiten verursachten bei der Bewertung der Saitischen Kunst (26. Dynastie) ein Dilemma, denn man hatte stets angenommen, daß nicht-idealisierende Bildnisse, wie die oben angeführten des Harwa und des Petamenophis, für die 26. Dynastie charakteristisch seien. So konnten Historiker wie J. Pirenne und Autoren wie C. Barocas und W. Wolf von einem »Saitischen Realismus« sprechen, obwohl die chronologischen Parameter für dieses künstlerische Phänomen nicht klar gefaßt waren. Den Begriff »Saitenzeit« verwandte man nun unkritisch und unpräzise als chronologische Bezeichnung für na-

Abb. 28 Relief im Pronaos des Grabes des Petosiris
Diese Szene aus dem späten vierten Jahrhundert v. Chr. verdeutlicht, wie variabel die Physiognomien bei den nichtidealisierenden Bildnissen in der Typologie der polygonalen Köpfe sind.

hezu jedes ägyptische Phänomen der Spätzeit. Die Datierung des Berliner Grünen Kopfes in die Saitenzeit durch W. Spiegelberg basierte teilweise auf solchen Argumenten und kann daher unberücksichtigt bleiben.

Einen tieferen Einblick in das Wesen einheimischer Bildnisse aus der Ptolemäerzeit kann die Untersuchung königlicher Darstellungen in der Rundplastik gewähren. Diese lassen sich unschwer in hellenistische und pharaonische Statuen einteilen, und ersteren soll nun zunächst unsere Aufmerksamkeit gelten. Da sie in ihrem Stil dem abendländischen Geschmack eher entsprechen, hat ihnen die Wissenschaft mehr Aufmerksamkeit gewidmet als den zeitgleichen pharaonischen Bildnissen. Ausgangspunkt für die Identifizierung dieser Bildnisse ist die Herausarbeitung von Übereinstimmungen mit Münzen, die Porträts und Legenden bestimmter Herrscher tragen (s. S. 47f.). Die allzu stark vereinfachende Anwendung solcher angeblicher numismatischer Ähnlichkeiten kann allerdings häufig zu unhaltbaren Ergebnissen führen. So befürworten immer noch viele die Identifizierung einer Marmorskulptur in London mit Kleopatra VII. auf Grund einer oberflächlichen Ähnlichkeit mit ihren Münzen, obwohl diese Identifizierung bereits vor über achtzig Jahren von A. Wace in Frage gestellt worden ist. Das Thema derartig vereinfachend anzugehen läßt die feinen Unterschiede zwischen einer zweidimensionalen numismatischen und einer rundplastischen Darstellung völlig außer acht. Darüber hinaus sind alle Bildnisse auf Münzen zeitgebunden; sie wurden zu einer bestimmten Zeit und an einem bestimmten Ort geprägt und können gerade deswegen präzise identifiziert und datiert werden. Trotzdem – oder gerade deshalb – können Bilder ein und desselben Monarchen bei zwei unterschiedlichen Prägungen auffallend unähnlich sein. Das trifft ganz sicherlich im Fall von Ptolemaios V. Epiphanes zu, dessen Beiruter Prägungen mit denen, die in Ägypten geprägt wurden, nicht sehr viel gemein haben.

Rundplastische Bildnisse dagegen sind nicht zeitgebunden. Jüngste Untersuchungen haben gezeigt, daß Bildnisse der Ptolemäer immer wieder neu bearbeitet und wiederverwendet wurden (KAT. 75, 84). All diese Beobachtungen muß man berücksichtigen, wenn man eine Skulptur mit einem Bild auf einer Münze vergleichen will. Am wichtigsten aber ist ein Kriterium, das das numismatische Bild endgültig vom Bereich der Skulptur trennt. Eine Münze hat, ungleich einer Statue, zwei verschiedene Seiten, auf die das Bild eines Herrschers und eine propagandistische Aussage geprägt werden können.

Abb. 29 Statue des Petamenophis
Die nicht-idealisierenden Gesichtszüge dieses Kopfes, der in die XXV./XXVI. Dynastie zu datieren ist, stehen am Anfang einer Tradition, die bruchlos bis in die Ptolemäerzeit hineinreicht. (Berlin 23728)

Bei numismatischen Bildern von ptolemäischen Herrschern befindet sich diese Botschaft häufig auf der Rückseite, so daß die Darstellung des Herrschers, unter Zusatz von Symbolen, auf der wichtigeren Vorderseite steht. Diese Funktionenverteilung ist nur bei Münzen gegeben. Bei nicht-numismatischen Darstellungen derselben Herrscher mußten Bildnis und Bildaussage in ein und dieselbe künstlerische Gestaltung zusammengeführt werden. In derartigen Darstellungen war das physische Erscheinungsbild der Absicht untergeordnet, einer Idee Ausdruck zu verleihen. Daher kann man für gewöhnlich in diesen ptolemäischen Bildnissen deutliche Anklänge

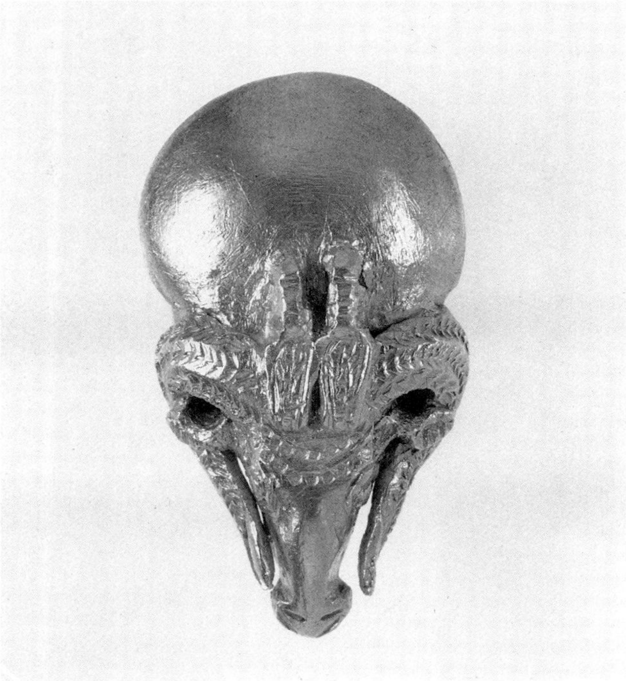

Abb. 30 Widderkopf-Amulett aus Gold
Derartige Objekte konnten die einheimisch-ägyptischen Künstler über das Mimesis-Prinzip in nahezu jeder Kunstform nachbilden. (Boston 23.333)

an eine Vielzahl von Göttern feststellen. Bei manchen ist die Ikonographie mit Pan verbunden, bei anderen mit Dionysos (KAT. 54). Man hat allerdings nie starr an diesen ikonographischen Typen festgehalten; jeder Ptolemäer konnte im Habitus jeder beliebigen Gottheit auftreten, ganz wie es die jeweiligen Umstände nahelegten. Wie variabel die ikonographischen Typen sind, wird nirgendwo deutlicher als in der Unfähigkeit der Wissenschaft, sie auseinanderzuhalten und die rundplastischen Bildnisse Ptolemaios' IX., X. und XI. auf Grund von Siegelabdrücken zu identifizieren, die die numismatischen Belege noch erweitern. Wenn diese Bilder wirklich Annäherungen an das Erscheinungsbild bestimmter Personen wären, wie das von den Siegelabdrücken angenommen wird, dann wäre es nicht schwierig, die Siegel aus Edfu mit den entsprechenden rundplastischen Darstellungen gleichzusetzen und die so dargestellte Persönlichkeit zu benennen.

Darüber hinaus folgten die hellenistischen Graveure der Prägestempel für die Münzbilder ganz bestimmten Konventionen, um eine Profilansicht herzustellen. Diese Konventionen sind aber alles andere als eine Hilfe bei der Identifizierung von pharaonischen Porträts, denn sie waren den Traditionen der einheimisch ägyptischen Künstler im ptolemäischen Ägypten fremd. Sie versetzen uns jedoch in die Lage, hellenistische Porträtkunst von der pharaonisch-ägyptischen zu unterscheiden. Seit dem vierten Jahrhundert v. Chr. verstanden es die griechischen Bildhauer, die verschiedenen Ansichten eines Kopfes in ein Bild zusammenzuführen. So sind in der Profilansicht einer typisch griechischen Arbeit aus dieser oder späterer Zeit die physiognomischen Details von der Vorderseite des Gesichtes zu den Ohren hin verschoben. Die Darstellungsweise nähert sich damit dem dreidimensionalen Bild, der Arbeit im blockhaften Stein, und ist damit völlig verschieden von der Arbeitsweise pharaonischer Bildhauer. Diese neigen dazu, das Volumen des Blockes unbeachtet zu lassen und die physiognomischen Merkmale auf die Frontalansicht zu verweisen. Man sieht das besonders deutlich in dem barocken Zusammenspiel der Gesichtsebenen bei nicht-idealisierenden 'Eierköpfen' des dritten und zweiten Jahrhunderts v. Chr. wie auch in den Profilansichten von KAT. 33 und 41. Der Steinblock in seiner Gesamtheit wird von der Plastizität der Form nicht durchdrungen, und sie fehlt auch ganz deutlich in der Profilansicht. Das beste Beispiel für die mangelnde Bereitschaft des ägyptischen Bildhauers, die Ansichtsebenen eines Kopfes miteinander zu verbinden, ist die trapezförmige Gestaltung der Stirn von KAT. 40. Es ist ebendieser Unterschied in der Auffassung vom Volumen der Rundplastik, der die Werke der griechisch-römischen Welt von den gleichzeitigen Arbeiten der pharaonisch-ägyptischen Werkstätten trennt. Somit ist eine Identifizierung, die sich ausschließlich auf einen Vergleich von pharaonischen Bildnissen der Ptolemäer mit ihren Münzen stützt, nicht selten in Frage zu stellen (KAT. 30, 50, 65).

In pharaonischen Bildnissen der Ptolemäer ist ebenso wie in ihren hellenistischen Entsprechungen das Thema Porträthaftigkeit programmatischen Aussagen untergeordnet, wie sich aus den Vorschriften zur Errichtung königlicher Bildnisse in den trilinguen Dekreten deutlich ergibt. So finden sich auf dem Stein von Rosetta (Abb. 3) Vorschriften für das Aufstellen eines Naos, eines Schreins, in den ein Bildnis von Ptolemaios V. Epiphanes gestellt werden sollte. Die Angaben, nach denen dieses Bildnis angefertigt werden sollte, beschränken sich auf die Insignien des Königsbildes und sagen nichts zur Bearbeitung des Gesichtes. Der kultische Aspekt dieses Bildnisses, der in symbolischen Attributen zum Ausdruck kam, war von übergeordneter Bedeutung. Entsprechendes kann man aus den Anweisungen zu Statuen schließen, wie sie auf der Mendesstele (Abb. 15) und auf der Pithomstele belegt sind (Kairo CG 22181 und CG 22183, s. S. 48, 51). Auch hier finden wir ausführliche Beschreibungen zur Form der Symbole und Attribute, die nötig waren, um den Statuen ihre besondere Bedeutung und Identität zu verleihen. Derartige Statuen waren in ägyptischen Tempeln weit verbreitet und wurden häufig bei Prozessionen herumgetragen (s. S. 53), wobei es ihre Ausstattung und nicht die Gesichtszüge waren, woran die Menschenmenge sie erkennen konnte. Diese Statuen wurden zu Symbolen, beinahe schon zu Hieroglyphen, und zum sichtbaren Ausdruck ihrer unterschwellig religionspolitischen Aussage. Auch wenn es sich nicht absolut beweisen läßt, so ist doch J. Quaegebeurs Vorschlag (s. S. 51) recht ansprechend, die Statuen Ptolemaios' II. Philadelphos und Arsinoes II. im Vatikan (Abb. 19, 20) seien Vertreter der Bildnistypen, die in diesen Dekreten beschrieben werden. Sie sind zweifellos Wiedergaben der *twt*-(»männlich«) und der *rpw.t*-(»weiblich«) Statuen von Ptolemaios II. und seiner vergöttlichten Schwestergemahlin Arsinoe II., für die der Prophet (*ḥm-nṯr*) im Wadi Hammamat Steine brechen ließ.

Auch mehrere griechische Inschriften aus dem Faijum berichten von Kultstatuen. Eine davon stammt aus Euhemeria und datiert in das Jahr 12 Ptolemaios' XII. Auletes. Sie enthält ein Asyldekret, eine eigene Textgattung, die, wie aus dem Inhalt dieses Beispiels zu ersehen ist, die pragmatische *quid pro quo*-Beziehung zwischen den Beamten und der Krone erläutert. Als Gegenleistung für das Asylrecht, das die Priester des Tempels hier offenbar erbaten, verpflichteten sich die Verfasser nicht nur dazu, Bildnisse früherer Herrscher zu restaurieren (s. S. 45), die wie der Tempel verfallen waren, weil sich niemand mehr um sie kümmerte, sondern sie gelobten auch, Statuen von Auletes und seiner Familie in dieses Sanktuar zu weihen. Da die Darstellungen des Königs, vermutlich Ptolemaios' XII. Auletes selbst, der zweimal im Bogenfeld in Anbetung vor den Krokodilgottheiten des Tempels abgebildet ist, in pharaonischem Stil gehalten sind, kann man davon ausgehen, daß wohl auch die im Text dieses Denkmals beschriebenen Statuen nach altägyptischer Weise gearbeitet waren. Das bestätigt auch eine griechische Inschrift auf einer Statue in pharaonischem Stil, gleichfalls aus dem Faijum, die besagt, daß sie »gemacht« wurde (’Επόη) von einem gewissen Petese (Alexandria 3199; vgl. KAT. 127).

Abb. 31 Bronzestatuette des kuschitischen Königs Schabaka
Die ägyptischen Künstler haben hier das charakteristisch kuschitische Attribut des widderköpfigen Amulettes getreulich kopiert. (Athen ANE 632)

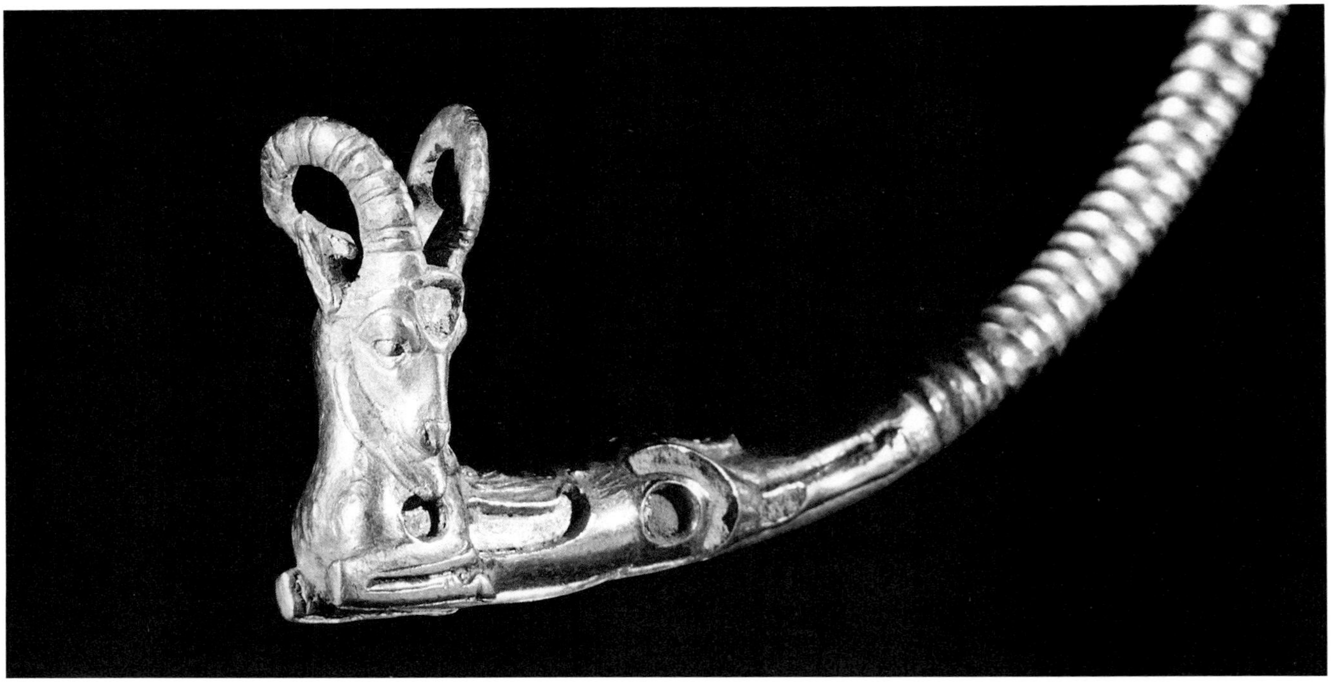

Abb. 32 Eine Torques aus der Perserzeit
Vergleicht man die Bearbeitung der Hörner bei diesem Schmuckstück mit der Ausführung der Torques an der ägyptischen Statue des Ptahhotep (Abb. 33), erkennt man, wie fremde Motive an ägyptische Stilkriterien angepaßt wurden. (Sammlung Guennol, Leihgabe an The Brooklyn Museum)

Somit haben bei den königlichen Statuen der Ptolemäerzeit, die ein gemeinsames Bemühen von Griechen und Ägyptern um eine stilistische Ausdrucksweise belegen, gewöhnlich die pharaonisch geprägten Statuen den Vorrang, sofern es um die visuelle Darstellung geht. Es gibt nie irgendwelche Anzeichen eines sogenannten Mischstils, denn die beiden Traditionen, die ja auch in anderen sozialen und kulturellen Bereichen unvereinbar blieben (s. S. 31 f.), wurden von den Künstlern klar auseinandergehalten. Der Begriff Mischstil – geprägt, als man die ptolemäische Kunst nach klassischen Normen zu beurteilen versuchte – ist unbrauchbar und sollte aufgegeben werden. Dieser Begriff ist für Statuen genauso irrelevant wie für Gesichter. Die Dialektik der pharaonischen Kunst, die diese nicht-idealisierenden physiognomischen Typen hervorbrachte, setzte diese Köpfe auf prägnante Statuentypen wie die männliche Schreitfigur (KAT. 22, 25), die magische Statue (KAT. 94), die schreitende Gewandfigur (KAT. 29). Die Kombination von Gesichts- und Statuentyp war symbolhaft, und diese symbolhafte Darstellung, wie auch die streng vorgeschriebenen ikonographischen Elemente bei königlichen Statuen (s. S. 67 f.), beinhaltete eine Aussage über die gesellschaftliche, religiöse und politische Bedeutung des in Auftrag gegebenen Denkmals. Das Individuum blieb, wie J.-C. Goyon gezeigt hat (s. S. 37, 41), in diesem Prozeß Nebensache.

B. v. Bothmer, E. Russmann, C. Barocas, C. Aldred und J. Assmann haben behauptet, daß das für die Herstellung dieser nicht-idealisierenden Bildnisse nötige formale Vokabular aus einem Repertoire bildhauerischer Formen stammt, das in der ägyptischen Kunst eine lange Tradition hatte. Auf ihren Behauptungen fußt die Formulierung des »Mimesis-Prinzips« in der ägyptischen Kunst: Jede stilistische Besonderheit kann, einmal eingeführt, bei jedem ägyptischen Kunstwerk zu jeder Zeit wieder auftreten. Die Behauptung G. Richters, es gäbe keine künstlerische Kontinuität zwischen den Epochen der ägyptischen Kunst, ist deswegen einfach nicht haltbar, wie A. Scharff übrigens schon längst gezeigt hatte. Entsprechend verweist das Auftauchen nicht-ägyptischer Motive in ägyptischen Werken nicht unbedingt auf fremden künstlerischen Einfluß. Das *dikeras*, ein doppeltes Füllhorn, Attribut der pharaonischen Statue der vergöttlichten Arsinoe II. (s. S. 51; KAT. 62), oder das Blitzbündel in der Hand Ptolemaios' II. auf der Votivtafel aus Tanis (KAT. 12) folgen immer noch dem Mimesis-Prinzip. Seit der Kuschitenzeit der 25. Dynastie waren die altägyptischen Künstler in der Lage, Accessoires von Ausländern zu kopieren. Das Amulett in Form des Widderkopfes (Abb. 30), das häufig auf kuschitischen Königsstatuen (Abb. 31) auftaucht, und die achämenidischen Torques (Abb. 32) und Armreife auf der Statue des Ptahhotep (Abb. 33) zeigen deutlich, wie derartige nichtägyptische Objekte in Ikonographie und Stilistik eines typisch pharaonischen Kunstwerkes integriert werden konnten. Das *dikeras* und das Blitzbündel muß man unter denselben Gesichtspunkten betrachten. Der Schmuck und die

Abb. 33 Der Schmuck des Ptahhotep
Das ägyptische Pektoral und die achämenidische Torques wurden harmonisch in die Ikonographie dieser ägyptischen Statue integriert. Bemerkenswerterweise wurden die Hörner der Steinböcke so gedreht, daß sie mit den ägyptischen Formprinzipien übereinstimmen. (Brooklyn 37.353, Charles Edwin Wilbour Fund)

Abb. 34 Ägyptische Handwerker im Grab des Petosiris
Die Fähigkeit des Ägypters, fremde Motive zu kopieren, wird in diesem Relief aus dem späten vierten Jahrhundert v. Chr. gezeigt. Hier bearbeiten Metallhandwerker typisch achämenidische Objekte, zu einer Zeit, als die politische Einheit des Perserreiches gar nicht mehr bestand.

Weizenähren auf der Mumienmaske einer wohlhabenden Dame (KAT. 76) sind lediglich späte Beispiele dieses charakteristischen Phänomens in der ägyptischen Kunst. Keines dieser Motive gibt jedoch Realität wieder; vielmehr sind sie nach den Grundregeln der altägyptischen Kunst dargestellt. So sind z. B. die Köpfe der Steinböcke, die als Abschluß der Torques auf der Statue des Ptahhotep abgebildet sind, so gedreht, daß sie den Gestaltungsprinzipien der ägyptischen Kunst entsprechen (vgl. Abb. 32 und 33). Die Form des *dikeras* in KAT. 62 wurde, um mit den Konventionen ägyptischer Kunst übereinzustimmen, nach denen Attribute nicht frei in den Raum ragen dürfen, ganz an den Körper angepaßt. Das Mimesis-Prinzip war so dominant, daß ägyptische Künstler, schon lange nachdem das persische Großreich als politische Einheit nicht mehr existierte, Szenen darstellen konnten, in denen typisch achämenidische Objekte auftauchten (Abb. 34).
Dasselbe Prinzip läßt sich auf die Darstellung von Haartrachten anwenden, in denen das Haar kurz geschnitten und auf das sorgfältigste gekämmt ist (KAT. 28). Form und Ausführung solcher Modetrends haben eine lange

Tradition in der ägyptischen Kunst und gehen bis in das Alte Reich zurück (Abb. 35). In solchen Darstellungen liegt das Haar am Kopf wie eine Kappe an und steht nicht, wie in griechischen Beispielen, natürlich vom Kopf ab. Unter demselben Gesichtspunkt muß man die Darstellung eines Vollbartes oder eines Schnurrbartes bei zahlreichen Köpfen in pharaonischem Stil (KAT. 2) beurteilen, als ägyptische Version einer Mode, die anscheinend während des zweiten Jahrhunderts v. Chr. zunehmend beliebter wurde.

Sowohl die Ikonographie der Männertracht, wie in KAT. 29, wie auch die stilistischen Mittel, mit denen sie dargestellt ist, werden immer noch, basierend auf Masperos ursprünglicher These, griechischem Einfluß zugeschrieben. Das Gewand besteht für gewöhnlich aus drei verschiedenen Kleidungsstücken: einem kurzärmeligen Hemd, einem Wickelrock und einem mit Fransen besetzten Schal. Diese dreiteilige Tracht gibt es im ägyptischen Relief bei männlichen Privatpersonen bereits in der 30. Dynastie, und ab da taucht sie auch in der Rundplastik auf. In der folgenden ptolemäischen Zeit wird dieses Ensemble kennzeichnend für einen häufigen Statuentyp, denn es sind über 130 Beispiele dieser dreiteiligen Tracht bekannt. Diese reichen von der großformatigen Statue des Horsitutu (KAT. 28) bis zu einem kleinen Figürchen aus glasartiger Fayence mit 12,3 cm Höhe (Glasgow 13/141). Obwohl rundplastische Darstellungen des Königs in solch einem Gewand in dieser Zeit selten sind, werden in königlichen Reliefs ptolemäische oder römische Herrscher häufig in diesem Gewand abgebildet.

Abb. 35 Holzpaneel des Hesire
Die kurze Haartracht auf diesem Relief aus dem Alten Reich ist stilistisch mit Perücken verwandt, die man bei vielen ägyptischen Statuen aus der Ptolemäerzeit sehen kann. (Kairo CG 1428)

(Die bis heute einzige Ausnahme ist ein Fragment in Berlin/DDR [8810], denn die Bedeutung der Statue mit dreiteiligem Gewand vor einem Falken im Hof des Edfutempels ist ungewiß; vgl. KAT. 7.) In manchen Zusammenhängen scheint seine Bedeutung mit dem *heb-sed*, dem Jubiläumsfest (s. S. 51 f.), verbunden zu sein, während es in anderen anscheinend in funerärem Kontext steht. Das weibliche Gegenstück zu dieser Tracht, das ebenfalls aus drei Gewandteilen besteht, ist an der Statue der vergöttlichten Arsinoe II. zu sehen (KAT. 62). Dieses Ensemble setzt sich generell aus einer hemdartigen Tunika, einem Kleid und einem Schal zusammen, der asymmetrisch um den Körper gelegt ist und über der Brust verknotet wird. Obwohl diese dreiteilige Frauentracht im Relief bereits im vierten Jahrhundert v. Chr. belegt ist, tritt sie rundplastisch erst in der Ptolemäerzeit auf; beide Trachten sind rein ägyptisch, sowohl im Ursprung wie in der Entwicklung.

Die Zurschaustellung der Körperformen unter den Gewandfalten der männlichen und weiblichen Trachten ließen Maspero und noch unlängst Vandersleyen die Vermutung äußern, daß das Wechselspiel von Körper und Falten auf griechischen Einfluß zurückzuführen sei. Diese Behauptung läßt aber die grundlegend ägyptische Art und Weise außer acht, in der sich die Körperformen aus den Gewandfalten heraus entwickeln. Wenn man diese Statuen mit der Art vergleicht, in der man in früheren dynastischen Epochen Gewandfalten drapierte (Abb. 36, 37), erkennt man sogleich, daß Gewandfalten schon immer als eine regelmäßige Abfolge von Graten behandelt wurden, die sich unterhalb des Bauches besonders stark herausbilden. Dieser Übergang von linearen zu plastischen Falten in ein und demselben Gewand ist der stilistischen Tradition der griechischen Kunst zur Zeit der Parthenonskulpturen fremd und verrät somit die Hand des ägyptischen Bildhauers.

Abb. 36 Die Fischopferer des Königs Amenemhet III. In dieser Rückenansicht spürt man die Sensibilität der ägyptischen Künstler bei der Wiedergabe des menschlichen Körpers, dessen Formen auch unter dem Gewand deutlich zum Vorschein kommen. (Kairo CG 392)

Der Versuch, die Fülligkeit der männlichen Figuren in diesen Gewandstatuen griechischem Einfluß zuzuschreiben, geht von falschen Voraussetzungen aus und ignoriert ein Grundprinzip in der ägyptischen Kunst: Die stilisierte Wiedergabe männlicher Korpulenz war ein künstlerisches Mittel, weltliche Autorität und reifes Alter auszudrücken. Der unmittelbare spätzeitliche Vorläufer für diese Konvention findet sich im Torso des Hachoris in Boston (Abb. 38), der wiederum auf solche Statuen wie die des Ariketekana (Kairo JE 38018) und des Harwa (Abb. 39) zurückgeht. Ebenso ägyptisch ist die Behandlung des vollschlanken weiblichen Körpers, der sowohl in der dreiteiligen Tracht (KAT. 62) wie auch im enganliegenden Gewand (KAT. 26, 67) dargestellt wird. Während viele Autoren darauf beharren, dieses Körperverständnis der ägyptischen Kunst als Ergebnis des hellenistisch-griechischen Einflusses zu verstehen, haben nur wenige diese Statuen in den Kontext der ägyptischen Kunst gesetzt. Die Zahl derer, die einen direkten Vergleich mit zeitgleichen griechischen Denkmälern versucht haben, um eine solche Auffassung zu untermauern, ist noch geringer.

Für die Spätzeit läßt sich belegen, wie sehr der ägyptische Künstler an einer der altehrwürdigen Darstellungsweisen von Frauen festhielt: Die stehende Figur im enganliegenden Gewand stellt das linke Bein vor, die Arme liegen generell eng am Körper an, parallel zur Symmetrieachse, die Handflächen nun fest an die Oberschenkel gepreßt – so kennt man sie schon im Alten Reich (Abb. 40 und CG 134). Diese Darstellungsweise wird in der Spätzeit wiederaufgenommen, angefangen mit den 25. Dynastie-

Bronzefiguren der Takuschit (Athen 110) über die Beispiele in Holz aus der 26. Dynastie (Berlin 8814) bis zu den Statuen von Isis und Nephthys in der Triade aus der 30. Dynastie (Kairo CG 39220). Die Körperbildung dieser Frauenfiguren ist einheitlich charakterisiert durch mächtige Oberschenkel, schwellende Beckenpartie, einen fülligen Bauch mit deutlich akzentuiertem Nabel, eine hoch angesetzte, schmale Taille und feste runde Brüste. Es sind dieselben physischen Merkmale, wie sie sowohl die Statue der vergöttlichten Arsinoe II. in dreiteiliger Tracht (KAT. 62) wie auch die Frauenstatuen in Brüssel (KAT. 26) und Wien (5809) aufweisen.
Die These, die Wiedergabe des weiblichen Körpers in Statuen wie bei KAT. 26 sei durch die griechische Kunst beeinflußt, wurde nie durch einen direkten Vergleich mit einem zeitgleichen griechischen Kunstwerk untermauert. Ein Vergleich mit der etwas früheren knidischen Aphrodite des Praxiteles, die in mehreren römischen Repliken erhalten ist (Abb. 41), ist recht aufschlußreich, denn er beweist deutlich, wie sehr sich doch die ägyptische von der griechischen Tradition in der jeweiligen Auffassung des weiblichen Körpers unterscheidet. Jede der beiden Brüste in den ägyptischen Beispielen ist formal einzeln aufgefaßt und läßt die organische Einheit der Brüste der klassischen Statuen vermissen. Auch die kreisförmige Gestaltung des Bauches um den Nabel ist ohne Parallele in nichtägyptischem Kontext, wo die Betonung auf die Entwicklung des Kontrapostes gelegt wird. Zum selben Ergebnis kommt man, wenn man ägyptische Frauenstatuen mit Kopien der 'Kauernden Aphrodite' aus dem dritten Jahrhundert v. Chr., die dem Doidalsas zugeschrieben wird (Abb. 42), vergleicht. Die Wirkung von Bewegung und Schwerkraft auf den weiblichen Körper wird hier in einer Weise erforscht, wie sie bei Variationen ägyptischer Formvorstellungen nie versucht worden ist; die Sitzstatue der Isis aus der 26. Dynastie (Kairo CG 38884) und auch die nackte Frau der erotischen Gruppe aus Brooklyn (KAT. 124) zeigen das deutlich. Letztere gehört zu einer Gruppe von erotischen Darstellungen, die

Abb. 37 Die Dame Mija
Das Gespür für den weiblichen Körper, den das Plisseegewand kaum verhüllt, kann man für nahezu jede Epoche der langen altägyptischen Kunstgeschichte belegen. Dieses Beispiel aus dem Neuen Reich beweist, daß derartige künstlerische Bemühungen in Ägypten bereits tausend Jahre vor der Schaffung der Elgin Marbles voll entwickelt sind. (Brooklyn 47.120.3, Charles Edwin Wilbour Fund)

man nur aus der ägyptischen Tradition verstehen kann. Derartige Darstellungen sind weder stilistisch noch thematisch klassischen Vorläufern verpflichtet. Als Ergebnis dieses Vergleichs mit zeitgleichen griechischen Arbeiten wird nun klar, wie irreführend es ist, die verhaltene Sinnlichkeit und spürbare Erotik bei KAT. 26 hellenistischen Einflüssen zuschreiben zu wollen.

Wir beenden diese Analyse des altägyptischen Körperverständnisses mit einer Betrachtung der 'Tripartition', der Dreigliederung – der besonderen Darstellungsweise des männlichen Körpers in drei abgesetzten anatomischen Zonen: Unterleib, Brustkorb und Brust-Hals-Bereich. Den männlichen Rumpf in dieser dreigeteilten Weise zu modellieren ist nicht erst, wie manchmal behauptet wird, eine Erfindung der Spätzeit, sondern vielmehr ein Stilmittel (Abb. 38), das die ägyptische Rundplastik zu allen Zeiten kannte und das bei ägyptischen Statuen verstärkt ab der Dritten Zwischenzeit auftritt. Es taucht dann gelegentlich im Verlauf der 25. und 26. Dynastie auf. Der dreigeteilte Rumpf wird in der königlichen Rundplastik der 29. Dynastie ganz offensichtlich zum bevorzugten Stilmittel und erlebt im Verlauf der 30. Dynastie in der königlichen wie der privaten Rundplastik (KAT. 22, 24) eine Blütezeit. Sein Auftreten in der Rundplastik der ptolemäischen (KAT. 25) und der römischen Zeit stellt nur die Fortsetzung einer einheimisch ägyptischen Tradition dar und ist keinem fremden Einfluß verpflichtet.

Den dreigegliederten Rumpf findet man häufig in Verbindung mit den traditionellen Männerstatuen im dreiteiligen Schurz, die mit dem linken Bein nach vorne ausschreiten und deren Arme seitlich am Körper anliegen (KAT. 22) – eine Haltung, die letztlich vom Vorbild des Alten Reiches abgeleitet ist (Abb. 40). Die geballten Fäuste dieser Statuen umklammern in der Regel ein zunächst rätselhaftes Objekt, den sogenannten Schattenstab. Ungeachtet der jüngsten Versuche, die Bedeutung dieses Gegenstandes zu klären, kann es keinen Zweifel geben, daß es sich bei diesem zylindrischen Objekt um die Darstellung eines zusammengelegten Stoffstreifens handelt, wie H. G. Fischer bereits nachgewiesen hat. Männliche Stand-Schreit-Figuren im dreiteiligen Schurz treten häu-

Abb. 38 Der Pharao Hachoris aus der XXIX. Dynastie
Die Fülligkeit des männlichen Körpers ist ein uraltes künstlerisches Mittel, um Wohlstand anzuzeigen. Es wurde in der altägyptischen Kunst häufig dafür verwendet, eine hohe gesellschaftliche Stellung auszudrücken. (Boston 29.732)

fig paarweise mit Frauenstatuen in enganliegenden Gewändern (Abb. 40) auf, die wiederum die traditionelle ägyptische Frauentracht darstellen (KAT. 26).
Eine wiederholte Untersuchung der ägyptischen Kunst der Ptolemäerzeit bestätigt die Traditionsverbundenheit der Künstler. Die Rundplastik ist unter den Ptolemäern – wie überhaupt in allen Epochen der ägyptischen Kunst – häufig durch das Phänomen der Asymmetrie geprägt. Dieses Phänomen gliedert sich in einen kompositionellen und einen axialen Aspekt. In der Komposition wird zweiseitige Symmetrie immer vermieden. So werden zwei Hände in unterschiedlichen Gesten dargestellt, und nur eine von beiden hält einen Gegenstand. Diese von H. Schäfer beschriebene kompositionelle Asymmetrie wird durch neuere Untersuchungen zum selben Thema bestätigt.
Das künstlerische Stilmittel der axialen Asymmetrie wird durch deutliche Diskrepanzen in Form und/oder Masse einander entsprechender Elemente beiderseits der Symmetrieachse gekennzeichnet (KAT. 36–39) und ist bereits seit dem Alten Reich belegt. (Entsprechende Phänome in der früheren griechischen Rundplastik sind ohne Verbindung zu Ägypten.) Und doch wird die axiale Asymmetrie erst im ersten Jahrhundert v. Chr. zu einem der dominierenden Kennzeichen der ägyptischen Kunst, wie man nicht nur bei KAT. 38 sehen kann, sondern auch bei der Betrachtung von vier Köpfen, die in die Typologie der Achterköpfe gehören (s. S. 60; KAT. 39). Zu diesen vier Köpfen gehören: ein Kopf in Kairo (CG 27493), der auf den Körper des Paenmerit in Paris paßt (E. 15683) und in die Zeit Ptolemaios' XII. Auletes gehört; der Kopf der Gewandstatue des Hor (Abb. 25), in Alexandria gefunden und heute in Kairo (CG 697); ein unbeschrifteter Kopf im Museum der Universität Leipzig; schließlich KAT. 39. Man kann diese vier Köpfe chronologisch ordnen, ausgehend von dem Umstand, daß der Kopf des Paenmerit inschriftlich in die Zeit zwischen 80 und 51 v. Chr. zu datieren ist, während man die Statue des Hor in Kairo generell in die Zeit zwischen 50 und 25 v. Chr. setzt. Gemäß der zunehmenden Tendenz dieses Jahrhunderts zu einer stilisierten Abstraktion und Asymmetrie scheint KAT. 39 am Beginn dieser Reihe zu stehen, und zwar ganz spät im zweiten Jahrhundert oder im frühen ersten Jahrhundert v. Chr. Der Kopf in Leipzig, dessen linke und rechte Gesichtshälfte vom Volumen her ungleich und dessen Züge am stärksten stilisiert sind, steht wohl eher am Ende der Reihe und ist deshalb um Christi Geburt zu datieren.

Abb. 39 Harwa
Das pralle barocke Vergnügen an der Fettleibigkeit dieser Statue des Harwa steht mit altägyptischen Traditionen im Einklang, die bis in das Alte Reich zurückreichen. Mit ausländischen Einflüssen hat die Wiedergabe einer beleibten männlichen Figur nichts zu tun. (Kairo CG 902)

Drei zusätzliche Merkmale – plastisch wiedergegebene Augen, Hell-Dunkel-Kontrast bei Statuen aus dunklem Gestein und offensichtlicher Verzicht auf eine abschließende Oberflächenbearbeitung bei vielen Statuen – kennzeichnen die Rundplastik der Ptolemäerzeit.
Die bei Statuen aus der ptolemäischen Zeit (KAT. 28, 39) zu beobachtenden plastisch wiedergegebenen Augen, bei denen die Pupille als erhabene Scheibe gearbeitet ist und manchmal eine eingebohrte Iris aufweist, lassen sich

Abb. 40 König Mykerinos und die Göttin Hathor
Die Bearbeitung des männlichen und weiblichen Torsos in dieser Gruppe aus dem Alten Reich steht am Anfang einer Tradition, die sich bruchlos bis in die Ptolemäerzeit erhalten hat. (Kairo JE 40679)

mindestens bis zum Mittleren Reich zurückverfolgen, insbesondere nach Theben, wo sie vom Neuen Reich an wiederaufgenommen werden. Diese plastisch gearbeiteten Pupillen gehören zum Repertoire der rundplastischen Möglichkeiten eines ägyptischen Bildhauers, und das Mimesis-Prinzip versetzte ihn in die Lage, diese Art der Darstellung je nach Bedarf anzuwenden. A. Adrianis Feststellung, daß diese besondere Behandlung der Augen in Ägypten bereits lange vor der hadrianischen Zeit belegt ist, wird somit bestätigt. Wenn bei einem ägyptischen Kunstwerk ein derartiges Merkmal auftritt, kann man es nicht mehr willkürlich der römischen Kaiserzeit zuordnen (vgl. KAT. 46).

Der Hell-Dunkel-Kontrast: Viele ägyptische Statuen der Spätzeit sind zwar aus dunklem Hartgestein gearbeitet, das Haar jedoch erscheint farblich etwas heller als der Körper – ein Ergebnis der unterschiedlichen Politur, mit der die jeweiligen Flächen abschließend versehen wurden. Diesen Hell-Dunkel-Kontrast kennen wir bereits in der 30. Dynastie (KAT. 22), und er geht bruchlos in die Ptolemäerzeit über (KAT. 40). Man wird annehmen dürfen, daß diese Wirkung beabsichtigt war und als Ersatz für Farbe dienen sollte, denn es scheinen sich bis heute bei keinem rundplastischen Beispiel in diesem dunklen Hartgestein Farbspuren erhalten zu haben. (Man muß dann allerdings noch eine befriedigende Erklärung dafür finden, wieso es auf diesen Statuen keine Farbspuren gibt, wo doch auf manchen Hartgesteinreliefs, noch *in situ* und ständig Umwelteinflüssen ausgesetzt, Farbigkeit reichlich vorhanden ist – wie z.B. beim Granitsanktuar des Philippos Arrhidaios in Karnak.)

Zu allen Zeiten – wohl nur mit Ausnahme des Meisters der polierten Grauwackestatuen des Mykerinos aus der 4. Dynastie (Abb. 40) – ist mit dem Hell-Dunkel-Kontrast die Tendenz des ägyptischen Bildhauers verbunden, an nur schwer zugänglichen Stellen der Skulpturen auf abschließende Feinarbeit zu verzichten. Dies wird im Verlauf der ptolemäischen Zeit immer deutlicher und kennzeichnet letztendlich ägyptische Werke aus der Römerzeit. KAT. 127 ist möglicherweise das beste Beispiel für das letzte Stadium in dieser Tendenz und zeigt gerade durch die fehlende abschließende Politur, wie hier das Material in seinem Kampf mit dem Bearbeiter letztendlich den Sieg davonträgt. In gleicher Weise entwickeln sich die Hieroglyphen, die in die Rückenpfeiler der Statuen gemeißelt sind, von sorgfältig geschnittenen Zeichen mit Innenzeichnung, wie sie für die frühe Ptolemäerzeit charakteristisch sind (KAT. 23, 24), zu den nur flüchtig ausgeführten Zeichen des ersten Jahrhunderts v. Chr., die anscheinend in einer Art Schnellverfahren in die Oberfläche des Steines gekratzt wurden (KAT. 29).

Wir richten nun unser Augenmerk auf die Reliefdarstellungen. Hier muß zunächst betont werden, daß die Künstler im königlichen wie im privaten Relief im einheimischen Stil rein gewohnheitsmäßig nicht-idealisierende Darstellungen vermieden haben. Diese scheinen ausschließlich den ägyptischen Priestern in bestimmten rundplastischen Darstellungen vorbehalten. Somit besteht bei idealisierenden Bildnissen von Königen oft weitgehende Übereinstimmung zwischen Relief und Rundplastik, und nicht selten überschreiten diese Ähnlichkeiten geographische Grenzen und Dynastiewechsel. So bestand in der älteren Literatur die Auffassung, daß der sichelförmige lächelnde Mund, der die kanonische Form des Gesichtes prägt, auf Arbeiten unter Nektanebos II. und Ptolemaios II. Philadelphos (z. B. KAT. 1) beschränkt sei. Es hat sich aber gezeigt, daß er bereits früher, nämlich im vierten Jahrhundert v. Chr., entwickelt wurde und auch noch nach dem frühen dritten Jahrhundert v. Chr. beibehalten wird (KAT. 31). Jeder Versuch, zwischen Ptolemaios I. Soter und Ptolemaios II. Philadelphos im Relief auf Grund von stilistischen Kriterien zu unterscheiden, ist riskant, denn es gibt bei diesen idealisierenden Bildnissen tatsächlich nur sehr geringe sichtbare Varianten, sowohl in zeitlicher wie örtlicher Hinsicht. Dies gilt auch für bestimmte Architekturelemente, so die Säulenkapitelle in Form von Hathorköpfen (KAT. 5), die einander so ähneln, daß man kaum entscheiden kann, welche der ptolemäischen und welche der römischen Zeit zuzuordnen sind. Darüber hinaus kann man wohl kaum exakt zwischen dem Reliefstil Ptolemaios' VIII. Euergetes II. auf der Ostseite und dem auf der Westseite Thebens unterscheiden. Daher ist es nicht vertretbar, Datierung wie auch Herkunftsangabe isolierter Blöcke mit königlichem Relief eindeutig festzusetzen, zumal die rundlichen Formen einiger erhabener Reliefs in allen Tempelanlagen Oberägyptens auftreten können und bestimmte vorptolemäische Konventionen für das versenkte Relief auch die Stilistik entsprechender Darstellungen in der Ptolemäerzeit prägen. Man darf auch nicht außer acht lassen, daß königliche Reliefs ein und desselben Herrschers und offenbar vom selben Fundort zwar in der Gestaltung und der Komposition übereinstimmen können, sich aber sehr häufig in der Behandlung der Details stark unterscheiden (Abb. 43, KAT. 61). Dieses Charakteristikum hatte sich bereits bei idealisierenden wie nicht-idealisierenden Köpfen innerhalb ihrer jeweiligen Typologie feststellen lassen (s. S. 60–64).
Im Gegensatz zu der offensichtlichen Uniformität innerhalb der königlichen Reliefs und ihrer gelegentlichen Übereinstimmung mit der Rundplastik bieten pharaonische, einheimische Reliefs aus dem Privatbereich, vor allem die Stelen, ein ganz anderes Bild. Während bei der Mehrzahl offenbar konventionelle stilistische Schemata wiederholt werden und man leicht Gruppen mit gleichen Merkmalen zusammenfassen kann, gibt es ein paar offensichtlich herausragende Stücke, die möglicherweise den schöpferischen Impuls der Künstler und der auftraggebenden Priester belegen. So weist z. B. eine Stele in Leiden (KAT. 104) keinerlei stilistische Ähnlichkeit zu der Gruppe von Abydos III auf, der sie aber zugeschrieben wurde, und die Stele des Pachaas (KAT. 117) läßt sich anscheinend überhaupt nicht in eine der erkennbaren Gruppen einfügen. Der Stil der Reliefs bei manchen dieser Stelen (KAT. 116) ist letztendlich qualitätvoller als der bei königlichen Reliefs aus derselben Zeit.
Ein Überblick über zweidimensionale Darstellungen wäre unvollständig ohne die Diskussion einiger gestalterischer Details, deren erstes mangels eines passenderen Terminus' mit dem Begriff der »Perspektive« bezeichnet wurde. Ob es eine Perspektive in der ägyptischen Kunst gibt oder nicht, ist umstritten. Auch eine brauchbare Definition dieses Begriffes ist im Hinblick auf ägyptische Darstellungen schwierig. Die Ägypter waren jedenfalls in der Lage, bestimmte Details so abzubilden, daß sie vom Betrachter aus in den Raum zurückzuweichen scheinen. Die gängigsten derartig abgebildeten Objekte sind seit dem Neuen Reich Segel, wie man sie auf den Reliefs im Luxortempel findet und wie sie im Edfutempel wiederkehren (Abb. 44), und Gürtelschnallen, wie z. B. an den Gewändern des Amunherchopeschef in seinem Grab im Tal der Königinnen (Abb. 45; Theban Tomb 85). Dieses Phänomen ist im visuellen Repertoire der alten Ägypter verwurzelt und nicht irgendwelchen fremden Einflüssen verpflichtet. Die Art der Darstellung eines Gefäßrandes in einer Szene in Kom Ombo könnte, auch wenn sie ins zweite Jahrhundert v. Chr. datiert, auf ebendiese Tradition zurückgehen, genauso wie das Udjataugenamulett auf einem Relief in Boston (KAT. 125) und die Hörner in der Kompositkrone, die Arsinoe II. auf einem Relief in Cambridge trägt (KAT. 61). Die Art der Wiedergabe all dieser Motive gehört somit zum festen Bestand der pharaonisch-einheimischen Darstellungsmöglichkeiten und sollte nicht mit der abendländischen Auffassung von Perspektive verwechselt werden, die die alten Ägypter trotz der Behauptungen von M. Baud und J. Quaegebeur nicht bewußt entwickelt haben.

In gleicher Weise ist die Haltung Ptolemaios' II. Philadelphos auf einem Relief aus Tanis (KAT. 12), das ihn offenbar beim Schleudern von Blitzen abbildet, nach rein ägyptischen Konventionen geschaffen. Dies beweist ein Vergleich mit Darstellungen des Pharao beim Erschlagen der Feinde auf den Pylonen des Neuen Reiches. Gleiches trifft auch auf die als Arsinoe II. identifizierte Figur auf einer Stele in Toronto (Abb. 16) mit einem in ganz ähnlicher Weise vorgebeugten Oberkörper zu. Wenn man nun ihre Haltung mit der weiblicher Figuren auf hellenistischen Ptolemäerkannen (KAT. 64) vergleicht, dann wird klar, daß die Figur auf der Stele aus Toronto nichts von dem Kontrapost der Figuren auf den Kannen aufweist. Sie steht also in keiner Weise unter irgendeinem griechischen Einfluß. Das Mimesis-Prinzip ermöglichte es dem Künstler, in dieser Figur auf hellenistische Vorbilder anzuspielen (s. S. 71), aber die Haltung des hocherhobenen Armes steht innerhalb der einheimisch-pharaonischen Traditionen, die die entsprechende Haltung in den Erschlagungsszenen geschaffen haben.
Die königlichen und privaten Reliefdarstellungen der ptolemäischen und römischen Zeit und in geringerem Umfang auch die Rundplastik (s. S. 76) bezogen ihre optische Wirkung auch aus ihrer Farbigkeit und Vergoldung. Eine Vorstellung von der Wirkung dieser Farben erhält man durch die Untersuchung der Farbspuren, die sich auf den Stelen in Brooklyn (KAT. 117) und Leiden (KAT. 119) erhalten haben. Die Beurteilung der Farbigkeit ist allerdings durch die wiederholte Veröffentlichung falsch kolorierter moderner Zeichnungen und Bilder einiger spektakulärer Szenen aus diesem Komplex negativ beeinflußt worden. Derartige Abbildungen sind von den wirklichen Farben und Tönen der antiken Bilder so weit entfernt, daß man sie einfach ignorieren sollte, wobei man allerdings nicht vergessen darf, daß der Symbolgehalt der Farben für den Aussagegehalt bestimmter Szenen und Motive eine wichtige Rolle spielte. Auch die Vergoldung war von symbolischer Bedeutung und spielte meistens auf Vergöttlichung an (KAT. 117). Beinahe alles konnte vergoldet werden, von Statuen (KAT. 62, 96, 126) über Reliefs (KAT. 117) und Kartonage (KAT. 76) bis hin zu Leinen.

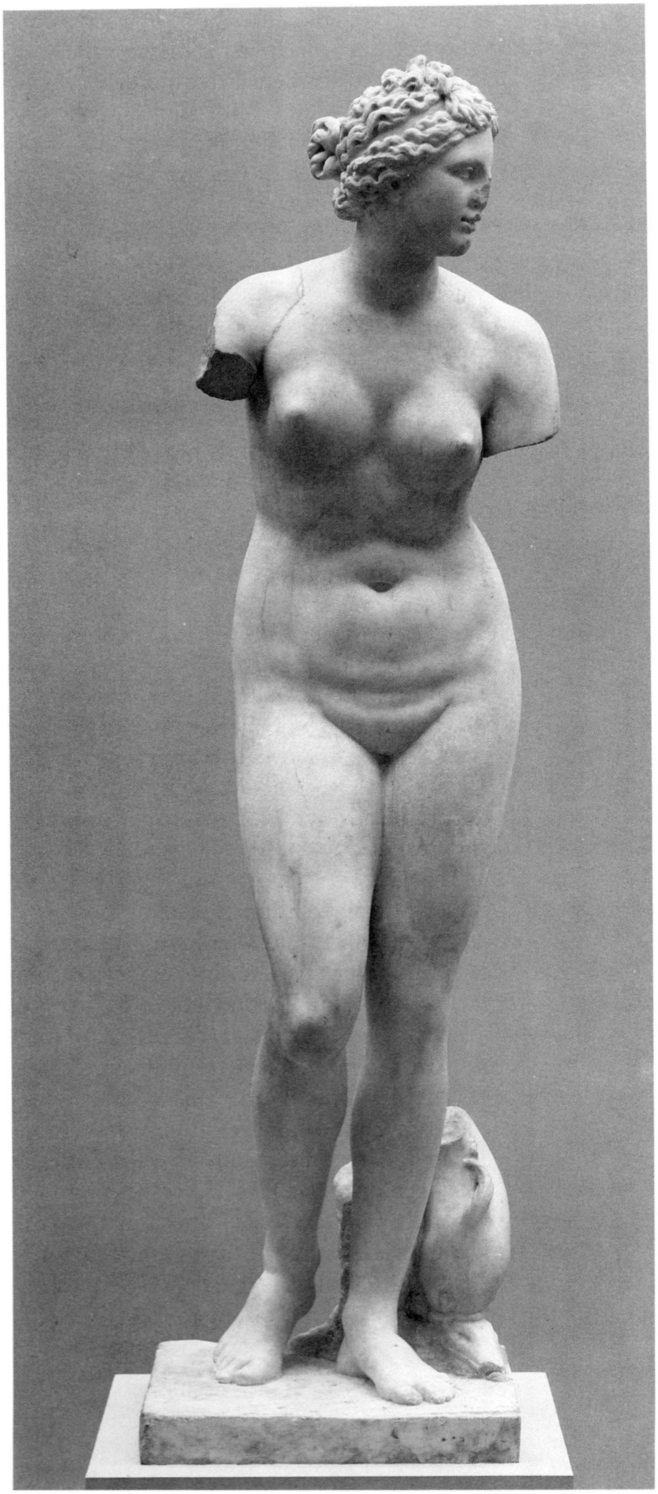

Abb. 41 Standbild der Göttin Aphrodite
Ein Vergleich zwischen dieser Statue und Frauenstatuen, die altägyptischen Formvorstellungen entsprechen, verdeutlicht den grundlegenden Unterschied in der Bearbeitung des weiblichen Körpers durch einen ägyptischen Künstler. (New York 12.11.5, Fletcher Fund, 1912)

Um das Bild der Kunst im ptolemäischen Ägypten abzurunden, muß man die Entwicklungen in Alexandria (Abb. 46) untersuchen, einer Stadt, die in der Literatur zum Synonym für die hellenistische Kunst in Ägypten geworden ist. Früher hat man Alexandria als die unangefochtene Herrin einer Kunstschule beschrieben, die angeblich mehrere ganz neue hellenistisch-ägyptische Kunstkategorien hervorgebracht hat (Abb. 47). Heute geht man allerdings davon aus, daß viele dieser Kategorien im ptolemäischen Ägypten weder erfunden noch weiterentwickelt worden sind. Alexandrinische Handwerker spielten nicht die führende Rolle in der Glasproduktion (KAT. 16, 107). Man kann Alexandria auch nicht mehr als den Ausgangspunkt für die Verbreitung nilotischer Motive betrachten. Die Tanagrafigürchen (KAT. 108–110) sind – selbst in ihren ausgefallensten Varianten – nach griechischen Vorbildern gefertigt – wenn sie nicht ohnehin alle importiert waren. Mindestens ein Typus der Hadra-Vasen ist heute als ursprünglich kretisch erkannt (KAT. 114). Diese revidierte Sicht der alexandrinischen Kunst zeigt, daß die Griechen im hellenistischen Ägypten in der künstlerischen Entwicklung keineswegs Vorreiter waren, sondern den Vorbildern anderer folgten.
Dieses korrigierte Bild von der sogenannten alexandrinischen Schule der hellenistischen Kunst und die Mehrdeutigkeit der pharaonischen Motive (KAT. 107) räumen somit auch mit der allgemein akzeptierten Theorie auf, daß Alexandria die unangefochtene Hochburg einer bestimmten Scholastikerschule gewesen sei, deren generell angewandte Lehren sich auch in der »alexandrinischen Kunst« niederschlugen, die in ihre Kompositionen ägyptisierende Elemente aufnahm. Sobald einmal ein Objekt als Produkt dieser vermeintlichen Schule eingeordnet ist (KAT. 107), werden dessen Motive einer Interpretation unterzogen, deren theoretische Ausgangsbasis einfach falsch ist. Der Schöpfergeist des hellenistischen Alexandrias hat niemals eine Ikonographie geschaffen, in der einzelne Motive eine bestimmte, allgemein verstandene Bedeutung besaßen. Jedes dieser ägyptisierenden Objekte bzw. Monumente muß notwendigerweise ein rätselhaftes Einzelstück bleiben, wenn man sein Bildprogramm nicht aus den ständig wiederkehrenden Elementen des breiteren Spektrums des kulturellen Erbes Ägyptens erklären kann (vgl. KAT. 130, 134). Dasselbe trifft auch auf alexandrinische Motive in nichtägyptischen Zusammenhängen zu. Es ist daher völlig unwissenschaftlich, nach einer durchgehenden altägyptischen Deutung ägyptisierender Motive zu fragen, die in wechselnder Zusammensetzung in Italien von Augustus bis Domitian (30 v. Chr.–81 n. Chr.) auftreten, da die Römer dieser Zeit nur recht lückenhafte Vorstellungen von pharaonischen Traditionen hatten (KAT. 107).
Dieser gut belegte und eindeutig darstellbare Mangel an

Abb. 42 Die Kniende Aphrodite
Der altägyptische Künstler ist den Auswirkungen von Bewegung und Schwerkraft auf den weiblichen Körper niemals in der Weise nachgegangen, wie das der klassische Bildhauer getan hat. (New York 09.221.1, Rogers Fund, 1909)

◁ *Abb. 43 Arsinoe II.*
Herkunft und Datierung eines Reliefs lassen sich oft nicht aus der Art der Innenzeichnung erschließen. In diesem nur wenig verzierten Relief ist die gleiche Königin wie in Kat. 61 dargestellt; beide Reliefs scheinen vom gleichen Monument zu stammen. (Hildesheim 1025)

Abb. 44 Segel im Wind
Dieser Ausschnitt aus den Reliefs im Horustempel in Edfu gehört zu den ganz wenigen Beispielen für Schräganischten in der ägyptischen Kunst.

unabhängiger künstlerischer Initiative auf seiten der Griechen und der Regierung in Alexandria steht in völligem Gegensatz zu den Innovationen der einheimisch-ägyptischen Priesterschaft in derselben Zeit. Diese Priester gaben eine Unmenge an nicht-idealisierenden Bildnissen für ihre eigenen religiösen Belange in Auftrag; sie ließen eine Reihe von privaten Grabstelen anfertigen, von denen manche so einzigartig sind, daß sie sich einer Eingliederung in Kategorien entziehen (KAT. 117, 119). Andere wiederum weisen die feinste Reliefarbeit auf, die aus der Ptolemäerzeit überliefert ist (KAT. 116). Diese Kreativität, die weder Parallelen noch Bezüge zu dem künstlerischen Milieu des hellenistischen Alexandria aufweist, ist die allerdeutlichste Verneinung jeder Theorie, die einen ausländischen Einfluß auf die einheimischen Künste dieser Zeit verficht. In der Wissenschaft hat hier eine vollkommene Kehrtwendung stattgefun-

den. Genau wie in der ägyptischen Gesellschaft haben auch in der Kunst die »Griechen und die Ägypter eher nebeneinander als miteinander gelebt«, und »ihre Kulturen haben koexistiert, ohne sich zu vermischen« (s. S. 27).
Der Selbstmord Kleopatras VII. im August 30 v. Chr. und die darauf folgende Einverleibung Ägyptens in das Privatvermögen der römischen Kaiserfamilie durch Augustus hat zunächst die Fähigkeit der einheimischen Ägypter, Kunstwerke in traditionellem Stil und Werkverfahren zu produzieren, nicht wesentlich beeinträchtigt. In den einheimischen Werkstätten entstanden solche Werke auch weiterhin, wie KAT. 127 zeigt. Die Kreativität der ägyptischen Kunst beruhte jedoch traditionsgemäß auf dem Zusammenwirken von königlichem Patronat und Werkstätten, die für die privaten und religiösen Bereiche der Gesellschaft arbeiteten. Die Ptolemäer selbst fügten sich dem früheren Vorbild in dieser Hinsicht, die römischen Kaiser aber ließen in diesem Zusammenspiel ein Vakuum entstehen, denn sie residierten, obwohl dem Namen nach Pharaonen, nicht in Ägypten. So hat sich die Geschichte der pharaonischen Kunst in der römischen Kaiserzeit in mehreren eigenständigen Strängen entwickelt, von denen im folgenden zwei besprochen werden sollen.
Die Entwicklung der pharaonischen Religion und Kunst in der römischen Kaiserzeit ist zu allererst und am meisten von den Priesterschaften (s. S. 42–44; KAT. 130) der

Abb. 45 Gürtelschnallen
Der Blickwinkel, aus dem heraus die Gürtelschließen in diesem Ausschnitt aus dem Grab des Amun-her-chopesch-ef im Tal der Königinnen wiedergegeben sind, ist ein weiteres Beispiel für die altägyptische Darstellungsweise in Schrägansicht. Derartige Darstellungen haben mit der abendländischen Auffassung von Perspektive jedoch nichts gemein.

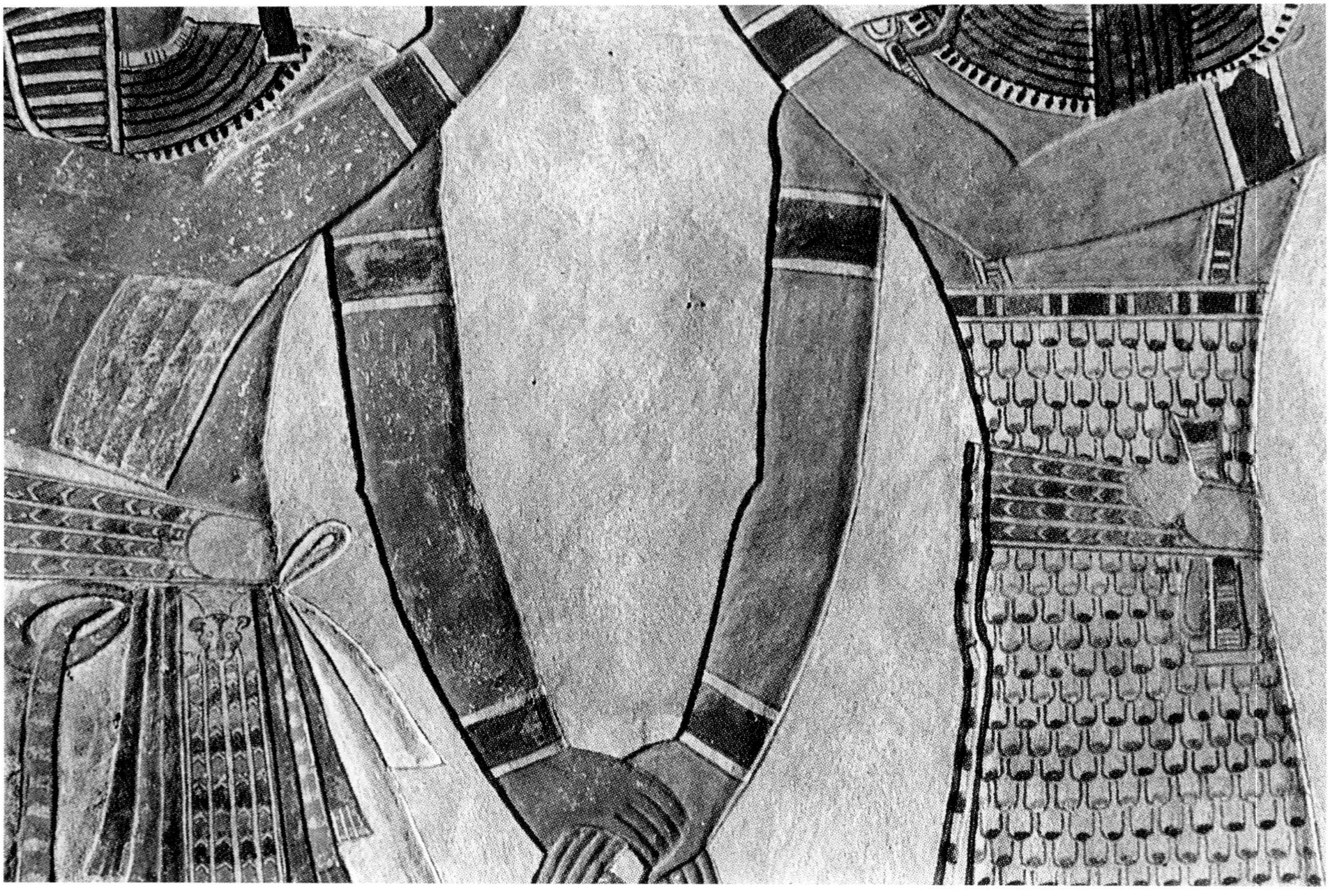

oberägyptischen Tempel beeinflußt worden, insbesondere von denen in Esna und Kom Ombo, wo man einen intellektuellen Eifer und eine Kreativität feststellen kann, die in der severischen Zeit um 200 n. Chr. förmlich explodierte. Das religiöse Denken fand, wie die Esna-Texte zeigen, einen Höhepunkt, und Gleiches läßt sich an der Qualität der Reliefdekoration beider Tempel ablesen. Auch die königliche Rundplastik konnte, wenn auch in veränderter Form, bis ins dritte Jahrhundert n. Chr. überleben, dem Geschmack des jeweiligen römischen Kaisers entsprechend. In dieser Zeit hat Caracalla anscheinend einen neuen ikonographischen Typ eingeführt, der das bestehende kaiserlich-römische Bildnis den tonangebenden ägyptischen Normen anglich (KAT. 134). Die severische Zeit in Ägypten war keineswegs eine Epoche des sterilen Niedergangs, sondern war von einem ausgeprägten Interesse an der Vergangenheit geprägt. So hat z. B. der römische Kaiser Commodus (180–192 n. Chr.) mindestens eine Statue aus der ptolemäischen Zeit usurpiert, und die Theologen in Esna fuhren fort, theologische Modelle zu entwickeln und den Reichtum der in den Hieroglyphen enthaltenen Vermächtnisse auszuschöpfen. Die ägyptische Kunst zu Zeiten Caracallas markiert den Höhepunkt in diesem Streben und zeigt deutlich, daß in bestimmten Intervallen während der römischen Kaiserzeit Ägyptens kulturelle Traditionen wiederbelebt werden konnten.

Die Infrastrukturen, über die ein römischer Kaiser wie Caracalla oder vielmehr seine Vertreter mit der einheimisch-ägyptischen Priesterschaft kommunizieren konn-

Abb. 46 Grab Nr. 1 in Mustapha Pascha, Alexandria
Obwohl die hellenistischen Griechen ihre Grabstätten in Alexandria nach klassischem Muster errichteten, haben sie in ihr Dekorationsprogramm altägyptische Motive übernommen.

Abb. 47 Pompejussäule, Alexandria
Die alte Legende, nach welcher sich der abgeschlagene Kopf des römischen Generals Pompejus einst in einem Glaskasten oben auf der Spitze der Säule befunden hat, wird immer noch erzählt. Eine griechische Inschrift auf der Säule zeigt jedoch, daß sie zu Ehren des Kaisers Diokletian errichtet wurde, dessen Verwaltungsreformen die altägyptische Gesellschaftsstruktur von Grund auf verändert haben.

ten, sind bis heute nicht bekannt. Man darf wohl davon ausgehen, daß diese severische Renaissance pharaonischer Vorstellungen Teil eines periodischen Aufblühens einer hochorganisierten Tempelverwaltung war, über die eine Art ägyptischer Synode möglicherweise direkt mit Angehörigen ihrer Bruderschaft am kaiserlichen Hof in Rom in Verbindung treten konnte. Dies würde dann auch erklären, wie eine kodifizierte Theologie und ein Maß an Standardisierung im Bild der Isis-in-Hydria (KAT. 130) sich in ganz Ägypten so schnell entwickeln konnten (z. B. in Ras el-Soda, Alexandria und in Luxor) und nahezu gleichzeitig in völlig ägyptischer Form in Italien Einzug hielten und Fuß faßten, wo Isis-in-Hydria im zweiten Jahrhundert n. Chr. äußerst populär war.

Die Ursprünge dieser engen Zusammenarbeit zwischen den Priesterschaften in Ägypten und am kaiserlichen Hof in Rom lassen sich nur schwer aufspüren. Man kann aber davon ausgehen, daß sie im späten ersten Jahrhundert n. Chr. liegen, vielleicht in der Zeit des Domitian (81–96 n. Chr.), dessen ägyptisierende Denkmäler in Benevent anscheinend enger mit den wirklich pharaonischen Vorbildern verbunden sind als die ägyptisierenden Motive, die in der Regierungszeit des Augustus und des ihm folgenden julisch-claudischen Kaiserhauses in Italien geschaffen wurden. Das erklärt auch, weshalb die hieroglyphischen Inschriften auf dem für Antinoos (KAT. 133) errichteten Obelisken so vollkommen komponiert sind im Gegesatz zu jenen, welche die Obelisken des Domitian in Benevent schmücken, oder zu den Pseudohieroglyphen auf KAT. 107. Diese Belege stützen die These, daß die Beispiele römischer Ägyptomanie im ersten Jahrhundert n. Chr. ungenauere Wiedergaben der realen ägyptischen Motive (KAT. 106, 128) sind als entsprechende Darstellungen des zweiten und dritten Jahrhunderts n. Chr.

Der zweite Strang der pharaonischen Kunst in der römischen Kaiserzeit läutet den Niedergang ein: der letztendliche Triumph der klassischen über die ägyptische Kunst. Der Prozeß vollzieht sich langsam, ist aber schon im ersten Jahrhundert n. Chr. spürbar, als die beiden getrennten künstlerischen Tendenzen allmählich miteinander verschmolzen, um das entstehen zu lassen, was man als die römische Kunst Ägyptens bezeichnen könnte (KAT. 97). Der Prozeß beschleunigt sich im Lauf der Zeit, so daß er sich während des dritten Jahrhunderts n. Chr. siegreich gegen die pharaonische Renaissance behauptet (KAT. 123, 134) und am Ende alle traditionellen ägyptischen Kunstformen überlagert. Die pharaonische Kunst, die bis in die Ptolemäerzeit fortbestanden hatte und noch während des römischen Kaiserreiches periodisch immer wieder neuen Lebensmut entfaltete, kommt schließlich während der Regierungszeit des Diocletian (284–305 n. Chr.) zum Erliegen. Diocletians Neugliederung der Landesverwaltung entzog den Priestern die Autorität und zerstörte somit die religiöse und wirtschaftliche Grundlage der ägyptischen Kunst (Abb. 47).

Katalog

Die Maßangaben zu den Objekten sind in der Reihenfolge Höhe/Breite/Tiefe gegeben. Bei einzelnen Köpfen und bei Büsten beschränken sich die Angaben auf die Höhe. Für alle anderen Objekte entsprechen die Angaben den vorliegenden Informationen bei der Drucklegung des Katalogs und erfolgen in der genannten Reihenfolge. Alle Objekte in dieser Ausstellung stammen, sofern kein anderer Herkunftsort angegeben ist, ursprünglich aus Ägypten, wenn auch die genaue Provenienz nicht immer bekannt sein mag. Für Bibliographie und Anmerkungen ist die amerikanische Originalausgabe des Katalogs zu Rate zu ziehen.

1
Büste eines Ptolemäers

Kalkstein, 45
Spätes viertes bis Anfang drittes Jahrhundert v. Chr.
Benha (Athribis)
The Brooklyn Museum, 37.37E; Charles Edwin Wilbour Fund

Als selbständige Kunstform gearbeitet, sind Büsten wohl eher Votivgaben als Bildhauermodelle gewesen und fanden im Herrscherkult Verwendung.

Da sich auf Stücken wie dieser Büste noch ein eingeritztes Quadratnetz auf den fertig bearbeiteten Oberflächen erhalten hat, bezeichnet man sie in der Wissenschaft gerne als Bildhauermodelle oder Versuchsstücke. Neuere Untersuchungen haben jedoch gezeigt, daß eine derartige Ansicht in manchen Fällen unhaltbar ist, denn die altägyptische Definition von einem vollendeten Kunstwerk entsprach nicht der in anderen Kulturen, auch wenn es in Ägypten das unvollendete Werk im westlichen Sinne gab und es für die alten Ägypter innerhalb der Grenzen ihrer kulturellen Traditionen verankert war (siehe dazu auch KAT. 34). So werden viele Stücke, die man früher summarisch als Bildhauermodelle abgetan hatte, jetzt als Votivgaben betrachtet. Die bruchstückhaften Formen vieler dieser Exvotos entsprechen durchaus der altägyptischen Definition von Kunst, denn die altägyptische Kunst selbst ist »hieroglyphisch«. Die Hieroglyphen wiederum lassen unvollständige Formen zu, und daraus folgt, daß fertig ausgearbeitete Füße, Torsi und Büsten, selbst wenn sie ein eingeritztes Quadratnetz tragen, eigenständige Kunstwerke sind. Es ist sogar vorgeschlagen worden, die Hieroglyphen *ḥr* (𓁷) und *tp* (𓁶) könnten Aspekte der Götter Horus und Seth darstellen, und zweifellos wurden manche Gottheiten, insbesondere Mestasytmis, eher in Form von Büsten als in ganzen Figuren abgebildet. Die unauflösbare Verbindung von Kunst und Hieroglyphen ist so dominant, daß man die Büste in der altägyptischen Kunst nur als eine bewußte und eigenständige Schöpfung ansehen kann.

Bereits im späten Neuen Reich verwendeten die alten Ägypter die Büste im Kult ihrer Ahnen. Diese Praxis findet ihre engste kulturelle Entsprechung im Gebrauch der Ahnenbüsten im antiken Rom; beide Bräuche können als parallele, aber doch voneinander unabhängige Phänomene betrachtet werden (ein ähnliches Phänomen kann auch in Griechenland beobachtet werden). Als eigenständige Arbeiten können solche Büsten in Sanktuare gestiftet worden sein oder der privaten Verehrung in Kapellen gedient haben (KAT. 46).

Der Stil des Gesichtes und die Wiedergabe der Details beziehen sich auf den Kopf der etwas früher entstandenen Dattari-Statue (KAT. 22) und wiederholen sich in den ägyptischen Statuen, die den Namen Ptolemaios' II. Philadelphos tragen und in ägyptischem Stil gearbeitet sind (Abb. 20); somit ist die Identifizierung dieses Kopfes als Ptolemaios II. möglich, aber nicht gesichert.

Cleopatra's Egypt, Nr. 1

2
Mann mit Lotusknospen-Diadem

Granit, 34,5
Erstes Jahrhundert v. Chr.
Angeblich aus Dime im Faijum
München, Staatliche Sammlung Ägyptischer Kunst, Gl. 30

Trotz seines griechischen Gesamteindrucks steht dieser Kopf ganz in altägyptischer Tradition. Rückenpfeiler, Barttracht, flächiges Gesicht und Betonung linearer Attribute finden ihre Vorbilder in der pharaonischen Kunst.

Mehrere kunstgeschichtliche Bewertungen dieses Kopfes sehen in ihm ein Beispiel für die Vermengung künstlerischer Traditionen, die Merkmale aus dem pharaonisch-ägyptischen wie aus dem hellenistisch-griechischen Stilvokabular miteinander verbindet. Nur eine sorgfältige Untersuchung der Details des Kopfes kann die Tragfähigkeit dieser Hypothese beweisen.
Die Reste eines Rückenpfeilers verbinden diesen Kopf grundsätzlich und unbestreitbar mit den Traditionen der pharaonischen Bildhauerkunst; auch der Umstand, daß die Teile des Kopfes, die in einer streng frontalen Ansicht nicht zu sehen sind, nur unvollständig ausgeführt wurden, wie z. B. an der Rückseite der Ohren, am Scheitel und Hinterkopf wie auch an der Nahtstelle von Kopf, Nacken, Diadem und Rückenpfeiler, stellt den Künstler an die Seite derer, die in der späten Ptolemäerzeit gearbeitet haben (s. S. 76 und KAT. 29). Die Bearbeitung des Haares, dessen einzelne Locken sich nicht organisch vom Kopf abheben, ist allen hellenistisch-griechischen Traditionen fremd (s. S. 71 und KAT. 28, 40). Der nachdenkliche, nach innen gekehrte Ausdruck des Gesichtes entsteht durch die Auswahl und das Zusammenfügen von physiognomischen Vokabeln aus dem Formenschatz pharaonischer Künstler. Darunter fallen die Anlage und Ausführung der linearen Attribute, der Runzeln an den Brauen und der tief eingegrabenen Nasolabialfalten, die in ein ansonsten nur wenig modelliertes Gesicht gesetzt sind; die weitgeöffneten Augen, deutlich durch die Lider angegeben, werden durch ihre Epikanthi charakteristisch betont und sind in tiefe Augenhöhlen gesetzt, die von der Verbindung der Brauen mit dem Nasenrücken gebildet werden. Die Oberlidfalte ist deutlich markiert (KAT. 22, 42), während die Augenbrauen selbst nicht angegeben sind (KAT. 40). Einzeln genommen, findet jedes dieser Merkmale seine Entsprechung in anderen pharaonischen Skulpturen des ersten Jahrhunderts v. Chr. Der Gesichtsausdruck könnte daher westlichen Augen als Zeichen innerer Einkehr erscheinen, aber man kann zu ebendiesem Eindruck auch kommen, wenn man zum Vergleich eine Gruppe von Köpfen betrachtet, die allgemein der 27. Dynastie zugeschrieben werden, allen voran den Kopf in Boston aus Athribis (Boston 37.377). So werden also die individuellen stilistischen Merkmale in einer traditionell pharaonischen Weise miteinander kombiniert, um einen typisch ägyptischen Ausdruck zu erreichen, den man auch bei anderen Kunstwerken der Spätzeit kennt (KAT. 38). Dafür spricht auch der Umstand, daß es dem Künstler nicht gelungen ist, Vorder- und Seitenansicht zu einem organischen Ganzen zusammenzufügen: Alle physiognomischen Details sind an die Vorderansicht des Gesichtes gebunden und zeigen keine Entwicklung im Raum.

Kinn- und Schnurrbart sind ungewöhnliche Merkmale und verdienen es, besonders beachtet zu werden. Stilistisch sind sie nahezu in derselben Art und Weise wie das Kopfhaar wiedergegeben, unorganisch aufgesetzt, wie aufgeklebt. Eine Dreiviertelansicht von hinten auf die Nase zu zeigt, daß der Bart eigentlich die Fortsetzung jener Locken bildet, die vor dem Ohr liegen, ähnlich beim Schnurrbart. Diese Ausführung des Kinn- und Schnurrbartes entspricht pharaonischen Vorbildern. Der Schnurrbart gehört in vielen Epochen der ägyptischen Kunst zur Männermode, sowohl in der Rundplastik wie auch im Relief; der Kinnbart dagegen, nicht zu verwechseln mit dem Zeremonialbart, der von einem Band gehalten wurde, begegnet im allgemeinen, wenn auch selten, nur in zweidimensionalen Darstellungen. So könnte man annehmen, daß die Wiedergabe von Kinn- und Schnurrbart bei diesem Kopf durch hellenistisch-griechische Vorbilder angeregt wurde, wäre da nicht die Tatsache, daß der Vollbart in ägyptischen Darstellungen der Spätzeit immer häufiger auftritt. Ein interessantes Fayenceuschebti aus Saqqara schmückt sich mit einem Vollbart (Kairo JE 35268), der eher mit der persischen Präsenz in Ägypten zu tun haben wird als mit dem archaischen Griechenland, da ja ägyptische Künstler nach dem Mimesis-Prinzip (s. S. 71) Kleidung wie Accessoires der achämenidischen Mode nachgebildet haben (z. B. Brooklyn 37.353). Die ägyptische Nachbildung des für die Perser[1] so typischen Vollbartes entspricht genau diesem Phänomen, wie auch J. Osings Vorschlag, in den bärtigen Figuren in einigen Gräbern der Westwüste Darstellungen von Libyern zu erkennen. Schließlich ist es für die ägyptische Spätzeit charakteristisch, Motive, die früher ausschließlich zweidimensional abgebildet wurden, nun zum ersten Mal plastisch darzustellen (KAT. 28–30, 62). Auch das Auftreten des Vollbartes muß in diesem Zusammenhang gesehen werden. Der Bart des Münchner Kopfes gehört somit zu einer festen Tradi-

3

tion innerhalb der Grundprinzipien der ägyptischen Spätzeitkunst. Hier ist er einzuordnen; hellenistischer Einfluß scheidet aus.

Abschließend bedürfte noch das sogenannte Lotusknospen-Diadem, das um das Haar dieses Kopfes gelegt ist, einer Erklärung. Seine rudimentäre Form, die der groben Bearbeitung der Details des von Pachom getragenen Diadems (KAT. 29) entspricht, ist doch deutlich genug, um eine Beschreibung zu ermöglichen. Eine befriedigende Erklärung seiner Bedeutung freilich steht, obwohl Parallelen bei anderen Skulpturen aus dieser Zeit bekannt sind, noch aus.

[1] Das Uschebti in Kairo wurde sowohl in die persische als auch in die griechisch-archaische Zeit datiert und mit zypriotischer Rundplastik in Verbindung gebracht; es ist aber eher eine Wiedergabe der achämenidischen Mode, sowohl beim Vollbart wie bei der Frisur, als irgendwelcher Vorbilder aus der griechischen Welt.

Cleopatra's Egypt, Nr. 2

3-6
Architekturteile

Religiöse Motive schmücken die altägyptische Architektur. Geflügelte Sonnen beschützen Türen und Fenster, die Hathorsäule zeigt den kuhohrigen Kopf einer Göttin, die sich auf dem Naosfragment in menschlicher Gestalt zeigt.

4

3
Oberteil einer Scheintür

Kalkstein, 54,1/93/11,2
Ptolemäisch (?)
Wohl aus Tuna el-Gebel bei Hermopolis
Hildesheim, Pelizaeus-Museum, 1899

4
Fenstergitter

Kalkstein, 63,3/69,2/6,6
Ptolemäisch (?)
Angeblich aus Dendera
London, Courtesy of the Trustees of the British Museum, 1153

5
Säulenkapitell

Kalkstein, 35,2/39
Ptolemäisch-römisch
Fundort unbekannt
Hildesheim, Pelizaeus-Museum, 1885

KAT. 3 und 4 zeigen ein bekanntes und traditionelles altägyptisches Motiv, das in der Dekoration von Tempeln, Stelen und anderen Denkmälern schon lange vor der ptolemäischen Zeit gebräuchlich war: die geflügelte Sonnenscheibe, häufig mit zwei Uräen, die Nechbet und Uto, die Schutzgöttinnen von Ober- und Unterägypten, darstellen. Sie wurde oft zwischen dem himmlischen und irdischen Reich schwebend abgebildet

(KAT. 3, 4, 19, 101, 103, 104, 115, 116, 118), war ein Symbol des Königtums und wurde dann auch noch eine Darstellungsform des Horus von Behedet. Die im Edfu-Tempel aufgezeichnete ptolemäische »Sage von der geflügelten Sonnenscheibe« ist ein Versuch, die gängige Darstellung der Flügelsonne in spätzeitlichen Tempeln und Sanktuaren als ein apotropäisches Abbild des Horus von Behedet zu erklären. Dieser etwas langatmige Text beschreibt einen Aufstand gegen den Gott Re-Harachte, den König Ägyptens, in welchem die chaotischen Mächte der göttlichen Ordnung, Maat, gegenüberstehen. Für Re-Harachte siegt sein Sohn, Horus von Behedet, der die Feinde als »die große Flügelsonne« erschlägt, begleitet von Nechbet und Uto, »den beiden Uräen, die die Rebellen in Angst und Schrecken versetzen«. Als der Sieg errungen ist, befiehlt Re-Harachte dem Thot, an jede Stelle, »an der ein Gott oder eine Göttin bis zu diesem Tage sind«, ein Abbild der geflügelten Sonnenscheibe zu setzen; diese Sonnenscheibe gilt als »Horus von Behedet«, den »Re-Harachte an jeden seiner Plätze gesetzt hat, (um) die Rebellen zu schlagen«.
Das erklärt allerdings nur zum Teil die Bedeutung der Flügelsonne als künstlerisches Motiv, und so erscheint es angebracht, einige komplexe Aspekte noch etwas ausführlicher zu erläutern. Zunächst entsprach das Abbild einer Sonnengottheit im oberen Bereich der Tempelwände, Türdurchgänge, Naoi usw., der himmlischen Natur der Gottheit, besonders da ein Tempel, dessen Funktion sich nicht in der einer Wohnstatt der Gottheit erschöpfte, die Welt als Mikrokosmos verkörperte. Das wurde z. B. in der Dekoration der Decke als Himmel reflektiert, die von Säulen (häufig in Pflanzenform) getragen wird, die aus einem Boden »wachsen«, der vielfach mit einem Marschland gleichgesetzt wurde, wie oft an den unteren Wandabschlüssen zu sehen ist. Die Tempel stehen in direktem Zusammenhang mit den grundsätzlichen Vorstellungen von der Schöpfung und ihrer täglichen, jahreszeitlichen und jährlichen Erneuerung (s. S. 33–44), da sie in ihrer Architektur einen »latenten Kosmos« und den Schauplatz der Schöpfung verkörpern. Somit sind die Serien von Flügelsonnen, die entlang der Hauptachse vieler Tempel eine theoretische Sonnenbahn markieren, nach R. B. Finnestad mit den Vorstellungen über die Ankunft des Sonnengottes in der Morgendämmerung verbunden. Das Motiv entspricht seiner Wiedergeburt bzw. seinem Übergang von der »potentiellen Existenz im Chaos« zur »Existenz«, die alles erzeugt – d. h., er erleuchtet, erschafft die Welt und die Götter, wie es in der Architektur, in den Statuen und der Dekoration der Tempel bildlich faßbar wird.
Die Sonnenscheibe mit ihren Uräen wurde auch als solare Manifestation der androgynen Natur des Schöpfers gedeutet, wobei die – eigentlich männliche – Sonnenscheibe ein »uterines« Symbol und die weiblichen Uräen »phallische« Personifikationen der Sonnenstrahlen darstellen.
Da Türen in Tempelanlagen die Schwachpunkte der Mauern sind, die das Allerheiligste, Heilige und Profane voneinander trennen, ist es nur verständlich, daß man sie ganz besonders mit apotropäischen Bildern versah. KAT. 3 ist der obere Abschluß einer »Scheintür«, des Abbilds einer Tür, durch die ein entmaterialisiertes Wesen kommen und gehen kann. Nach P. Derchain könnte das Hildesheimer Beispiel zu einer unterirdischen Kapelle in Tuna el-Gebel gehören, die für den Gott Thot in der Zeit Ptolemaios' I. errichtet wurde. Seine genaue Herkunft, Funktion und Datierung sind jedoch nicht bekannt. Zwei Türen sind hier ineinandergefügt, und bei beiden ist der Türsturz jeweils mit einer Sonnenscheibe und zwei Uräen geschmückt; darüber sitzt ein typisch ägyptisches vorstehendes Hohlkehlengesims, wiederum mit geflügelter Sonnenscheibe und zwei Uräen, und schließlich ein Uräenfries mit bekrönenden Sonnenscheiben über der Andeutung von Dachbalkenenden.
Die Uräen an den Sonnenscheiben sind Nechbet und Uto. Der apotropäische Fries von Kobras, der manchmal mit der Vorstellung von der Uräusschlange, die die Sonne transportiert, verbunden wird, ist ein seit der archaischen Zeit bekanntes Motiv. Im Neuen Reich begegnet es u. a. bei den Abbildungen von Kiosken, die aus mehreren, ineinandergeschachtelten Gehäusen bestehen und manchmal die Flügelsonne tragen. Solche Kioske und eine 18. Dynastie-Scheintür in Deir el-Bahari sind Vorläufer für ähnliche zweidimensionale Darstellungen in der Dritten Zwischenzeit und der Spätzeit wie auch für die Evolution von Mehrfachscheintüren in Kapellen und Gräbern dieser Zeit. Einige Mehrfachscheintüren in Gräbern scheinen geradezu Tempelmodelle und/oder Wiedergaben von Urtypen bestimmter Heiligtümer zu sein. Sie und die Mehrfachscheintüren in einigen Kapellen muß man als Vorgänger zu den späteren Türen, Scheintüren (auch unserer), Naoi und Stelen aus der 30. Dynastie und der Folgezeit betrachten, die Mehrfachschreine und/oder Tempel abbilden, wie auch zu Denkmälern der ptolemäischen und römischen Zeit, die gewöhnlich mit Alexandria und seiner Umgebung assoziiert werden, sowie zu Stücken aus dem Niltal südlich von Ägypten. KAT. 3 steht also in der langen pharaonischen Tradition der pseudo-perspektivischen Darstellungen und ähnelt stark den Türen, die während der gesamten ptolemäischen und römischen Zeit gearbeitet wurden (zu perspektivischen Darstellungen im allgemeinen siehe s. S. 78).
Das Fenster mit Gitterwerk (KAT. 4), eine einfachere Darstellung, erinnert an eine ptolemäische Tempelfassade (Abb. 1, 7). Hier treten zu den geflügelten Sonnenscheiben mit Uräen noch Bilder der Nechbet (links) und der Uto (rechts), die auf den Wappenpflanzen von Ober- und Unterägypten sitzen. Die Streben sind als kannelierte Säulen angegeben, Wiedergaben einer altertümlichen Stützenform. Die Kapitelle zeigen eine Tempelfassade über einem frontal wiedergegebenen weiblichen Gesicht mit Kuhohren: eine Erscheinungsform der Göttin Hathor. Das frontal dargestellte Gesicht der Hathor wurde in Anspielung auf einen ihrer Wesenszüge als Sonnensymbol gesehen: als weibliches Element des Sonnenglaubens, bei dem die Scheibe als Gebärmutter für das Sonnenkind Horus betrachtet wird. Beide zusammengenommen bilden das naophore Sistrum, das seit alter Zeit mit Hathor und ihrem Kult in Verbindung steht (siehe KAT. 6), und auch auf Rituale anspielt, die die Göttin befrieden und ihr Wohlwollen anregen sollen; für die Klassifizierung von Musikinstrumenten wird dieses Motiv von manchen

6
Naosfragment (?)

Grauer Basalt, 19,7/22/8
Wohl ptolemäisch
Fundort unbekannt
The Brooklyn Museum, 62.46;
Charles Edwin Wilbour Fund

Autoren ausgeschlossen. Es darf jedoch als Symbol der friedfertigen Hathor als universeller Göttin aufgefaßt werden.
Säulen mit Hathorkopf- und Hathorsistrum-Kapitellen haben innerhalb und außerhalb Ägyptens eine lange Geschichte, die ptolemäische Zeit mit einbezogen. Das zeigt nicht nur die große Bedeutung der Hathor, sondern ist auch ein Hinweis auf die Verbindung des Hathorsistrums und des Hathorkapitells, mindestens seit der 18. Dynastie, mit anderen Göttinnen; nur manchmal besteht in diesen Fällen ein direkter Zusammenhang

zwischen den Göttinnen selbst und der Hathor. Das macht es schwierig, die genaue theologische Benennung solcher »Göttinnen«-Symbole zu bestimmen, wenn ihre Herkunft unbekannt ist. Leider ist die Zuschreibung unseres Fensters an Dendera, einem Zentrum des Hathorkultes, nicht gesichert und ebenso vage wie J. H. Breasteds Angabe, daß es aus einem oberägyptischen Tempel um 150 v. Chr. stamme. Eine deutliche Verbindung zu Hathor bieten jedoch vielleicht die sieben Hathorsäulen in diesem Fenster, die sich, wie W. Budge gemeint hat, auf die Sieben Hathoren beziehen könnten. Diese waren eine Ausdrucksform der Hathor als Weissagende, und ihre Zahl weist wohl auf Vollständigkeit/Vollkommenheit. Sie waren an manchen Plätzen in den Kult mit einbezogen, vor allem in den als *Mammisi* bezeichneten Tempeln.

KAT. 4 wurde als Lichtgaden bezeichnet, aber auch das ist zweifelhaft. Das Fenster führt die Tradition der Gitterfenster mit Varianten fort, die aus dem Neuen Reich und späteren Zeiten bekannt sind und manchmal als Lichtgaden fungieren. Wenn es aus einem Tempel stammt, so war es aber eher ein wirkliches Fenster in einer Wand, wie es in den späten Tempeln vorkommt. Das nächstliegende Vergleichsstück ist ein ganz anderer Fenstertyp mit Hathorköpfen im ptolemäischen Hathortempel in Deir el-Medina in Theben.

Aus den oben genannten Gründen ist es ebenso kaum möglich zu bestimmen, auf welche Gottheit KAT. 5 Bezug nimmt, das Säulenkapitell mit vier Hathorgesichtern unter einem Hohlkehlengesims, dessen Herkunft wir nicht kennen. Auf der Oberfläche des Kapitells befinden sich Einkerbungen, wohl um hier an allen vier Seiten eine Konstruktion wie in KAT. 4 aufzusetzen. Man kann dieses Kapitell in die ptolemäische oder frührömische Zeit datieren; eine präzisere Datierung ist wegen der beträchtlichen Ähnlichkeit der Hathorgesichter aus verschiedenen Epochen schwierig. Nach Mercklin gibt es zu den Rosetten auf der Perücke eine Parallele bei einem Kapitell gleichen Typs im Louvre. Die Rosetten kommen allerdings in vielen Epochen bei weiblichem Kopfschmuck vor. Wenn sie auf Hathorköpfen auftreten, muß man sich fragen, ob sie nicht vielleicht Sterne symbolisieren, die auf Hathor als »Himmelsgöttin« Bezug nehmen, oder aber geöffnete Lotusblüten, also Sonnen- und Geburtssymbole. Beide Erklärungen würden auf Hathor zutreffen und auch zur Hathor quadrifrons passen, zu Hathor mit den vier Gesichtern.

Hathor quadrifrons wird als Darstellung der unendlichen Macht erklärt, die die vier Teile der Welt und Ägyptens zusammenfaßt. Sie gilt auch als Hathor, die gemeinsam oder sogar verschmolzen mit anderen Göttinnen die sexuelle Erregung verkörpert, die das Universum durchwaltet und für den uranfänglichen Schöpfungsakt des Demiurgen nötig war, bei dem er seinen masturbierten Samen verschluckte und ein Götterpaar ausspie, das dann weitere Götter zeugte. Diese Erregung muß für jede Erneuerung der Schöpfung vorhanden sein. Auch wenn die vollentwickelte Vorstellung von einer weiblichen Schöpfungskraft erst spät entstand, so muß sie doch in Ansätzen bereits früher vorhanden gewesen sein, so daß erklärlich wird, warum bereits vorptolemäische Kapitelle mit vier Hathorgesichtern eher theologische als architektonische Schöpfungen sind.

KAT. 6 findet sich in dieser vielschichtigen Gruppe vor allem wegen des Bildinhalts. Ein König, in eine Umrahmung gestellt, die oben von einer Himmelshieroglyphe gebildet wird, hält zwei Naos-Sistren, die er – so die Beischrift – für seine Mutter »spielt« (wörtlich »macht«), damit sie Leben gebe. Ziel dieser Ritualhandlung ist Hathor, die in menschlicher Gestalt erscheint und mit einem Uräenkranz bekrönt ist, darauf Kuhgehörn mit Sonnenscheibe. Sie ist als »Hathor, Herrin der Südlichen Sykomore« bezeichnet, und unter diesem seit dem Neuen Reich belegten Kultnamen gibt sie dem König »die Lebenszeit (des Gottes) Re« und »die Jahre (des Gottes) Atum«, beides traditionelle Gaben von Göttinnen an Pharaonen.

Der König, leider ohne Namensangabe, tritt im traditionellen vorstehenden Schurz auf und trägt die Doppelkrone von Ober- und Unterägypten. Die unterägyptische Krone ist mit Kreisen verziert, die in der ptolemäischen und römischen Zeit ein Merkmal dieser Kronenform zu sein scheinen. Kreise können auch auf der von der Göttin Neith getragenen unterägyptischen Krone in vor-ptolemäischen Bronzen auftreten. So liegt eine Zuordnung dieses Stückes in die ptolemäische Zeit nahe, vielleicht sogar in die Regierungszeit Ptolemaios' II. Philadelphos. Aber trotzdem ist dieses Fragment in stilistischer Hinsicht eng mit früheren Arbeiten verbunden. Signifikant ist der Hell-Dunkel-Kontrast der helleren Gravierung gegen die dunklere, polierte Oberfläche, der schon lange vor der ptolemäischen Epoche belegt ist und während der 30. Dynastie für die Dekoration von Sarkophagen und Naoi äußerst beliebt war (zum Hell-Dunkel-Kontrast bei Statuen siehe S. 76). Darüber hinaus ist die Modellierung der Körper der Figuren und sogar ihrer Gesichter nicht weit von denen auf Naoi der 30. Dynastie entfernt. Auch hierin zeigt sich, daß, wie in diesem Katalog immer wieder betont, die Kunst der ptolemäischen Zeit eng mit der Sebennytischen Zeit zusammenhängt.

Es sind vor allem Naoi aus der 30. Dynastie, die gute Vergleiche in Hartgestein zu unserer kleinformatigen königlichen Opferszene liefern – ein weiterer Grund, sie in diese vielgestaltige Gruppe einzubeziehen. Im Brooklyn-Inventar wird dieses Stück als ein in sich geschlossenes Objekt, vielleicht eine Votivgabe, beschrieben, wohl weil keine Reste einer weiteren Szene anschließen, wie man bei einem Naos erwarten würde. Die groben Kanten weisen jedoch darauf hin, daß es nicht ein Exvoto, sondern Teil eines Naos' ist, der vor der Fertigstellung zerbrach. In beiden Fällen und ohne die Möglichkeit auszuschließen, daß es sich um ein Fragment eines vollständigen Naos' handelt, erinnert es an die Vorliebe der Spätzeit, Naoi mit Bildern ihrer göttlichen Bewohner und der Kultbilder ihrer Tempel zu schmücken oder in ihnen Kompendien oder »mythologische Kataloge« auf Papyri (in Tempelarchiven) von Gottheiten, Kultobjekten usw. für einen bestimmten Ort bildlich darzustellen. So ist beispielsweise das Sanktuar im spätzeitlichen Hibis-Tempel wie ein Naos dekoriert.

Cleopatra's Egypt, Nr. 4–7

7

Nektanebos II. vor einem Falken

Grünliche Grauwacke, 72/20,5/46,5
Regierungszeit Nektanebos' II.
(360–342 v. Chr.)
Wohl aus der Gegend von Heliopolis
New York, The Metropolitan
Museum of Art, 34.2.1; Rogers Fund, 1934

Als Mensch und zugleich als göttliches Tier erscheint in dieser Doppelfigur Nektanebos II., der letzte einheimische König Ägyptens.

8

König im Falkengewand

Blauglasierte Fayence, 18/6,5/10,5
Ptolemäisch (?)
Fundort unbekannt
Leiden, Rijksmuseum van Oudheden,
F 1937/6.9

Die irdisch-göttliche Doppelnatur des Königs zeigt sich im Falkengewand, das den Rücken der Statue bedeckt.

Die Statue des letzten einheimischen Pharaos, vor einen Falken gestellt, der die Doppelkrone von Ober- und Unterägypten trägt, zeigt »die ausgesprochene Vorliebe der Spätzeit, für Statuen dunkles, homogenes Material mit glatter, schimmernder Oberfläche zu verwenden und schwungvoll in freifließenden Linien zu modellieren« (J. Yoyotte). Ihre Monumentalität erhält die Statue durch die einfachen, volumetrischen Formen und die Unterdrükkung von Details, wie z. B. der Musterung der Augenpartie, die sich sonst auf den meisten Darstellungen von Ägyptens wichtigstem Greifvogel findet. In Anbetracht

des sehr kleinen Maßstabs der Königsfigur ist über ihre Physiognomie nicht mehr zu sagen, als daß sie gewisse Ähnlichkeiten mit den Gesichtszügen aufweist, die Nektanebos II. auf manchen seiner Tempelreliefs kennzeichnen (KAT. 9).
Ikonographisch bieten diese und einige im folgenden aufgeführte verwandte Statuen Nektanebos' II. interessante Variationen zum unerschöpflichen Thema der Beziehungen zwischen dem Falkengott Horus und Pharao, seiner irdischen Erscheinung (z.B. KAT. 8).
Unter den zahlreichen Abbildungen des Königs innerhalb dieses Beziehungsfeldes gibt es nur einige Arbeiten aus dem Neuen Reich, die als echte Vorläufer für dieses Bild des Königs vor einem viel größeren Falken gelten können. In Anbetracht des viel höheren Alters dieser Vorläufer stellt sich jedoch die Frage, ob die Statuen Nektanebos' II. durch solche Arbeiten des Neuen Reiches beeinflußt sind, ob sie von verlorengegangenen Arbeiten aus der Zeit nach dem Neuen Reich abgeleitet sind oder ob sie eine relativ unabhängige, späte, künstlerische Ausdrucksform darstellen. Die Statuen Nektanebos' II. mit Falken sind jedenfalls nicht die einzigen späten Variationen des Themas Pharao und/oder Privatperson im Schutz einer größeren tiergestaltigen Gottheit. Eine der interessantesten ist die noch spätere Statue eines Falken mit Priester oder König im Edfu-Tempel (s. S. 72).
Die anderen Statuen Nektanebos' II. mit einem hinter ihm stehenden Falken unterscheiden sich untereinander und von der im Metropolitan Museum im Material, in der jeweiligen Haltung, dem Gewand und den Attributen des Königs, in der Inschrift und im Fundort. Eine Falkenfigur aus Tanis entspricht der Metropolitan-Statue im Verzicht auf die Musterung der Augenpartie.
In viel früheren Skulpturen des Königs mit Falken ist der Falke im Vergleich zum König klein. So sieht man im maßstäblichen Verhältnis der Figuren in unserem Beispiel den bildlichen Ausdruck der schwindenden Bedeutung des irdischen Königs gegenüber dem himmlischen König, eines Prozesses, der lange vor der 30. Dynastie einsetzte und der letztendlich dazu führte, daß der König als menschlicher Amtsträger gegenüber göttlichen, insbesondere tierischen Erscheinungsformen des Königtums in den Hintergrund trat (s. S. 37–41). Eine derartige Interpretation ist nicht von der Hand zu weisen. Darüber hinaus aber mag, wie von J. Johnson vorgeschlagen, die in den Statuen Nektanebos' II. betonte Identifizierung oder Verbindung mit dem Horusfalken mit der in zeitgenössischen Texten belegten Gleichsetzung von »Herrscheramt« und »Erscheinung als Falke« zu tun haben, vielleicht aber auch mit dem Wunsch des Nektanebos, seine Legitimität als Pharao zu betonen, nachdem er ja seinen Vorgänger vertrieben hatte.
Die Statuen Nektanebos' II. mit Falken lassen sich aber noch ganz anders interpretieren, denn auf einer dieser Statuen wird Nektanebos »König von Ober- und Unterägypten, der göttliche Falke, geboren von Isis« genannt, während die New Yorker Statue eine verschlüsselte Schreibung des Königsnamens *Nacht-Hor-heb* ist, »Horus ist groß (wörtlich stark) an Festen«; der Falke steht für Hor(us), die Symbole in der Hand des Königs sind als *nacht* (stark) und *heb* (Fest) zu lesen. Beides läßt eine Identifizierung von König und Gott vermuten und weist die Statuen Nektanebos' II. mit Falken einem Kult dieses Königs zu, der inschriftlich ab der 30. Dynastie bis in die ptolemäische Zeit belegt ist. Nektanebos heißt dort »*pꜣ bik*«, »der Falke«. Ein solcher Statuenkult stünde dann in Einklang mit den Kulten, die von einigen früheren Königen und von Nektanebos I. bekannt sind. Bei Nektanebos II. wäre im Kult zu dessen Lebzeiten und danach die Verehrung »des Falken« eingeschlossen, einer besonderen göttlichen Erscheinungsform Nektanebos' II., wie sie sich in der besprochenen Statue manifestiert. Ob dieser Kult auf Orte, an denen Nektanebos II. bedeutende architektonische Projekte in Auftrag gegeben hat, beschränkt war oder ob er des Königs Leistungen ganz allgemein widerspiegelt, ist umstritten. Erst jüngst ist der Kult Nektanebos' II. mit dessen Interesse (und dem der 30. Dynastie) an Tempeln und Göttern, insbesondere an Horus von Edfu, in Verbindung gebracht worden; seine Statuen, zu denen »seine Seele, wie man glaubte, zurückkehren würde, um unter dem Schutz des Gottes Horus die irdische Existenz auf ewig fortzusetzen«, wurden als angemessene Form verstanden, um die Erinnerung an den wachzuhalten, unter dem das einheimische Pharaonentum sein Ende fand (E. A. E. Reymond).
Wie erwähnt, ist die Verbindung und/oder Gleichsetzung Pharaos mit Horus in der ägyptischen Kunst vielfältig dargestellt worden: der Falke hinter dem Kopf des Königs oder als Teil seines Kopfputzes oder auch der König halb als Falke oder im Falkengewand. Falkendarstellungen auf königlichem Kopfputz sind in der ptolemäischen Zeit belegt, aus der uns auch eine Darstellung eines Priesters im Falkenkostüm erhalten ist, der in die Rolle des Horus geschlüpft ist.
Eine andere mögliche ptolemäische Variation dieses Themas bietet KAT. 8. Diese Fayencefigur aus dem Reichsmuseum Leiden zeigt einen König, dessen Kopfputz, Schurz und Haltung seit dem Alten Reich bekannt sind, und dessen Falkengewand eng mit Darstellungen Pharaos aus dem Neuen Reich verbunden ist; die durchbrochene Fayencearbeit erinnert stilistisch an Tendenzen, die seit der Dritten Zwischenzeit geläufig sind. Wenn dieses Stück auf Grund seiner tiefblauen Glasur zu Recht der Ptolemäerzeit zugeschrieben sein sollte, dann wäre es das einzige sicher belegte dreidimensionale Bild eines Königs im Falkengewand aus dieser Zeit. Die einzige vergleichbare Arbeit der Folgezeit ist eine römische, ägyptisierende Bronzefigur, die möglicherweise einen König im Falkengewand abbildet, aber auch ein *ba*-Vogel sein könnte (zu *ba*-Vögeln siehe KAT. 104, 118).
Die knienden und gefesselten Gefangenen auf beiden Seiten des Leidener Königsthrones sind eine Variante eines weiteren Grundthemas der ägyptischen Kunst: die symbolische Unterwerfung von Ägyptens tatsächlichen irdischen Feinden, die als eine Erscheinungsform der Isfet, des Chaos im Gegensatz zur Maat, angesehen wurden, unter den König, der auf ihnen steht oder thront.

Cleopatra's Egypt, Nr. 8–9

9

Nektanebos II. vor dem stierköpfigen Apis

Kalkstein, 39,6/63,5/8,5
Regierungszeit Nektanebos' II. (360–342 v. Chr.)
Memphis, aus dem Osttempel des Serapeumbezirkes
Paris, Musée du Louvre, Département des Antiquités Egyptiennes, N.423

Der Kult des heiligen Apisstiers erfreute sich bis spät in die römische Kaiserzeit großer Beliebtheit und zielte auf die Gewährung ewiger Fruchtbarkeit und Fortexistenz.

Der in versenktem Relief gearbeitete rechteckige Block zeigt den König beim Opfer vor dem Apisstier (KAT. 101). Die regelmäßig abgesetzten, schrägen Meißelspuren, die in der unteren Hälfte des Blockes zu sehen sind, deuten wohl auf die nicht endgültige Ausarbeitung des Reliefs hin. Die Inschriften enthalten die beiden Namen Nektanebos' II. und eine Standardformel, in der Apis dem König alles Leben und alle Herrschaft schenkt. Dieser Block ist ein nahezu exaktes Gegenstück zu einem Relief aus demselben Tempel, das auch im Beschriftungsschema übereinstimmt.

Der Apiskult in Memphis gewann unter den Kuschiten der 25. Dynastie an Bedeutung und erlebte im Verlauf der 26. und 27. Dynastie einen kontinuierlichen Aufschwung bis zur Regierungszeit Nektanebos' II., unter dem wahrscheinlich der Apis eingesetzt wurde, der kurz nach der Ankunft Ptolemaios' als Satrap in Ägypten starb. Während der ptolemäischen Zeit erwies sich der Kult des Apisstieres als äußerst nützliches Instrument, mit dessen Hilfe die Ptolemäer den Anschluß an die Traditionen pharaonischer Religion in Memphis finden und sich ihr einfügen konnten (KAT. 61). Der Kult hielt sich bis 362 n. Chr., wo er zum letzten Mal durch Ammianus Marcellinus erwähnt ist.

Trotz der offensichtlichen Unfertigkeit des Blockes ist das Gesicht Nektanebos' II. völlig ausgeführt, fein modelliert und perfekt erhalten. Das »Knopflochauge«, die gebogene Nase mit ausgeprägtem Nasenloch und hochgezogenen Nasenflügeln

wie auch der gespitzte Mund mit schmalen Lippen bilden die Variante zu den entsprechenden Gesichtszügen im sogenannten »kanonischen« Bild Nektanebos' II., von dem in der Literatur so häufig gesagt wird, es sei zu seinen Lebzeiten geschaffen und dann im Grunde unverändert für die Idealbildnisse der 30. Dynastie und der Ptolemäerzeit übernommen worden (KAT. 1). Das intensive Interesse des Pariser Reliefs an der linearen Gestaltung, wie sie sich in der Form der Nasolabialfalte und der Absetzung des Kinns vom Unterkiefer äußert, wurde zu einem festen Stilmerkmal der Gesichtsdarstellungen der gesamten ptolemäischen Zeit. Das kanonische Bild, dessen bezeichnendster Zug das sichelförmige Lächeln der Lippen ist, steht Seite an Seite mit den eher ernsten Bildnissen wie dem Pariser Relief, das wiederum den Bildnissen Nektanebos' I. verpflichtet ist, wie ein Vergleich des hier gezeigten Gesichts Nektanebos' II. mit den Gesichtern von Mut und Chons auf der Luxorstele oder mit den Köpfen der Sphingen in der Sphinxallee von Luxor zeigt. Dieselben Züge, allerdings ohne das ausgeprägte Interesse am Linearen, waren in Theben bereits in der 29. Dynastie entstanden, in einer Epoche, die sich mehr und mehr als eine bislang verkannte Quelle für stilistische Züge offenbart, die man in der Kunst der 30. Dynastie beobachten kann (KAT. 21, 22).
Die Darstellungen des tiergestaltigen Apis in den Reliefs aus dem Osttempel in Memphis folgen in der Darstellung der Hörner einem einheitlichen Muster; das Stiergehörn wächst stets direkt aus dem Scheitel, wobei das hintere Horn das Ohr beinahe berührt. Datierte ptolemäische Bilder auf memphitischen Stelen weichen von dieser Formel ab. Diese datierten Stelenbilder sind undatierten Darstellungen in anderen Sammlungen stilistisch so ähnlich, daß man z. B. eine vorläufig in die 30. Dynastie gesetzte Stele in Marseille eher in die Ptolemäerzeit datieren sollte.

Cleopatra's Egypt, Nr. 10

10
Relief des Alexander, Sohn Alexanders des Großen

Granit, 58/78
317–311 v. Chr.
Fundort unbekannt, vielleicht aus Samannud
Paris, Musée du Louvre, Département des Antiquités Egyptiennes, E.10970

Der Sohn Alexanders d. Gr. erscheint in reichem pharaonischen Ornat, obwohl er nie in Ägypten residiert hat. Nominell König des Nillandes, wird er nach altägyptischer Weise gezeigt.

Die Identifizierung der Königsfigur als Alexander, Sohn Alexanders d. Gr., verschiedentlich als Alexander II. oder IV. bezeichnet, ist durch die vollständig erhaltene Titulatur im Schriftfeld über seinen Händen gesichert. Der König opfert, wie der Text über dem *was*-Szepter links oben vermerkt, vor »Geb, dem Sohn des Re, dem Fürsten, der erscheint über...« Weihrauch und kühles Wasser. Geb versieht den König, der mit einem üppigen Kopfputz aus Widderhörnern, Straußenfedern, Sonnenscheibe und Uräen abgebildet ist, mit »allem Leben, aller Herrschaft, aller Gesundheit und aller Freude«. Obwohl die Kugelperücke mit staffelartig geordneten Löckchen unterhalb des Kopfputzes bisweilen als bewußter Rückgriff auf eine im Alten Reich beliebte Mode beschrieben wird, mag es sich bei dieser Kombination ebensogut um ein Versatzstück aus dem Repertoire ikonographischer Standardattribute handeln.
Alexander, der wohl schon im Kindesalter ermordet wurde, hat nie in Ägypten residiert, wenn auch das Land in seinem Namen von Philippos Arrhidaios, einem Halbbruder Alexanders d. Gr., regiert wurde. Das Format dieses Blocks mit versenktem Relief weist darauf hin, daß er von einem bedeutenden Komplex stammt, der von Philippos Arrhidaios für den jüngeren Alexander in Auftrag gegeben wurde, wie z. B. auch das Granittor auf Elephantine. Der Block stammt vielleicht aus einem Tempel in Samannud, wo die Kartuschen des Kindkönigs und seines Regenten in Zusammenhang mit dem Gott Geb belegt sind.
Stilistisch gehört dieses Relief in die Übergangsphase zwischen einer der Kunstrichtungen der 30. Dynastie und der darauf folgenden frühptolemäischen Zeit. Die Kugelperücke mit den abgestuften Löckchen, Braue und Schminkstrich des hieroglyphischen Auges, beide fein und plastisch angegeben, der Schwung des Nasenrückens, die durch eine tiefe Nasolabialfalte abgesetzten Nasenflügel, die schmalen, geraden Lippen mit gebohrtem Mundwinkel und das runde, fast kugelig abgesetzte Kinn, alles dies findet nicht nur in einem Münchner Kopf der 30. Dynastie eine exakte Parallele, sondern auch im Kopf der Dattaristatue (KAT. 22). Dieser Vergleich zeigt ganz deutlich, daß die in der Regierungszeit Nektanebos' I. angewandte Formel für die Herstellung eines männlichen Idealbildes auch in der makedonischen Zeit weiter verwendet wurde. Dabei muß betont werden, daß in der Regierungszeit Nektanebos' I. diese Formel gleichermaßen für königliche und private Darstellungen und sowohl im Relief wie in der Rundplastik verwendet wurde.
So läßt sich die vorherrschende Meinung, dieser besondere Reliefstil sei erst in der Regierungszeit Nektanebos' II. (KAT. 1) eingeführt worden, nicht mehr aufrechterhalten. Wie so oft in der ägyptischen Kunstgeschichte treten hier die dominierenden

ästhetischen Tendenzen, die sich zu Beginn einer jeweiligen Dynastie herausbilden, in der Folgezeit in regelmäßiger Wiederholung auf. So kann die Kunst der 30. Dynastie, insbesondere die der Zeit Nektanebos' I., als direkter Vorläufer der Tendenzen gelten, die noch in der frühptolemäischen Zeit fortleben. Die ägyptische Kultur der zweiten Hälfte des vierten Jahrhunderts v. Chr. ist anscheinend von einer gewissen Geschlossenheit in ihrem künstlerischen Ausdruck und einem gewissen Grad an Kontinuität im politischen und religiösen Leben bestimmt, wozu die historische Situation einer scheinbar dezentralisierten Verwaltung und einer unablässigen Konfrontation mit ausländischen Mächten im Widerspruch steht. Die Standfestigkeit der einheimischen Ägypter und ihr hartnäckiges Festhalten an der eigenen kulturellen Identität kündigen bereits das Erstarren einheimisch-ägyptischer Elemente im zweiten und ersten Jahrhundert v. Chr. an, als Ägypten neuerlich durch inneren Zusammenbruch und äußere Aggressionen vor dem Abgrund stand. Diese Umstände sind ein gewichtiger Grund für die Feststellung, daß die einheimisch ägyptische Kultur der ptolemäischen Zeit ganz im Geflecht pharaonischer Traditionen wurzelte.

Cleopatra's Egypt, Nr. 11

11
Ptolemaios I. beim Maat-Opfer

Kalkstein, 36/142
Regierungszeit Ptolemaios' I.(305–282 v. Chr.)
Tempel von Per-cheft in der Umgebung von el-Bahnasa/Oxyrhynchos
Leiden, Rijksmuseum van Oudheden, F 1961/12.3

Unter sternenbesetztem Himmel opfert Ptolemaios I. als König von Ober- und Unterägypten das Symbol der Maat, der Weltordnung, vor den Göttern Dedun und Thoeris-Madjet aus Nubien (unten) sowie Horus (oben links, zerstört). Der untere Block schließt rechts an den oberen an.

Zwei von einer Mittelachse ausgehende Szenen zeigen Ptolemaios I., der Bildnisse der Göttin Maat opfert. In der rechten Szene trägt Ptolemaios die oberägyptische Krone; eine Hieroglyphe der oberägyptischen Schutzgöttin überreicht seinem Namen die Symbole für Unendlichkeit/Ewigkeit und Herrschaft, in der linken Szene finden sich entsprechende Symbole für Unterägypten. Am linken Blockrand steht, nur teilweise erhalten, als göttlicher Empfänger des Opfers Horus, Sohn von Isis und Osiris, hier wohl als Vertreter Unterägyptens. Hinter ihm befand sich vermutlich eine Figur der Isis. Der rechts angesprochene Gott ist Dedun, ursprünglich wohl ein nubischer Gott, damals schon längst in Ägypten beheimatet, aber immer noch ein Symbol für Nubien. Hier wird er als »Sohn des Osiris« bezeichnet, woraus man schließen kann, daß die Göttin hinter ihm eine Erscheinungsform der Isis sein könnte. Hier trägt sie jedoch zweimal den Namen Madjet, der mit einem gleichlautenden nubischen Ortsnamen verwandt sein könnte; sie und Dedun dürften wohl Nubien repräsentieren, das man vielleicht als Teil Oberägyptens wie auch als das eigentliche Oberägypten ansah.

Die Texte des Reliefs verbinden all diese Götter auch mit dem Ortsnamen Per-cheft in Mittelägypten. Diese Szenen sind keineswegs die einzigen, die man von dem noch nicht lokalisierten Tempel von Per-cheft kennt. Das sternengeschmückte Band, Teil einer großen Himmelshieroglyphe, zeigt, daß die Szenen aus dem oberen Register einer Wand stammen; gerade oben an Wänden wie auch oberhalb von Türdurchgängen findet man solche spiegelbildlichen Szenen mit dem Maat-Opfer. Die Szene soll von der Ostwand eines Tempels stammen, so daß der symbolische Norden und Süden mit dem tatsächlichen Norden und Süden übereinstimmen.
Als Tempelszene ist das Opfern der Maat seit der 18. Dynastie bekannt: In einer vorläufigen Geschichte dieser Szenen wird darauf hingewiesen, daß sie im Vergleich mit anderen Kultszenen verhältnismäßig selten vorkommen. Vielleicht liegt das darin begründet, daß das Opfern der Maat all das symbolisiert, was Kult bedeutet, die Verkündigung, daß Pharao seine ursprüngliche Verpflichtung erfüllt hat, nämlich zu helfen, die zerbrechliche göttliche Ordnung (verkörpert von Maat) wie zur Zeit der Schöpfung aufrechtzuerhalten, eine Plicht, die vom Schöpfer in sein Herz gelegt wurde.
In einer Untersuchung königlicher Physiognomien in einigen Reliefs Ptolemaios' I. und II. hat K. Mysliwiec beobachtet, daß sich der erstere vom letzteren in folgenden Details unterscheidet: voluminöseres Kinn, weniger gewölbte Brauenbögen, weniger deutliche und kürzere, plastisch angegebene Augenbrauen und Schminkstriche, die Partie unter den Augen deutlicher eingesunken und somit stärker betonte Wangen wie auch weiter geöffnete, manchmal schmälere Augen. In gewisser Hinsicht werden diese Kriterien durch unser Relief gestützt, das eine von mehreren Variationen eines Themas zeigt, das von anderen Reliefs Ptolemaios' I. bekannt ist. Trotzdem sind es Variationen des im wesentlichen gleichen Themas, die viele Reliefs Ptolemaios' II. (und später) durchdringen und die aus stilistischen Konventionen für die Gestaltung von Gesichtern erwachsen, z. B. den »aufgeblasenen« Gesichtern mit »Doppelkinn« und Körpern (z. B. dreiteiligen Torsi mit betonter Nabelpartie, schwellenden Frauenbäuchen, stark vorspringenden Frauenbrüsten), und zu Beginn der 30. Dynastie voll etabliert sind. So kann man stilistische Vorläufer für das runde Gesicht, manchmal mit angedeutetem »Doppelkinn«, und bei Statuen für männliche Torsi in echter Dreiteilung tatsächlich seit der 26. Dynastie finden, und Hinweise auf füllige dreiteilige Modellierungen gibt es bereits in der Libyschen Zeit.

Cleopatra's Egypt, Nr. 12

12
Ptolemaios II. und Arsinoe II. als Theoi Adelphoi

Kalkstein, 42,4/34,5
200–190 v. Chr.
Aus Tanis
London, Courtesy of the Trustees of the British Museum, 1056; Gift of the Egypt Exploration Fund 1885

Arsinoe als vergöttlichte Königin, Ptolemaios als blitzeschleudernder Zeus werden noch lange nach ihrem Tod als Götterpaar verehrt. Das Relief war wohl ein Altarbild in einer Kapelle.

Dieses vollständig erhaltene Relief, das mit den Namen und Titeln von Ptolemaios II. und Arsinoe II. beschriftet ist, wurde zusammen mit anderen Objekten vor einer Ziegelkapelle in Tanis gefunden; eine Nische in der Westwand dieser Kapelle enthielt eine mit den Namen Ptolemaios' IV. und der Arsinoe III. beschriftete Stele (KAT. 13). Diese Stele und einige andere im Umkreis dieser Kapelle in Bruchstücken gefundene Stücke weisen darauf hin, daß sich in der Ptolemäerzeit in Tanis eine von Min, Harsiese und Uto gebildete tanitische Triade fest etabliert hatte.
J. Quaegebeur kommt bei seinen Untersuchungen über dieses Relief zu dem Schluß, daß es nur eines von mehreren Beispielen aus einer Reihe von Darstellungen sei, in denen Ptolemaios II. Philadelphos in Anbetung vor der vergöttlichten Arsinoe II. abgebildet ist, wie man aus den Beischriften ablesen kann. Arsinoe II. im enganliegenden Gewand hält ein Papyrus-Szepter und das *anch*-Zeichen, beides Attribute, die als Zeichen der Vergöttlichung gelten können und somit Quaegebeurs philologische Interpretation stützen. Die besondere Krone (Abb. 18), früher ausschließlich der Arsinoe II. zuerkannt, wurde – wie man heute weiß – auch von anderen ptolemäischen Königinnen getragen.
Obwohl die vergöttlichte Arsinoe II. in dem Relief als Hauptperson anzusehen ist – sie nimmt die linke Seite des Bildes ein, die nach den Orientierungsregeln der ägyptischen Kunst als die vorrangige gilt – ist die Figur Ptolemaios' II. Philadelphos größer dargestellt, ein künstlerisches Mittel, das eine bedeutende Stellung anzeigt. Der Umstand, daß hier zwei künstlerische Regeln gegeneinander ausgespielt werden, scheint anzudeuten, daß keine der beiden Personen vorgezogen werden sollte. Diese Beobachtung wird dadurch gestützt, daß die Inschriften keinerlei Opfergaben erwähnen, und andere Bildelemente, die sonst das Bild vom Opfernden und Empfänger, einschließlich des Opfertisches, bestimmen, fehlen hier völlig. So muß dieses Relief aus der Gruppe von Darstellungen von Ptolemaios II. in Anbetung vor der vergöttlichten Arsinoe II. herausgenommen werden, in die es von Quaegebeur gesetzt wurde.
Ptolemaios II. Philadelphos in Schrittstellung hält ein *was*-Szepter und schleudert Blitze, die in der typisch hellenistischen Art als ein Bündel von drei Ruten abgebildet sind – ein traditionelles Attribut des Zeus. Eben durch dieses Attribut verschmilzt Ptolemaios II. Philadelphos mit dem Gott Zeus und sichert somit seine eigene Göttlichkeit. Die Aufnahme dieses hellenistischen Motives in das pharaonische Repertoire königlicher Embleme ist anderweitig nicht belegt und tritt ganz unerwartet auf. Da das Blitzbündel sonst weder als Attribut von Ptolemaios II. noch von Arsinoe II. erscheint, muß man bezweifeln, daß der Künstler dieses Reliefs so kreativ war, es selbst einzuführen. Den Anstoß dazu gab wohl eher die Regierungszeit Ptolemaios' V. Epiphanes, bei dessen Münzen, die zwischen 199 und 197 v. Chr. geprägt wurden, auf den Rückseiten das Blitzbündel auftritt. In der Entwicklung des dynastischen Ptolemäerkultes, einem gänzlich griechischen Phänomen, besteht sicherlich die Möglichkeit, Ptolemaios II. mit Zeus verschmelzen zu lassen. Das Auftauchen des Blitzbündels in dieser so typisch ägyptischen Szene hat den einheimischen Bildhauer gezwungen, die Figur Ptolemaios' II. in einer Bewegung darzustellen, die dem Blitzeschleudern entspricht. Dem einheimischen Künstler ist es gelungen, die im Grunde griechische Haltung der Aufwärtsbewegung des Körpers und den Schritt nach vorne so darzustellen, daß er die grundlegenden Vorschriften der ägyptischen Kunst nicht verletzen mußte.
Dieses Relief könnte, wie von R. Fazzini vorgeschlagen wurde (persönliche Mitteilung), möglicherweise dem Kult der *theoi adelphoi*, Ptolemaios II. und Arsinoe II., den vergöttlichten »Bruder-Schwester-Gottheiten«, als *synnaoi theoi* (»Gastgottheiten«) in Tanis gewidmet sein. Wenn man das Blitzbündel als Kriterium nimmt, könnte das Relief in der Regierungszeit Ptolemaios' V. Epiphanes hergestellt worden sein. Das Relief, von W. M. F. Petrie als Platte beschrieben, ist vollständig, es fehlen allerdings die zu erwartenden Rahmenelemente, die generell die Umrahmung von Stelen oder größeren Reliefkompositionen ausmachen. So kann man es mit den zahlreichen Kalksteinreliefs vergleichen, die häufig, allerdings fälschlich, als »Bildhauermodelle« bezeichnet werden, in Wirklichkeit aber Exvotos sind (KAT. 125).

Cleopatra's Egypt, Nr. 14

1056

13
Ptolemaios IV. und Arsinoe III. vor einer tanitischen Triade

Kalkstein, 74/51,3/13,2
Regierungszeit Ptolemaios' IV. (222–205 v. Chr.)
Aus Tanis
London, Courtesy of the Trustees of the British Museum, 1054

Das Herrscher- und Geschwisterpaar steht ägyptisch gekleidet vor den Göttern Min, Harsiese und Uto, die in der Deltastadt Tanis eine Götterfamilie bildeten.

W. M. F. Petrie hat diese Stele mit noch erhaltenen Vergoldungsspuren (KAT. 117) in einer Nische in der Westwand einer Kapelle aus Nilschlammziegeln in Tanis gefunden. Er hat das Herrscherpaar auf der rechten Seite fälschlich als Ptolemaios II. und Arsinoe II. identifiziert und daher angenommen, man habe die Kapelle ihnen zu Ehren errichtet und geweiht. König und Königin sind dann 1962 von T. G. H. James richtig als Ptolemaios IV. und Arsinoe III. identifiziert worden.
Arsinoe III. steht ganz rechts außen. Sie trägt eine ägyptische Tracht aus einem dreiteiligen Gewand, dessen Umhang vor der Brust mit dem Untergewand verknotet ist (s. S. 72; KAT. 62). Ihr Haar ist in einer Art Korkenzieherlocken gelegt (KAT. 68). Ihre Attribute sind das *anch*-Zeichen und ein Kopfputz aus zwei Straußenfedern, darüber Kuhgehörn und Sonnenscheibe. Sie ist barfuß und hat ihre rechte Hand in Anbetung erhoben. Vor ihr steht Ptolemaios IV. Philopator, ihr Gemahl; er trägt Sandalen und hält ein *anch*-Zeichen und einen Stab, dessen oberes Ende anscheinend in eine anthropomorphe Büste ausläuft. Er trägt die Doppelkrone, um die ein Diadem mit Uräus an der Stirnseite gebunden ist. Sein Gewand ist die ägyptische Tracht, die das männliche Gegenstück zu der Tracht seiner Frau darstellt (KAT. 28, 29) und die möglicherweise, aber nicht erwiesenermaßen eine Verbindung zum *heb-sed*, zum Thronjubiläum gehabt haben könnte (s. S. 51f., 72).
Das Königspaar verehrt die Triade des ithyphallischen Min, des Kindgottes Harsiese und der unterägyptischen Schutzgöttin Uto mit der Roten Krone, Symbol dieses Landesteils. In dieser Stele gibt es nichts, was Petries Behauptung unterstützen könnte, daß die Kapelle, in der sie gefunden wurde, Ptolemaios IV. und Arsinoe III. geweiht gewesen wäre, die er dazu noch falsch identifiziert hatte, und die Stele schafft auch keine Verbindung der Kapelle zu einem anderen Königskult. Darüber hinaus kann man diese Kapelle nicht, wie es Petrie versuchte, mit den Objekten in Zusammenhang bringen, die vor ihr gefunden wurden (KAT. 12), da zwischen den beiden Fundorten keine architektonisch oder stratigraphisch nachgewiesenen Verbindungen bestehen.
Eine zweite Stele, etwas weiter entfernt gefunden, ist ein weiterer Beleg dafür, wie die hellenistische Auffassung vom Herrscherkult in die pharaonische Religion übernommen wurde. Auf ihr befinden sich zwei an einer Symmetrieachse angelegte Szenen eines ptolemäischen Königs, wahrscheinlich Ptolemaios' II.; rechts sieht man ihn, wie er dem Min und einer ptolemäischen Königin (Arsinoe II.?) ein Stück Land opfert, links, wie er vor Uto und Harsiese opfert. Diese zweite Stele weist auf einen wichtigen ptolemäischen Kult für Min, Harsiese und Uto in Tanis. Der Kult jener Königin, wer immer sie auch sein mag, war so bedeutend, daß es die Regierung und die Priesterschaft für angemessen erachteten, ihren Kult in den des tanitischen Min einzubeziehen, sie wurde *synnaos thea*, eine Göttin, die sich mit den dort bereits heimischen Göttern den Tempel und die dazugehörenden Riten teilte.
Die Stilistik in KAT. 13, vor allem bei der Darstellung der Körper von Min und Uto, erinnert derartig an die der 30. Dynastie und der frühen Ptolemäerzeit (KAT. 24, 61), daß man ohne die Beischriften Schwierigkeiten hätte, sie einer bestimmten Epoche zuzuweisen. Wenn das Haar der Arsinoe III. tatsächlich in Korkenzieherlocken gelegt ist, dann wäre diese Stele der früheste Beleg einer solchen Mode in Relief (KAT. 62). Sie wird in der folgenden Regierungszeit Ptolemaios' V. Epiphanes gebräuchlich, als diese Frisur zum ersten Mal auf ptolemäischen Münzen in Bildnissen seiner Frau Kleopatra I. erscheint.

Cleopatra's Egypt, Nr. 15

1054

14
Doppelstatue eines Königs und eines krokodilköpfigen Gottes

Kalkstein, 39/22,6/9,2
Drittes/zweites Jahrhundert v. Chr.
Fundort unbekannt
London, Courtesy of the Trustees
of the British Museum, 27390

König und Gott sind gemeinsam die Herren eines kleinen Heiligtums, aus dem diese Gruppenstatue stammt. Durch seine Krone erhält der König eine der Gottheit gleichrangige Größe.

Die Gruppenstatue zeigt die einfachste Variante, die der altägyptische Künstler für die Darstellungen von zwei Figuren in einer Doppelstatue geschaffen hat. Die Einzelfiguren sind voneinander unabhängige Bildeinheiten, die in ihrer Komposition nicht aufeinander Bezug nehmen, auch wenn sie Basisplatte und Rückenpfeiler miteinander teilen. In den meisten derartigen Zusammenstellungen aus allen Epochen der ägyptischen Geschichte (z.B. Kairo CG 133; New York 17.2.5) ist jeweils das linke Bein der Figuren vorgestellt – wie auch bei diesem Beispiel. Das Prinzip der strikten Symmetrie kann leicht durch Variation der jeweiligen Trachten durchbrochen werden; hier wurde Asymmetrie durch das Weglassen des mittleren Schurzlappens im Gewand des krokodilköpfigen Gottes erreicht.
Mit verschiedenen visuellen Mitteln hat es der Künstler erreicht, die Figuren als gleichwertige Bildelemente erscheinen zu lassen. Die Figur links, die nach ägyptischen Begriffen die wichtigere der beiden wäre, ist zwar kleiner als die rechte, aber durch die sorgfältige Angleichung der Höhe ihrer Doppelkrone wird die Größendifferenz ausgeglichen, und es entsteht der Eindruck der Isokephalie, der gleichen Augenhöhe. Die krokodilköpfige Figur *ist* aber größer, wiederum ein künstlerisches Mittel, das die größere Wichtigkeit ausdrückt. So sind zwei unabhängige Kunstgriffe gegeneinandergesetzt und stehen doch im Gleichgewicht (KAT. 12).
Das Fehlen von Beischriften und die generelle Vieldeutigkeit altägyptischer Ikonographie machen die Identifizierung der beiden Figuren der Doppelstatue schwierig. Man darf wohl die Möglichkeit ausschließen, daß die Figuren die Götter Haroeris und Sobek darstellen, denn dieses Paar tritt, wenn es gemeinsam in den Reliefs von Kom Ombo abgebildet ist, ausschließlich mischgestaltig auf. Es ist wohl sinnvoller, die Doppelstatue als Darstellung eines Königs in Gemeinschaft mit einem krokodilköpfigen Gott, den man ganz allgemein als Sobek identifizieren könnte, zu interpretieren. Eine genauere Benennung ist prinzipiell nicht möglich, denn es gibt allein im Arsinoitischen Gau in der Ptolemäer- und Römerzeit mindestens ein Dutzend lokale Versionen des Sobek. Sollte der Künstler eine Priorität einer Figur über die andere absichtlich vermieden haben, dann läge es auf der Hand, anzunehmen, daß in dieser Doppelstatue die Integrierung eines Königs in den Kult einer bereits bestehenden Gottheit als *synnaos theos* zum Ausdruck gebracht wird, der dann seinen Anteil am Tempel bekam. Solch eine Interpretation würde dann mit der übereinstimmen, die für die Stele aus Tanis angeboten wurde (KAT. 13). Der relativ kleine Maßstab dieses bescheidenen Denkmals, das ursprünglich vielleicht bemalt war, so daß Gewänder und Kopfputz stärker in Erscheinung getreten wären, läßt darauf schließen, daß diese Doppelstatue eine private, nicht-königliche Stiftung an ebensolch einen Kult wie in KAT. 46 gewesen sein könnte. Man kann eine Datierung auf Grund der Stilistik versuchen, besonders über die dreiteilige Modellierung des männlichen Rumpfes, deren Auffassung der der früheren Statue des Amunpayum (KAT. 24) nähersteht als der des späteren Torsos mit der änigmatischen Inschrift (KAT. 25). Die bewußte Abwendung von der Asymmetrie in der Darstellung und Bildung der Uräusschlange vor der Sonnenscheibe der krokodilköpfigen Figur (vgl. KAT. 50) spricht für eine Datierung vor das Ende des zweiten Jahrhunderts v. Chr. Somit könnte diese private Stiftung an den Kult eines *synnaos theos* zwischen dem dritten und dem zweiten Jahrhundert v. Chr. gemacht worden sein.

Cleopatra's Egypt, Nr. 16

27390

15
Applik: Königin oder Göttin

Vergoldetes, getriebenes Silberblech, 24,5/8
Drittes bis erstes Jahrhundert v. Chr.
Fundort unbekannt
The Brooklyn Museum, 44.120; Charles Edwin Wilbour Fund

Königin und Göttin können so ähnlich dargestellt werden, daß eine Unterscheidung nicht möglich ist. Das silberne Reliefblech gehörte wohl zu einem Kultgerät im Tempel.

1937 befand sich diese Relieffigur zusammen mit noch weiteren Silberobjekten in einer Privatsammlung; sie stammt angeblich aus einem Hortfund »im Delta«. Im Lauf der Zeit wurden die Stücke zerstreut, aber die Geschichte ihrer gemeinsamen Herkunft blieb in Erinnerung und begleitete jedes der Stücke über die Besitzerwechsel hinaus. Heute ist jedoch bewiesen, daß diese Silberobjekte archäologisch nicht zusammengehören und daß die Geschichte von der gemeinsamen Herkunft in den dreißiger Jahren erfunden wurde, als man sie gemeinsam in jener Privatsammlung vorfand. Sofern keine zwingenden Gründe dagegensprechen, sollten diese Stücke hinsichtlich ihres Fundortes oder ihrer Datierung nicht mehr als ein geschlossener Komplex gesehen werden. Angaben über einen gemeinsamen Fundort einer Sammlung von scheinbar verwandten Stücken, die sich nicht auch anders erhärten lassen, sollten insbesondere dann kritisch hinterfragt werden, wenn es dabei um Stücke aus Edelmetall geht (KAT. 112).
Diese Relieffigur stellt eine nach links blickende Frau dar. Sie trägt eine Geierhaube über einer wohl einst dreiteiligen Perücke, deren einzelne Löckchen wie kleine Kettenglieder aneinandergereiht sind. Ihr Schmuck besteht aus einem breiten Schulterkragen, die oberste Reihe aus Perlen, und Reifen an Handgelenk und Oberarm. Ihr Gewand ist eine Variante des Trägerkleides ohne Ärmel, dessen Träger vor der Brust verknotet sind. Um dieses Gewand ist der Balg eines Geiers gewickelt, dessen Schwanzfedern in Höhe des Unterarmes in der Körpermitte sichtbar werden. Die Modellierung des Körpers ist von außergewöhnlicher Sensibilität und zeigt den im königlichen Relief der Ptolemäerzeit so beliebten vollschlanken Frauentyp. Diese Fülligkeit der Formen drückt sich auch in dem idealisierenden Gesicht mit den vollen Wangen und der dicklichen Halspartie aus.
Charakter und Stil dieser Relieffigur erinnern an andere Frauendarstellungen in Relief (KAT. 61), die fließende Modellierung und die organische Geschlossenheit entsprechen einem Reliefstil, dem man in Kom Ombo in der Regierungszeit Ptolemaios' VIII. Euergetes im zweiten Jahrhundert v. Chr. begegnet (KAT. 67). In der römischen Kaiserzeit wird dieser Stil eher manieriert und formelhaft, wie ein Vergleich mit der Figur einer ähnlich gestalteten Isis aus dem Mandulistempel in Kalabscha aus der Zeit des römischen Kaisers Augustus erkennen läßt. Dieser Vergleich legt eine Datierung unserer Relieffigur in die zweite Hälfte der Ptolemäerzeit nahe. Diese Datierung wird durch die Ergebnisse einer spektrographischen Analyse des Silbers bekräftigt, die beim Ankauf durchgeführt wurde und die in ihren Werten ptolemäischen Silbermünzen entspricht, die im zweiten und ersten Jahrhundert v. Chr. in Alexandria geprägt wurden.
Ohne Beischriften ist es unmöglich zu entscheiden, ob hier eine Königin oder eine Göttin abgebildet ist. Auch die Funktion der Figur bleibt Spekulation, denn bislang gibt es zu diesem einzigartigen Stück keine Vergleichsobjekte. Man wird wohl am ehesten daran denken, daß diese Relieffigur ein Objekt aus einem Tempelinventar zierte; ein Hortfund unterschiedlichster Silberobjekte aus Dendera liefert einen guten Anhaltspunkt für diese Annahme.

Cleopatra's Egypt, Nr. 17

16
Einlage: König oder Gott

Farbiges Glas, 13/6
305–200 v. Chr.
Fundort unbekannt
The Brooklyn Museum, 49.61.1-.4; Charles Edwin Wilbour Fund

Figuren und Hieroglyphen auf Holz- und Kartonagesärgen wurden oft als bunte Glaseinlagen ausgeführt. Diese Technik tritt seit etwa 600 v. Chr. häufig auf.

Da die Entwicklungsgeschichte der Glaseinlagen in der Fachliteratur ausführlich dargestellt ist, sollen hier nur die wichtigsten Punkte rekapituliert werden. Die früheste Verwendung von Glaseinlagen stellen offenbar Glashieroglyphen dar, die den Deckel des vierten Sarkophages des Juja aus der 18. Dynastie verzieren. Diese Technik erlebt unter Tutanchamun einen starken Aufschwung, und zum ersten Mal werden auch figurale Einlagen verwendet. Es ist gut möglich, daß die Farben dieser Einlagen symbolischen Wert haben. Die Einlagen selbst scheinen eher einzeln angefertigt als im Gußverfahren in Serienproduktion hergestellt worden zu sein. Der Gebrauch von Einlagen setzt sich in der Ramessidenzeit fort und blüht im Verlauf der 26. Dynastie auf, als man zahlreiche hölzerne Schreine mit Einlagen versah. Einlagen aus dieser Zeit werden normalerweise der »saitisch/persischen Gruppe« zugewiesen, denn sie sind in Zellentechnik, in Cloisonné, angelegt. In der 30. Dynastie wurde ein neuer Gesichtstyp eingeführt (KAT. 22), der den Standard für die Physiognomien der späteren Ptolemäer- und Römerzeit setzte (KAT. 1). Die figuralen Einlagen der hier vorliegenden sebennytisch-ptolemäischen Gruppe unterscheiden sich von früheren Arbeiten insofern, als bei ihnen die einzelnen Farbflächen unmittelbar aneinandergrenzen bzw. -stoßen wie in diesem Beispiel aus Brooklyn. Solche figürlichen Einlagen dienten wohl zur Dekoration von anthropoiden Kartonnagesarkophagen oder von hölzernen Schreinen. Diese spezielle Einlage, deren ursprüngliche Funktion nicht bekannt ist, kann man auf Grund des Gesichtstyps und der Komposittechnik in die frühe Ptolemäerzeit datieren.

Cleopatra's Egypt, Nr. 18

17–18 Tempelreliefs Ptolemaios' VIII.

17
Ptolemaios VIII. und eine Kleopatra beim Opfer

Bräunlicher Sandstein, 90/80
Regierungszeit Ptolemaios' VIII. (170–116 v. Chr.)
Theben, Westseite, Qasr el Aguz (?)
Staatliche Museen zu Berlin/DDR, Ägyptisches Museum, 2116; erworben durch die Preußische Expedition 1842–1845

18
Amun-Re und Maat erhalten ein Opfer

Sandstein, 75/62
Theben, Ostseite, Amun-Bezirk in Karnak-Mitte
Paris, Musée du Louvre, Département des Antiquités Egyptiennes, B.35 (N.140)

König und Königin garantieren durch ihr gemeinsames Opfer vor den Göttern den Fortbestand der Ordnung der Welt. Die stark gerundeten Körperformen sind für die gesamte Ptolemäerzeit typisch.

Wie in früheren Zeiten besteht das Grundschema der Wanddekoration in ptolemäischen Tempeln aus einer Abfolge von Bildstreifen mit quadratischen oder rechteckigen Bildfeldern, die voneinander kaum abgesetzt sind und die den König beim Opfer vor einem Gott oder vor Göttern zeigen; von ihnen erhält er, wie die Inschriften berichten und bisweilen auch die Reliefbilder zeigen, göttliche Segensgaben. Manchmal wird der Pharao von einer Königin begleitet, manchmal erscheint sogar die Königin allein vor der Gottheit. Diese Szenen, insbesondere mit Pharao und Königin, sind von der 18. bis zur 22. Dynastie recht häufig belegt. Sie fehlen jedoch nahezu gänzlich in der 25. und 26. Dynastie, da die weiblichen Mitglieder des Königshauses, die nun bei einer Vielzahl kultischer Handlungen abgebildet werden, die unverheirateten Priesterinnen sind, die man als Gottesgemahlinnen des Amun bezeichnet. Wenn wir vom vorliegenden Quellenmaterial ausgehen (was irreführen könnte), dann gibt es aus noch unklaren Gründen von der 27. Dynastie bis in die makedonische Zeit in Tempelreliefs keine Bilder von königlichen Frauen.
KAT. 17 zeigt Ptolemaios VIII. mit der unterägyptischen Krone, beide Arme erhoben, um Gefäße mit Wein oder wertvollem Öl zu opfern. Hinter ihm, also nach ägyptischer Bildkonvention an seiner Seite, steht die Königin mit langer Perücke und einem Stirnband mit Uräus, darauf einen niederen Aufsatz, auf dem wiederum zwei hohe Federn mit Kuhgehörn und Sonnenscheibe sitzen. Dieser Kopfputz ist für Königinnen lange vor der Ptolemäerzeit belegt, bleibt aber auch da ganz gebräuchlich. Er hat mehrere religiöse Bedeutungen, vor allem in Beziehung zur Göttin Hathor.
Dieser Block von einer größeren Szene wurde zwischen 1842 und 1845 während der königlich-preußischen Expedition unter der Leitung von R. Lepsius erworben. Nach Auskunft des Ägyptischen Museums sagen die Aufzeichnungen der Expedition nichts über den Fundort aus, obwohl der Katalog von 1871 angibt, daß der Block aus einem Tempel in Theben-West stamme. Seitdem wurde er dem kleinen Thot-Tempel in Qasr el Aguz zugewiesen, der unter Ptolemaios VIII. erbaut wurde. Die Herkunftsangabe 'Thot-Tempel' ist jedoch nicht gesichert und kann nach Auskunft von L. Bell vom Oriental Institute der Universität Chicago durch einen Vergleich mit Aufnahmen des Oriental Institute vom Qasr el Aguz-Tempel nicht bestätigt werden.
Die Königin in unserem Relief, laut Namensbeischrift Kleopatra, wird meist als Kleopatra II. identifiziert, Schwester und Gemahlin Ptolemaios' VIII., und nicht als dessen andere Frau Kleopatra III., die Tochter Kleopatras II. aus deren erster Ehe mit Ptolemaios VI., dem Bruder Ptolemaios' VIII. Ptolemaios VIII. tritt in Qasr el Aguz mit einer der beiden Kleopatras auf, wobei, wenn man von der Publikation des Tempels ausgeht (leider nur in Zeichnungen und maschinegeschriebenen Texten), der Name Kleopatra allerdings nicht wie in unserem Relief mit einem Schilfblatt ( ) vor dem Lasso () geschrieben ist, obwohl es ein Beispiel für einen Strich (/) an der Stelle gibt, an der das Schilfblatt stehen würde.
In gewissem Sinne fängt KAT. 18, ein Relief des Louvre, da an, wo das Berliner Relief abbricht, nämlich bei der Hand Ptolemaios' VIII., der »seinem Vater« ein Gefäß mit Öl oder Salbe opfert, damit dieser Leben geben möge. Der Empfänger ist Amun-Re, der *anch*-Zeichen und *was*-Szepter hält und als »der große Gott seit Anbeginn der Zeit, Schöpfer dessen, was ist« bezeichnet ist. Bei ihm steht Maat, die ein *anch*-Zeichen hält und eine Hand schützend erhoben hat. Sie wird als Tochter des Re (der Sonne), vereint mit Amun, geliebt von allen Göttern, beschrieben. Ein weiteres *was*-Szepter bildet den rechten Abschluß der Szene. Die Texte unterhalb ihrer Arme sagen von Amun, daß er dem König ein mit Maat verbundenes Geschenk macht, während Maat ihm »die Herrschaft dessen, der seinen Namen verbirgt, Amun« überreicht (Amuns Name bedeutet

17

»der Verborgene«). Eine entsprechende Szene findet sich im Ipet-Tempel in Karnak.
Wie P. Barguet gezeigt hat, ist das Louvre-Relief Teil eines Eingangs eines gesonderten Tempels in Karnak, der im hinteren Bereich des Amuntempels im Neuen Reich begonnen und später erweitert wurde. Im Gegensatz zu dem inneren Wohnbereich des Gottes war er für die gewöhnlichen Sterblichen zugänglich. Rein formell ein Tempel des Amun-Re-Harachte (»Amun-Re, Horus der Horizonte«), war er ebenso dem »Amun, der die Gebete hört« geweiht. In der 19. Dynastie wurde dort Ramses II. zu einem »Gott«, der Gebete erhört, und eine Inschrift im Tempel zeigt, daß Ptolemaios VIII. dort entweder als »geliebt von Amun, der die Gebete hört« oder als »Erhörer der Gebete« bezeichnet wird und somit, wie Ramses, ein übermenschlicher Vermittler zu Gott wurde.
Den Stil des Louvre-Reliefs hat Barguet als für diese Zeit charakteristisch beschrieben, mit sicherer Linienführung und deutlicher Modellierung der Körper, wenn auch massig in den Körperrundungen. Letztere Merkmale sind in der Zeit Ptolemaios' VIII. für Reliefs kaum etwas Neues, insbesondere, wenn man beachtet, daß das so deutlich gerundete Relief keinesfalls sehr hoch ist. So treten tatsächlich die meisten ptolemäischen Re-

18

liefs nicht stärker hervor oder sind im Falle von versenktem Relief nicht tiefer eingeschnitten als manche der vorptolemäischen Vorgänger, selbst wenn ihre Rundungen diesen Eindruck erwecken. F. Daumas hält diese Rundungen für ein Stilmerkmal Oberägyptens. Im Berliner Relief sind die Rundungen zurückhaltender, und die Königin hat einen weniger ausladend gestalteten Körper als die Maat im Louvre-Relief. Derartige stilistische Varianten sind an der Tagesordnung, sogar bei Arbeiten aus einer Regierungszeit und an demselben oder nahe gelegenen Ort. In beiden Reliefs entspricht die Behandlung der weiblichen Körperformen den Traditionen viel früherer Arbeiten. So ist die Figur der Maat letztendlich mit Frauenfiguren aus der 25. und 26. Dynastie verbunden, die manchmal die stark vorspringenden Brüste haben, die eigentlich typisch für die Zeit von der 30. Dynastie bis in die Römerzeit sind.

Wenn ptolemäischer Reliefstil auch regionale Variationen aufweist, so trifft es ebenso zu, daß sich ptolemäische Reliefs aus Theben nur gering von denen aus nahe gelegenen Orten unterscheiden und daß man für den Stil unserer Ptolemaios' VIII.-Reliefs außerhalb von Theben gute Parallelen findet.

Cleopatra's Egypt, Nr. 19–20

19
Stele mit Tiberius vor Mut und Chons

Sandstein, 66,3/44/13
Regierungszeit des Tiberius (14–37 n. Chr.)
Aus Theben, Ostufer
Amsterdam, Allard Pierson Museum, 7763

Als ägyptischer Pharao gekleidet, opfert der römische Kaiser Tiberius kniend vor der Göttin Mut und ihrem Sohn Chons ein sphinxgestaltiges Weihrauchgefäß. Darunter ein Bericht über Bauarbeiten am Mut-Tempel in Karnak.

Im oberen Bogenfeld befindet sich eine Flügelsonne mit zwei Uräen (KAT. 31) über einer Himmelshieroglyphe. Letztere bildet zusammen mit den zwei sie stützenden *was*-Szeptern den Rahmen für die darunter folgende Szene. Hier opfert Tiberius vor der Göttin Mut und ihrem Sohn Chons. Chons hält ein *anch*- Zeichen und ein *was*-Szepter. Auch Mut hält dieses Zeichen und einen Papyrusstab, der als Symbol der Erneuerung und des Schutzes mit mehreren Gottheiten verbunden ist. Sie trägt die Geierhaube und, ganz typisch für sie, die Doppelkrone von Ober- und Unterägypten. Tiberius trägt die helmartige *Chepresch*-Krone, Symbol der legitimen Nachfolge auf dem Königsthron (KAT. 45). Die relativ gedrungene, hinten weit hochgezogene Form verbindet sie mit den vielen Darstellungen dieser Krone (auch im Relief) von der 26. Dynastie über die Zeit des Augustus und Tiberius, der sie der Form nach am nächsten steht, bis in noch spätere Zeiten. Eine entsprechende Krone trägt auch die Sphinxfigur, die Tiberius hält und deren menschliche Hände ein Gefäß umfassen. Manchmal tritt der König auch allein als großformatiger Sphinx auf, der ein Gefäß vor sich hält. Wenn ein Kultobjekt in Form einer Sphinxfigur mit menschlichen Händen, die ein Gefäß halten, von einem König getragen wird, dann wird es normalerweise als ein Myrrheopfer bezeichnet, das im Neuen Reich noch selten, in der ptolemäisch-römischen Zeit häufig belegt ist. Da sich auf dieser Stele alle drei Figuren auf Podesten und nicht auf der Standlinie befinden, könnte hier eine Statue des Tiberius beim Opfer vor Statuen von Mut und Chons dargestellt sein.
Der Haupttext unserer Stele erinnert an die Vollendung und/oder Erweiterung der unter Augustus begonnenen Arbeiten im wichtigsten Kultzentrum der Mut durch Tiberius, ihrer Anlage in Karnak-Süd. Nach zwei neueren Übersetzungen bestanden diese Arbeiten entweder in »einer großen Umfassungsmauer *(s3t/s3w)*, die ihre Anlage schützt, den Tempel des Territoriums der Sonnenscheibe« oder in »einer großen Mauer, die ihr ehrwürdiges Sanktuar umschließt«.
Die Stele aus Amsterdam ist eine von insgesamt vier Stelen des Tiberius zur Erinnerung an Arbeiten, die jeweils folgendermaßen beschrieben werden: eine große *sbtj*, die die Sanktuare *(sḫmw)* der Mut umgibt; ein großer *inb*, der Muts Tempel *(ḥwt)* umgibt; ein großer *inb* um das Haus der Weißen Krone (den Tempel der Mut), der Herrin des Südens (?). Es besteht allgemein Einverständnis, daß *s3t/s3w*, *sbtj* und *inb*, drei verschiedene Namen für Mauer, sich alle auf das gleiche Bauwerk beziehen, nämlich auf die Umfassungsmauer des Bezirkes. Nach C. Trauneckers Beobachtungen und Vorschlag könnten die Texte auf populäre Riten hinweisen, bei denen man in feierlichem Zug um den Tempelbezirk zu gehen hatte, und die Stelen könnten möglicherweise paarweise an der Außenseite der Umfassungsmauer des Mut-Tempels rechts und links vom Haupteingang aufgestellt gewesen sein.
Andererseits gibt es, zumal die archäologischen Untersuchungen noch gar nicht richtig begonnen haben, mehrere gute Gründe dafür, die letzte Umfassungsmauer des Mutbezirks aus Nilschlammziegeln allgemein viel früher als Augustus oder Tiberius anzusetzen. Der einzige Abschnitt, der sich vom Rest wirklich zu unterscheiden scheint, ist ein kleines Mauerstück hinter (südlich) allen bekannten Tempeln, das aus getrockneten Nilschlammziegeln über gebrannten Ziegeln über Steinlagen besteht. Hier bestünde die Möglichkeit, eine frührömische Reparatur der Mauer anzunehmen, die, wie es die Stelentexte möglicherweise andeuten, durch eine Nilflut beschädigt worden war. Die dicke Mauer allerdings, die den größten Teil des Mut-Tempels (im Gegensatz zum Mutbezirk) umgibt, ist ähnlich aufgebaut, und es gibt Anzeichen dafür, daß sie der sehr späten ptolemäischen oder frührömischen Zeit zuzuschreiben ist. So kommen wir zu dem Schluß, daß es sich bei den Arbeiten, an die die Tiberiusstelen erinnern, zumindest teilweise um die Tempelmauer handelt.
Die Amsterdamer Stele und die zitierten Parallelen sind sowohl im Stil wie im Format sehr ähnlich. Darüber hinaus kann man ihre kleinformatigen Figuren mit den gerundeten Körperformen, gewölbten Augenbrauen, lächelnden Lippen und niederen Unterkiefern grundsätzlich mit den größerformatigen Tempelreliefs dieser Periode in Verbindung setzen (z. B. Reliefs des Augustus im Dendur-Tempel).

Cleopatra's Egypt, Nr. 21

20
Kaiser Trajan (?) opfert vor Amun und Hathor

Gips, 19,3/23,4
Der Regierungszeit des Trajan zugeschrieben (98–117 n. Chr.)
Angeblich aus Memphis
Hildesheim, Pelizaeus-Museum, 1537

Vor Amun als widderköpfigem Menschen und als Widder, vor der vierköpfigen Hathor und vor einem Stier opfert ein römischer Kaiser als Pharao. Römisch ist auch der architektonische Rahmen der drei Tympanonbögen.

◁ 19

Der dreifach gestreifte Rahmen, der das Relief an allen vier Seiten umzieht, ist das Spezifikum einer Gruppe von eigenständigen Gipsarbeiten aus der Ptolemäer- und Römerzeit, zu der immer wieder neue Belege bekanntwerden (KAT. 48; Alexandria 26.6.20.5 [sic], ein Gipsrelief in klassischem Stil; Kairo JE 26620). Das Bild selbst ist in einen architektonischen Rahmen gesetzt, einen dreifachen Bogen, unter dem sich die Hauptakteure befinden und der von zwei Palmsäulen getragen wird. Diese Komposition, so seltsam sie auch erscheinen mag, erinnert doch an den Brunnenkomplex vor dem Hathor-Tempel in Dendera. Rechts steht der opfernde Herrscher, als »König von Ober- und Unterägypten, Herr der Beiden Länder, Pharao, der ewig lebt« bezeichnet, er trägt *Hem-Hem*-Krone und Seitenlocke. Das Mittelfeld nimmt ein thronender, widderköpfiger Gott mit *Atef*-Krone ein, als »Amun« bezeichnet; vor ihm steht ein Widder. Die Szene wird vervollständigt durch eine stehende Figur der Hathor quadrifrons (KAT. 5) neben einem Stier. Von der Ikonographie her kann man die Szene mit Memphis in Verbindung bringen, das ja auch der angebliche Fundort des Stückes ist (KAT. 48).

Die Figuren sind mit besonderer Detailfreude in Gips geformt, besonders deutlich beim Kopfputz der Hathor und am Thron des Amun. Die Qualität der Modellierung ist hervorragend und setzt dieses Werk in eine Zeit hoher künstlerischer Vollendung. Stilistisch am engsten verbunden sind die Szenen auf den Wänden des römischen *Mammisi* in Dendera, in dem der größte Teil der Dekoration dem frühen zweiten Jahrhundert n. Chr. zugeschrieben ist. Dieser Vergleich wird bestärkt durch die enge Verwandtschaft der Bögen auf dem Relief mit denen der Brunnen von Dendera, die den im zweiten Jahrhundert n. Chr. so beliebten Tympanonbögen entsprechen. Die Verbindung zu Dendera spricht auch aus der Arbeit des äußerst kunstvoll ausgeführten Thrones des Amun mit dem Perlmuster. Auch der an der Seite des Thrones abgebildete Greif, die Nemesis, die eine Tatze auf ein Rad legt, unterstützt eine solche Datierung.

Cleopatra's Egypt, Nr. 22

21
Statue des Priesters Teos

Granit, 33,9/11,8/15,1
350–325 v. Chr.
Karnak, Amuntempel, Cachette
Brüssel, Musées Royaux d'Art et d'Histoire, E.7654

Geier, Korb und zwei Säulen, die der Priester vor sich hält, sind eine verschlüsselte Schreibung der Göttin »Nechbet, Herrin der Beiden Länder«.

Teos ist als männliche Standfigur dargestellt, ein Typ, der seit dem Alten Reich zum festen Programm der ägyptischen Kunst gehört. Die Vertikale der rechten Seite der Statue wird durch die statische Haltung des rechten Standbeines und des durchgestreckten rechten Armes gebildet, dessen Faust ein stilisiertes Stoffstück umschließt (s. S. 75). Die linke Seite entspricht dem ästhetischen Prinzip der altägyptischen Kunst, die strikte Symmetrie zu durchbrechen; das linke Bein schreitet nach vorne aus, und der linke Arm ist leicht nach vorn genommen, so daß die Handfläche ein ungewöhnliches Gebilde (siehe unten) stützen kann. Teos trägt die Beutelperücke und den plissierten Schurz. Sein Gesicht ist liebenswürdig und idealisiert, die Wiedergabe der Muskulatur im Brustbereich stimmt mit den Konventionen der altägyptischen Kunst für die Darstellung von Korpulenz überein (s. S. 73).
Die Inschriften auf dem Rückenpfeiler sind zwar übersetzbar,

aber schwierig zu deuten; sie verbinden Teos allerdings mit der Cachette in Karnak, dem Statuendepot, in dem diese Statue gefunden wurde, und ebenso mit Elkab, südlich von Theben gelegen, und mit Sebennytos im Delta. Die Verbindung zu Elkab ist bildlich ausgedrückt in den Figuren von Horus, Isis und Onuris, die als deutlich sichtbare Figurengruppe über dem linken Schlüsselbein eingraviert sind, wie auch durch die Beischrift *Nḫb.t nb(.t) t3wj*, »Nechbet, Herrin der Beiden Länder«, die an der rechten Seite des von Teos gehaltenen Attributs steht, das man trotz der starken Beschädigungen nur als eine rundplastische Wiedergabe dieser Beischrift interpretieren kann. Die Elemente, aus denen das bildliche Wortspiel zusammengesetzt ist, sind der Geier selbst (die Göttin Nechbet), eine Art *neb*-Zeichen (»Herrin«), auf dem er hockt, und zwei Säulen, die wiederum das Zeichen stützen und deren Kapitelle aller Wahrscheinlichkeit nach ursprünglich jeweils als Lotus und Lilie gebildet waren und somit das Wort *t3wj* (»die Beiden Länder«) in der Beischrift symbolisieren. Dieses rundplastische Wortspiel entspricht dem der Statue Nektanebos' II. im Schutz des Falken (KAT. 71), das wiederum ramessidischen Vorstellungen verpflichtet ist. Ebenso wie in jener Statue schützt auch hier der Geier eine männliche Figur, die sich an seine Brust schmiegt. Die Übereinstimmung dieser Miniaturgruppierung und einer kolossalen Version des gleichen Themas, die in Elkab ausgegraben wurde, hat mindestens einen Ägyptologen, J. Capart, zu dem Vorschlag veranlaßt, daß dieser Teos etwas mit der Aufstellung und Weihung des Kolosses in Elkab für seinen sebennytischen König zu tun hatte.
Die präzise Datierung der Brüsseler Statue ist schwierig. Das Problem liegt in der richtigen Interpretation der Kartuschen, die in der rechten Textspalte des Rückenpfeilers erscheinen. Das Fehlen der Begrenzungslinien scheint darauf hinzudeuten, daß gerade dieser Text erst nach der ursprünglichen Aufstellung der Statue eingesetzt worden ist. Die auch von Capart vorgeschlagene Lösung, die erste Kartusche beziehe sich auf den verstorbenen Pharao Teos aus der 30. Dynastie (KAT. 56), ist verführerisch, aber leider nicht zu beweisen. Trotzdem sprechen die weitgehenden Übereinstimmungen zwischen der Schriftspielerei dieser Statue und den Falkenstatuen Nektanebos' II. (KAT. 7) und die stilistischen Merkmale wie der Abschluß der Perücke über den Brauen und der Übergang dieser Perücke in den Rückenpfeiler (Chicago, OI 13953, und New York, Privatsammlung) für eine Datierung in die letzte Hälfte des vierten Jahrhunderts v. Chr., in die Zeit der 30. Dynastie.

Cleopatra's Egypt, Nr. 23

22 Die Dattari-Statue

Diorit, 51,2/16,7/14
Regierungszeit Nektanebos' I. (380–362 v. Chr.)
Fundort unbekannt, möglicherweise aus dem Delta
The Brooklyn Museum, 52.89; Charles Edwin Wilbour Fund

Formaler Typus, und Tracht der Statue verbinden sich als traditionsreiche Elemente mit einem für das frühe 4. Jahrhundert typischen weichen Stil.

Die Statue, nach ihrem ersten Besitzer, Giovanni Dattari, benannt, ist von grundlegender Bedeutung für das Verständnis der anschließenden Entwicklung der ptolemäischen Kunst. Die Figur ist in einer Haltung dargestellt, die für männliche Bildnisse in der ägyptischen Kunst seit dem Alten Reich kanonisch war: Der linke Fuß ist vorgestellt, die Arme liegen am Körper an, und die Fäuste umschließen Stoffstücke (s. S. 75). Die dreiteilige Modellierung des Rumpfes ist ein stilistisches Merkmal der ägyptischen Skulptur zu allen Zeiten (s. S. 74 f.). Auch die Kugelperücke mit den stilisierten, streng gegliederten Löckchen und einer zentralen, undekorierten kreisförmigen Scheibe auf dem Scheitel leitet sich von einer älteren Tradition ab – vom Vorbild des Alten Reichs, das schon von den Bildhauern der 26. Dynastie abgewandelt worden war. Der Stil des Kopfes gehört zu einem im vierten Jahrhundert v. Chr. geläufigen Typ.

Auf Grund der Inschrift kann die Dattari-Statue in die Regierungszeit Nektanebos' I. gesetzt werden. Die Merkmale des Gesichts – das vorstehende kugelige Kinn, das leichte Lächeln, die eingebohrten Mundwinkel, die vollen Wangen, die hieroglyphischen, mandelförmigen Augen und die naturalistischen Brauenbögen – stimmen mit den Darstellungen der Könige der 29. Dynastie wie auch mit denen des Nektanebos II. überein, sowohl in der Rundplastik wie auch im Relief. Diese Stilmerkmale nehmen den Stil der Zeit Nektanebos' II. vorweg, der sich dann bis in die Regierungszeit Ptolemaios' II. hält, wie F. W. von Bissing zum ersten Mal erkannt hat. Daher muß der *terminus post quem* für solche Gesichtsmerkmale wenigstens in das erste Viertel des vierten Jahrhunderts v. Chr. zurückgeschoben werden, wenn man ihn nicht noch früher ansetzen muß (Brooklyn 71.39). Stücke, die man auf Grund solcher stilistischer Merkmale früher in die Ptolemäerzeit datiert hat, sollte man eher der 30. Dynastie zuordnen (KAT. 58).

Das Bild oben am Rückenpfeiler verdient besondere Aufmerksamkeit, denn es kann als chronologischer Anhaltspunkt dienen. Die drei hockenden Figuren von Amun, Mut und Chons dienen jeweils der Textspalte darunter als bildhafte Überschrift. Die Künstler früherer Zeiten hätten oben am Rückenpfeiler nur den Namen einer Gottheit angegeben, wogegen die Bildhauer der 30. Dynastie an dieser Stelle Götterfiguren eingeführt haben (KAT. 23). In selteneren Fällen konnten diese Figuren durch eine Anbetungsszene ersetzt werden, was dann bei Statuen der Ptolemäerzeit gebräuchlicher wird (KAT. 24).

Cleopatra's Egypt, Nr. 24

23
Porträtkopf des Monthpriesters Usir-wer

Grünliche Grauwacke, 15,3
30. Dynastie (380–342 v. Chr.)
Karnak, Amuntempel, Cachette
The Brooklyn Museum, 55.175; Charles Edwin Wilbour Fund

Zu einer Statue in Kairo gehörig, ist der Kopf des Usir-wer in seiner sensiblen Schädelmodellierung ein einzigartiges Meisterwerk der Spätzeitkunst.

Auf Grund einer Untersuchung der Inschriften auf dem Rückenpfeiler dieses Kopfes und auf einer kopflosen Statue in Kairo (JE 38064) hat H. de Meulenaere die Zusammengehörigkeit der beiden Objekte erkannt. B. v. Bothmer hat dann die aus beiden Teilen zusammengesetzte Statue publiziert. Auf dem beschädigten Dreiecksfeld oben am Rückenpfeiler befindet sich u. a. eine Figur des Osiris (altägyptisch *usir*) auf einem mit einem *wr*-Vogel (𓅨) verzierten Thron, ein Schriftspiel für Usir-wer (»Osiris ist groß«), den Namen des Statueninhabers. Solche figürlichen Dekorationen an dieser Stelle treten häufig in der Rundplastik der 30. Dynastie (KAT. 22) auf.
Usir-wer ist in dem in Kairo befindlichen unteren Teil der Statue in Schrittstellung mit dem linken vorgestellten Bein gezeigt und trägt eine Variation des Gewandes, das, obwohl es schon in der 26. Dynastie in Mode war, ein achämenidisches höfisches Gewand wiedergibt. Es setzt sich aus drei Teilen zusammen: einem Unterkleid mit rundem Halsausschnitt, darüber einer Tunika mit V-Ausschnitt und weiten Ärmeln, um die ein Rock gewickelt wird, der aber nichts mit dem afrikanischen Rock der Massai zu tun hat. Der Halsausschnitt der Tunika ist durch eine scharf eingeritzte Linie angegeben, was bedeutet, daß das wulstige Band am Nacken des Berliner Grünen Kopfes (KAT. 43) zu einem Schmuckstück gehören muß.
Die breite und gedrungene Schädelform des Usir-wer ist noch kürzer als normalerweise in der Typologie der nicht-idealisierenden 'Eierköpfe' und nimmt diesen Kopf somit aus dieser Gruppe (KAT. 41–44) heraus. Die Durchbildung des Kopfes des Usir-wer ist völlig einzigartig und läßt sich in keine der bestehenden Typologien einpassen. Die zurückhaltende Modellierung an den Stellen, wo die einzelnen Flächen weich ineinander übergehen, ist ebenso abstrakt wie manieriert. Die Nasenwurzel, die die Stirn förmlich unterteilt, ist als geometrisch klare Dreiecksform angegeben und erinnert etwas an ein vergleichbares Merkmal der späten kuschitischen und frühen saitischen Rundplastik (Berlin 23728). Der Künstler hat deutlich markierte Linien verwendet, um die Lippen zu trennen und die Nasenflügel, die Falten der oberen Augenlider wie auch Umriß und Formen des erhaltenen linken Ohres deutlich zu machen. Hier scheinen die Bildhauer frühere Formeln zu imitieren, die bei der Statue des Ariketekana (Kairo JE 38018) zur Anwendung kamen und die auch, allerdings mit geringerer Betonung der scharfen Linien, Eingang in die Statue Nektanebos' II. vor dem Falken (KAT. 7) fanden. Das daraus resultierende Bildnis, das aber kein Porträt darstellt (s. S. 59–64), verdeutlicht die große Bandbreite gleichzeitiger Stilrichtungen in der Rundplastik der 30. Dynastie (S. 64).

Cleopatra's Egypt, Nr. 25

24
Torso des Amunpajum

Grauer Granit, 95,3/35,5/34,3
280–250 v. Chr.
Fundort unbekannt, vielleicht aus Mendes
The Cleveland Museum of Art, 48.141; Geschenk des Hanna Fund

Ganz in jahrtausendealten Traditionen stehend, ist der Torso in der plastischen Gestaltung des Oberkörpers dennoch ein für seine Zeit aktuelles, geradezu modernes Werk.

Amunpajum ist in der klassisch ägyptischen Pose für Männer dargestellt (s. S. 75 und KAT. 22). Sein plissierter Schurz wird von einem Gürtel gehalten, der eine Inschriftzeile trägt. Eine solche Beschriftung des Gürtels hat in der pharaonischen Privatplastik eine lange Tradition, die bis ins Alte Reich zurückgeht und nicht, wie irrtümlich vorgeschlagen wurde, zum Ende der 25. Dynastie zum ersten Mal auftritt.
Die Inschrift auf dem Gürtel ist symmetrisch jeweils nach rechts und links laufend angeordnet und trifft sich in der Mitte bei dem *ḥm*-Zeichen (𓍛), das fast genau unterhalb des Nabels sitzt. Am oberen Ende des Rückenpfeilers sieht man Amunpajum, rechts, vor der mendesischen Göttertriade Harpokrates, Banebdjedet und Hatmehit. Die Zeichen der waagerechten Inschriftenzeile unterhalb dieser Figuren sind wie die auf dem Gürtel ausgerichtet und laufen in der Mitte des Rückens zusammen. Obwohl alle Hieroglyphen als Umrißlinien in das Gestein eingemeißelt sind, wurde bei einigen ausgewählten Zeichen eine Innenzeichnung angegeben. Im Verlauf der Ptolemäerzeit kann man bei bestimmten Denkmälern ein allmähliches Abnehmen einer Innenzeichnung bei Hieroglyphen feststellen, und es scheint, daß man die Zeichen bald einfach nur noch in die Oberfläche des Steins einkratzte (s. S. 76 und KAT. 29).

Amunpajum konnte auch als der Besitzer einer zweiten, in Tanis gefundenen Statue (Kairo 8-2-21-4) identifiziert werden, die ihn im dreiteiligen Gewand (KAT. 28, 29) darstellt. Somit ist Amunpajum der erste datierbare einheimische Ägypter, der für sich Statuen in jeweils einer der beiden traditionellen Trachten in Auftrag gab, im Schurz und im dreiteiligen Gewand. Die Informationen, die aus den Inschriften der beiden Statuen und aus verwandten Denkmälern gewonnen werden können, lassen erkennen, daß Amunpajum bei der Erfüllung seiner Aufgaben äußerst beweglich war, vergleichbar mit dem Griechen Apollonios, der fast zwanzig Jahre lang als ägyptischer Finanzminister unter Ptolemaios II. gedient hatte (s. S. 20) und tatsächlich ein Zeitgenosse von Amunpajum war. Während die Berührungspunkte der einheimisch ägyptischen mit den griechischen Verwaltungsbeamten des Landes noch weiter untersucht werden müssen, so stellt sich doch heraus, daß einer der ägyptischen Titel von Amunpajum, nämlich *sn-nsw*, dessen Übersetzung und Bedeutung umstritten ist, nicht länger mit dem griechischen συγγενής, »Gefolgsmann«, gleichgesetzt werden kann. Dennoch ist klar, daß die einheimische Bevölkerung hohe militärische Rangstellungen schon in der Zeit vor der Schlacht von Raphia 217 v. Chr. anstreben und halten konnte. Amunpajum war ein *mr mšꜥ*, ein General, der sowohl Infanterie wie Kavallerie befehligte. Fraglich bleibt, ob diese Vorrangstellung seinen eigenen Fähigkeiten oder, was wahrscheinlicher wäre, der Position seiner Familie zuzuschreiben ist, die mit der Landesverwaltung eng verknüpft war; die Ptolemäer waren sehr darauf bedacht, sich mit solchen Familien gutzustellen. Der andere Rangtitel Amunpajums auf dieser Statue ist der eines *ḥm-nṯr*, eines »Priesters«, hinter dessen Schreibung, obwohl sie gleich einem Monogramm in der Mitte des Gürtels steht, merkwürdigerweise kein geschriebener Name einer Gottheit folgt. Da die Statue anscheinend der mendesischen Triade geweiht war, was sich aus deren Darstellung auf dem Rückenpfeiler schließen läßt, muß man sich vielleicht ihre Namen hinter *ḥm-nṯr* dazudenken. Da Amunpajums Titulatur hier ausführlicher ist als auf seiner Kairener Statue, wurde die Statue aus Cleveland wahrscheinlich zu einem späteren Zeitpunkt in Auftrag gegeben, möglicherweise gegen Ende der Regierungszeit Ptolemaios' II. Philadelphos.

Cleopatra's Egypt, Nr. 26

25

Statue mit änigmatischer Inschrift

Kalkstein, 63/15,5/12
Zweites bis erstes Jahrhundert v. Chr.
Fundort unbekannt, vielleicht aus Saqqara
Privatsammlung
Lit.: ESLP: Nr. 129

Die stark verschlüsselte, nur teilweise verständliche Hieroglypheninschrift auf dem Rückenpfeiler gibt über Identität und Datierung des Statuenbesitzers keine Auskunft.

Das Mimesis-Prinzip (s. S. 71) kommt in diesem Kalksteintorso einer Männerfigur ganz besonders deutlich zum Ausdruck. Er entspricht den Normen, die für diese Haltung bereits im Alten Reich aufgestellt wurden; ein Vergleich mit den Mykerinus-Statuen in dessen Triaden (Kairo JE 40679) oder mit den Statuen des Ranofer (Kairo CG 19 und 18) macht dies deutlich. Die Modellierung unserer Figur ist in ihrer Grundidee den Statuen des Mykerinus eher verbunden als denen des Ranofer: mit der hohen, stark eingezogenen Taille und einem Bauch, der wie eine vorspringende Fläche ausgebildet ist, in die der mit einer kreisförmigen Linie umgrenzte Nabel eingelassen ist. Der Brustbereich steht klar in der Darstellungstradition für durchtrainierte Körper; die Umrißlinien unterbrechen die Aufwärtsbewegung der Zwerchfellmuskulatur. Ein Vergleich dieses Torsos mit dem des Amunpajum (KAT. 24) und der »Isis Casati« zeigt, wie unterschiedlich der männliche Torso im ptolemäischen Ägypten wiedergegeben wurde. Diese Unterschiede warnen davor, die Modellierung eines Torsos *per se* als Datierungskriterium anzusetzen.
Der glatte Schurz ohne Plissee begegnet am Beginn der Ptolemäerzeit immer häufiger (New York, Sammlung Spaeth; Kansas City 47.12; Paris, E.15546), als man gleichzeitig dazu tendiert, den Gürtel mit Namen und Titeln des Besitzers zu versehen (KAT. 24). Auch wenn sich der Rückenpfeiler an seinem oberen Ende zum Kopf hin abschrägt, ist er doch wegen der Variationsbreite von Rückenpfeilerformen in dieser Zeit kein Datierungskriterium. Das Auftreten des *pt*-Zeichens (»Himmel«) oben am Rückenpfeiler und parallel zu dessen oberer Abschlußkante – diese befindet sich knapp unterhalb der Schulterlinie – ist wiederum ein Merkmal, das ab der 31. Dynastie auftaucht (Chicago, AI 10.243). Somit hat diese Statue gemeinsame Merkmale mit Statuen des späten vierten und des dritten Jahrhunderts v. Chr. Mit Arbeiten des zweiten und ersten Jahrhunderts v. Chr. teilt sie die aufkommende Tendenz, schreitende, männliche Standbilder mit undekorierten Schur-

zen und glatten Gürteln auszustatten (z. B. Brooklyn 54.113, Berlin 10972). Somit paßt dieser Torso in die Entwicklung des Statuentyps mit Schurz, wie sie aus der Ptolemäerzeit bekannt ist.
Eine genauere Datierung läßt sich letztlich aus einer detaillierten Untersuchung der hieroglyphischen Inschrift auf dem Rükkenpfeiler ableiten. Die Paläographie der Zeichen, die innerhalb ihrer Zeilen sehr eigenwillig angeordnet sind, ist bald sorgfältig, bald oberflächlich. Einzelne Passagen der Inschrift lassen sich ohne Schwierigkeiten herausgreifen; sie nennen von oben nach unten eine Reihe von Götternamen, u. a. Schu, Sarapis, Isis und Thot. Der Textzusammenhang jedoch bleibt unverständlich; der Schlüssel liegt im Verständnis der sich wiederholenden Hieroglyphengruppe 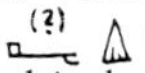. Daher sollte man die Inschrift nicht als »kryptographisch« bezeichnen. Da der Name des Sarapis erst als zweiter in einer Abfolge von vier Gottheiten angeführt ist, handelt es sich bei dieser Statue wohl kaum um ein Bildnis dieses Gottes, wie anderenorts vorgeschlagen wurde. Es ist vielmehr wahrscheinlich, daß diesen vier Götternamen gemäß des Prinzips der ehrfurchtsvollen Voranstellung Vorrang gegeben wurde und daß ihr Verhältnis zu dem Statuenbesitzer in dem beschädigten Inschriftteil beschrieben wurde, der sich unterhalb des vorletzten *n*-Zeichens befindet. Solange wir die in der Inschrift enthaltene Information nicht richtig verstehen, fügt sich diese Statue leichter in die zweite als in die erste Hälfte der Ptolemäerzeit ein; eine noch spätere Datierung kann allerdings nicht vertreten werden.

Cleopatra's Egypt, Nr. 27

26
Ptolemäische Frauenstatue

Kalkstein, 78,3/17,8/27,5
Drittes Jahrhundert v. Chr.
Fundort unbekannt
Brüssel, Musées Royaux d'Art et d'Histoire, E.3073

Da eine Krone fehlt, ist in dieser Frauenstatue weder Königin noch Göttin, sondern eine Ägypterin dargestellt, die sich in Haltung und Stil ganz an alte Traditionen hält.

Die Klassifizierung des Statuentyps, zu dem auch diese Figur gehört, ist erst jüngst von J. Quaegebeur detailliert untersucht worden; die Ergebnisse seiner Arbeit können kurz folgendermaßen zusammengefaßt werden: Die dargestellte Frau ist wahrscheinlich eher eine Privatperson als eine Königin oder Göttin, da die Statue in ihrem gegenwärtigen Erhaltungszustand keine Attribute hat. Die exakte Übereinstimmung in den wichtigsten stilistischen Kriterien dieser Statue mit einer ähnlichen in Wien (5809) und einer Statue mit Inschrift in Paris (N.2456) legt es nahe, alle drei in das dritte Jahrhundert v. Chr. zu datieren. Dieser Stil war in dieser Zeit überall in Ägypten sowohl in hartem wie in weichem Gestein so weit verbreitet, daß es kaum möglich sein dürfte, die Brüsseler Statue einer bestimmten Region Ägyptens zuzuweisen. Die Bedeutung dieser Statuen für das Verständnis der Kunst des ptolemäischen Ägypten kann gar nicht hoch genug angesetzt werden, hat es sich doch als falsch erwiesen (s. S. 73 f.), ihre unterschwellige Sinnlichkeit und spürbare Erotik hellenistischem Einfluß zuzuschreiben.

Cleopatra's Egypt, Nr. 28

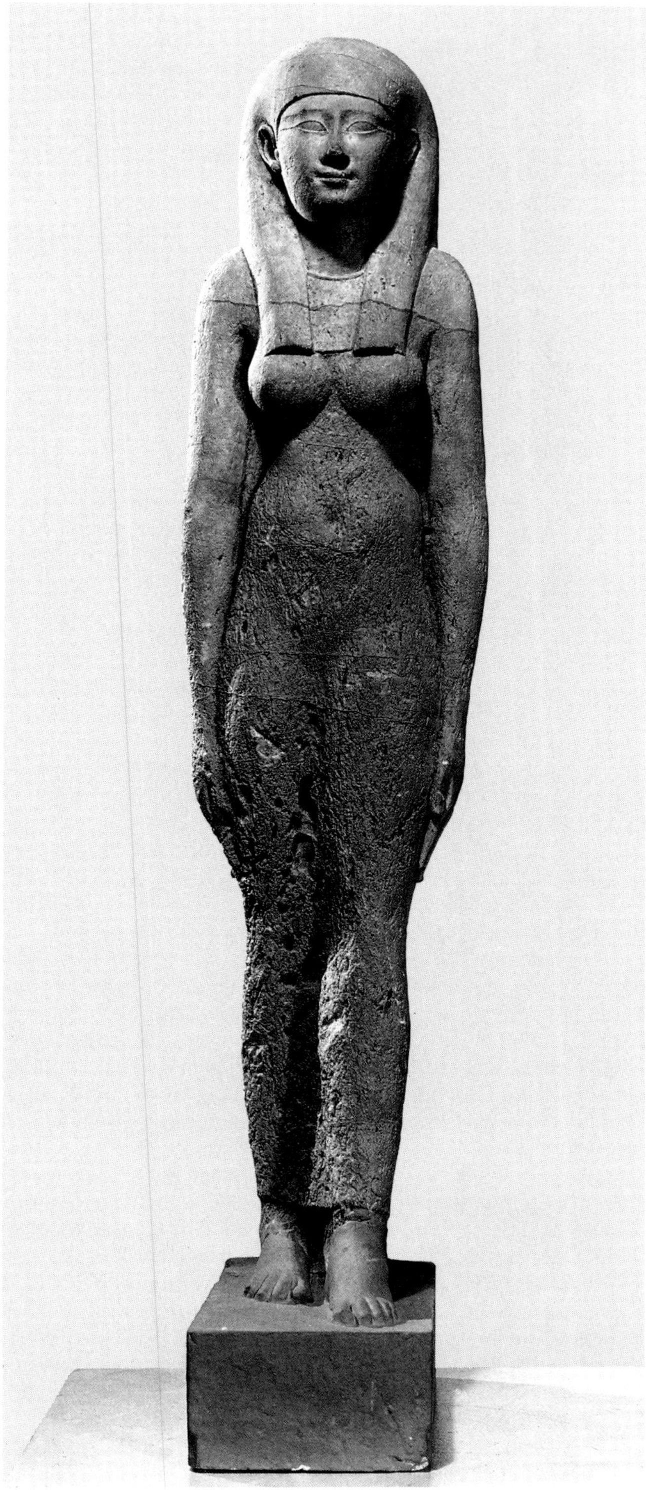

27
Würfelfigur des Wahibre, Amunpriester in Karnak

Schwarzer Basalt, 34/13/19,5
Drittes bis erstes Jahrhundert v. Chr.
Karnak, Amuntempel, Cachette
The Harer Family Trust

Die altehrwürdige Form der Tempelstatue als würfelhaft Hockender entwickelt sich in der Ptolemäerzeit zu differenzierter, schlank wirkender Struktur.

Die Würfelfigur, eine typisch ägyptische Mischung abstrakter und konkreter Formen, ist die Skulptur eines Mannes in einem langen Gewand, der wie hier auf dem Boden oder auf einem kleinen Kissen hockt, die Arme über den angezogenen Beinen gekreuzt. Spätestens seit dem Mittleren Reich ist die Würfelfigur bekannt; sie wurde, wie auch andere Statuentypen schon lange vor der ptolemäischen Zeit, auf Körper oder Gewand mit Texten und bildlichen Darstellungen versehen. Sind die bildlichen Darstellungen wie im vorliegenden Fall an der Vorderseite angebracht, könnte man an eine Verschmelzung von Statue und Stele denken. Wie bei den meisten privaten Tempelstatuen, selbst denen, die noch zu Lebzeiten des Besitzers im Tempel aufgestellt wurden, war auch der Hauptzweck unserer Statue auf das Jenseits und das Andenken des Dargestellten ausgerichtet: Sie sollte dem Verstorbenen helfen, am Göttlichen teilzuhaben und Anteil zu nehmen an den Opfergaben für die Gottheit und an deren täglicher Wiedergeburt, und sie sollte die Erinnerung an den Toten wachhalten, ihn auf diese Weise in der Gemeinschaft der geordneten Welt halten und ihn nicht in die ungeordnete Realität abgleiten lassen, die vor und außerhalb der Schöpfung existiert. Würfelfiguren sind nicht nur als Darstellungen einer Person in einer typisch ägyptischen Haltung der Bescheidenheit und Zurückhaltung in der Anwesenheit eines Höhergestellten gesehen worden, sondern auch als Darstellung der Wiedergeburt des Verstorbenen, der sich, von den Sonnenstrahlen wiederbelebt, mit Osiris in dem Moment vereint, in dem sich sein Kopf aus einem Grabhügel oder Sarg aus der Unterwelt erhebt. Der Rückenpfeiler dieser Statuen könnte sowohl den Toten wie auch seinen Schutzgott als »Pfeilergott« darstellen, der den Verstorbenen beschützt und ihm bei seiner Wiedergeburt hilft.

Die Würfelfigur des Wahibre und viele entsprechende Statuen wurden früher der 22. bis 26. Dynastie zugeschrieben; diese unrichtige Zuschreibung ließ aber sowohl die Stilentwicklung dieses Statuentyps wie auch den Umstand unberücksichtigt, daß sich die Oberägypter der Ptolemäerzeit eines Wohlstands und einer Freizügigkeit erfreuten, die für die Fortsetzung ihrer altehrwürdigen Sitte der Weihung von privaten Tempelstatuen nötig war. Dasselbe läßt sich auch für die Ägypter in anderen Teilen des Landes aussagen. So sind wir heute glücklicherweise in der Lage, Arbeiten wie KAT. 27 als Werke der Ptolemäerzeit zu erkennen, unter anderem, weil Würfelfiguren aus früheren Zeiten normalerweise bedeutend gedrungenere Formen haben als die aus der sebennytisch-ptolemäischen Zeit. Ein weiteres Indiz für das späte Datum unserer Skulptur ist ihr lächelndes Gesicht, zu dem es in der thebanischen Rundplastik der 30. Dynastie und später zahllose Parallelen gibt, auch wenn solche Stilkriterien nicht unbedingt auf Theben beschränkt sind.

Die Darstellung Wahibres beim Gebet vor Osiris, die sich auf der Vorderseite seiner Statue findet, hat ihre Parallelen auf anderen zeitgleichen Würfelfiguren aus Karnak wie auch auf thebanischen Grabstelen, die vor, während und nach der Ptolemäerzeit gearbeitet wurden. Vielleicht sollte man auch darauf hinweisen, daß es nichts Ungewöhnliches ist, in Karnak einen Amunpriester wie Wahibre bei der Anbetung des Osiris auf einer für den Amun-Tempel gefertigten Statue zu finden. Osiris war der Totengott *par excellence*, und seit der 22. Dynastie war der unmittelbar nordöstlich an den damaligen Amun-Tempel und den Amunbezirk von Karnak-Mitte anschließende Bereich zu einem göttlichen »Grabhügel« geworden, der mit Osiris und Isis verbunden war. In der Folgezeit wurde Osiris in Karnak immer bedeutender, wie sich aus dem Bau zahlreicher Kapellen, die ihm in und um den expandierenden Amunbezirk herum zumindest teilweise gewidmet waren, ebenso ablesen läßt wie aus dem sich mehr und mehr entfaltenden Synkretismus von Osiris und Amun.

Cleopatra's Egypt, Nr. 29

28–29
Männliche Gewandstatuen

28
Statue des Horsitutu

Granit, 113
305–250 v. Chr.
Fundort unbekannt, angeblich aus Sais
Staatliche Museen zu Berlin/DDR, Ägyptisches Museum, 2271

29
Statue des Pachom, Gouverneur von Dendera ▷▷

Schwarzer Diorit, 69,8/18,5
Ca. 50 v. Chr.
Aus Dendera
The Detroit Institute of Arts, 51.83; Founders Society Purchase, William H. Murphy Fund

Ursprünglich zierte ein Metalldiadem den Kopf der Statue; vor der Brust war ein Götteremblem (aus Gold?) befestigt. Eine der qualitätvollsten Statuen der Ptolemäerzeit.

Fehlende Politur, eingelegte Augen und starke Asymmetrien im Gesicht sind Kennzeichen der spätesten Ptolemäerzeit.

Die Statue des Horsitutu (KAT. 28), die älteste der hier besprochenen Statuen, trägt eine gut belegte Variante des dreiteiligen Gewandes (s. S. 72), bei der noch ein Kleid mit V-Ausschnitt über dem rund ausgeschnittenen Hemd getragen wird. Als Fundort läßt sich unter Vorbehalt Sais angeben; die Datierung in die frühe Ptolemäerzeit wird sowohl durch die Orthographie der Inschriften wie auch durch die Art des Schriftspiels (KAT. 7, 21, 23) auf dem Rückenpfeiler gestützt. Diese Beobachtungen widersprechen dem Versuch von B. Schweitzer, den Kopf stilistisch in den Bereich der römisch-republikanischen Porträts zu rücken (s. S. 59); sie widersprechen auch dem subjektiven Eindruck von den Falten als metallisch, der als Datierungskriterium verwendet wurde.
Diese Statue ist eine der anspruchsvollsten privaten Auftragsarbeiten der Ptolemäerzeit. Das Diadem um den Kopf war aus Metall, wahrscheinlich aus Gold, gearbeitet und paßte genau in die Vertiefung, die durch das Haar verläuft und an die Rillen anschließt, die seitlich am Rückenpfeiler erscheinen. In eine zweite Einkerbung in dem Gewand mit V-Ausschnitt war wohl eine Schnur oder Kordel eingelegt, wahrscheinlich ebenfalls aus Gold, an der ein heute verlorenes Attribut zu hängen schien, das aber in Wirklichkeit in dem Schlitz auf der Brust befestigt war. Da keine Reste des rechten Armes entlang der Körperseite zu sehen sind, war der Arm wohl zur Stützung dieses Attributs erhoben.
Noch zwei weitere Details sind beachtenswert. Da ist zunächst die Bearbeitung des Haares, das, in Übereinstimmung mit den stilistischen Konventionen der ägyptischen Kunst, wie eine Kappe am Kopf anliegt. Das zweite ist die Wiedergabe der Pupillen als Scheiben, ein Stilmerkmal, das in der ägyptischen Kunst eine lange Tradition hat (s. S. 76; KAT. 33, 39, 46).
KAT. 29, die Gewandstatue des Pachom, Gouverneur von Dendera, ist die jüngere der zwei Statuen im dreiteiligen Gewand. Wenn man unter Vorbehalt mit H. de Meulenaere davon ausgeht, daß dieser Pachom der Vater des Pamenches (Kairo JE 46320 und CG 50047) ist, der nachgewiesenermaßen um 30 v. Chr. gelebt hat, dann war Pachom um 50 v. Chr. im besten Mannesalter. Er hält den traditionellen Stoffstreifen in der rechten Faust und trägt ein breites, wulstförmiges Band um den Kopf. Es wurde vom Bildhauer etwas unbeholfen umgearbeitet, so als ob er zu vertuschen versucht hätte, daß sich Pachom hier anmaßte, sich das königlich-alexandrinische Diadem in Form und Position am Kopf anzueignen. Das offenkundige Fehlen der letzten Politur, das die extrem rauhen Oberflächen fertiger pharaonischer Skulpturen des ersten Jahrhunderts n. Chr. (KAT. 127) vorwegnimmt, paßt gut zu der Paläographie der Hieroglyphen auf dem Rückenpfeiler (KAT. 24, 28). Die eingelegten Augen sind ein besonderes Merkmal, das in der späten ptolemäischen und frühen römischen Zeit in den Werkstätten Einzug hält (KAT. 29, 131). Die Modellierung des Gesichtes ist breit angelegt und folgt dem Grundsatz der Asymmetrie (s. S. 75 f.), einer stilistischen Eigenart, die auch sonst in der Rundplastik der späten Ptolemäer- und frühen Römerzeit ihre Entsprechungen findet (KAT. 38).

Cleopatra's Egypt, Nr. 31-32

◁ 28

29

30
Naophor eines Beamten mit Osiris

Basalt, 41,9/10,3/13,5
Spätes zweites bis erstes Jahrhundert v. Chr.
Fundort unbekannt
Hannover, Kestner-Museum, 1935.200.773

Als Tempelbesucher bringt der Statuenstifter eine Osirisfigur im Schrein dar. Sein Gewand ist aus einer typischen Tracht der Perserzeit abgeleitet.

Die Ägypter haben den Naophor als Statuentyp offenbar im Verlauf der 18. Dynastie entwickelt, um eine engere Beziehung zwischen Mensch und Gott zum Ausdruck bringen zu können. Die in solchen Statuen dargestellte Person ist rein physisch Träger des Gottes und wird somit in eine metaphysische, ewige Existenz im Gefolge des in dem Schrein dargestellten Gottes erhoben. Der Besitzer solch einer Statue konnte hoffen, durch die unmittelbare Nähe zu dem Götterschrein die ewige Gnade göttlichen Schutzes der betreffenden Gottheit zu erlangen. Im Verlauf der Spätzeit scheinen bestimmte Inschrifttypen auf solchen naophoren Statuen ein besonderes *quid pro quo* anzudeuten, wobei der Besitzer vom Gott eine Wohltat erbittet und ihm, indem er ihn im Naos trägt, seinen Schutz gewährt (Kairo JE 30978).

In der Statue aus Hannover klingen mehrere wichtige kunsthistorische Fragen an. Eine betrifft das Gewand, dessen wichtigster Teil eine Variante des Wickelschurzes darstellt, der im allgemeinen mit einem Ärmelmantel getragen wird und für die achämenidische Mode charakteristisch ist. Dieser besondere Schurz hat immer am oberen Brustbereich einen Stoffwulst, der sich aus dem Knoten ergibt, der den Schurz an dieser Stelle festhalten soll. Obwohl er oft als persischer Wickelschurz bezeichnet wird, trifft sein Auftreten an Statuen nicht mit dem Einmarsch der Perser nach Ägypten in der 27. Dynastie zusammen. Es sind auf ägyptischen Denkmälern schon Beispiele aus der 26. Dynastie bekannt (Paris A.93), und er hält sich bis in die römische Kaiserzeit, wie ein etwas ungeschickt gearbeiteter Naophor mit ebensolch einem Schurz in Paris belegt (N.849, unveröffentlicht). Wenn man die Beispiele für diese Tracht in eine chronologische Ordnung bringt, stellt man fest, daß die früheren Beispiele die genaueren Wiedergaben des tatsächlichen Erscheinungsbildes dieses Gewandes sind. Im Lauf der Zeit – ungeachtet, ob diese Tracht in Ägypten überhaupt Mode blieb oder nicht – entwickelten die Künstler bestimmte Formeln, die an diese Tracht erinnern sollen. Ein Stadium dieser formalen Abstraktion zeigt sich in der Statue des Usir-wer (KAT. 23) aus dem vierten Jahrhundert v. Chr., eine spätere

Stufe in der vorliegenden Statue, ein Schlußpunkt schließlich in der Pariser Statue (N.849). Dieser Gang durch die Zeiten zeigt, daß die progressive Stilisierung des Wickelschurzes weniger einem ehrfurchtsvollen Archaismus als vielmehr der Eigengesetzlichkeit bildnerischer Arbeit entspringt.
Auch die Frage nach fremdem Einfluß auf die Wiedergabe bestimmter Details muß beachtet werden. Die präzise Wiedergabe der Finger, die sich um die untere Kante des Naos schließen, ist ein von Fall zu Fall anwendbares Merkmal der naophoren Statuen, die nach der 27. Dynastie hergestellt wurden. Das Haar, von einer naturalistischen und hellenistischen Art der Wiedergabe weit entfernt, ist eine äußerst extreme, auf alle Details verzichtende Stilisierung einer Haartracht, die letztlich auf Vorbilder des Alten Reichs zurückgeht (z.B. Abb. 35).
Das Auffälligste an dieser Statue ist ihr Gesicht, dessen Züge als individualistisch bezeichnet wurden. Eine nähere Untersuchung weist aber in eine andere Richtung und verbindet die Form dieses Kopfes mit dem polygonalen Typ, dem man schon im Alten Reich begegnet (s. S. 60–62). Das Gesicht, aus mehreren plastischen Ebenen aufgebaut, gewinnt seinen Ausdruck aus der Betonung linear aufgesetzter Falten – insbesondere in Form der Nasolabialfalten.
Das Fehlen der abschließenden Politur, die offensichtliche Unfertigkeit einzelner Partien, insbesondere der Ohren, schließlich die Neigung zur Asymmetrie, besonders im Gesicht, legen die Datierung dieser Statue ins späte zweite oder ins erste Jahrhundert v. Chr. nahe.

Cleopatra's Egypt, Nr. 33

31
Gipskopf im Profil

Gipsstuck, 25,4/8,4/6
Viertes bis zweites Jahrhundert v. Chr.
Fundort unbekannt
Sammlung von Richard M. Keresey

Bewußt als Fragment gearbeitet, gibt das Gesicht die idealisierten Züge eines Königs wieder, zu dessen Andenken es geschaffen worden sein dürfte.

Dieses rätselhafte Gipsprofil, bewußt als Fragment gearbeitet, gehört zu einer interessanten Objektgruppe, die bisher erst wenig untersucht worden ist. Seit der Zeit des Alten Reiches haben die Ägypter Gesichter in Gips modelliert; dies belegen zahlreiche Beispiele, die, wie man annimmt, über den Leinenbinden der Mumien geformt wurden (Boston 37.644, 39.828). Auch die berühmten Gipsmasken aus Amarna gehören in diese Tradition, wie auch zwei weitere Gruppen von Gipsstuckköpfen, die stilistisch in die Spätzeit zu datieren sind: Die eine gehört in die Zeit Ptolemaios' II. Philadelphos, in der anderen soll Apries aus der 26. Dynastie dargestellt sein, wie auf Grund stilistischer Entsprechungen zu anderen Darstellungen dieses Königs angenommen wird, die H. W. Müller diesem zugewiesen hat. Die Auffassung, daß es sich bei diesen Gipsköpfen um Totenmasken handeln soll, kann nicht aufrechterhalten werden, da es hier keines der spezifischen Merkmale eines eingefallenen Gesichtes gibt, wie ein Vergleich mit bekannten Totenmasken berühmter westlicher Persönlichkeiten deutlich machen würde.

Dieser spezielle Gipsstuckkopf steht der Ptolemaios II. zugewiesenen Gruppe am nächsten, auch wenn es mittlerweile als sicher gilt, daß die stilistischen Merkmale, die einst als typisch für die Darstellungen dieses Königs angesehen wurden, bereits im vierten Jahrhundert v. Chr. gebräuchlich waren (KAT. 22). Daher kann dieser Gipskopf in den Zeitraum vom vierten bis zum zweiten Jahrhundert v. Chr. gesetzt werden. Da signifikante Attribute und Beischriften fehlen, ist eine genauere Datierung reine Spekulation.

Wenn man die Definition der altägyptischen Kunst als hieroglyphisch akzeptiert und wenn gerade die Hieroglyphen auch das Fragmentarische und Unvollständige zulassen, dann können Arbeiten, die man in der westlichen Kunst als unvollendet bezeichnen würde, nach den grundsätzlichen Aufgabenstellungen altägyptischer Künstler zu vollgültigen Kunstwerken werden (KAT. 1, 125). Somit gibt es keinen Grund, diese Arbeit als Werkstück oder Bildhauermodell zu bezeichnen. Bis zum Beweis des Gegenteils wird man dieses Profil entweder als ein Exvoto für den Kult eines Königs (KAT. 1) oder als ein Erinnerungsstück an einen Herrscher betrachten, in einer privaten Kapelle aufgestellt (KAT. 46, 51, 52).

Cleopatra's Egypt, Nr. 34

32
Kopf eines älteren Mannes

Grauwacke, 32,5
Drittes Jahrhundert v. Chr.
Fundort unbekannt
Wien, Ägyptisch-Orientalische Sammlung
des Kunsthistorischen Museums, 42

Das Altersbildnis, eine der eindrucksvollsten Schöpfungen der Kunst der Spätzeit Ägyptens, ist hier – aus traditionellen Stilelementen zusammengesetzt – zu fast naturalistisch wirkender Intensität gesteigert.

Dieser Kopf ist zweifellos in der ägyptischen Spätzeit das beste Beispiel, mit bestimmten künstlerischen Mitteln altersgeprägte Züge wiederzugeben. Der Dargestellte trägt eine Beutelperükke, deren eine abgerundete Umrißlinie beim erhaltenen Rest des linken Ohres erkennbar ist. Die Struktur des Kopfes baut sich aus zwei Ebenen auf, der Frontal- und der Profilansicht. Die Vorderansicht läßt Stilmerkmale anklingen, die sich vom Bastiskopf (KAT. 37) und von einem Kopf in der Schimmel Collection herleiten. Die Bearbeitung der Augen erinnert an den Schimmelschen Kopf, ebenso die Gestaltung der Brauen und des Nasenrückens, die Betonung der Wangenknochen, die Nasolabialfalten sowie die Wiedergabe der Oberlippe und des Kinns. Die wellenförmige Brauenpartie, die sich an den Schläfen und in der Mitte über der Nase verdickt, wandelt ein Merkmal ab, das sich am Kopf des Horsitutu (KAT. 28) findet. Die erhaltene linke Profilansicht, mit der Vorderansicht noch nicht zur Einheit verschmolzen, läßt sich trotzdem in ihrer Modellierung mit den Gesichtern des Horsitutu (KAT. 28) wie auch des Berliner Grünen Kopfes (KAT. 43) vergleichen. Die zwei besonderen Merkmale, die hier eine gewisse Korpulenz andeuten – das Doppelkinn und die Falten im Kehlbereich –, findet man auch bei Frauenköpfen im pharaonischen Stil. Der Kopf eines früheren *physkon*-Typs (KAT. 45) wie auch der Quarzitkopf einer Königin oder Göttin (KAT. 58) haben solch ein Doppelkinn, und die pharaonische Frauenstatue (KAT. 65) zeigt die sogenannten Venusringe an einem fetten Hals. Das sich daraus ergebende Bildnis, auch wenn es an den *physkon*-Typ, den fettleibigen Männertyp, erinnert, dem man in den hellenistischen Darstellungen der ptolemäischen Herrscher begegnet (aber vgl. Kairo CG 14, eine Statue aus dem Alten Reich, bei der viele dieser Merkmale im ursprünglichen stuckierten und bemalten Zustand noch sichtbar wären), ist ein altbekannter Typus in der pharaonischen Kunst der Spätzeit. Dieser Kopf ist nur eine Vervollkommnung jener Stilprinzipien und fügt sich ein in die Entwicklung der ägyptischen Kunst des dritten Jahrhunderts v. Chr.

Darüber hinaus läßt der Versuch, diesen Kopf als Darstellung irgendeines Ptolemäers oder gar Ptolemaios' X. Alexander I. zu identifizieren, das Fehlen einer Uräusschlange an der Stirn außer acht – das königliche Abzeichen, das bei solchen Statuen niemals fehlen würde – und übersieht die Beutelperücke. Bislang gibt es nicht ein einziges Beispiel eines Ptolemäers, in dem er rundplastisch mit der Beutelperücke dargestellt wäre (KAT. 37). Daß es sich bei dem Kopfputz wirklich um eine Beutelperücke und nicht um ein Königskopftuch handelt, wird durch das Fehlen des Stirnbandes bestätigt, das für das *nemes* unverzichtbar wäre (z. B. KAT. 1); das Fehlen eines doppelten Bandes, schließt auch eine Darstellung der Blauen Krone aus (KAT. 45, München ÄS 5339). Der hier Dargestellte ist somit eine private, nicht-königliche Person. In diesem Zusammenhang ist es von größter Wichtigkeit zu betonen, daß in der ägyptischen Kunst ab der 25. Dynastie die markantesten altersgeprägten Bildnisse nicht-königliche, private Aufträge waren, die nach den Grundsätzen altägyptischer Kunst ausgeführt wurden. Dieses Phänomen untermauert die These, daß solche Bildnisse unabhängig von jedwedem ausländischen Einfluß geschaffen wurden.

Cleopatra's Egypt, Nr. 35

33
Kopf eines Mannes

Basalt, 18,5
Drittes bis zweites Jahrhundert v. Chr.
Fundort unbekannt, angeblich aus Karnak
Amsterdam, Allard Pierson Museum, 7860

Kurzes Haar, die auf Frontal- und Profilansicht konzentrierte Struktur des Kopfes und die Beschränkung der bildwichtigen Elemente auf die Vorderansicht sind typisch für die pharaonisch-ägyptische Kunsttradition.

Viele der Stilkriterien der 'nicht-idealisierenden Eierköpfe' (s. S. 60 und KAT. 41–44), aus einem reichen Repertoire rundplastischer Formen geschöpft, können auch auf andere Skulpturtypen übertragen werden. Dieser Kopf aus Amsterdam beruht in seiner Ausdruckskraft etwas weniger als der »Starke Mann« (KAT. 41) auf dem Wechselspiel der plastisch wiedergegebenen Gesichtsebenen. Gleichzeitig sind die linearen Stilelemente aber nicht so ausgeprägt wie im zweiten Jahrhundert v. Chr., z. B. beim Grünen Kopf aus Boston (KAT. 42). So liegt es nahe, den Stil dieses Kopfes von beiden Traditionssträngen abzuleiten und seine Datierung zwischen dem dritten und zweiten Jahrhundert v. Chr. anzusetzen.
Ein ungewöhnliches Merkmal dieser Statue sind die als flache Scheiben plastisch wiedergegebenen Pupillen. Dieses stilistische Detail hat in der ägyptischen Kunst eine lange Tradition und nimmt ein ähnliches Phänomen in der römischen Kunst des Kaiserreiches im zweiten Jahrhundert n. Chr. vorweg (s. S. 76).
Die Bearbeitung des Haares ist trotz seines nahezu modern anmutenden Erscheinungbildes ägyptischen Normen verpflichtet (s. S. 71). Man muß jedoch beachten, daß die einzelnen Locken nur über der Stirn und an den Seiten des Kopfes sorgfältig angegeben sind. Der Oberkopf weist in der Rückenansicht nur eine aufgerauhte Oberfläche auf, die jegliche Angabe von einzelnen Locken unterschlägt. In gewisser Hinsicht ist dieses Merkmal ein Vorläufer für die Bearbeitung des Haares des Brooklyner Schwarzen Kopfes (KAT. 40).
Abschließend noch eine Bemerkung zum grundsätzlichen Unterschied zwischen ägyptischen nicht-idealisierenden Bildnissen und Porträts in der hellenistischen und römischen Kunst: Der beim ägyptischen Künstler offenkundige Mangel an Bereitschaft, Profil- und Frontalansicht zu einem Ganzen zusammenzufügen, und sein Bestreben, alle physiognomischen Details in die Vorderansicht einzuarbeiten, unterscheiden ägyptische Arbeiten von denen aus hellenistischen und römischen Werkstätten (s. S. 67).

Cleopatra's Egypt, Nr. 36

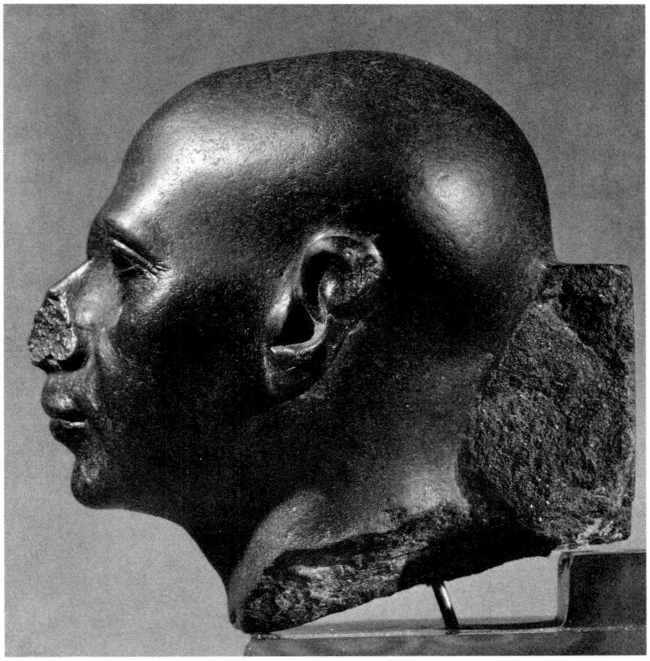

34

Kopf eines Mannes mit Adlernase

Basalt, 8,7
Drittes bis zweites Jahrhundert v. Chr.
Herkunft unbekannt
The Detroit Institute of Arts, 40.48; City Purchase

Adlernase, Höker an der Nasenwurzel, Adamsapfel scheinen porträthafte Züge darzustellen. Mehrere überaus ähnlich gestaltete Köpfe sprechen aber eher für einen fest geprägten Bildnistyp, der immer wieder aufgegriffen wurde.

Die Grundstruktur dieses berühmten Kopfes variiert den Typus der polygonalen Schädel. Auch zwei weitere Beispiele dieses Typus zeigen die Adlernase, Brüssel E. 5346 und Venedig 284. Alle drei Köpfe ähneln sich in Stil und Bearbeitung so sehr, daß sie als geschlossener Typus bezeichnet werden können und nicht, wie behauptet wurde, bestimmte Einzelpersonen bezeichnen. Die auffällige Schrägstellung der Ohren am Kopf in Detroit findet sich ebenfalls an den beiden anderen Köpfen. Die knotenartige Verdickung der Nasenwurzel begegnet bereits an der Statue des Petamenophis (Berlin 23728) aus der frühen 26. Dynastie. Die Kerbe am Nasenrücken und die Krähenfüße nehmen entsprechende Details am Berliner Grünen Kopf (KAT. 43) vorweg.
Solche Stilelemente gehören zu einem generell verfügbaren Formenschatz, aus dem die ägyptischen Künstler nach Belieben schöpfen konnten. Die Betonung des Philtrums und des Adamsapfels, zwar nicht so außergewöhnlich wie die Warze beim Bostoner Grünen Kopf (KAT. 42), zeigt doch, daß dieser Formenbestand jederzeit erweitert werden konnte. Die offenkundige Absicht des ägyptischen Künstlers, Gesichter auch noch in der Ptolemäerzeit nach den alten Regeln pharaonischer Kunst zu gestalten, mußte zwangsläufig zu einer beständigen Erweiterung der Formensprache führen.
Der Verzicht auf lineare Stilelemente und die Unfähigkeit des Künstlers, die kräftig strukturierte Frontalansicht mit den Seitenansichten zu verschmelzen, sind typische Merkmale der 'nicht-idealisierenden Eierköpfe' des 3. und 2. Jahrhunderts v. Chr. Der Detroit-Kopf dürfte daher dieser Zeit zuzuweisen sein.

Cleopatra's Egypt, Nr. 37

35
Kopf eines Beamten

Basalt, 19,5
Zweites Jahrhundert v. Chr.
Fundort unbekannt
München, Staatliche Sammlung Ägyptischer Kunst, Gl. WAF 328

Rückenpfeilerrest und kappenartig anliegendes Haar weisen auf pharaonische Traditionen. Gesichtsbildung und Details der Frisur gehören zu einem mehrfach belegten, ausgeprägten Bildnistyp der Ptolemäerzeit.

Dieses interessante Kopffragment steht zweifellos in der pharaonischen Tradition der Spätzeit, wie die geringen, aber unwiderlegbaren Spuren des Rückenpfeilers zeigen, vergleichbar dem Rückenpfeiler an einer Stockholmer Statue (NME 73). Der Unterschied zwischen der hochpolierten Oberfläche der Haut und der etwas rauheren Behandlung der Haarpartie, Grundlage eines beabsichtigten Hell-Dunkel-Kontrasts (s. S. 76), ist ein Stilmittel der Rundplastik der 30. Dynastie (KAT. 22), das bis in das erste Jahrhundert v. Chr. hinein bestimmte Gruppen der Rundplastik charakterisiert (KAT. 40). Reliefs aus dem Alten Reich liefern exakte Parallelen für die Wiedergabe des Haares in kurzen Strähnen anstelle enganliegender Löckchen wie z.B. in dem Amsterdamer Beispiel (KAT. 33), das selbst wiederum Vorbildern des Alten Reichs verpflichtet ist. Sowohl in Stil wie in Ausführung sind solche Frisuren somit eigentlich pharaonisch und sollten nicht unbedingt als ägyptische Interpretation hellenistischer Haarmoden interpretiert werden. Der Unterschied zwischen der pharaonischen Bearbeitung derartigen Haares, das unorganisch wie eine Kappe auf dem Kopf aufliegt, und einer klassischen Bearbeitung derselben Frisur zeigt sich in aller Deutlichkeit bei einem Vergleich dieses Kopfes mit dem des Julius Cäsar (KAT. 73).
Einige Züge des Gesichts verbinden diesen Kopf mit anderen pharaonischen Bildnissen. Die Wiedergabe der gebogenen Nase und des Philtrums stammen aus demselben Formenrepertoire, aus dem auch bei der Bearbeitung eines Kopfes aus Detroit geschöpft wurde (40.48), und die Mandelform der stilisierten Augen unter naturalistisch gewölbten Brauen findet eine enge Parallele in einem Kopf in Baltimore (22.226).
Noch interessantere Aufschlüsse bringt jedoch ein Vergleich mit einem Kopffragment, das sich heute in Kopenhagen befindet (AEIN 293). Diese beiden Köpfe stehen sich in ihrer Auffassung und Ausführung so nahe, daß sie einen weiteren Beweis dafür liefern, daß sich die pharaonische Rundplastik der Ptolemäer- und Römerzeit in Typen gliedern läßt (s. S. 60–62). Die Bearbeitung der mandelförmigen Augen mit der deutlichen inneren Lidfalte, die in weich eingesenkte Augenhöhlen unter leicht gewölbten naturalistischen Brauen gesetzt sind, der Winkel, in dem die gebogene Nase von der Stirn abgesetzt ist, das betonte Philtrum und die Form und Gestaltung der Lippen sind bei beiden Köpfen zu ähnlich, als daß dies Zufall sein könnte. Ähnlichkeiten finden sich auch in der Art und Weise, in der das Haar das Gesicht in einer Abfolge von drei sich überschneidenden Kreissegmenten einrahmt, die auf jeder Seite des Gesichtes vom Ohr zur Schläfe schwingen und deren drittes sich über die Stirn spannt. Die Bearbeitung der Gesichtszüge ist zurückhaltend, die einzelnen Gesichtsebenen, in die die Nasolabialfalten in weicher Linearität eingesetzt wurden, werden weich miteinander verbunden. Der Kopenhagener Kopf ist möglicherweise unfertig, da das Haar einfach als eine undifferenzierte Masse angegeben ist, die sich über die Fläche der Haut erhebt. Diese Haarmasse wirkt so schwer, daß der Künstler daran gedacht haben mag, den Kopf durch die Zufügung anliegender Locken zu vervollständigen, vergleichbar dem oben zitierten anonymen Beamtenkopf in Stockholm. Die Merkmale dieses Gesichtes können als Varianten des Münchner/Kopenhagener Paares gelten, und alle drei Köpfe sind gewissermaßen Variationen eines ovalen Gesichtstyps mit gebogener Nase und kurzem Haar. Diese Klassifizierung ergibt damit noch einen weiteren Typus von Köpfen der ptolemäischen und römischen Zeit (s. S. 62). Die Möglichkeit, die charakteristischen Züge bestimmter Köpfe bekannten typologischen Gruppen zuzuweisen, ist ein besonders deutliches Indiz dafür, daß es nicht angeht, ägyptische Bildnisse der Ptolemäer- und Römerzeit als Porträts zu bezeichnen.
Die Datierung des Typs, zu dem der Münchner wie der Kopenhagener Kopf gehören, ist schwer festzulegen, da keine datierten Vergleichsstücke zur Verfügung stehen. Die für den ähnlich gearbeiteten Kopf in Baltimore (oben zitiert) vorgeschlagene Datierung in das zweite Jahrhundert v. Chr. ist ein guter Anhaltspunkt, da sich die Züge des Münchner Kopfes stilistisch von denen der Köpfe in Detroit und Stockholm (oben zitiert) ableiten lassen, die beide in das dritte bis zweite Jahrhundert v. Chr. datierbar sind. Die zurückhaltende Bearbeitung der Gesichtsebenen und der sparsame Einsatz linearer Stilelemente beim Münchner Kopf legen ebenfalls eine Datierung ins zweite Jahrhundert v. Chr. nahe.

Cleopatra's Egypt, Nr. 38

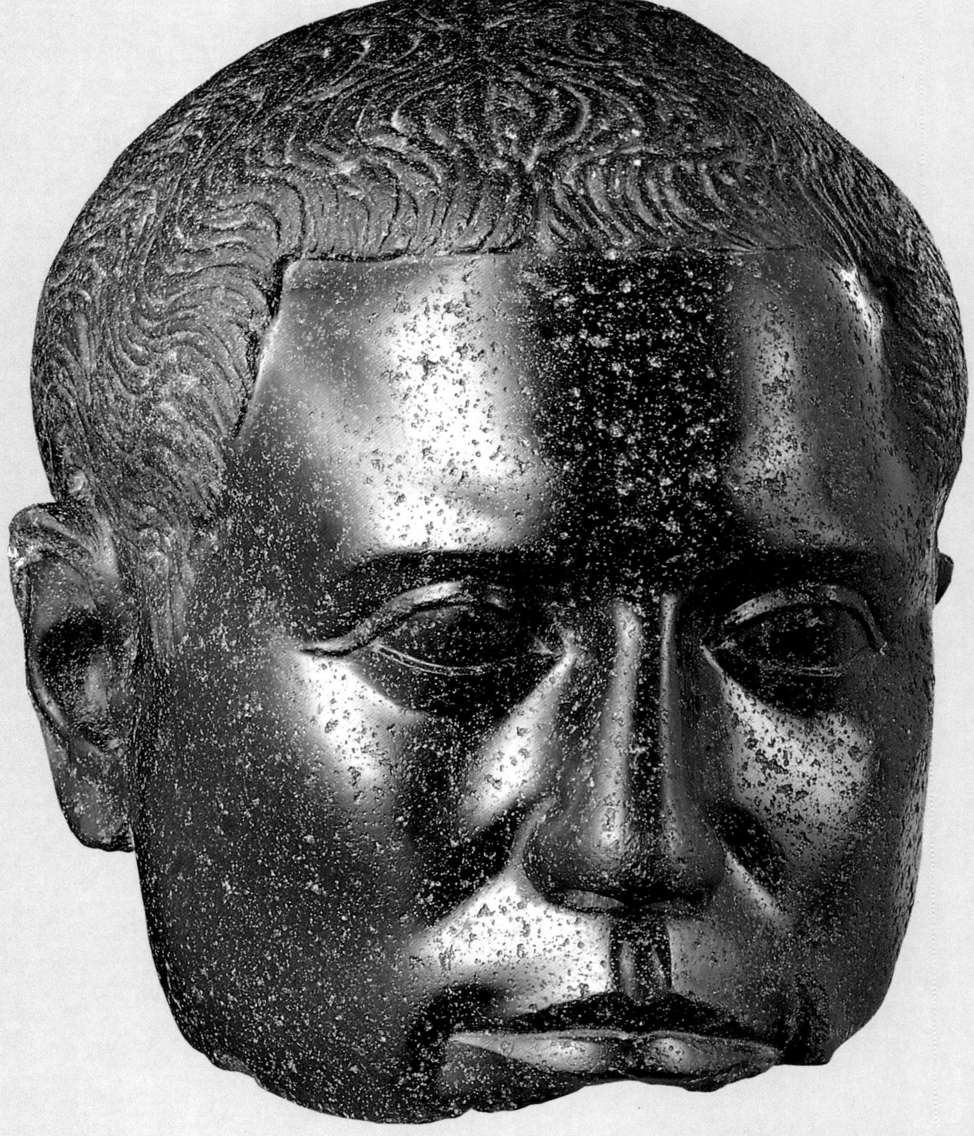

36

Kopf eines älteren Mannes

Basalt, 17,3
Spätes zweites bis erstes Jahrhundert v. Chr.
Fundort unbekannt
The Brooklyn Museum, 86.226.14;
Gift of the Ernest Erickson Foundation

Bei vielen anderen Köpfen in ähnlicher Weise belegte Stilelemente dieses Kopfes sprechen gegen eine Auffassung als Porträt.

Obwohl frühere Bearbeiter behauptet haben, solche Köpfe sollten als Porträts bestimmter Persönlichkeiten begriffen werden, spricht das künstlerische Umfeld, in dem sie geschaffen wurden, gegen eine derartige Auffassung. Die Darstellung des Haares, das wie eine Kappe am Schädel anliegt, und der einzelnen Haarlocken wie auch der fehlende letzte Schliff in den Bereichen des Kopfes, die aus der direkten Vorderansicht nicht zu sehen sind, sind Merkmale, die dieser Kopf mit einer Unmenge anderer Stücke (z. B. KAT. 28, 40) gemeinsam hat, deren pharaonischer Charakter unbestreitbar ist. Die Dominanz des Linearen auf Kosten der Flächen als primäres Ausdrucksmittel physiognomischer Merkmale kennzeichnet diese Gruppe von ägyptischen Gesichtern, die anscheinend im Verlauf des späten zweiten Jahrhunderts v. Chr. in Umlauf kommen. Die Falten an den Brauen, der Höcker an der Nasenwurzel, die angedeuteten Krähenfüße in den äußeren Augenwinkeln, die tief eingegrabenen Nasolabialfalten, der gerade Mund und das Kinn, das durch eine Einkerbung vom Unterkiefer abgesetzt ist, all dies sind Standardmerkmale aus einem festen Repertoire, aus dem der ägyptische Künstler der Ptolemäerzeit ständig schöpfen konnte. Die deutliche Asymmetrie des Gesichtes, die die linke Seite breiter als die rechte erscheinen läßt, ist ein Bruch mit der axialen Symmetrie, der im ersten Jahrhundert v. Chr. ein immer offensichtlicheres Kennzeichen der pharaonischen Rundplastik wird (KAT. 38 und s. S. 75–76).
Die Datierung dieses Kopfes in den Zeitraum zwischen dem späten zweiten Jahrhundert und dem ersten Jahrhundert v. Chr. scheint naheliegend, denn die Linearität der Formen hat die plastischen Qualitäten des Gesichtes noch nicht völlig verdrängt, die sich besonders deutlich in der Modellierung der Wangen zeigen.

Cleopatra's Egypt, Nr. 39

37

Kopf eines alten Mannes

Basalt, 7,8
Erstes Jahrhundert v. Chr.
Angeblich aus Kom Abu Billu (Terenuthis) im westlichen Delta
Sammlung Christos G. Bastis, New York

Die lebendige Wirkung dieses Fragments entsteht aus dem Zusammenspiel primär linearer Stilelemente, die tief in das Gesicht eingegraben sind.

Dieses Fragment, dessen monumentale Qualität den kleinen Maßstab Lügen straft, zeigt einen Mann mit Beutelperücke, von der noch ein Lappen erhalten geblieben ist (vgl. KAT. 32). Die Künstler haben sich hier bei der Wiedergabe der Gesichtszüge ausschließlich auf das Zusammenspiel linearer Elemente verlassen. In die Stirn sind zwei Linien eingekerbt, eine dritte ist unmittelbar über dem Brauenbogen in den Stein geschnitten. Das rechte Auge ist in eine tiefe Augenhöhle eingebettet und durch eine Falte auf dem Oberlid betont; die Krähenfüße am äußeren Augenwinkel bestehen aus drei eingravierten Linien. Der Nasenrücken ist von den Brauen in einem scharfen Winkel abgesetzt; die Nasenflügel sind eingekerbt, die Nasenlöcher sind deutlich sichtbar. Eine tiefe Nasolabialfalte akzentuiert die volle, vorgeschobene Unterlippe, die in der Mitte mit einer einzelnen Linie eingekerbt ist.

Jede dieser Linien ist künstlich und rein dekorativ der Oberfläche des Steins aufgesetzt, insgesamt nicht unähnlich dem Zusammenspiel der Einkerbungen in Dreiergruppen am Berliner Grünen Kopf (KAT. 43). So scheinen beide Köpfe tatsächlich ein und derselben Tradition anzugehören, besonders hinsichtlich der Bearbeitung der Krähenfüße und, wie jüngst bemerkt, der Einkerbung in der Unterlippe. So liegt es nahe, diesen Kopf in das erste Jahrhundert v. Chr. zu datieren.

Cleopatra's Egypt, Nr. 40

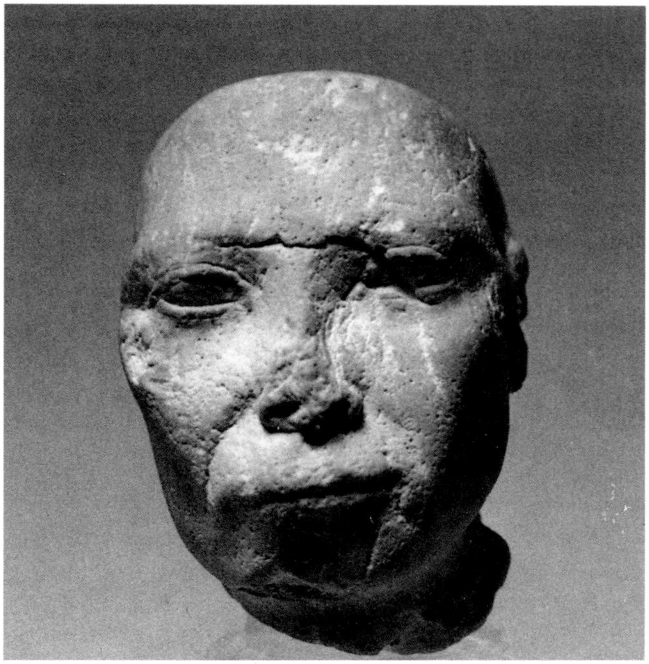 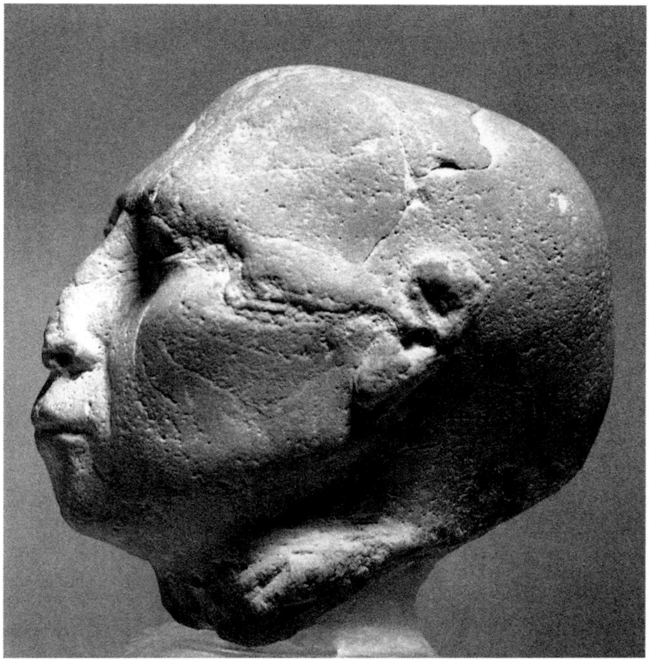

38
Asymmetrischer Kopf eines älteren Mannes

Kalkstein, ca. 9
Erstes Jahrhundert v. Chr.
Fundort unbekannt
Sammlung Jack A. Josephson

Extreme Asymmetrien und hart aneinanderstoßende Gesichtsebenen kennzeichnen diesen außergewöhnlichen Kopf.

Dieser faszinierende Kopf ist in seiner Physiognomie so asymmetrisch, daß es zunächst scheint, der Künstler habe hier ganz bewußt einen durch einen Hieb von der Seite Verletzten darstellen wollen. Alsbald aber zeigt es sich, daß der Kopf in die Gruppe der polygonalen Köpfe (s. S. 60–62) gehört, zu der auch der Naophor in Hannover (KAT. 30) zählt. Ein Vergleich zwischen diesen beiden Profilen verdeutlicht, wie diese Schädel durch abrupte Richtungsänderungen ihrer Konturen bestimmt werden, wenn man von der Nasenwurzel ab das Profil bis zur Kopf-Nacken-Verbindung verfolgt. Dieses abstrakte Formgerüst bietet den Rahmen, in den die stilistischen Elemente für die Wiedergabe des Alters eingefügt werden. Bei beiden Köpfen werden die Augen von wulstigen Lidern eingefaßt, wobei das obere das untere überlappt. Dieses Merkmal ist eine Stilisierung, die bei einer naturalistischen Darstellung völlig fehl am Platz wäre. Bei beiden Köpfen werden die eingefallenen Wangen durch das harte Aufeinandertreffen der Gesichtsebenen erzeugt. Die tief eingeschnittenen Nasolabialfalten, der gerade Mund und der scheinbar unvollendete Zustand der Ohren verbinden die beiden Köpfe mit ein und derselben Tradition.
Unterschiede zwischen beiden Werken sind dennoch deutlich: Die eingefallenen Wangen sind hier noch mehr betont, der Mund ist noch weiter nach vorne geschoben, der Kopf ist kahlgeschoren. Solche Unterschiede sind aber nichts anderes als stets mögliche, freie Zugriffe auf ein und dasselbe Formenrepertoire. Dieser kleine Kalksteinkopf, weder Porträt noch der Versuch eines Künstlers, eine Schädelverformung darzustellen, entspricht dem Prinzip der axialen Asymmetrie, das zu einem Kennzeichen der Rundplastik der Ptolemäer- und Römerzeit wurde.

Cleopatra's Egypt, Nr. 41

39

Kopf eines Beamten

Basalt, 25
Ende des zweiten Jahrhunderts v. Chr.
Fundort unbekannt
Paris, Musée du Louvre, Département des Antiquités Grecques et Romaines, MND 2229 (Ma 3565)

Durch die Einziehung der Frontalansicht in Augenhöhe erhält der Kopf die Form einer Acht. Dieser Kopftypus ist in der Ptolemäerzeit häufig anzutreffen.

Jedes physiognomische Detail dieses Kopfes kann man leicht in das Formenrepertoire einbauen, das dem pharaonischen Künstler im ptolemäischen Ägypten zur Verfügung stand. Keines der Stilmerkmale ist einzigartig. Der Hell-Dunkel-Kontrast, der durch die bewußte Gegenüberstellung der hochpolierten Gesichtsoberfläche und der rauh belassenen Haarpartie erreicht wird, die plastisch wiedergegebenen Irisscheiben und das kappenartige Haar sind auch in anderen Fällen belegt. Das scheinbar so besondere Bemühen um Details, das in der Vorderansicht auffallen mag, täuscht – Seiten- und Rückansichten des Kopfes zeigen, wie oberflächlich die Endbearbeitung ausgefallen ist. Die äußeren Ohrenkanten sind nur angedeutet und nicht weiter ausgeführt, die Locken sind am Ober- und Hinterkopf nicht angegeben. Man kann sogar sehen, wie der Künstler das Haar in zwei Arbeitsschritten ausführen wollte: In der linken Profilansicht ist der Stein zuerst in eine Abfolge von plastischen Rauten geschnitten, jede der Größe von drei Locken entsprechend, die dann als nebeneinanderliegende Paare sich überschneidender konzentrischer Kreise ausgearbeitet werden sollten.
Das bedeutet aber nicht unbedingt, daß das Werk unfertig geblieben wäre. Zahlreiche andere Beispiele pharaonischer Rundplastik aus der Ptolemäer- und Römerzeit mit ebendiesen Merkmalen können hierzu angeführt werden (KAT. 40). Es scheint vielmehr, daß dieser häufig belegte unfertige Zustand der Köpfe ein typisches Kennzeichen gerade dieser kunstgeschichtlichen Epoche Ägyptens ist.
Die Oberflächenbehandlung des Gesichts wird durch lineare Stilelemente akzentuiert, hier nicht nur durch die Runzeln an den Brauen und die Nasolabialfalten, sondern auch durch die Hervorhebung der Oberlider. Gehören diese Merkmale in die rundplastische Tradition des zweiten Jahrhunderts v. Chr. (KAT. 36, 41–43), so begegnet die deutlich betonte Asymmetrie des Gesichtes häufiger erst im ersten Jahrhundert v. Chr.
Das Pariser Stück gehört zu einer Gruppe von Köpfen in pharaonischem Ausdruck und Stil aus der Ptolemäer- und Römerzeit, die in der Struktur des Kopfes miteinander verwandt sind. Eine nähere Untersuchung der Vorderansicht des Pariser Kopfes zeigt, daß sich das ovale Gesicht in Höhe der Ohren etwas zusammenzieht und somit in seiner Kontur der Zahl acht entspricht. Der Mund mit seinen dünnen Lippen ist horizontal, und das vorstehende Kinn ist vom Unterkiefer durch eine leichte Einbuchtung abgesetzt.
Das sind typische Züge, die als Kriterien zur Definition einer weiteren Abfolge von Köpfen dienen können, an deren Anfang der Pariser Kopf steht. Eine Datierung dieses Stücks ganz an das Ende des zweiten Jahrhunderts v. Chr. liegt daher nahe.

Cleopatra's Egypt, Nr. 42

40
Der Brooklyner Schwarze Kopf

Diorit, 41,4
Erstes Jahrhundert v. Chr.
Angeblich aus Mit-Rahina
The Brooklyn Museum, 58.30;
Charles Edwin Wilbour Fund

Der Hell-Dunkel-Kontrast zwischen Gesicht und stilisiertem Haar ist ebenso typisch ägyptisch wie der geradeaus gerichtete Blick und die Betonung von Frontal- und Profilansicht, die fast unvermittelt aneinanderstoßen.

Struktur und künstlerische Bearbeitung dieses Kopfes sind typisch ägyptisch. So liegt die Frisur dem Kopf wie eine Kappe an, und dieser Eindruck wird durch die Koteletten noch betont, die nicht in die Haarmasse integriert sind, sondern wie unorganisch angeklebte Lappen wirken. Reihen halbmondförmiger, plastisch gearbeiteter Flächen bilden den Untergrund für die eingeritzten Haarsträhnen (vgl. KAT. 39). Diejenigen am Oberkopf sind nicht vollständig ausgeführt, und es fehlt auch die letzte Politur des Steins an den Seiten des Nackens und des Rückenpfeilers, auch wenn der Kopf aus der Vorderansicht betrachtet einen deutlichen Hell-Dunkel-Kontrast wiedergibt. Zu den ägyptischen Stilmerkmalen gehören auch die weit geöffneten, geradeaus blickenden Augen, deren oberes Lid das untere überlappt.
Traditionsgemäß halten sich ägyptische Bildhauer an die kubische Struktur des Steinblocks, aus dem der Kopf gearbeitet wird; daher haben sie auch nie feste Formeln für die Verschmelzung von Vorder- und Seitenansicht eines Kopfes zu einer geschlossenen plastischen Einheit entwickelt (s. S. 67). Hierzu bietet dieser Kopf ein ganz typisches Detail: Die Kontur der Stirn ist trapezförmig, an beiden Seiten des Gesichts über den äußeren Augenwinkeln durch einen deutlichen Wechsel der Gesichtsebene markiert. Dieser Wechsel ermöglicht es dem Künstler, mit der Modellierung der Wangen zu experimentieren; das Ergebnis zeigt sich am deutlichsten in der Seitenansicht. Diese Ansicht zeigt allerdings auch ganz klar, daß die wirklich prägenden Züge des Gesichts getreu den Grundregeln ägyptischer Plastik immer noch an die Vorderfront des Gesichts verwiesen sind. Mit dieser trapezförmigen Kontur der Stirn spielt die pharaonische Rundplastik der Spätzeit immer wieder, wenn auch nicht allzuhäufig, beispielsweise bei einem Kopf in München, möglicherweise Montemhet und somit um 650 v. Chr. zu datieren (München ÄS 1922). So gab es einige ägyptische Künstler, die bei einer kleinen Gruppe von Köpfen versuchten, die Profilansicht plastisch durchzuformen; wie die ausgesprochen flache und undifferenzierte Partie am Hals des Brooklyner Schwarzen Kopfes deutlich zeigt, waren sie bei ihren Versuchen, die einzelnen Ebenen des Kopfes zu einer plastischen Einheit zu verbinden, nicht erfolgreich.
Der Brooklyner Schwarze Kopf ist das Hauptstück einer weiteren typologischen Gruppe nicht-idealisierender ptolemäischer Köpfe (s. S. 60–62), die durch die trapezförmige Kontur der Stirn gekennzeichnet sind. Er ist eng verwandt mit einem zweiten Kopf im British Museum (1871), dessen Oberfläche aber unvollendet und weniger hochpoliert ist. Sie verweisen ihrerseits auf einen Kopf in der Sammlung Barringer im Peabody Museum (New Haven YPM 6278) und auf den äußerst umstrittenen Kopf in Paris (Ma 970), der einen der letzten Ptolemäer darstellen könnte. Innerhalb dieser Gruppe kann man für den Brooklyner Schwarzen Kopf eine Datierung in die Mitte des ersten Jahrhunderts v. Chr. vorschlagen. Er hat mit dem Berliner Grünen Kopf (KAT. 43) den manierierten Gebrauch linearer Stilelemente gemeinsam, so die Linie, die das Kinn vom Kiefer trennt, und die Parallelität zwischen der Falte auf dem oberen Augenlid und der untersten Linie der Runzeln der Brauen.
Die Spuren einer Inschrift auf dem Rückenpfeiler fordern zu einem Ergänzungsversuch heraus, sind aber zu unvollständig, als daß man den Dargestellten identifizieren könnte. Da der Kopf zur Gruppe der nicht-idealisierenden ägyptischen Köpfe gehört, stellt er wohl eher einen einheimischen Priester im mittleren Alter dar (s. S. 60) als, wie einmal vorgeschlagen, eine der bedeutenderen historischen Persönlichkeiten dieser Zeit. Versuche, diesen Priester mit einem Mitglied der Hohenpriesterfamilie des Ptah in Memphis im ersten Jahrhundert v. Chr. zu identifizieren, stützen sich zu sehr auf die Fundortangabe des Händlers zum Zeitpunkt der Erwerbung.

Cleopatra's Egypt, Nr. 43

41–44
Nicht-idealisierende Bildnisse

Als stilistisch geschlossene Gruppe werden diese Köpfe als »Eierköpfe« bezeichnet. Ihre Datierung ist dennoch über vier Jahrhunderte gestreut.

41
Der »Starke Mann« aus Detroit

Diorit, 20
Drittes bis zweites Jahrhundert v. Chr.
Fundort unbekannt
The Detroit Institute of Arts, 40.47; Städtischer Ankauf

Ein früher Vertreter des »Eierkopfs« mit stark plastischen Stilelementen.

Cleopatra's Egypt, Nr. 44

42

Der Bostoner Grüne Kopf

Grauwacke, 10,8
Zweites Jahrhundert v. Chr.
Aus Saqqara
Boston, Museum of Fine Arts, 04.1749; Pierce Fund

Stärker linear orientiert, weist der Kopf ein einzigartiges Detail auf, eine Warze auf der linken Wange.

Cleopatra's Egypt, Nr. 45

43

Der Berliner Grüne Kopf

Grauwacke, 21,5
Erstes Jahrhundert v. Chr.
Fundort unbekannt
Berlin, Staatliche Museen Preußischer Kulturbesitz, Ägyptisches Museum, 12500

Die Datierung dieses meistdiskutierten Kunstwerks der ägyptischen Spätzeit variiert von 500 bis 35 v. Chr. Über jede Diskussion erhaben ist sein Rang als Meisterwerk ägyptischer Kunst.

Cleopatra's Egypt, Nr. 46

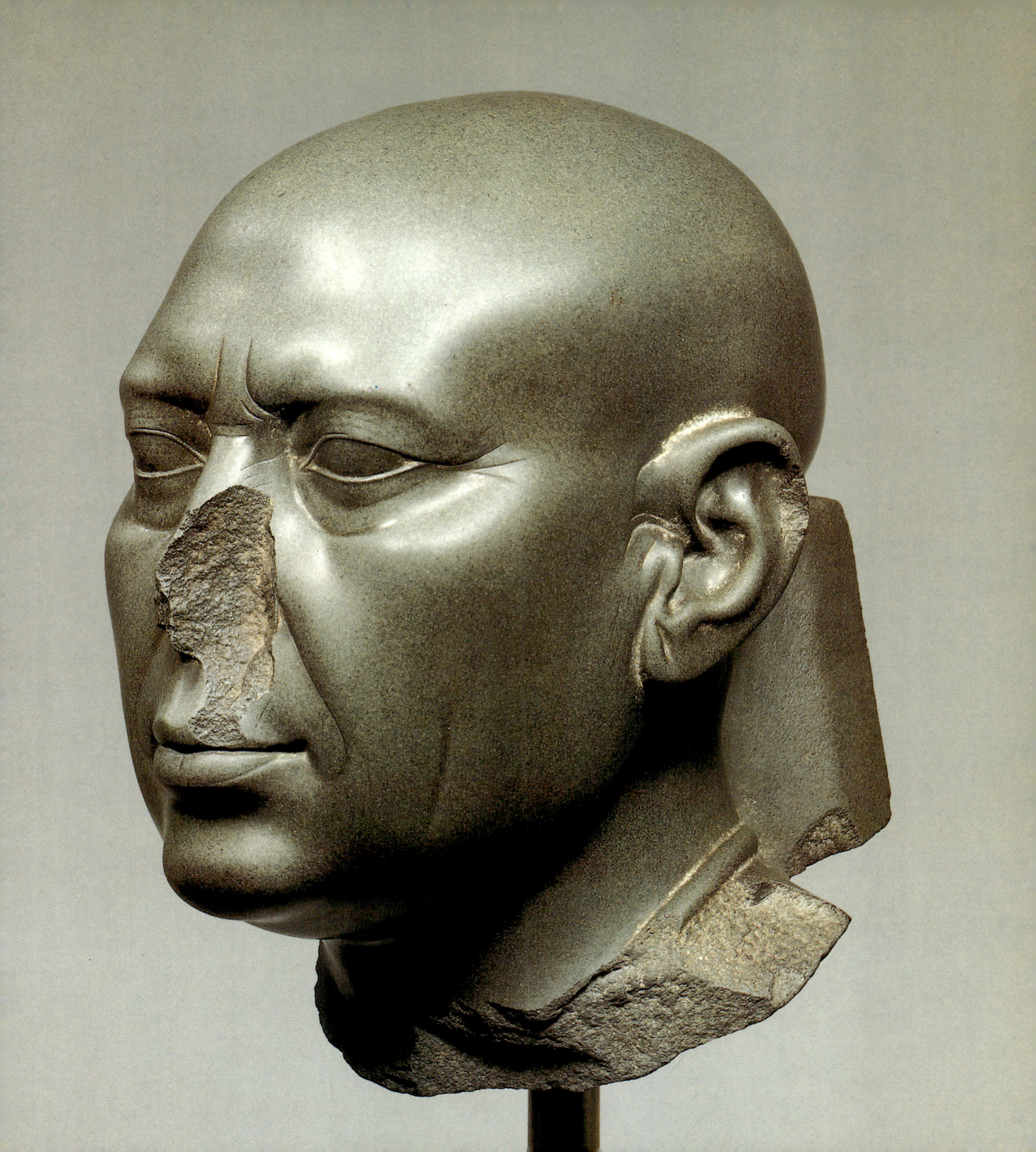

44
Kopf eines Beamten

Granit, 26,4
Spätes erstes Jahrhundert v. Chr
bis erstes Jahrhundert n. Chr.
Fundort unbekannt
Brüssel, Musées Royaux d'Art et d'Histoire, E.7946

Die Charakteristika der »Eierköpfe« sind hier schematisiert und erstarrt und vermischen sich mit Stilelementen der spätesten Ptolemäerzeit.

Cleopatra's Egypt, Nr. 47

Immer deutlicher zeichnet sich ab, daß nicht-idealisierende Köpfe der ägyptischen Spätzeit ganz bestimmten Gesichtstypen zugewiesen werden können (s. S. 60–62). Die 'Eierköpfe' (z.B. KAT. 41-44) sind als eine solche Art des Typenporträts definiert worden, dessen Existenz schon F. W. von Bissing wie auch R. A. Anthes postuliert hatten. Die Schwierigkeiten bei der chronologischen Einordnung beruhen darauf, daß die Vergleichsstücke nicht hinreichend genau datiert werden können. Als Arbeitshypothese hat man vorgeschlagen, der 'Eierkopf' sei als Bildnistyp im Verlauf des vierten Jahrhunderts v. Chr. zum festen Bestandteil der ägyptischen Kunst geworden. Auf der Grundlage eines Katalogs von Altersmerkmalen konnte der ägyptische Bildhauer das Gesicht jedes beliebigen 'Eierkopfes' in ein nicht-idealisierendes Bildnis umwandeln, das aber trotzdem Form und Kontur des 'Eierkopftyps' beibehielt. Kein Beispiel dieses Typs läßt sich vor dem vierten Jahrhundert v. Chr. nachweisen, wo idealisierende Versionen der 'Eierköpfe' in Umlauf kommen. Einen *terminus post quem* für diesen Typ bietet eine Statue in Kairo (GC 700) mit einer Inschrift Teos' II., die ins frühe dritte Jahrhundert v. Chr. datiert ist. Der Typus selbst könnte jedoch schon früher entstanden sein.

Die idealisierende (Bryn Athyn, ohne Nummer) und die nicht-idealisierende Version des 'Eierkopf'-Typus bestehen zur gleichen Zeit, der nicht-idealisierende Typus scheint sich aber im Lauf der Zeit vom Plastischen zum Linearen zu entwickeln. Der »Starke Mann« aus Detroit (KAT. 41) repräsentiert den früheren, den plastischen Typ. Die linearen Stilelemente, wie die Nasolabialfalten, wirken mit der Körperhaftigkeit der Gesichtsoberfläche zusammen und lassen damit den Eindruck lebendiger Spannung entstehen. Das Beispiel aus Detroit hat stilistische Ähnlichkeiten mit einem Kopf in Paris (E. 8060), der völlig zu Unrecht als Karikatur bezeichnet worden ist. Selbst zur Darstellung von Haar kann dieser Bildnistyp verwendet werden, sofern man die leichte Erhebung oberhalb der Schläfen des Kopfes in Detroit als die Angabe von Haar betrachtet und dieses Merkmal mit der Glatze vergleicht, die bei dem Brüsseler Beispiel angedeutet wurde (KAT. 44).

Der Bostoner Grüne Kopf stellt eine Übergangsstufe dar; die barocke Plastizität des »Starken Mannes« ist hier zurückgenommen und die Betonung auf die linearen Elemente verlegt. Die Stirnfalten sind stilisierter, die Nasolabialfalten unabhängiger von ihrem sie umgebenden Gesichtsbereich und die Augenlider in den Konturen abstrakter. Diese Entwicklung findet ihre beste Parallele in den Gesichtsmerkmalen einer Statue eines anonymen Beamten in Stockholm (NME 73).

Daß die Bildhauer, die diesen Kopf geschaffen haben, Meister ihres Faches waren, zeigt sich in einem außergewöhnlichen Detail: Auf der linken Wange ist ein Muttermal oder eine Warze angegeben. In der ägyptischen Kunst einzigartig, ist diese Besonderheit doch generell vergleichbar mit der Angabe der Krähenfüße in den Augenwinkeln, dem Knoten an der Nasenwurzel und der gebogenen Nase. Da die ägyptischen Künstler auf ein reiches Formenrepertoire zurückgreifen konnten und ihr visuelles Vokabular für physiognomische Details von einer Generation zur nächsten ständig erweiterten, muß man wegen dieses Schönheitsfehlers keine außerägyptischen Quellen bemühen. Die Suche nach Fremdeinflüssen würde den innovativen Charakter der ägyptischen Kunst verneinen und unter-

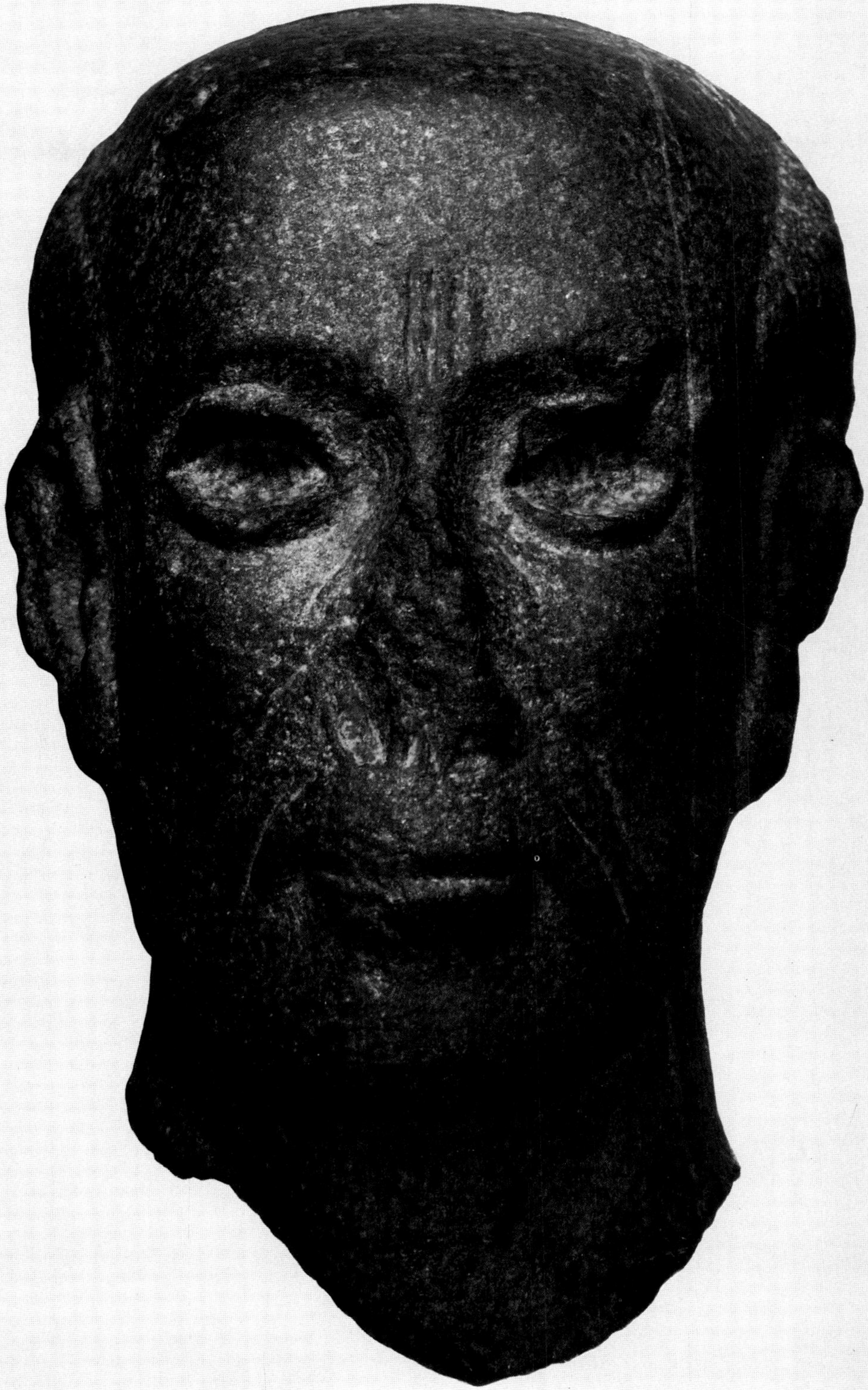

schwellig das veraltete Vorurteil über die Beeinflussung von außen wieder heraufbeschwören. Wir haben es hier nicht mit einem Porträt zu tun, sondern mit einem Typus, auf den ein singuläres Detail übertragen worden ist. Da dieser Typ aber ansonsten in jeder Hinsicht ganz klar den Lehrsätzen der pharaonischen Kunst der Ptolemäerzeit entspricht, ist es müßig, dieses Details griechischem Einfluß zuzuschreiben.

Kein ägyptisches Kunstwerk der Spätzeit ist häufiger Gegenstand gelehrter Diskussion gewesen als der Berliner Grüne Kopf (KAT. 43), der in jede der aufeinanderfolgenden Epochen der letzten sechshundert Jahre des ersten Jahrtausends v. Chr. datiert worden ist. Das merkwürdige halbrunde Attribut, das an beiden Seiten des Schulteransatzes erhalten ist, ist nie zufriedenstellend erklärt worden. Sein Durchmesser ist zu groß, als daß es sich um einen Gewandsaum handeln könnte (s. S. 72). Der Alternativvorschlag – daß es sich um eine Torques handelt – ist insofern zulässig, als man weiß, daß sich dieses charakteristisch persische Accessoire bis in die Ptolemäerzeit gehalten hat (Neapel 490), ebenso wie der persische Wickelschurz (siehe KAT. 23, 30). Daher ist es irreführend, wenn man die Torques als Hauptargument heranzieht, um den Kopf in die Perserzeit zu datieren.

Als Vertreter des 'Eierkopf'-Typs kann dieses Stück nach heutigem Wissensstand nicht früher als in das vierte Jahrhundert v. Chr. datieren. Der Berliner Kopf beruht in seiner linearen Tradition so sehr auf dem Bostoner Grünen Kopf, die Manieriertheit seiner Linien ist so kühl und durchkalkuliert, daß man den Kopf keiner anderen Epoche als dem ersten Jahrhundert v. Chr. zuschreiben kann. C. Küthmanns engere Datierung in den Zeitraum 45–35 v. Chr. und seine Überzeugung, daß der Kopf einer griechisch-römischen Tradition verpflichtet sei, beruhen – insbesondere in der falschen Interpretation bestimmter anatomischer Details – auf einem frei assoziierten, angeblichen Zusammenspiel stilistischer Merkmale. Es waren genau dieses Vorurteil und diese Argumentationskette, die B. Schweitzer dazu veranlaßten, den Kopf des Horsitutu (KAT. 28) fälschlich in seine Entwicklung des römisch-republikanischen Porträts des ersten Jahrhunderts v. Chr. einzufügen. Die Wissenschaftsgeschichte dieser Gruppe von 'Eierköpfen' hat gezeigt, wie brüchig eine derartige kunsthistorische Bewertung wirklich ist.

Der Brüsseler Kopf gehört an das Ende dieser Reihe. Die linearen Stilelemente, die sich vom Bostener zum Berliner Grünen Kopf hin weiterentwickelt haben, sind hier erstarrt. Die Linien an der Nasenwurzel und die Nasolabialfalten sind routinemäßig in die Oberfläche eingeschnitten. Wegen der völligen Abstraktion haben die Gesichtsebenen keine Vitalität mehr, die eingelegten Augen dagegen sind ein Merkmal, das im Gesicht des Pachom (KAT. 29) eine Parallele findet und den Stil der letzten pharaonischen Kunstwerke vorwegnimmt (s. KAT. 127). Und doch waren die Künstler mit den Möglichkeiten ihrer Traditionen so vertraut, daß sie in der Lage waren, den nicht-idealisierenden 'Eierkopf' durch die zurückweichende Haargrenze abzuändern.

Zusammenfassend läßt sich feststellen, daß die Folge der nicht-idealisierenden 'Eierköpfe' mindestens im dritten Jahrhundert v. Chr. einsetzt, als die Betonung auf dem Zusammenspiel der plastischen Oberflächen lag (KAT. 41). Irgendwann dann im zweiten Jahrhundert scheint sich die Vorliebe für das Lineare durchzusetzen (KAT. 42). Schließlich sind die linearen Stilelemente in der Tradition derart verwurzelt, daß Beispiele des ersten Jahrhunderts v. Chr. deren künstliche Wiederholung in Dreiergruppen aufweisen (KAT. 43). Die Abfolge scheint mit der Einbeziehung der jetzt abstrahierten Linearen in den tonangebenden Geschmack dieser Zeit für vereinfachte Flächen und eingelegte Augen zum Ende zu kommen (KAT. 44).

45
Königskopf des Physkon-Typs mit Blauer Krone

Basalt, 6,5
Regierungszeit Nektanebos' I. (380–362 v. Chr.)
Fundort unbekannt
Paris, Musée du Louvre, Département des Antiquités Égyptiennes, E.8061

Die »Blaue Krone« unterstreicht den gedrungenen, fast quadratischen Gesichtstyp dieses Königskopfs mit den Zügen des Königs Nektanebos I.

Dieser kleine Kopf hat im Lauf der Jahre die unterschiedlichsten Datierungen erfahren. Zunächst galt er als ptolemäisch, möglicherweise als Bildnis Ptolemaios' V. Epiphanes, dann als Nektanebos I., bis schließlich von mehreren Seiten der Vorschlag geäußert wurde, es handle sich vielmehr um einen der letzten Ptolemäer, der hier als *physkon*, als fetter Mann, dargestellt werde. Der Untersuchung der stilistischen Merkmale des Kopfes muß der Hinweis vorausgehen, daß der Pharao hier mit der Blauen Krone abgebildet ist, einem Attribut, das bei keiner sicher zuweisbaren Rundplastik eines ptolemäischen Königs auftritt.

Die Proportionen dieses Gesichtes nähern sich einem Quadrat; seine Höhe vom Rand der Blauen Krone an der Stirn bis zum Kinn entspricht seiner Breite in Höhe der Wangen. Dieser Gesichtsaufbau scheint aber auch die nicht-idealisierenden Bildnisse der 30. Dynastie zu charakterisieren (KAT. 23), und er steht im Widerspruch zu den ptolemäischen Versionen des *physkon*-Typs, die eher rechteckig sind, wobei die Gesichtshöhe nahezu das Doppelte der Breite ausmacht, wie ein Vergleich mit dem Brüsseler Kopf (KAT. 50) zeigt. Das obere Augenlid ist von der Augenhöhle durch eine tiefe Einkerbung abgesetzt, die aufgrund des kleinen Maßstabs dieses Stückes anscheinend der Falte bei größerformatigen Beispielen aus dieser Zeit entspricht (KAT. 23). Auch die weit nach oben gezogene Trapezform des Rückenpfeilers spricht für eine Datierung in die 30. Dynastie.

Die große Ähnlichkeit des fülligen Gesichtstyps dieses Kopfes mit einem Stuckkopf in München ist nicht zu leugnen (München ÄS 5339). Die Wiedergabe der Augen, der Nase, des Mundes, der Kinnpartie und des Doppelkinns stimmt überein. Diese gemeinsamen stilistischen Merkmale begegnen leicht abgeändert – wie angesichts des unterschiedlichen Maßstabs nicht anders zu erwarten – auch bei den Sphingen in der Sphinxallee des Luxortempels, die den Namen Nektanebos' I. tragen.

Da die Gesichtszüge dieses kleinen Kopfes mit den Denkmälern Nektanebos' I. aus der 30. Dynastie mehr gemein haben als mit denen der Ptolemäer und da sich die Blaue Krone in der ptolemäischen Rundplastik nicht sicher nachweisen läßt, sollte man dieses Stück aus den Betrachtungen über den ptolemäischen *physkon*-Typ herausnehmen und wieder dem vierten Jahrhundert v. Chr. zuordnen.

Cleopatra's Egypt, Nr. 48

46
Porträt Alexanders des Großen

Kalzitalabaster, 10,5
Erstes Jahrhundert v. Chr. bis erstes Jahrhundert n. Chr.
Fundort unbekannt
The Brooklyn Museum, 54.162;
Charles Edwin Wilbour Fund

In einen Körper aus andersfarbigem Stein eingesetzt, war diese Büste reich ausgestattet: In Bohrungen um den Kopf waren goldene Stifte eingesetzt, die Strahlen des Sonnengottes Helios, mit dem Alexander gleichgesetzt wurde.

Der kleine Maßstab dieser Statuette deutet darauf hin, daß sie wohl eher von einer privaten als von einer öffentlichen Verehrungsstätte stammt (siehe auch KAT. 48). Das Porträt ist mit kameoartiger Feinheit gearbeitet, die sich nicht nur im Gesamtbild, sondern auch in den Details ausdrückt, wie z. B. bei der Hervorhebung von Iris und Pupillen durch Ritzlinien. Letzteres ist ein gängiges Merkmal der ägyptisch-pharaonischen Kunst.
Diese Bearbeitung der Augen konnte, einmal ins rundplastische Formenrepertoire eingefügt, vom ägyptischen Bildhauer beliebig wiederholt werden. Daher ist es unbegründet, dieses Stilmittel der ägyptischen Fayenceindustrie zuzuschreiben. Man findet solche Augen auch bei einer für eine Kleopatra angefertigte Kalksteinstatuette in rein ägyptischem Stil in New York (89.2.660) wie auch bei einem Kopf des Augustus in Baltimore. A. Adrianis Beobachtung, daß diese besondere Bearbeitung der Augen in Ägypten lange vor der hadrianischen Zeit belegt ist, ist somit bestätigt, und so können derartig bearbeitete Skulpturen nicht mehr einfach in die römische Kaiserzeit datiert werden. Darüber hinaus sind hier die Augen selbst groß und weit geöffnet und treten hervor, Merkmale, die ebenso hellenistische Herrscherporträts aus Ägypten charakterisieren.
Diese sorgsam gearbeitete Büste war ursprünglich auf einen bekleideten Körper aus andersfarbigem Gestein gesetzt. Die langen, wallenden Locken werden von einem Band gehalten, dessen Enden in Relief auf der Schulter angegeben sind. Rings um den Kopf zieht sich eine Reihe gleichmäßig verteilter Löcher, in die ursprünglich Stifte, möglicherweise aus Gold, eingesetzt waren, die die Strahlen der Sonnenkrone des Helios nachahmen sollten. Auch bei einem Marmorkopf in einer Schweizer Privatsammlung, der als Ptolemaios III. identifiziert wurde, sind Löcher für eine derartige Krone vorhanden.
Die Datierung des Stückes ist problematisch; die stilistische Behandlung des Stücks findet Parallelen in Werken vom ersten Jahrhundert v. Chr. bis zum ersten Jahrhundert n. Chr.

Cleopatra's Egypt, Nr. 49

47
Porträt des Ptolemaios I. Soter

Weißer Marmor, 26
300–250 v. Chr.
Angeblich aus dem Faijum
Kopenhagen, Ny Carlsberg Glyptotek, KAT.-Nr. 453a
(IN 2300)

Münzbilder erlauben die Identifizierung des Dargestellten als Ptolemaios I. Der fehlende Teil des Kopfes war in Gips angearbeitet. Typisch ägyptisch ist die Betonung linearer Stilelemente.

Die bemerkenswert große Ähnlichkeit der Gesichtszüge dieses Marmorkopfes mit denen auf den Münzen Ptolemaios' I. Soter sichert die Identität des Dargestellten. Der Kopf wurde bereits in der Antike mit Gips vervollständigt und war bestimmt auch mit diesem Material einem gesondert gearbeiteten Körper aufgesetzt. Material und Technik sind auch für weitere hellenistische Arbeiten aus der Ptolemäerzeit in Ägypten charakteristisch. Darüber hinaus ist wiederholt behauptet worden, die Stilistik gerade dieses Kopfes sei rein griechisch; man ist sogar so weit gegangen, den Kopf dem Kreis um Skopas zuzuschreiben. Man braucht jedoch nur die Bearbeitung dieser Gesichtszüge mit hellenistischen Originalen zu vergleichen, z. B. mit den Skopaischen Werken aus Tegea, mit dem Aegias in Delphi oder dem »Schönen Kopf« in Pergamon, um festzustellen, daß der Kopenhagener Kopf Ptolemaios' I. Soter in seiner physiognomischen Aussage auf der Kombination linearer Elemente mit der plastischen Modellierung des Fleisches beruht. Eine so starke Betonung des Linearen ist dem hellenistischen Formenrepertoire fremd. Daher kann man H. K. Kyrieleis nur bestätigen, wenn er meint, daß diese Linearität den früheren ägyptischen Werken der 25./26. Dynastie verpflichtet sei, als erstmals versucht wurde, das schwellende Volumen eines Gesichtes nicht durch die Modellierung der Fläche, sondern durch vorgegebene lineare Stilmittel auszudrücken. Diese lineare Tradition wurde in der 27. Dynastie weiterentwickelt und erreichte den Höhepunkt ihrer Ausdruckskraft am Ende der Ptolemäerzeit (KAT. 37, 43). Darüber hinaus gehört die Bearbeitung der Augen, die mit deutlich betonten Lidern in tiefe Höhlen eingesetzt sind, in dieselbe Tradition wie die entsprechenden Details beim königlichen *physkon*-Typ (KAT. 50). Der Kopenhagener Kopf ist daher ein frühes Beispiel für den Einfluß einer einheimisch ägyptischen Bildhauertradition auf eine typisch hellenistisch-griechische Ausdrucksweise und Materialbeschaffenheit. Wenn man ihn mit anderen Köpfen vergleicht, die dem Umfeld Ptolemaios' II. Philadelphos und Arsinoes II. zugeschrieben werden, dann wird man den Kopenhagener Kopf am ehesten als ein posthumes Porträt des Dynastiegründers ansehen, das in der frühen Regierungszeit seines Nachfolgers gearbeitet wurde, um im neu gegründeten Kult für Ptolemaios I. als *theos soter* verwendet zu werden.

Cleopatra's Egypt, Nr. 50

48

Porträtkopf des Ptolemaios I. Soter ▷

Gips, 8,3/5,8
305–282 v. Chr.
Aus Mit-Rahina
Hildesheim, Pelizaeus-Museum, 1120

Gipsarbeiten sind entweder Abgüsse von Kunstwerken aus Metall und Stein oder aber eigenständige künstlerische Schöpfungen, zu denen auch dieses Gipsrelief zu rechnen ist.

Man stimmt allgemein darin überein, daß diese Büste ein Porträt von Ptolemaios I. darstellt, der zu Beginn seiner Regierungszeit den Beinamen Soter erhielt. Diese Darstellung, die den König mit typisch hellenistischer Lockenfrisur frontal in einer Büste zeigt, kann auf Grund ihrer Stellung innerhalb einer Reihe weiterer ihm zugewiesener Porträts (KAT. 47) in die frühen Jahrzehnte des dritten Jahrhunderts v. Chr. datiert werden. Das breite Haarband mit den langen Bändern im Nacken rückt die Figur in dionysisches Umfeld und bietet somit zu einem sehr frühen Zeitpunkt ein Beispiel für einen der beständigsten Darstellungstypen der Ptolemäer (KAT. 54).
In einer grundlegenden Untersuchung hat A. Adriani gezeigt, daß in mindestens einem Fall ein solcher Gipsabguß dazu diente, ein bestimmtes Motiv, das man auf einem Metallgefäß fand, zu übertragen. Seine Erkenntnisse bestätigten eine schon früher geäußerte Vermutung, und heute zählt zu den antiken Verwendungsmöglichkeiten von Gipsabgüssen auch noch das Nachbilden von Statuen. Heute geht man so weit, alle diese Stücke als Gipsmodelle zu betrachten. Dies ist jüngst von F. Burkhalter bestritten worden, der die Ansicht vertritt, daß einige dieser Gipsabgüsse eigenständige Kunstwerke darstellen. Burkhalters Vorschlag wird durch einige weitere Abgüsse (KAT. 20, 31, 122) bestätigt, die darauf hinweisen, daß es in Ägypten für eigenständige Gipsarbeiten (KAT. 31) eine lange Tradition gab. Da das Hildesheimer Gipsrelief nicht mit Sicherheit einer Werkstatt zugeschrieben werden kann, wäre es gut möglich, daß es sich hierbei, unter Berücksichtigung der von Burkhalter vorgegebenen Richtlinien für einige der Gipsarbeiten aus Begram, um ein eigenständiges Kunstwerk handelt.

Cleopatra's Egypt, Nr. 51

49

Kopf eines Ptolemäers ▷

Grauwacke, 37
Drittes Jahrhundert v. Chr.
Herkunft unbekannt
New Haven, Yale University Art Gallery, Leihgabe des Peabody Museum of Natural History, 4.1.1953;
Sammlung Barringer

An Porträts des Kaisers Augustus erinnernd, erweist sich dieser Königskopf bei genauerer Betrachtung als Arbeit der frühen Ptolemäerzeit. Vielleicht saß er auf einem Sphinxleib.

Dieser Kopf weist Merkmale auf, die zu vollkommen unterschiedlichen Datierungen geführt haben. Der Hinweis auf die ausladende Umrißform des Königskopftuchs hat fälschlicherweise dazu verleitet, diese stilistische Besonderheit hellenistischem Einfluß zuzuweisen. Das ungewöhnlich schmale Stirn-

band wurde aus ungeklärten Gründen absichtlich aufgerauht. Es trifft zwar zu, daß ein solches Merkmal auf eine heute verlorengegangenene Vergoldung hinweist, aber es stellt sich die Frage, warum, wenn überhaupt, die Vergoldung auf eine so relativ kleine Fläche beschränkt blieb. Das Fehlen der Lappen, die sonst meist vor den Ohren von dem Band herunterhängen, ist nichts Ungewöhnliches, sondern gehört beinahe schon regelmäßig zu den Darstellungen des *nemes* bei Ptolemäern bzw. Römern zugeschriebenen Königsstatuen (Alexandria 362, ein Beispiel ohne Haare auf der Stirn).
Das *nemes* ist mit einer Uräusschlange geschmückt, deren aufgeblähter Leib leicht über den unteren Rand des Bandes hinausragt und noch das Haar berührt. Die Locken, eine ägyptische Version einer griechisch-hellenistischen Mode (KAT. 40), sind nach pharaonischen Stilkriterien gearbeitet und sind das Werk einheimischer, ägyptischer Bildhauer; sie haben mit künstlerischen Einflüssen aus dem hellenistischen Bereich nichts zu tun, auch wenn das manchmal behauptet wird. Da die Augen ursprünglich eingelegt waren, war ihr Erscheinungsbild sicher deutlich vom jetzigen unterschieden. Daher geht es nicht an, die Unterlider als schwer zu bezeichnen und sie mit Münzporträts zu vergleichen, um eine Identifizierung des dargestellten Pharaos herauszuarbeiten. Die Beschädigungen an Nase und Kinn, die in der Profilansicht von rechts deutlich werden, schließen eine angemessene Bewertung dieser Merkmale aus. Die Mundwinkel sind gebohrt und leicht nach unten gezogen, wie man es häufig in der ägyptischen Rundplastik der Spätzeit beobachten kann (Baltimore 297 und 197). Es gibt daher keinen Grund, dieses Detail, das aus dem Repertoire pharaonischer Formen stammt, als persönliches Charakteristikum des Dargestellten zu werten. Die typisch ägyptischen Lippen beherrschen den Kopf als Ganzes. Das Gesicht ist als leichtes Oval mit nahezu rechteckigen Proportionen angelegt (wie in KAT. 58). Pharaonischen Normen entsprechend, ist kaum eine Gesichtsmodellierung festzustellen; die Profilansicht zeigt, daß sich die Wange als breite Fläche ohne Unterbrechungen darstellt. All diese Beobachtungen führen übereinstimmend mit H. Kyrieleis und C. Aldred dazu, diesen Kopf in die pharaonische und nicht in die hellenistische Tradition zu stellen.
Der Versuch, diesen Kopf als Darstellung des römischen Kaisers Augustus zu identifizieren, beruht zum Teil auf seinen offensichtlichen stilistischen Ähnlichkeiten zu weiteren unbeschrifteten Köpfen, die angeblich diesen Herrscher darstellen sollen, und ebenso auf der falschen Annahme, der Kopf stelle eine Mischung von ägyptischen und hellenistischen Merkmalen dar. Wenn es auch möglich ist, daß Augustus für sich eine ägyptische Statue in Auftrag gegeben haben könnte, sind die bekannten Bildnisse dieses Herrschers, die aus Ägypten stammen, ganz anders aufgefaßt (KAT. 75).
Die Identifizierung dieses Kopfes mit Ptolemaios IV. Philopator, zuerst von W. Needler vorgeschlagen, oder, nach N. Bonacasa, mit Ptolemaios V. Epiphanes ist nicht haltbar, da dem Kopf distinktive Gesichtszüge und Attribute fehlen. Genausowenig läßt sich eine Identifizierung mit Ptolemaios III. Euergetes, die allerdings von vielen befürwortet wird, nachweisen, da man den Kopf, dessen pharaonischer Charakter feststeht, nicht länger mit Münzen vergleichen kann, die aus einer ganz anderen Tradition stammen (s. S. 65).
Das Fehlen eines deutlichen Wechsels der Gesichtsebenen, die heruntergezogenen Mundwinkel, das Fehlen linearer Stilelemente und die Symmetrie des Gesichtes setzen die Arbeit mitten in die pharaonischen Traditionen des dritten Jahrhunderts v. Chr., wie K. Aldred bereits erkannt hat. Den Zeitraum noch mehr einzugrenzen würde die zur Verfügung stehenden Kriterien überfordern und in den Bereich der Spekulation geraten. Eine letzte Beobachtung könnte vielleicht bei der Bestimmung des Statuentyps helfen. In der rechten Profilansicht kann man erkennen, daß die Kontur des *nemes* am Hinterkopf einen Aufwärtsschwung zeigt, der aber, von hinten betrachtet, nichts mit einem Rückenpfeiler zu tun haben kann. Die Statue, zu der dieser Kopf gehört hat, dürfte vielmehr vor eine Rückenplatte gesetzt gewesen sein (KAT. 14) oder in einen anderen Zusammenhang als den einer Standfigur gehört haben, vielleicht gar zu einer Sphinxfigur.

Cleopatra's Egypt, Nr. 52

50
Physkon-Typ eines Pharao

Diorit, 47
Drittes bis zweites Jahrhundert v. Chr.
Herkunft unbekannt
Brüssel, Musées Royaux d'Art et d'Histoire, E.1839

Der fettleibige Physkon-Typ, für mehrere Könige belegt, ist keineswegs eine hellenistische Neuentwicklung. Die Struktur des Kopfes, bei dem alle Gesichtsdetails strikt auf die Vorderansicht beschränkt sind, ist rein ägyptisch.

Obwohl sich nahezu alle Wissenschaftler darin einig sind, daß es sich bei diesem Kopf um eine Darstellung Ptolemaios' VIII. Euergetes II. handelt, und zwar auf Grund der bemerkenswert genauen Übereinstimmung der Gesichtszüge mit den Porträts auf Münzen, die 138/137 v. Chr. für diesen König geprägt wurden, sind sie anscheinend nicht in der Lage, die künstlerischen Traditionen und Stilrichtungen, die in dieser außerordentlichen Arbeit zusammenfließen, zu bestimmen, oder sich gar auf deren Wesen zu einigen. Nach C. Vandersleyen sind viele Merkmale des Kopfes nicht-ägyptisch. H. Kyrieleis dagegen akzeptiert diesen Kopf als ägyptisch, ebenso auch Z. Kiss und R. Smith, die jedoch die Ansicht von Kyrieleis zurückweisen, der Kopf habe gleichzeitig eine intensive psychologisierende Ausstrahlung, und ihm jegliche Ausdruckskraft absprechen. Diese so konträren Aussagen müssen erst einmal gründlich analysiert werden, bevor man darangehen kann, dieses Werk richtig zu bewerten.

Die ägyptischen Künstler der Spätzeit hatten schon früher das stilistische Vokabular und die technischen Mittel entwickelt, einen *physkon*, eine fettleibige Person, darzustellen, und diese Mittel auch schon verschiedentlich angewandt. Das trifft aber auch ebenso auf die hellenistischen Künstler zu, die ganz ähnliche Effekte erzielen konnten, wie die Übereinstimmungen zwischen dem Brüsseler Kopf und den Münzporträts Ptolemaios' VIII. Euergetes II. ganz deutlich zeigen. Die vorschnellen Stilanalysen (s. S. 47, 65) über die Wiedergabe von Korpulenz sind somit nicht geeignet, die künstlerischen Traditionen, in die dieser Kopf gehört, herauszuarbeiten, da ja sowohl der hellenistische wie auch der pharaonische Künstler jeweils unabhängig vom anderen in der Lage war, den Effekt des *physkon*-Typs auszudrücken und dabei ausschließlich innerhalb der eigenen Bildhauertradition zu arbeiten.

Die Frage: 'ägyptisch oder griechisch?' kann durch eine Analyse der formalen Struktur gelöst werden. Ganz allgemein liegt ein grundsätzlicher Unterschied zwischen ägyptischen und hellenistischen Köpfen in dem strengen Beharren des Ägypters, alle physiognomischen Details eines Gesichtes an die Vorderansicht zu verweisen. Bei dem Brüsseler Kopf hat sich der Bildhauer so fest an dieses fundamentale ägyptische Formprinzip gehalten, daß die ägyptische Herkunft des Stückes außer Frage steht. Die extrem gebogenen Brauen ohne Schminkstrich, die hervorquellenden Augen, die Überlappung des Unterlids durch das Oberlid, die an manchen Stellen nicht vollendete Politur des Steins, all dies sind Charakteristika der ägyptischen und nicht der hellenistischen Kunst. Somit trifft die Einschätzung von Kyrieleis und R. Smith zu, daß es sich bei diesem Kopf um die Arbeit einer ägyptischen Werkstatt handelt. Er ist eine einheimisch-ägyptische Version des *physkon*-Typs. In ihm psychologisierende Ausdruckskraft zu sehen bleibt zwangsläufig subjektiv. Im Vergleich mit den hellenistischen Herrscherporträts der Ptolemäer fehlt dem Brüsseler Kopf, wie schon Smith bemerkt hat, eine derartige Ausdruckskraft. Man sollte ihn allerdings nicht mit Arbeiten vergleichen, die Traditionen, Stimmungen und Kulturen verpflichtet sind, die so völlig andersartig sind als die, aus denen heraus er geschaffen wurde.

Unter den nicht-idealisierenden Bildnissen der Ptolemäer, die nach ägyptischer Tradition gearbeitet wurden, findet der Brüsseler Kopf seine nächste Parallele in der Statue einer korpulenten Frau (KAT. 65). Diese beiden Arbeiten stellen die Fettleibigkeit auf stärker idealisierte Weise dar als z.B. der Kopf eines Privatmannes (KAT. 32). Da alle drei Werke in die einheimisch-ägyptische Tradition gehören und keine Inschrift aufweisen, kann man sie nicht mit bestimmten historischen Persönlichkeiten identifizieren. Da der Brüsseler Kopf festen pharaonischen Traditionen des dritten und zweiten Jahrhunderts v. Chr. entspricht, ist die Suche nach Ähnlichkeiten mit Bildnissen ptolemäischer Herrscher in hellenistischer Formensprache vergeblich.

Cleopatra's Egypt, Nr. 53

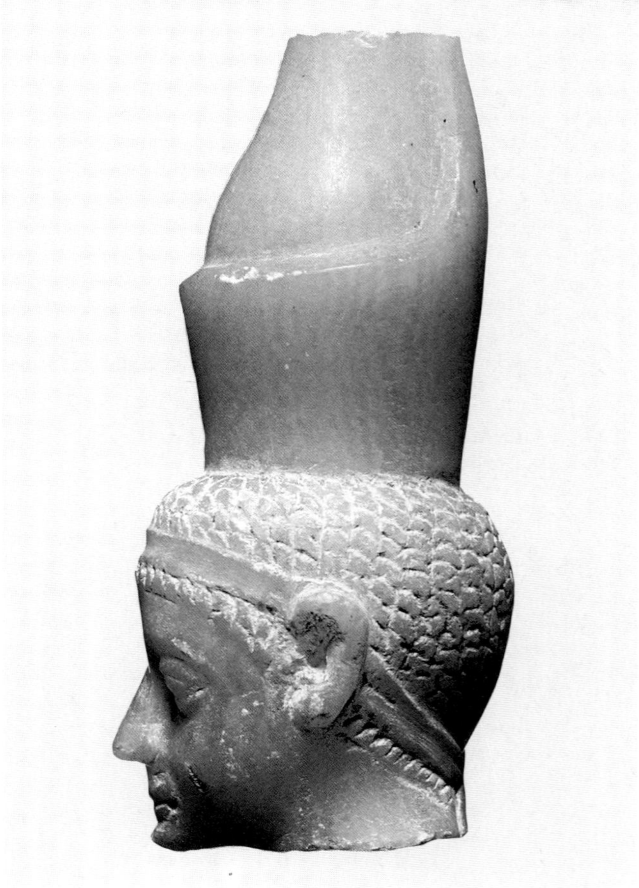

51

Porträt des Ptolemaios V. Epiphanes als Pharao

Kalzitalabaster, 10,6
Regierungszeit Ptolemaios' V. Epiphanes (205–180 v. Chr.)
Herkunft unbekannt
Berlin, Staatliche Museen Preußischer Kulturbesitz,
Ägyptisches Museum, 14568

52

Porträt des Ptolemaios V. Epiphanes mit Uräus ▷

Kalzitalabaster, 7,8
Regierungszeit Ptolemaios' V. Epiphanes (205–180 v. Chr.)
Herkunft unbekannt
Berlin, Staatliche Museen Preußischer Kulturbesitz,
Ägyptisches Museum, 13457

Kinderzopf und (bei 52 erkennbar) Finger am Mund gehören zum altägyptischen Kinderbild, die Locke allein ist auch Teil einer Priestertracht. Stirnband und Gesichtstyp finden sich auf Münzbildern Ptolemaios' V.

Beide Porträts werden hier gemeinsam besprochen, da sich an ihnen einige der Probleme demonstrieren lassen, die sich bei Interpretation und Identifizierung von Ptolemäerporträts ergeben. KAT. 51 zeigt ein jugendliches Gesicht; seine Züge sind im Vergleich mit anderen Kinderdarstellungen, die unter Vorbehalt als Darstellungen verschiedener Ptolemäer identifiziert wurden, so außergewöhnlich, daß es einen ganz bestimmten

52

Typus wiedergeben muß. Das dreieckig geformte Gesicht mit dem betonten, vorspringenden Kinn, der spitze Winkel, in dem die leicht gebogene Nase von der Stirn abgesetzt ist, wie auch die hageren, eingefallenen Wangen sind Merkmale, die sich auch bei KAT. 52 und einem dritten Kopf finden (Berlin 23140). Wenn auch Übereinstimmung besteht, daß alle drei Köpfe ein und dieselbe Persönlichkeit darstellen, so herrscht über die Identität des Dargestellten keineswegs Einigkeit. Der Versuch K. Parlascas, in diesen Bildnissen wegen ihrer deutlich mangelnden Qualität Darstellungen Ptolemaios' Cäsarion zu sehen, ist rein subjektiv und kann somit verworfen werden. Die Übereinstimmungen von KAT. 51 und den anderen Köpfen dieser Gruppe mit Münzporträts bestätigen, daß es sich bei dem Dargestellten nur um Ptolemaios V. Epiphanes handeln kann. Das Haarband ist weder breit und flach, noch wird es hoch am Kopf getragen, wie es A. Houghton bei einem Datierungsversuch ins 1. Jahrhundert v. Chr. behauptet hat. Die linke Seiten- und die Rückenansicht zeigen, daß das Haarband vielmehr ein schmaler Streifen ist, der mehrmals um den Kopf gewickelt und dann unterhalb des Hinterkopfes zusammengeknotet ist, so daß die Bänder frei in den Nacken fallen können. Die Wiedergabe dieses Bandes spiegelt sich exakt in den numismatischen Belegen wider.

Sowohl H. Kyrieleis wie auch K. Parlasca interpretieren die Seitenlocke bei KAT. 51 und 52 in Übereinstimmung mit den ägyptischen Konventionen als Kennzeichen kindlichen Alters. Dies ist allerdings nicht gerechtfertigt, da die pharaonische Formel für Kinderdarstellungen vorschreibt, daß die Seitenlocke zusammen mit dem an die Lippen gehaltenen Zeigefinger auftritt. Die Seitenlocke allein ist ein Merkmal verschiedener Priesterklassen, von denen einige speziell mit Memphis verbunden sind (Brooklyn 82.23 und Brüssel E.7049), wo Ptolemaios V. Epiphanes 196 v. Chr. nach ägyptischem Ritus zum Pharao gekrönt wurde (Abb. 3, der Stein von Rosetta). Möglicherweise ist die Seitenlocke ein ausschließlich den Bildnissen Ptolemaios' V. Epiphanes vorbehaltenes Detail, die ihn mit Memphis in Verbindung bringen (Baltimore 54.1050). Vielleicht sollte man sogar daran denken, den Kalzitalabasterkopf mit der Doppelkrone aus Berlin (KAT. 51) in Zusammenhang mit dem Bildnis Ptolemaios' V. Epiphanes zu sehen, das nach Aussage des Rosetta-Steins anläßlich seiner Krönung in einem Naos aufgestellt wurde. Stilistisch leitet sich die Wiedergabe der Gesichtszüge der drei nun als Darstellungen Ptolemaios' V. Epiphanes identifizierten Köpfe von den ägyptischen Bildhauerregeln ab. Gleiches trifft auch auf die Bearbeitung des Haares zu, dessen kleine, eng anliegende Löckchen eine ägyptische Übersetzung einer griechischen Haartracht sind. Dieser pharaonische Charakter wird bei KAT. 52 durch den Rückenpfeiler noch verstärkt.

Cleopatra's Egypt, Nr. 55–56

53
Porträt des Ptolemaios XII. Auletes

Marmor, 37,5
55–51 v. Chr.
Angeblich aus Alexandria
Paris, Musées du Louvre, Département des Antiquités Grecques et Romaines, MND 1960 (Ma 3449)

In den auch aus Münzbildern bekannten Zügen Ptolemaios' XII. ist das charakteristische Porträt seiner Tochter Kleopatra VII. vorweggenommen: vorspringendes Kinn, tiefliegende Augen, Hakennase.

Die Grundannahme für die Identifizierung bestimmter Bildnisse als Darstellungen einzelner Mitglieder des ptolemäischen Königshauses ist die Übereinstimmung der Gesichtszüge der jeweils vorliegenden Darstellung mit denen, die sich auf den Porträtmünzen des in Frage kommenden Herrschers erhalten haben. Trotz der Probleme, die bei einem zu wenig differenzierten Vergleich auftreten können (KAT. 50; s. S. 65 f.), hat er doch seine Richtigkeit, und bei entsprechender Sorgfältigkeit bringt er auch Ergebnisse. Die Identifizierung dieses Marmorkopfes mit Ptolemaios XII. Auletes ist gesichert, da die Stirn, die nahezu unbeschädigte Nase, die Lippen und das Kinn zusammen ein Profil ergeben, das sich mit den Münzporträts dieses Monarchen deckt. Trotzdem wirft das Porträt einige technische, ikonographische und praktische Fragen auf. Eine genaue Untersuchung des Marmorkopfes zeigt nämlich, daß man hier in der Antike ein früheres Porträt desselben Herrschers umgearbeitet hat. Wenn auch die Gründe für diese Umarbeitung umstritten sind, könnte man doch analog zur Erklärung der Umarbeitung eines Kopfes in Boston (59.51) zu dem Schluß kommen, daß dieses Porträt in dem Zeitraum von Ptolemaios' XII. Heimkehr nach Ägypten und Rückkehr auf den Thron im Jahr 55 v. Chr. bis zu seinem Tod 51 v. Chr. umgearbeitet wurde.

Zum zweiten wurde das Porträt in seiner jetzigen, wenn nicht schon in seiner ursprünglichen Gestalt mit Gips vervollständigt, was bei den hellenistischen Herrscherporträts des ptolemäischen Ägypten nichts Ungewöhnliches war. Bisher schrieb man ein derartiges Verfahren der Knappheit an Marmor zu, der nach Ägypten importiert werden mußte, da das Land über keine natürlichen Ressourcen dieses Gesteins verfügte. Wirtschaftliche und technische Gründe sind gegen diese Theorie vorgebracht worden (KAT. 75). Die Vervollständigung eines Marmorporträts mit Gips ist nichts anderes als die Übernahme älterer griechischer und pharaonischer Praktiken durch die Ateliers des ptolemäischen und römischen Ägypten.

In ikonographischer Hinsicht weisen die Bildnisse Ptolemaios' XII. Auletes eine auffallende Familienähnlichkeit zu denen seiner Tochter und Nachfolgerin Kleopatra VII. auf. Die Ähnlichkeiten kommen am besten in den Münzporträts zum Ausdruck, in denen ein hageres Gesicht dominiert, das von tiefliegenden Augen, einem unnatürlich knolligen, weit vorspringenden Kinn und einer schnabelartig vorspringenden Hakennase beherrscht wird. Die gleichen Gesichtszüge charakterisieren einige Bildnisse auf Münzen Ptolemaios' VI. Philometor, und schließlich erinnern sie sogar an die Münzporträts Ptolemaios' I. Soter. Ob diese Darstellungen eine besonders starke Familienähnlichkeit wiedergeben oder ein bewußter künstlerischer Rückgriff auf Bildnisse Ptolemaios' I. Soter sind, dessen posthume Bildnisse von seinen Nachfolgern auf Gedenkmünzen auch später noch geprägt wurden, kann hier nicht entschieden werden. Man kann jedoch ganz klar feststellen, daß die Bildnisse Ptolemaios' XII. Auletes und Kleopatras VII. deren makedonisch-griechischen Ursprung besonders betonen.

Cleopatra's Egypt, Nr. 57

54
Ptolemaios XII. Auletes als Dionysos

Bronze, 4,8
80–57 v. Chr. oder 55–51 v. Chr.
Angeblich aus Alexandria
Privatsammlung

Efeukranz und Stierhörner als Kopfputz identifizieren Ptolemaios XII., Kleopatras Vater, mit Dionysos, dem Gott des Lebensgenusses, des Luxus. Sein Beiname Auletes »der Flötenspieler« leitet sich aus dieser Beziehung zu Dionysos ab.

Ein Vergleich dieser kleinen, gut erhaltenen, vollständigen Büste mit Münzen (KAT. 57m) und einem Kopf in Boston (59.51) bestätigt die Identifizierung mit Ptolemaios XII. in seinem charakteristischen Profil und der so typischen Form von Nase, Lippen und Kinn. Er trägt eine Chlamys (Staatsmantel und königliches Abzeichen), die über der rechten Schulter von einer Fibel zusammengehalten wird. Der Haarschmuck besteht aus einer interessanten Kombination verschiedener Motive, nämlich Efeu, der um ein Diadem gewunden ist, dessen Bänder auf die Schultern fallen, und den Hörnern eines Stieres. Das sich so ergebende Bildnis hat einen starken Bezug zu dem griechischen Gott Dionysos, mit dem sich Ptolemaios XII. ja auch identifiziert hat – einer seiner Beinamen lautete *neos Dionysos*, »der neue Dionysos«.
In seinem vielschichtigen Charakter wurde dieser Gott zunächst mit dem ägyptischen Gott Osiris gleichgesetzt, bevor er schon bald zum Inbegriff der *tryphe*, des unbegrenzten Luxus, wurde, des typischen Wesenszugs des ptolemäischen Hofes in Alexandria (s. S. 23). Er war der Gott, mit dem sich die Ptolemäer so gerne verbunden sahen. Daher wurde Dionysos und seinem Kult am ptolemäischen Hof in Alexandria eine Sonderstellung eingeräumt: Er erhielt bei der großen Prozession Ptolemaios' II., die mehrere Tage lang durch die Straßen Alexandrias zog, einen Ehrenplatz, und ihm zu Ehren wurden auch zwei Städte im Faijum in Bacchias und Dionysias umbenannt. Der Kult des Dionysos erfuhr in der Regierungszeit Ptolemaios' IV. Philopator einen bedeutenden Aufschwung, möglicherweise auf Kosten des ägyptischen Osiriskultes (vgl. KAT. 100). Einige Historiker meinen deshalb, daß diese Abkehr von Osiris für die einheimischen Ägypter einen Affront und somit einen weiteren Impuls für den Aufstand in der Thebais darstellte (s. S. 22). Auf jeden Fall wurden die Verbindungen zwischen Dionysos und den Ptolemäern immer stärker, so daß zur Zeit des unglückseligen Besuches Scipios am Hof Ptolemaios' VIII. Euergetes die Kluft zwischen den unvereinbaren römischen und hellenistisch-ägyptischen Wertvorstellungen von *mos maiorum* (s. S. 23) und *tryphe* unüberbrückbar geworden war. Und auch in der Folgezeit sahen die Römer, die *tryphe* weder akzeptieren noch verstehen wollten, abfällig auf die Ptolemäer herab, und das bis zum ersten Jahrhundert v. Chr., als der Kult des Dionysos in Ägypten seinen Höhepunkt erreichte. Genau zu dieser Zeit verliehen die Alexandriner Ptolemaios XII., dem Vater Kleopatras VII., den Beinamen Auletes, »Flötenspieler«, da er dem Kult des Dionysos so sehr gewogen war. Etwas später wurde Marc Anton, obwohl Römer, von alexandrinischen Vorstellungen so vereinnahmt, daß man sogar ihn selbst, zum Entsetzen der Römer, mit Dionysos gleichsetzte. Der Sieg über das Heer Kleopatras VII. und Marc Antons bei Actium war für die Römer der Triumph des Apoll über Dionysos und der Ausdruck der Überlegenheit des Prinzips des *mos maiorum* über die *tryphe*.

Cleopatra's Egypt, Nr. 58

55

Statue eines der späten Ptolemäer

Basalt, 82/39
Erstes Jahrhundert v. Chr.
Herkunft unbekannt
Paris, Musées du Louvre, Département des Antiquités Égyptiennes A.28 (N.28)

Starke Asymmetrien im Gesicht und am Körper und der proportional kleine Kopf erweisen diese so altägyptisch wirkende Statue ins 1. Jahrhundert v. Chr.

Auf den ersten Blick scheinen viele Elemente dieser Statue mit den künstlerischen Normen anderer Kunstwerke der Ptolemäerzeit übereinzustimmen: der schlichte, undekorierte Schurz (KAT. 23), das *nemes* ohne Streifung (KAT. 1, 49) und der dreiteilig aufgebaute Torso mit der so typisch ägyptischen Wiedergabe des Bauches, in den die tropfenförmige Vertiefung des Nabels eingesetzt wurde (KAT. 25). Das sichelförmige Lächeln der Lippen und die unterschiedliche Höhe, in der die Augen angegeben sind, scheinen dem Gesicht dieser Statue eine gewisse Individualität zu verleihen. Eine nähere Untersuchung macht jedoch deutlich, daß diese Gesichtszüge als Teil der generellen Nichtbeachtung der axialen Symmetrie seitens des Bildhauers zu werten sind. Die Mittelachse des Körpers stimmt mit seiner Symmetrieachse nicht überein: Die linke Hälfte der Statue ist breiter als die rechte. Diese Unregelmäßigkeit wird besonders deutlich in den unproportionierten Umrißlinien der die Brustregion bezeichnenden Bögen unterhalb der Brustlappen des *nemes*. Diese Asymmetrie trifft auch auf Gesicht und Kopf zu, wo Wangen und Augen in unterschiedliche horizontale Ebenen gesetzt sind und das Band des *nemes* über der Stirn wie auch sein Umriß oben am Kopf schief sind. In der Seitenansicht scheint die linke Seite tiefer als die rechte zu sein. Von hinten gesehen verläuft der Gürtel des Schurzes an der Nahtstelle zum Rückenpfeiler nicht in einer Linie. Der Gürtel liegt deutlich auf zwei verschiedenen Ebenen, links höher als rechts.
Aus der jetzigen Gestalt des Rückenpfeilers läßt sich erkennen, daß die Statue noch während ihrer Entstehung abgeändert wurde. Die dreieckige Spitze des Rückenpfeilers liegt über einer vorspringenden rechteckigen Fläche. Die hier so rauhe Oberfläche, die zu den polierten Oberflächen der Vorder- und Seitenansicht der Statue ganz deutlich im Gegensatz steht, unterstreicht noch die offensichtliche Unschlüssigkeit der Bildhauer über die endgültige Gestaltung des Rückenpfeilers. Da die Künstler in ihrer künstlerischen Aussage so ungenau waren, ist es schwierig, diese Statue zeitlich einzuordnen. Der extreme Grad an Asymmetrie jedoch macht eine Datierung in das erste Jahrhundert v. Chr. wahrscheinlich; dafür spricht auch das Größenverhältnis des Kopfes zum Körper. Derartig kleine Köpfe scheinen für diese Epoche charakteristisch zu sein (KAT. 30).

Cleopatra's Egypt, Nr. 59

56
Münze eines der letzten einheimischen Pharaonen

Gold, 1,8 Durchmesser
Viertes Jahrhundert v. Chr.
Berlin, Staatliche Museen Preußischer Kulturbesitz,
Verein zur Förderung des Ägyptischen Museums, 1-78

Griechische Händler bringen im 7. Jahrhundert v. Chr. erstmals Münzen nach Ägypten. Ägyptische Prägungen beginnen wohl erst um 400 v. Chr. Den Ägyptern blieben Münzen aus Gold, dem »Fleisch der Götter«, immer unvertraut.

Während man in einem kleinen wissenschaftlichen Kreis noch immer hitzig darüber streitet, ob bestimmte Aspekte der Wirtschaft des späten Neuen Reiches wirklich als Geldwirtschaft bezeichnet werden können, so stimmt man doch dahingehend überein, daß der Gebrauch von Münzen als Tauschmittel in der ägyptischen Geschichte erst recht spät eine wirkliche Rolle spielte. Diese Sitte wurde durch die Griechen eingeführt, die schon mindestens seit der 26. Dynastie in Ägypten belegt sind und die an den Gebrauch von Münzen als anerkanntes Zahlungsmittel bereits gewöhnt waren. Nach dem Bericht Herodots (IV, 152) zu urteilen, scheinen die Griechen in Naukratis den äginetischen Stater für den innerhellenischen Handel in der 26. Dynastie verwendet zu haben. Der Einmarsch der Perser nach Ägypten in der 27. Dynastie förderte den Gebrauch von Münzen im ganzen Land. Herodot (IV, 166) deutet an, daß Aryandes, Satrap in Ägypten unter Darius dem Großen, der erste war, der Silbermünzen herausgab, die nun wirklich in Ägypten selbst geprägt worden waren. Unter der persischen Herrschaft kamen Münzen in Ägypten immer mehr in Umlauf, immer untrennbar mit der Silbertetradrachme aus Athen, der sogenannten Athener Eule, verbunden; der früheste schriftliche Hinweis auf diese Münze in Ägypten findet sich in einem aramäischen Papyrus im Brooklyn Museum (47.218.94). Ein anderer aramäischer Papyrus vom Ende des fünften Jahrhunderts v. Chr., ebenfalls in Brooklyn (47.218.95), läßt auf die Existenz einer aktiven Münzstätte in Syene (Assuan) schließen, die ihre eigene Version der attischen Eule herausgab, wie auch auf eine weitere Münzstätte in Memphis, die wiederum ihre Versionen jener Sonderemissionen aus Syene herausgab. Diese Münzen, auch aus Silber mit aramäischer Legende, wurden im Auftrag der persischen Landesverwaltung geprägt.

In Ägypten gab man während des ganzen vierten Jahrhunderts v. Chr. Münzen heraus. Obwohl es nur wenig Belege dafür gibt, nimmt man an, daß der Pharao Achoris der 29. Dynastie der erste einheimische Pharao war, der seine eigenen Münzen prägen ließ. Diese Vermutung stützt sich aber nur auf eine Interpretation der demotischen Legenden dieser Münzen. Mit der Thronbesteigung Teos' in der 30. Dynastie befinden wir uns dann wieder auf festem Boden. Teos hat auf Drängen des Griechen Chabrias Münzen prägen lassen, um die griechischen Kaufleute in seinen Diensten zu bezahlen. Das bedeutete eine radikale Abwendung von den Sitten, einen revolutionären Bruch mit der Tradition und den ägyptischen, religiösen Empfindungen: Die Münzen waren aus Gold, also aus einem Material, das immer schon das Fleisch der Götter symbolisierte und somit nicht durch derartig weltlichen Gebrauch beschmutzt werden sollte. Diese Ansicht war der hartnäckigste Grund für die Abneigung der einheimischen Ägypter, eigene Münzen herauszugeben und zu verwenden. Die Goldemissionen des vierten Jahrhunderts v. Chr. tragen die hieroglyphische Legende *nbw nfr*, »gutes Gold«, und das Bild eines sich aufbäumenden Pferdes als Schreibung für *nbw*, »Gold«. Das könnte ein unterschwelliger Versuch gewesen sein, der religiös beeinflußten Abneigung gegen den Gebrauch dieses Edelmetalles zu begegnen, da das Pferd als Motiv mit dem pharaonischen Pantheon nicht verbunden war.
Eine Serie von Silbermünzen, deren demotische Legenden, wie man lange glaubte, angeblich den Teos nennen, haben sich als Prägungen des persischen Königs Artaxerxes III. erwiesen.

Cleopatra's Egypt, Nr. 60

57 a–z
Münzen der Ptolemäer und ihrer Zeitgenossen

von Bernhard Overbeck

Nahezu alle Herrscher der Ptolemäerzeit lassen sich in Münzbildern nachweisen. Zur Frage der Porträtähnlichkeit tragen diese nicht immer bei, da das Bildnis der Dynastiegründer über Generationen beibehalten werden kann.

Dieser Beitrag soll einen Eindruck von den verschiedenen Porträts der Ptolemäer auf Münzen vermitteln. Hauptsächlich kommt für uns dabei die Gold- und Silberprägung als Quelle in Betracht. Auf die Problematik einzelner Zuweisungen und Datierungen kann dabei allerdings nicht ausführlich eingegangen werden. Hier sei auf die zitierte Spezialliteratur verwiesen. Generell sei auf Newell (1937) verwiesen, der zu Wesen und Bedeutung hellenistischer Porträtkunst auf Münzen ausführlich Stellung nimmt.

Eine Hauptschwierigkeit bei der Zuweisung ptolemäischer Porträtmünzen ergibt sich daraus, daß alle Könige dieser Dynastie den Namen Ptolemaios führten. Entsprechend trägt die Rückseite ihrer Münzen stets die stereotype, für Identifikationen unzulängliche Inschrift ΠΤΟΛΕΜΑΙΟΥ ΒΑΣΙΛΕΩΣ, »(Münze) des Königs Ptolemaios«. Das gilt von Ptolemaios I. bis hin zu Ptolemaios XII., ja sogar für Caesarion. Einige Münzen tragen zusätzliche Zahlenzeichen, doch ist nicht immer klar, ob es sich dabei um die Zählung der Regierungsjahre oder um Serienzeichen der Münzstätte handelt. Ferner gibt es bisweilen noch spezielle Zeichen für die Prägestätte, denn die Münzen der Ptolemäer wurden nicht nur in Alexandria, sondern auch auf Zypern und in Phönizien geschlagen. Auch diese Beizeichen geben also kein Datum an. Hinzu kommt, daß die meisten Münzen nur das Porträt des Gründers der Dynastie, des Ptolemaios I. Soter, zeigen. Nur die Münzen seines Sohnes Ptolemaios II. – und wenige andere – stellen eine Ausnahme von dieser generellen Regel dar.

Die Tetradrachme des Ptolemaios I. (KAT. 57 a) zeigt sein typisches Porträt. Dieses Bildnis sollte in den verschiedenen Münzstätten des Ptolemäerreiches immer wieder ausgeprägt werden, bis Ägypten durch Rom erobert wurde. Oft erscheint dabei das Porträt im Stil degeneriert, zumindest aber andersartig. Das mag manchmal andeuten, daß man versuchte, dem Bild eine gewisse Ähnlichkeit mit dem Herrscher zu verleihen, unter dem es geprägt wurde (vgl. z. B. KAT. 57 i–n, p).

Doch gibt es andererseits auch nach Ptolemaios II. Münzen, deren Bildnisse sich entscheidend von dem des Dynastiegründers unterscheiden. So zeigt z. B. eine Bronze des Ptolemaios III. (KAT. 57 e) seine etwas unbeholfen und massiv ausgeführte Büste. Andererseits zeigen beide Porträts aus der Zeit des Ptolemaios V., die Tetradrachme mit dem Bildnis seines Vaters Ptolemaios IV. (KAT. 57 g) und die mit seinen eigenen Zügen (KAT. 57 h), das hohe Können in der Porträtgestaltung in der Münzstätte Phöniziens.

Ebenso schwierig sind Datierung und Zuweisung der Münzen mit den Bildnissen der diversen Berenikes, Arsinoes und Kleopatras. Oft ist es schwer, zu unterscheiden, ob eine Porträtmünze zu Lebzeiten oder posthum ausgegeben wurde. Und auch hier mag das Bild der einen die Porträts späterer Herrscherinnen beeinflußt haben.

In der »*Theon-Adelphon*«-(Geschwister-Götter)-Serie des Ptolemaios II. (KAT. 57 b) begegnet uns auf der Vorderseite das Doppelporträt der vergöttlichten Eltern des Königs, Ptolemaios I. und Berenike I., während die Rückseite in ganz analoger Darstellung die Büsten des Ptolemaios II. und seiner Schwester und Gattin Arsinoe II. zeigt. Die große Ähnlichkeit der beiden Paare ist sicherlich nicht allein auf die Gleichartigkeit im Stil seitens des Stempelschneiders zurückzuführen. Sie überrascht nicht, bedenkt man die enge – allzu enge – Verwandtschaft aller Dargestellten.

Reine Familienähnlichkeit ist freilich nicht alleinige Erklärung dafür, daß das Münzporträt der Arsinoe II. (KAT. 57 c–d) gewissermaßen Prototyp für das Herrscherinnenbild wurde, man vergleiche etwa die Goldmünze der Berenike II. (KAT. 57 f). Doch, wie beim Porträt der Könige, auch das Königinnenbild richtete sich nicht ausschließlich nach der Vorlage der Arsinoe II. Deutlich wird das, betrachtet man das Bildnis der Kleopatra VII. auf der Vorderseite einer Bronze (KAT. 57 o), wo sie als souveräne hellenistische Herrscherin, geschmückt mit dem königlichen Diademband, dargestellt ist.

Diese Auswahl von Münzen wäre unzureichend, würde man sie nicht durch römische Münzen aus dem zeitlichen und politischen Umkreis der Kleopatra VII. ergänzen. Dazu gehört ein Denar des Julius Caesar (KAT. 57 x), ferner jene Münzen, welche ihre Liaison mit Marc Anton illustrieren, teils »autonome« Prägungen ihres Herrschaftsbereichs (KAT. 57 u–w), teils römische Denare des Marc Anton aus östlichen Münzstätten, etwa sein kraftvolles Porträt (KAT. 57 y), oder die Büsten beider Herrscher zeigend (KAT. 57 z), wobei Kleopatra den Titel *regina regum filiorum regum*, »Königin der Könige und der Söhne von Königen« trägt, eine Anspielung auf die Ereignisse des Jahres 34 v. Chr., in dem Marc Anton Kleopatra den entsprechenden Titel verlieh und Caesarion und ihr Sohn mit Marc Anton ebenfalls zu »Königen der Könige« proklamiert wurden. Die späte Tetradrachme des Caesarion (KAT. 57 p) steht gänzlich in der ptolemäischen Tradition. Kleopatras Bildnisse (KAT. 57 o, u–w, z) zeigen ein recht scharfes, in der Spätzeit wenig schmeichelhaftes Profil, das nicht unbedingt dem

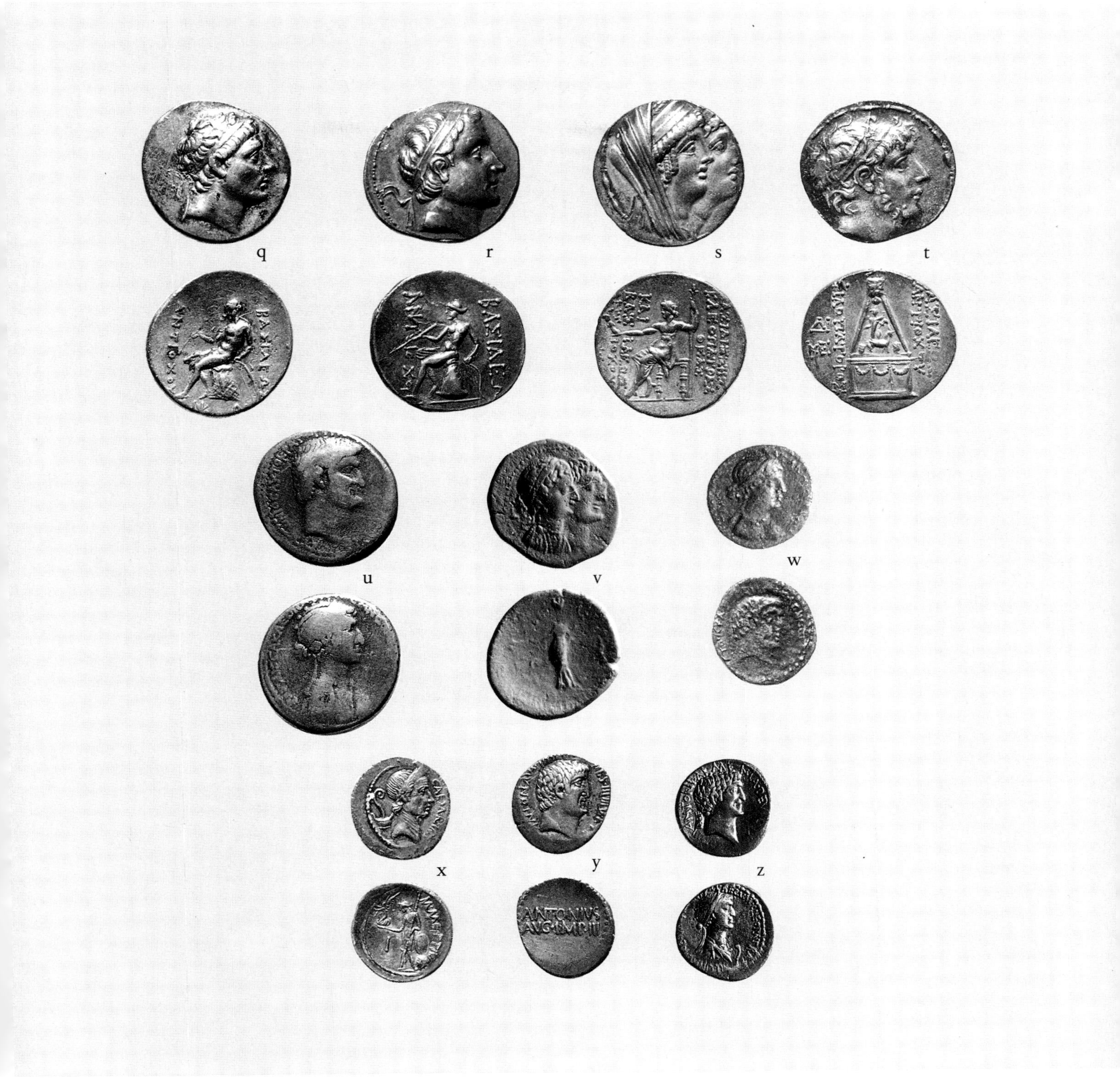
q
r
s
t
u
v
w
x
y
z
ANTONIVS
AVG·IMP·III

Mythos der verführerischen, durch die Macht ihrer weiblichen Reize einen römischen Anbeter völlig umgarnenden Schönheit entspricht.
Das ptolemäische Ägypten lag geographisch und politisch in keinem Vakuum. Daher seien hier noch Münzen der in Syrien herrschenden Seleukidendynastie (KAT. 57 q–t) angefügt, wie die Ptolemäer Nachfahren eines der Generäle Alexanders und mit diesen durch verwandtschaftliche Bande verknüpft. So heiratete Antiochos II. (KAT. 57 q) eine Tochter des Ptolemaios III., und Antiochos III. von Syrien (KAT. 57 r) war der Vater der Kleopatra I. Die Tochter des Ptolemaios VI., Kleopatra Thea (KAT. 57 s), war in die politischen Intrigen ihrer Zeit zutiefst verstrickt. Ihre zahlreichen diplomatischen Heiraten in das Seleukidenhaus, die nicht ohne Nachkommen blieben – etwa Antiochos IX. Kyzikenos (KAT. 57 t), tragen mit zu jener Anarchie bei, unter der Syrien im ersten Jahrhundert v. Chr. zu leiden hatte.

Hinweis: KAT. 57 o, v und z stammen aus Privatbesitz. Alle übrigen Nummern sind Leihgaben der Staatlichen Münzsammlung München.

Cleopatra's Egypt, Nr. 61

Ägypten

57 a
Ptolemaios I. Soter

Tetradrachme, Silber, 2,6 cm max. Durchmesser
Münzstätte Alexandria, ca. 300–283 v. Chr.
Literatur: SV no. 247; Jenkins 1960: 26

Vorderseite: Kopf des Ptolemaios I. rechts mit Diadem und Aegis, Perlkreis
Rückseite: Adler nach links auf Blitzbündel; Umschrift ΠΤΟΛΕΜΑΙΟΥ ΒΑΣΙΛΕΩΣ (»des Königs Ptolemaios«); links im Felde P/A; Perlkreis

57 b
Ptolemaios II. Philadelphos

Oktodrachme, Gold, 2,6 cm max. Durchmesser;
Theon-Adelphon-(»Geschwister-Götter«)-Serie
Münzstätte Alexandria, ca. 270/260 v. Chr.
Literatur: SV no. 603; Brett 1955: no. 2274; Troxell 1983: 60–62 (Datierung)

Vorderseite: Die gestaffelten und drapierten Büsten nach rechts des Ptolemaios I. mit Diadem und der Berenike I. mit Schleier und Diadem, darüber ΘΕΩΝ; Perlkreis
Rückseite: Die gestaffelten drapierten Büsten nach rechts des Ptolemaios II. mit Diadem und der Arsinoe II. mit Schleier und Diadem; rechts im Felde ein ovaler Gallierschild; oberhalb ΑΔΕΛΦΩΝ; Perlkreis

57 c
Arsinoe II.

Oktodrachme, Gold, 2,6 cm max. Durchmesser, posthum unter Ptolemaios II. geprägt
Münzstätte Sidon, 250/249 v. Chr.
Literatur: SV no. 747; Troxell 1983: 52

Vorderseite: Büste der Arsinoe mit Schleier, Diadem und kleinem Horn nach rechts, hinter der Büste Lotus-Szepter; Perlkreis.
Rückseite: Durch Bänder zusammengehaltenes, mit Früchten gefülltes Doppelfüllhorn; im Felde Λ Ε und ΣΙ/ΔΑ; Umschrift ΑΡΣΙΝΟΗΣ ΦΙΛΑΔΕΛΦΟΥ (»der Arsinoe Philadephos«)

57 d
Arsinoe II.

Dekadrachme, Silber, 3,3 cm max. Durchmesser; posthum unter Ptolemaios II. geprägt
Münzstätte Alexandria, ca. 253/246 v. Chr.
Literatur: SV no. 947; Troxell 1983: 44, Gruppe 3

Vorderseite: Ähnlich wie vorher, links im Felde Beizeichen MM
Rückseite: Ähnlich wie vorher, ohne Beizeichen

57 e
Ptolemaios III. Euergetes

Kleinbronze, 1,8 cm max. Durchmesser
Wohl Münzstätte Alexandria, 246/221 v. Chr.
Literatur: SV no. 1000

Vorderseite: Lorbeerbekränzte Büste des Ptolemaios III. mit Aegis; Perlkreis
Rückseite: Adler nach rechts auf Blitzbündel; rechts im Felde Füllhorn; Umschrift ΠΤΟΛΕΜΑΙΟΥ ΒΑΣΙΛΕΩΣ (»des Königs Ptolemaios«); Perlkreis

57 f
Berenike II.

Vierteldrachme, Gold, 1,1 cm max. Durchmesser, geprägt durch Ptolemaios III.
Münzstätte Alexandria, 246/241 v. Chr.
Literatur: SV no. 982

Vorderseite: Büste der Berenike II. nach rechts mit Schleier und Diadem; Perlkreis
Rückseite: Mit Früchten gefülltes Füllhorn, von Band umwunden, zwischen zwei Sternen; Umschrift ΒΕΡΕΝΙΚΗΣ ΒΑΣΙΛΙΣΣΗΣ (»der Königin Berenike«); Perlkreis

57 g
Ptolemaios IV. Philopator

Tetradrachme, Silber, 2,6 cm max. Durchmesser, posthum unter Ptolemaios V. geprägt
Phönikische Münzstätte, ca. 202/200 v. Chr.
Literatur: SV no. 1276; Kyrieleis 1973: 234, no. 27; Mørkholm 1979: 212, Gruppe XIV

Vorderseite: Büste des Ptolemaios IV. nach rechts mit Diadem und Chlamys; Perlkreis
Rückseite: Adler nach rechts auf Blitzbündel; links im Felde B; NI zwischen den Klauen des Adlers; Umschrift ΠΤΟΛΕΜΑΙΟΥ ΒΑΣΙΛΕΩΣ (»des Königs Ptolemaios«)

57 h
Ptolemaios V. Epiphanes

Tetradrachme, Silber, 2,6 cm max. Durchmesser
Phönikische Münzstätte, ca. 202/200 v. Chr.
Literatur: SV no. 1263; Kyrieleis 1973: 216 ff., Mørkholm 1979: 209, Gruppe VI

Vorderseite: Büste des Ptolemaios V. nach rechts mit Diadem und Chlamys
Rückseite: Wie vorher, aber links im Felde nur das Beizeichen M.

57 i
Ptolemaios VI. Philometor

Tetradrachme, Silber, 2,5 cm max. Durchmesser
Münzstätte Paphos, Zypern, 162 v. Chr.
Literatur: SV no. 1431; Mørkholm/Nicolaou/Nicolaou 1976: pl. 14,2

Vorderseite: Büste des Ptolemaios I. mit Diadem und Aegis nach rechts
Rückseite: Wie vorher, aber im Felde LIΘ – ΠΛ (= ΠΑ)

57 j
Ptolemaios VIII. Euergetes II.

Tetradrachme, Silber, 2,3 cm max. Durchmesser
Münzstätte Salamis, Zypern, 126 v. Chr.
Literatur: SV no. 1557

Vorderseite: Wie vorher
Rückseite: Wie vorher, aber LMΔ–ΣΑ im Felde

57 k
Ptolemaios IX. Soter II.

Tetradrachme, Silber, 2,4 cm max. Durchmesser
Münzstätte Alexandria, 112/111 v. Chr.
Literatur: SV no. 1667; Kromann/Mørkholm 1977: 351

Vorderseite: Wie vorher
Rückseite: Wie vorher, aber L[–ΠΑ im Felde

57 l
Ptolemaios X. Alexander I.

Tetradrachme, Silber, 2,4 cm max. Durchmesser
Münzstätte Alexandria, 96/95 v. Chr.
Literatur: SV no. 1679; Kromann/Mørkholm 1977: 368

Vorderseite: Wie vorher
Rückseite: Wie vorher, aber LIΘ–ΠΑ im Felde

57 m
Ptolemaios XII. Auletes

Tetradrachme, Silber, 2,4 cm max. Durchmesser
Münzstätte Alexandria, 80/79 v. Chr.
Literatur: SV no. 1848; Kromann/Mørkholm 1977: 377

Vorderseite: Wie vorher
Rückseite: Wie vorher, aber LB–ΠΑ im Felde

57 n
Kleopatra VII. Thea

Tetradrachme, Silber, 2,6 cm max. Durchmesser
Münzstätte Alexandria, 44/43 v. Chr.
Literatur: SV no. 1823; Kromann/Mørkholm 1977: 403

Vorderseite: Wie vorher
Rückseite: Wie vorher, aber LΘ–ΠΑ im Felde

57 o
Kleopatra VII. Thea

Mittelbronze, 2,7 cm max. Durchmesser
Münzstätte Alexandria, 51/30 v. Chr.
Literatur: SV no. 1871/72; Kromann/Mørkholm 1977: 419–421

Vorderseite: Büste der Kleopatra mit Banddiadem nach rechts; Perlkreis
Rückseite: Adler nach links auf Blitzbündel; links im Felde Füllhorn, rechts im Felde Π; Umschrift ΚΛΕΟΠΑΤΡΑΣ ΒΑΣΙΛΙΣΣΗΣ (»der Königin Kleopatra«); Perlkreis

57 p
Ptolemaios XV. Caesarion

Tetradrachme, Silber, 2,4 cm max. Durchmesser
Münzstätte Alexandria, 37/36 v. Chr.
Literatur: SV no. 1816; Mørkholm 1975: pl. 6,5

Vorderseite: Wie KAT. 57 n
Rückseite: Wie KAT. 57 n, aber LA, darüber Stern, links im Felde; ΠΑ rechts im Felde

Syrien

57 q
Antiochos II.

Tetradrachme, Silber, 2,8 cm max. Durchmesser
Münzstätte Tarsos (Kilikien), 261/246 v. Chr.
Literatur: Newell 1941: 1310; Houghton 1983: 456

Vorderseite: Kopf des Antiochos II. mit Diadem nach rechts
Rückseite: Apollon nach links auf Omphalos sitzend, Pfeil und Boden haltend; Umschrift ΒΑΣΙΛΕΩΣ ΑΝΤΙΟΧΟΥ (»des Königs Antiochos«); im Abschnitt die Monogramme ΝΚ , ΑΥ ·
·

57 r
Antiochos III.

Tetradrachme, Silber, 2,9 cm max. Durchmesser
Nicht lokalisierte westliche Münzstätte, ca. 223/187 v. Chr.
Literatur: Newell 1941: no. 1695

Vorderseite: Kopf des Antiochos III. nach rechts mit Diadem, Astragalkreis
Rückseite: Wie vorher, jedoch ohne Monogramme, grober Stil

57 s
Kleopatra Thea und Antiochos VIII.

Tetradrachme, Silber, 2,6 cm max. Durchmesser
Münzstätte Ake-Ptolemais (Palästina), 125 v. Chr.
Literatur: Newell 1939: 13, no. 8

Vorderseite: Die gestaffelten Büsten nach rechts der Kleopatra Thea, mit Stephane und Diadem, und des Antiochos VIII. mit Diadem; Astragalkreis
Rückseite: Zeus Nikephoros links thronend mit Szepter; links außen im Felde Σ̌; Umschrift im rechten Feld ΒΑΣΙΛΙΣΣΗΣ ΚΛΕΟΠΑΤΡΑΣ ΘΕΑΣ, im linken Feld ΚΑΙ ΒΑΣΙΛΕΩΣ ΑΝΤΙΟΧΟΥ (»der Königin Kleopatra Thea und des Königs Antiochos«)

57 t
Antiochos IX. Kyzikenos

Tetradrachme, Silber, 2,9 cm max. Durchmesser
Münzstätte Tarsos (Kilikien), 110/108 v. Chr.
Literatur: Houghton 1983: 496

Vorderseite: Leicht bärtiger Kopf des Antiochos IX. nach rechts; Astragalkreis
Rückseite: Girlandengeschmückter Schrein, darin der Gott Sandan, nach rechts auf dem Rücken eines gehörnten und geflügelten Löwen stehend; links außen im Feld ΔΙ / ΜΕ ; Umschrift ΒΑΣΙΛΕΩΣ ΑΝΤΙΟΧΟΥ ΦΙΛΟΠΑΤΟΡΟΣ (»des Königs Antiochos Philopator«)

Aus Herrschaftsbereichen der Kleopatra VII. und des Marc Anton

57 u
Marc Anton und Kleopatra VII.

Tetradrachme, Silber, 2,8 cm max. Durchmesser
Münzstätte Antiochia am Orontes (Syrien), 34 v. Chr. oder später
Literatur: Wroth 1899: 158, no. 53; Buttrey, 1954 (Zuweisung dieses Typs an eine phönikische Münzstätte); Mørkholm 1959: 129; Seyrig 1968: 255 f. (weist diesen Typ wieder Antiochia zu)

Vorderseite: Bloßer Kopf des Marc Anton nach rechts; Umschrift ΑΝΤΩΝΙΟΣ ΑΥΤΟΚΡΑΤΩΡ ΤΡΙΤΟΝ ΤΡΙΩΝ ΑΝΔΡΩΝ (»Antonius, zum dritten Mal Befehlshaber, Mitglied des Dreimännerkollegiums«)
Rückseite: Büste der Kleopatra nach rechts mit Diadem, Perlenhalskette und zwei Gewandspangen, die durch eine Perlenkette verbunden sind; Umschrift ΒΑCΙΛΙCCΑ ΚΛΕΟΠΑΤΡΑ ΘΕΑ ΝΕΩΤΕΡΑ (»Königin Kleopatra, *Thea Neotera*«, letzteres ein Titel, der sie wohl mit Aphrodite-Hathor als Gottheit identifiziert)

57 v
Marc Anton und Kleopatra VII.

Mittelbronze, 2,5 cm max. Durchmesser
Münzstätte Dora (Phönikien), wohl 34/33 v. Chr.[1]
Literatur: Baldus 1983

Vorderseite: Die gestaffelten Büsten von Kleopatra in ähnlicher Aufmachung wie KAT. 61 u, und des barhäuptigen Marc Anton nach rechts; Perlkreis
Rückseite: Tyche als Personifikation der Stadt mit Mauerkrone, Caduceus haltend; links im Felde LΘΙ (= Jahr 19), rechts im Felde Ω, darüber Δ, zu lesen als ΔΩ (ΡΙΤΩΝ), »der Einwohner von Dora«.

57 w
Marc Anton und Kleopatra VII.

Kleinbronze, 2 cm max. Durchmesser
Münzstätte Chalkis sub Linbano (Phönikien)
Literatur: G. Hill 1910: 54, no. 15 (fälschlich Berytos zugewiesen); Seyrig 1950: 44–47 (Zuweisung an Chalkis sub Libano); Mørkholm: 1961: 383; Martini 1984: 44 (wieder Berytos zugewiesen)

Vorderseite: Drapierte Büste der Kleopatra nach rechts mit Diadem und Halsketten; (teils unleserliche) Umschrift ΒΑCΙΛΙCCΗC ΚΛΕΟΠΑΤΡΑC (»der Königin Kleopatra«); Perlkreis
Rückseite: Kopf des Marc Anton barhaupt nach rechts; Umschrift ΕΤΟΥC ΚΑ ΤΟΥ ΚΑΙ[ΘΕΑC ΝΕΩΤΕΡΑC (»Jahr 21, welches auch Jahr 6 der *Thea Neotera* ist«); Perlkreis

[1] Ich danke Y. Meshorer dafür, daß er mir dies Stück zugänglich gemacht hat und mir zu seiner Einordnung und Datierung, einschließlich der Bekanntgabe eines weiteren Stücks im Israel Museum, Jerusalem, Hinweise gegeben hat.

Münzen nach dem römischen Währungssystem

57 x
C. Julius Caesar

Denar, Silber, 1,9 cm max. Durchmesser
Münzstätte Rom, Münzmeister M. Mettius, 44 v. Chr.
Literatur: M. Crawford 1974: 480/3

Vorderseite: Bekränzter Kopf Caesars nach rechts; links im Felde lituus (Augurnstab) und culullus (Trinkgefäß); rechts im Felde CAESAR IMP[ERATOR], (»Caesar, der Befehlshaber«); Perlkreis
Rückseite: Venus nach links stehend, mit der Rechten eine Victoria haltend, in der Linken Szepter, mit dem Unterarm sich auf einen Schild, der auf einen Globus gesetzt ist, stützend; rechts im Felde M. METTIVS; links im Felde I; Perlkreis

57 y
Marc Anton

Denar, Silber, 1,9 cm max. Durchmesser
Nicht lokalisierte östliche Münzstätte, 33 v. Chr.
Literatur: M. Crawford 1974: 542/2

Vorderseite: Bloßer Kopf des Marc Anton nach rechts; Umschrift ANTON[IVS] AVG[VR] IMP[ERATOR] III CO[N]S[VL] DES[IGNATVS] III IIIVIR R[EI] P[VBLICAE] C[ONSTITVENDAE], (»Antonius, Augur, Befehlshaber zum 3. Male, zum Konsul für die 3. Amtsperiode vorgesehen, Mitglied des Dreimännerkollegiums zur Errichtung der Republik«)
Rückseite: Im Perlkreis die zweizeilige Inschrift ANTONIVS/ AVG[VR] IMP[ERATOR] III (»Antonius, Augur, zum 3. Male Befehlshaber)

57 z
Marc Anton und Kleopatra VII.

Denar, Silber, 1,9 cm max. Durchmesser
Nicht lokalisierte östliche Münzstätte
Literatur: M. Crawford 1974: 543/1

Vorderseite: Bloßer Kopf des Marc Anton nach rechts, links dahinter im Felde armenische Tiara; Umschrift ANTONI ARMENIA DEVICTA (»Antonius, nach dem völligen Sieg über Armenien«); Perlkreis
Rückseite: Drapierte Büste der Kleopatra nach rechts mit Diadem, Juwelen im Haar, und mit Halskette; rechts im Felde Schiffsvorderteil; Umschrift CLEOPATRAE REGINAE REGVM FILIORVM REGVM (»der Kleopatra, Königin der Könige ⟨und⟩ von Söhnen, die Könige sind«); Perlkreis

58
Kopf einer Königin oder Göttin

Quarzit, 18
Ca. 280–270 v. Chr.
Herkunft unbekannt
Sammlung Jack A. Josephson

Das harte Gestein, die ursprünglich eingelegten Augen und der Uräenkranz als Kopfputz weisen diesem Frauenkopf eine Sonderstellung in der frühptolemäischen Kunst zu.

Die Stilmerkmale dieses Kopfes aus einem der härtesten Gesteine im alten Ägypten zeigen deutlich die Problematik auf, ein Bildnis allein anhand stilistischer Kriterien mit einem bestimmten Herrscher zu identifizieren. Das Gesicht wurde zwar als ein Oval konzipiert, die Stirn ist aber breiter als das Gesicht in Mundhöhe, und die Gesichtsbreite in Wangenhöhe entspricht ungefähr der eigentlichen Gesichtshöhe vom Perückenansatz bis zur Kinnspitze. Es beruht in seiner bildhauerischen Ausdruckskraft auf der Modellierung der Gesichtsebenen in den vollen Wangen und dem vorspringenden, kugelförmigen Kinn. Die naturalistischen Brauen, die sich über den Augen zu leichten Graten entwickeln, treffen in zwei nahezu rechtwinkeligen Vertiefungen, die die Augenhöhlen bilden, auf den Nasenrücken. Die Augen selbst waren ursprünglich eingelegt. Die nach oben geschwungenen Lippen formen sich zu einem sichelförmigen Lächeln, die Mundwinkel sind gebohrt. In der Profilansicht wird die füllige Halspartie deutlich.
Abschürfungen an der Oberflächen lassen Ohren, Perücke und Kopfputz unscharf erscheinen. Daß es sich bei der dargestellten Person um eine Frau handelt, entweder Königin oder Göttin, ist durch den Kopfputz – einen Uräenkranz – gesichert. Er sitzt auf einer Beutelperücke mit einem weiteren Uräus über der Stirn.
Stilistisch verbinden die Details diesen Kopf mit einer Gruppe von Statuen, die sowohl ins vierte Jahrhundert v. Chr. (New York 30.8.90) als auch ins dritte Jahrhundert v. Chr. (Hamburg 1924.170; KAT. 59) datiert wurde. Die Datierung der gesamten Gruppe hängt an der Bewertung eines Kopfes in New York, der auf Grund seiner stilistischen Ähnlichkeiten mit dem Gesicht einer heute im Vatikan befindlichen, inschriftlich gesicherten Statue Arsinoes II. (Abb. 19) als eine Darstellung dieser Königin identifiziert wurde (New York 38.10). J. Quaegebeur hat jüngst darauf hingewiesen, daß der New Yorker Kopf zusammen mit einem Torso (jetziger Standort unbekannt) in Abu Roasch gefunden wurde, gemeinsam mit inschriftlich gesicherten Blöcken Nektanebos' II. aus der 30. Dynastie. Er meint daher, daß man den New Yorker Kopf mit diesen Blöcken verbinden könnte, und datiert ihn somit in die 30. Dynastie. Theoretisch ist diese Datierung nicht von der Hand zu weisen, da sie sich folgerichtig aus der anerkannten These ergibt, daß der Reliefstil der 30. Dynastie (KAT. 6, 10, und s. S. 77f.) nahezu unverändert von den frühen Ptolemäern übernommen wurde. Praktisch dagegen ist die Datierung des New Yorker Kopfes ins vierte Jahrhundert v. Chr. nicht haltbar, da der archäologische Kontext in den unterirdischen Krokodilsgrüften, in denen er gefunden wurde, so gestört war, daß man beim besten Willen nicht davon ausgehen kann, daß zwischen den beiden ein ursächlicher Zusammenhang besteht. Quaegebeurs Hypothese ist aber trotzdem eine ernst zu nehmende Warnung, all diese stilistisch ähnlichen Bildnisse mit Arsinoe II. zu identifizieren (siehe dazu auch KAT. 59).
Trotzdem sprechen im Fall von KAT. 58 bestimmte Details dafür, den Kopf in eine eigene Gruppe einzuordnen. Das Gestein ist in der Rundplastik des vierten und dritten Jahrhunderts v. Chr. nur selten belegt; das scheint auf einen speziellen Auftrag zu deuten. Auch Augeneinlagen sind selten, und obwohl sie bis zum zweiten Jahrhundert v. Chr. eine Ausnahme darstellen (KAT. 68), lassen sie sich doch bereits im dritten Jahrhundert v. Chr. belegen (KAT. 66). Der Uräenkranz, der ursprünglich auf Vorlagen aus dem Neuen Reich zurückgeht, wurde wohl ganz bewußt aus der Ikonographie der Gottesgemahlinnen des Amun in der 25. Dynastie (z.B. Omaha 1953.80) und der Damen des Königshauses in der Saitenzeit (Kairo CG 42205; London 775) übernommen. Er ist ein auffälliges Attribut, das in der Folgezeit auch bei anderen Darstellungen erscheint. Da die formale Grundstruktur dieses Gesichtes während des ganzen vierten und dritten Jahrhunderts v. Chr. gang und gäbe war, darf man Quaegebeurs Hinweis nicht außer acht lassen. So ist die Identifizierung dieses Kopfes als Bildnis Arsinoes II. durchaus möglich, wenn auch nicht beweisbar. Ein besonders bezeichnendes Detail ist der dickliche Hals, der die noch fülligere Behandlung des vollen Gesichtes im dritten und zweiten Jahrhundert v. Chr. vorwegzunehmen scheint (KAT. 32, 65).

Cleopatra's Egypt, Nr. 62

59

Kopf einer Königin oder Göttin

Kalkstein, 10,8
Spätes viertes, beginnendes drittes Jahrhundert v. Chr.
Herkunft unbekannt
The Brooklyn Museum, 86.226.32; Stiftung der Ernest Erickson Foundation

Eine heute verlorene Krone, auf den zylindrischen Untersatz auf dem Scheitel gesetzt, bestimmte ursprünglich das Erscheinungsbild dieses Frauenkopfes und hätte wohl auch bei seiner Identifizierung geholfen.

Die ovale Form dieses Kopfes, der leicht schräge Verlauf hin zu den mandelförmigen Augen und das sichelförmige Lächeln verbinden ihn mit KAT. 58 und mit einem Kopf in New York (New York 30.10). Die deutlich akzentuierten und plastisch wiedergegebenen Brauen des Brooklyner Stückes sind ein häufiges Detail ohne chronologischen Informationsgehalt (vgl. KAT. 22 mit München Gl. 29). Diese Merkmale, im Verlauf der 30. Dynastie geschaffen, setzten sich auf Grund des Mimesis-Prinzips in die Ptolemäerzeit fort; sie finden sich bei Bildnissen Arsinoes II. (Abb. 19) und späterer Familienmitglieder der Ptolemäerdynastie, für die man den Stil dieser Königin wiederaufnahm und manchmal auch veränderte. Hätte sich der Kopfputz erhalten, der ursprünglich in das Loch des säulenartigen Aufbaus auf der Perücke eingezapft war, so wäre wohl die Identität der Dargestellten leichter zu bestimmen. Die dreiteilige Perücke mit den gestaffelten Locken und dem glatten Haarband mit Uräus über der Stirn ist für eine genaue Identifizierung zuwenig aussagekräftig. Somit kann man die Möglichkeit nicht ausschließen, daß dieser Kopf zur Statue einer Göttin gehört. Als königliches oder göttliches Bildnis, das im späten vierten bzw. frühen dritten Jahrhundert v. Chr. entstanden ist, stellt der Kopf jedenfalls die gängige Ansicht in Frage, Frauendarstellungen seien in der Zeitspanne zwischen dem Ende der 26. Dynastie und dem Beginn der Ptolemäerzeit selten.

Cleopatra's Egypt, Nr. 63

60 ▷

◁ 60

Porträt Arsinoes II.

Grobkristalliner, grau-weißer Marmor, 24,6
Ca. 270 v. Chr.
Herkunft unbekannt
Bonn, Akademisches Kunstmuseum der Universität, B 284

In ein hellenistisch wirkendes Porträt ist ein formalisierter pharaonisch gestalteter Mund gesetzt. Auch die früher eingelegten Augen und die Konzentrierung der Gesichtsdetails auf die Vorderansicht sind altägyptisches Erbe.

Dieser Kopf ist ein interessantes Beispiel dafür, wie es einem hochqualifizierten griechischen Bildhauer gelungen ist, ein hellenistisches Herrscherporträt mit pharaonischen Stilelementen zu durchsetzen. Seine Hand verrät sich z.B. bei den Lippen, deren Form mit einem unveränderlichen Kennzeichen der Porträts Arsinoes II. genau übereinstimmt: die Oberlippe als stark ausgeprägte Wellenlinie, die Unterlippe dagegen etwas kleiner und vom vorspringenden Kinn durch eine markante Einkerbung deutlich abgesetzt. Das sich somit ergebende Profil steht im Einklang mit den Münzporträts Arsinoes II.(KAT. 57c, d). Die Oberfläche des Marmors wurde in der Antike einer kräftigen Politur unterzogen (siehe unten); sie ist ein Charakteristikum qualitätvoller alexandrinischer Königsporträts. H. Kyrieleis schreibt sie dem Bemühen der hellenistisch-griechischen Bildhauer zu, die Politur pharaonischer Statuen aus Kalzitalabaster zu kopieren. In dieser Hinsicht ist es sicherlich bemerkenswert, daß wenigstens in einem ptolemäischen Text griechischer Marmor mit ägyptischem Poros gleichgesetzt wird, der in ebendiesem Text wiederum mit parischem Marmor gleichgesetzt wird. Dieses technische Detail fügt sich gut zu anderen ägyptisierenden Merkmalen dieses Kopfes. Die Bearbeitung der ursprünglich eingelegten Augen, der Augenhöhlen und der Brauen, die mit dem Nasenrücken verschmelzen, gehört zu derartigen 'Anleihen'. Noch deutlicher wird das Bemühen des Künstlers, altägyptische Stilprinzipien zu imitieren, in der Konzentration der Gesichtszüge auf die Vorderseite; damit hat er das alexandrinische Grundschema des Kopfes sichtbar modifiziert.

Eine präzise Datierung dieses Kopfes Arsinoes II. ist schwierig, da die persönliche Ausstrahlung dieser Königin zu Lebzeiten wie auch ihre posthume Verehrung zu der statistisch wohl größten Anzahl von Statuen geführt hat, die jemals zu Ehren eines Herrschers im ptolemäischen Ägypten aufgestellt wurden. Mindestens drei verschiedenen Münztypen, die man für die lebende Arsinoe II. prägen ließ, konnten bisher herausgearbeitet werden, aber auch spätere Herrscher gaben immer wieder Gedenkmünzen für sie aus, die sich auf diese ursprünglichen Typen zurückführen lassen. Die von ihr überlieferten Porträts zu identifizieren wird dadurch erschwert, daß ihr Bildnis über lange Zeit fortlebte, aber doch einer beständigen Veränderung unterworfen war. Darüber hinaus hat J. Quaegebeur in etwas anderem Zusammenhang herausgearbeitet, daß die inschriftlosen Bildnisse Arsinoes II. sich nicht einfach in zeitgenössische oder posthume Gruppen eingliedern lassen. Die ägyptisierenden Merkmale des Bonner Porträts alleine reichen als Datierungskriterium nicht aus, da Arsinoe II. selbst als Königin erkannt hatte, wie wichtig es sein konnte, ägyptische Vorbilder zu benutzen und sie ihren persönlichen Bedürfnissen anzupassen. Andererseits lassen die Übereinstimmungen des Bonner Kopfes mit den zeitgenössischen Münztypen und die Unterschiede zu posthumen Emissionen darauf schließen, daß dieses Porträt in der Zeit ihrer weniger als ein Jahrzehnt dauernden Regierung angefertigt wurde.

Cleopatra's Egypt, Nr. 64

61

Relief Arsinoes II.

Kalkstein, 42,5/57,7
Nach 270 v. Chr.
Möglicherweise aus Memphis
Cambridge, Massachusetts, Harvard University Art Museums (Arthur M. Sackler Museum), 1983.96; Geschenk von H. und Fr. Samuel H. Lindenbaum

In extremer Feinheit ist der Kopfputz der vergöttlichten Königin dargestellt, insbesondere der Geierbalg. Überschneidungen von Hand, Wedel und Perücke erzeugen den Eindruck räumlicher Tiefe.

J. Quaegebeur hat dieses Relief als eine Darstellung Arsinoes II. erkannt und auf eine Parallele in Hildesheim hingewiesen (Abb. 43). In beiden Darstellungen blickt die Königin nach rechts; sie trägt eine dreiteilige Perücke und jene Krone, die speziell für sie geschaffen zu sein scheint und danach auch bei Darstellungen späterer Königinnen belegt ist (KAT. 67). Der Hinweis auf die perspektivische Wiedergabe des Widdergehörns in dieser Krone ist zwar interessant, aber diese Darstellungsweise läßt sich mindestens bis in die Regierungszeit Thutmosis' III. in der 18. Dynastie zurückverfolgen (z. B. Luxor J.140; KAT. 125). Die Gesichtszüge der Königin sind in beiden Szenen identisch: weiche Halspartie, hervorspringendes Kinn, gerader Mund, gebogene Nase, deren Flügel durch eine scharf eingravierte Linie markiert sind, hieroglyphische Augen mit in Relief angegebenen Schminkstrichen und plastische Augenbrauen.

Dieses Gesicht kommt den Bildnissen der Königin auf zeitgenössischen Münzen sehr nahe und ist dem Bonner Kopf auffallend ähnlich (KAT. 60), der ja auch in ägyptischer Tradition steht. Dieser kunsthistorische Vergleich läßt darauf schließen, daß das Relief in Cambridge vermutlich in der Regierungszeit der Königin (279/274–270 v. Chr.) entstanden ist. Quaegebeur zieht zwar diese Datierung in Betracht, muß aber zugleich eingestehen, daß das Epitheton *sȝ.t 'Imn*, »Tochter des Amun«, auf die posthume Vergöttlichung der Königin deutet. Die Reste einer zweiten Kartusche im Relief in Cambridge, in der Spuren des Epithetons *mr(.t) nṯrw*, »geliebt von den Göttern«, zu erkennen sind, scheinen Quaegebeurs Vermutung zu bestätigen, da auch auf der Pithomstele (Kairo CG 22181) Arsinoe II. – vergöttlicht dargestellt – mit diesen beiden Kartuschen benannt ist. Daher datiert das Relief in Cambridge wohl aus der Zeit nach 270 v. Chr., als der posthume Kult der vergöttlichten Arsinoe II. einsetzte.

Stilistisch passen die Reliefs in Cambridge und Hildesheim so gut zusammen, daß man davon ausgehen kann, daß sie von ein und demselben Monument stammen. Dagegen spricht auch nicht die im Vergleich zum Hildesheimer Stück detailliertere Innenzeichnung im Relief in Cambridge, da solche Unterschiede recht häufig auftreten. Die Inschrift am linken Rand des Reliefs in Cambridge erwähnt den Apisstier (KAT. 101); daher schlägt Quaegebeur als Herkunftsort Memphis vor, wo der Kult Arsinoes sehr eng mit dem des Apisstieres verbunden war. Stilistisch gehört das Relief zu den besten Arbeiten, die die Bildhauer des ptolemäischen Ägypten geschaffen haben. Die Detailgenauigkeit in der Wiedergabe der einzelnen Löckchen der dreiteiligen Perücke ist ebenso ausgeprägt wie das Bemühen um räumliche Wirkung – die nur geringen Schichten des versenkten Reliefs überlagern sich gegenseitig. So liegt z. B. die rechte Hand mit dem Lotus-Szepter über dem Perückenstrang, der seinerseits über dem breiten Brustkragen liegt. Dieses Raumverständnis ist ein Kennzeichen bester pharaonischer Reliefkunst und stellt dieses Relief in die unmittelbare Nachbarschaft der Abydos-Reliefs Sethos' I. Andererseits nimmt dieses Relief die besonders fein gearbeitete Innenzeichnung der Reliefs auf den Säulenschranken des römischen *Mammisis* in Dendera vorweg, die unter Trajan dekoriert wurden.

Cleopatra's Egypt, Nr. 65

62

Statuette der vergöttlichten Arsinoe II.

Kalkstein, ursprünglich bemalt und vergoldet, 38,1
270–246 v. Chr.
Herkunft unbekannt
New York, The Metropolitan Museum of Art, 20.2.21;
Rogers Fund, 1920

Gesicht und Hals der Statue waren vergoldet – ein Hinweis auf die Vergöttlichung der Königin. Nur das Füllhorn ist eine hellenistische Zutat. Körper- und Gesichtsbildung leiten sich von pharaonischen Vorbildern her.

Die Statuette zeigt die vergöttlichte Königin Arsinoe II. in einer Variante der dreiteiligen Tracht, bei der es sich entgegen den Behauptungen klassischer Archäologen um eine rein ägyptische Tracht und Darstellungsweise handelt. Das Wechselspiel von Körperformen und Gewandfalten – früher als mißglückter Versuch, hellenistischen Formvorstellungen nachzueifern, bezeichnet – ist bereits weiter oben als rein ägyptische Stilentwicklung erkannt worden, die Lineares mit weich verlaufenden, plastischen Formen verbindet (s. S. 72–74). Somit kann man den Stil der Gewandfiguren nicht länger als Produkt eines »Mischstils« bezeichnen, der als Stilgattungsbegriff in diesem Zusammenhang außer Betracht bleiben kann.

Die Frisur besteht aus sorgfältig gearbeiteten und ursprünglich schwarz bemalten Korkenzieherlocken (KAT. 68); die das Gesicht rahmenden Locken sind von unten gebohrt, auch die Nasenlöcher hat man durch Bohrung angegeben. Ursprung und Entwicklungsgeschichte dieser Lockenart in Ägypten und ihr späteres Auftreten in der griechischen und römischen Kunst sind umstritten. Erstmals sind diese Locken in eindeutig datierbarem Kontext in den Reliefs des Petosiris-Grabes in Tuna el Gebel aus dem vierten Jahrhundert v. Chr. dargestellt. Gebohrte Locken werden nach der kunstvollen Ausführung in einigen Reliefszenen im Grab des Pabasa zum gängigen Motiv und kommen dann auf spätzeitlichen Exvoto-Reliefs aus Kalkstein sehr häufig vor. Somit stehen sowohl die Locken wie auch ihre Bohrung in der Tradition der ägyptischen Kunst.

Das Gesicht und der Hals der Statuette waren ursprünglich vergoldet, eine beliebte Praxis in der Ptolemäerzeit, um Gött-

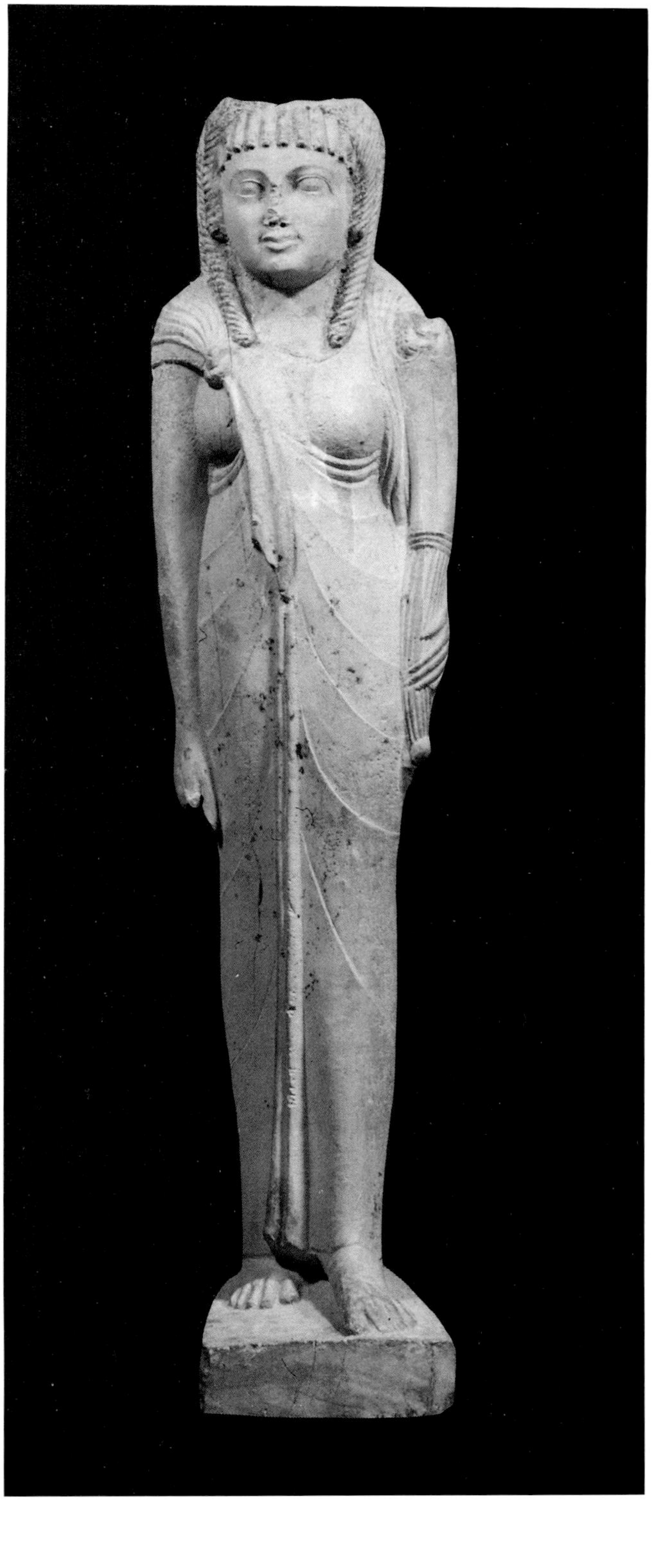

lichkeit anzuzeigen. Dieses künstlerische Mittel wird durch das Epitheton auf dem Rückenpfeiler noch unterstrichen, das Arsinoe II. als »göttlich« bezeichnet. Der Kopfputz kann unter diesen Voraussetzungen nach den von J. Quaegebeur ermittelten Regeln rekonstruiert werden. Das *dikeras*, das doppelte Füllhorn, an dem rote Farbreste erhalten sind, ist das Abzeichen Arsinoes II. und stammt von hellenistischen Vorlagen. Die Zufügung dieses Attributs zu einer sonst ägyptischen Statuette macht es notwendig, den hellenistischen Kult der vergöttlichten Arsinoe II. vor seinem ägyptischen Hintergrund zu betrachten. Man darf wohl annehmen, daß die ägyptische Statuette für eine hellenistische Gemeinde vorgesehen war. Allerdings konnte der ägyptische Künstler der Spätzeit Abzeichen und Insignien nahezu jeder nichtägyptischen Kultur in allen Kunstformen nachbilden, wie die widderköpfigen Amulette der Kuschiten (Abb. 30) und die Torques und Armreifen der Perserzeit (Abb. 32) bestens belegen (s. S. 71).
Da das Gesicht der Statuette ursprünglich vergoldet gewesen war, traten Details wie die weit geöffneten, runden Augen, die hochgewölbten Brauen und die gekräuselte Oberlippe ursprünglich noch mehr hervor. All diese Charakteristika leiten sich aus der pharaonischen, nicht aus der hellenistischen Tradition her. Darüber hinaus sind die Gesichtsdetails gemäß ägyptischen Formprinzipien auf die Vorderseite konzentriert und weder ins Profil noch in die Dreiviertelansicht eingearbeitet, wie es hellenistische Tradition sicherlich verlangt hätte. Das Resultat ähnelt anderen Darstellungen Arsinoes II. so wenig, daß sogar die Datierung in diese Zeit in Zweifel gezogen worden ist.
Der für die Datierung dieser Statuette benötigte Anhaltspunkt findet sich in der hieroglyphischen Inschrift auf dem Rückenpfeiler. Der Inhalt entspricht der Inschrift auf einer Skulptur in Alexandria, die heute im Serapeum aufgestellt ist – hier wird Arsinoe II. an der Seite des Gottes Amun zu Lebzeiten ihres Bruders vergöttlicht. Auf Grund dieser Übereinstimmung muß die New Yorker Statuette zwischen 270 und 246 v. Chr. beschriftet worden sein, nach dem Tod Arsinoes II., aber vor dem ihres Bruders. Diese Datierung wird durch die Feststellung Quaegebeurs untermauert, daß Gedenkstelen, auf denen die vergöttlichte Arsinoe II. zusammen mit dem (lebenden) Ptolemaios II. genannt wird, aus diesem Zeitraum stammen. So läßt sich die frühere Datierung dieser Statuette in die Zeit nach 225 v. Chr. nicht länger halten. Sie basierte auf einer stilistischen Analyse der Gewandfalten, die man wegen ihrer scheinbaren Übereinstimmung mit Gewändern bei hellenistischen Bronzen als »metallisch« bezeichnete.

Cleopatra's Egypt, Nr. 66

63
Porträt Berenikes II.

Weißer, grobkristalliner griechischer Marmor, 38
246–222 v. Chr.
Angeblich aus Alexandria
Kassel, Staatliche Kunstsammlungen, Antikensammlung, Sk 115

Dieses herausragende Porträt ist das Zentralstück einer Serie von rein hellenistischen Darstellungen der Berenike II.

Eine Untersuchung der Porträts Berenikes II. muß zwangsläufig mit ihren Darstellungen auf Münzen beginnen. Diese Emissionen sind nach dem Vorbild der früheren Münzen Arsinoes II. gearbeitet, nehmen aber weder das Szepter noch das Widderhorn des Amun auf, sondern ersetzen diese durch einen Ohrring. An die Stelle der *stephane*, des Haarreifs Arsinoes II., tritt ein Diadem, und über einem schwereren und noch stärker betonten Haarknoten liegt normalerweise der Schleier. Während sich die Münzbildnisse Arsinoes II. auf Gesicht und Hals beschränken, stellen die der Berenike etwas mehr vom Körper dar, so daß, zumindestens auf einigen Prägungen, ihr Bildnis fast dem einer Büste gleichkommt (KAT. 57 f.). Auch Venusringe am Hals und eine einreihige Perlenkette können auf den Münzen Berenikes II. auftreten. Obwohl das Profil auf diesen Münzen eine große Variationsbreite zeigt, entsteht doch der Eindruck, daß ihr physisches Erscheinungsbild entsprechend dem ihres Gatten groß und füllig war, also nicht so fein und elegant wie das Bild Arsinoes II., das die Münzen zeigen (KAT. 57 c, d).
Auf Grund dieser Tatsachen wurde dieser außergewöhnliche Marmorkopf aus Alexandria als die zweifellos beste Darstellung Berenikes II. bezeichnet, die die Antike überliefert hat. Die Modellierung des Fleisches in breiten, weich verlaufenden Flächen und die Bearbeitung der Haare als Abfolge von einfachen, wogenden Streifen verbinden dieses Stück mit den vorherrschenden Tendenzen der frühhellenistischen Rundplastik. Der Kasseler Kopf ist von seiner Auffassung und Ausführung her ausschließlich der rein hellenistischen Tradition verbunden und weist keine Einflüsse ägyptischer Stilistik auf. Der Kopf geht aber über die formelhafte Wiedergabe dieser Stilprinzipien hinaus. Er ist vielmehr von einer matronenhaften Schwere und zeigt darin die auf den Münzen dargestellte Persönlichkeit. Diese Pausbäckigkeit ergibt sich aus den vollen Wangen und der eher runden als ovalen Gesichtsform. Im Profil passen die an den Nasenflügeln und an den Mundwinkeln betonten Grübchen, das massige Kinn und die dicklich-fleischige Halspartie besonders gut mit dem auf zeitgenössischen Münzen dargestellten Bildnis Berenikes II. zusammen. Die Farbspuren, vor

allem die rotbraunen Reste auf der Iris, vermitteln wohl besser als jedes andere Beispiel die Ausdruckskraft bester alexandrinischer Königsporträts.
Auch wenn die Ikonographie Berenikes II. manchen Bearbeitern Schwierigkeiten bereitet (so lehnt z. B. H. Kyrieleis alle Zuweisungen R. Tefnins ab), so wird der Kasseler Kopf doch in den meisten fundierten Untersuchungen ihrer Porträts als Zentralstück einer Gruppe unter ihren Porträttypen bewertet, die einen in sich geschlossenen Komplex bildet. Das hellenistische Diadem, das in der Profilansicht zu erkennen ist, ist ein Hinweis darauf, daß alle Köpfe dieser Gruppe noch zu Lebzeiten Berenikes II. in Alexandria geschaffen und ihr zu Ehren geweiht wurden.

In einer fundierten und überzeugenden Arbeit hat A. Daszewski kürzlich die Bildnisse auf zwei Mosaiken aus Thmuis, die sich heute in Alexandria befinden, als Darstellungen Berenikes II. identifiziert. Obwohl bei der Übertragung ins Mosaik leicht verändert, gehören auch sie in die Kasseler Gruppe (Alexandria 21739 und 21736). Schließlich gehört zu dieser Gruppe auch noch ein Miniaturporträt aus schwarzem Jett (Pechkohle), einem sehr seltenen Material, das vermutlich auch Berenike II. darstellen soll (Indianapolis 52.26). Der Miniaturkopf hat mit dem in Kassel die Fülligkeit und das runde Gesicht gemein, die typischen Kennzeichen dieser Königin.

Cleopatra's Egypt, Nr. 67

64
Fragment einer Oinochoe: Berenike II. mit Füllhorn

Fayence, 15,5
246–222 v. Chr.
Wohl aus Alexandria
New York, The Metropolitan Museum of Art, 26.7.1016;
Geschenk von Edward S. Harkness, 1926

Eine rein alexandrinische Besonderheit sind reliefverzierte Weinkannen aus Fayence, auf denen die Königin Berenike mit Füllhorn dargestellt ist.

Keine Objektgruppe aus Alexandria ist so schwer zu verstehen und zu deuten wie diese Gefäße, die zwar eine typisch griechische Gefäßform, die *Oinochoe*, einen Weinkrug, darstellen, andererseits aber aus Fayence hergestellt wurden, einem besonders typisch ägyptisch-pharaonischen Material. Da D. B. Thompson diesen Widerspruch untersucht hat, stellt ihre Arbeit einen sinnvollen Einstieg in dieses Thema dar. Allgemein stimmt man mit Thompson darin überein, daß es sich bei den Frauengestalten auf der Wandung dieser Kannen um ganz bestimmte ptolemäische Königinnen handelt, deren Identität mit ausreichender Gewißheit bestimmt werden kann. Man ist sich auch darin einig, daß es sich bei der hier dargestellten Königin zweifellos um Berenike II. handelt. Thompsons relative Chronologie dieser Serien wird im allgemeinen akzeptiert. Schwierigkeiten treten dann auf, wenn man die künstlerischen Traditionen, aus denen diese Ptolemäer- oder Berenikekannen stammen, und den Verwendungszweck untersuchen möchte.
Die *Oinochoai* passen in die generelle Entwicklung der griechischen Keramik und müssen nicht auf eine Metalltradition zurückgeführt werden, wie Thompson meint. Dazu kommt noch, daß Alexandria im Fall der Tanagrafiguren (KAT. 108–110) in künstlerischer Hinsicht von Athen nachweislich abhängig war. A. Enklaar hat darauf aufmerksam gemacht, daß die schnelle Entwicklung der Hadra-Vase und die Standardisierung ihrer Form (KAT. 114) Phänomene sind, die auch auf die Berenikekannen zutreffen. Beide Gefäßkategorien gehören somit ins alexandrinische Milieu und waren von einer etwaigen einheimischen Einflußnahme abgeschirmt. Dazu kommt noch, daß das vorliegende Fragment wahrscheinlich Berenike II. darstellt, eine Königin, deren rundplastische Porträts nahezu ausschließlich hellenistisch geprägt sind und keine ägyptischen Elemente aufnehmen. P. Callaghan konnte überzeugend darlegen, daß der Gewandstil auf den Kannen der älteren Berenike II. und bestimmte Stilelemente des Kentaurenmalers mit dem Stil im Grab 1 in Mustafa-Pascha in Alexandria übereinstimmen. Somit scheint Thompson den Stil der Gewandfalten auf diesem Fragment mißverstanden zu haben.
Eine Ergänzung der Szene, zu der dieses Fragment gehört, er-

scheint möglich. Die Königin mit Füllhorn im Arm stand zweifellos vor einem Hörneraltar und brachte mit einer Phiale ein Libationsopfer dar. Zur Szene gehörte wohl auch noch eine Säule. Die Details der Phiale und des Hörneraltars machen eine Unterscheidung etwaiger ägyptischer von hellenistischen Formen ganz unmöglich.
Die Theorien von Thompson zu den Ritualen, die mit diesen Berenikekannen verbunden waren, fanden nicht überall Zustimmung und wurden teilweise durch Alternativvorschläge ersetzt. So sind die Berenikekannen genauso schwer einzuordnen wie die Tanagrafiguren (KAT. 108–110). Bis die griechischen Inschriften auf den Berenikekannen völlig geklärt sind, bleiben die bisherigen Theorien notwendigerweise Spekulation.

Cleopatra's Egypt, Nr. 68

65
Statue einer Königin oder Göttin

Dunkles Hartgestein, wohl Diorit oder Basalt, 105 (mit moderner Basisplatte) /26,3/39
Drittes Jahrhundert v. Chr.
Herkunft unbekannt
San Jose, Kalifornien, Rosicrucian Egyptian Museum, 1582

Da die Bedeutung des dreifachen Uräus als Stirnschmuck und die Form des ursprünglich vorhandenen Kopfschmucks nicht bekannt sind, muß eine Identifizierung der Frauengestalt als Königin oder Göttin offen bleiben.

Das Erscheinungsbild dieser Statue kommt dem antiken Zustand sehr nahe, da eine Ergänzung an der Nase wie auch der Überzug der Gesteinsoberfläche mit einer schwarzen Schicht abgenommen worden sind. Die weibliche Schreitfigur ist mit vorgestelltem linken Bein dargestellt, die Arme an den Körperseiten angelegt, in den Fäusten Stoffstreifen. Sie trägt eine dreiteilige Perücke mit stilisierten, gestaffelten Löckchen, deren Abschluß nicht eingefaßt wurde; um die Perücke läuft ein Reif mit drei Uräen an der Stirn. Sie ist mit einem enganliegenden Gewand bekleidet, unter dem die Körperformen deutlich zum Vorschein kommen. In dieser Hinsicht gehört die Statue zu demselben Typus wie KAT. 67.
Frühere Identifizierungsversuche der hier dargestellten Frau gingen davon aus, daß sich das Gesicht der Statue im Originalzustand befände. Dieser falsche Eindruck führte dazu, das ergänzte Profil mit Adlernase mit den Münzporträts Kleopatras VII. in Verbindung zu bringen. Nach der Entfernung der restaurierten Nase läßt sich das 'neue' Profil weder mit diesen Münzen noch mit den bekannten Bildnissen Kleopatras VII. in hellenistischem Stil (KAT. 57, 70, 71) vergleichen. Somit kann diese Identifizierung außer Betracht bleiben.
Ein auffälliges ikonographisches Detail ist der Reif mit dem dreifachen Uräus, der zum ersten Mal in der Regierungszeit Amenophis' III. bei mindestens einer Darstellung der Königin Teje belegt ist. H. W. Müllers Vorschlag, »daß der mittlere Uräus auf eine Gleichsetzung des Geierkopfes [auf einer Geierhaube] der Königin mit den beiden bei ihr normalerweise anzutreffenden Uräen zurückgeht«, trifft auf eine Frauenstatue in Turin (1385) zu, deren dreiteilige Perücke von einer stilisierten Geierhaube bedeckt ist. Es ist aber schwierig, dieser Ansicht zu folgen, wenn es um Beispiele mit einem dreifachen Uräus ohne Geierhaube geht. Es gibt mindestens drei derartige Beispiele von ptolemäischen Königinnen, die dieses Emblem ohne die Geierhaube tragen (KAT. 65; Leningrad 3936; New York, 89.2.660). Da die Bedeutung dieses Abzeichens noch zu klären bleibt und es bei stilistisch unterschiedlichen Bildnissen belegt ist, sollte man es wohl eher als Kennzeichen einer bestimmten Göttin und weniger als Identifizierungskriterium für eine bestimmte Königin werten. Zusätzlich zu dem dreifachen Uräus war KAT. 65 noch mit einem weiteren Kopfputz versehen, der sich aber nicht erhalten hat. Daß er einst vorhanden war, beweist die regelmäßige Kontur einer rauhen, runden Vertiefung

oben auf dem Kopf. Somit fehlen hier die spezifischen ikonographischen Details, die für eine Identifizierung der dargestellten Person notwendig wären.
Die Verbindung von KAT. 65 mit der Frauenstatue in Turin kann nicht aufrechterhalten werden, da die Gesichter in Auffassung und Stilistik nicht übereinstimmen. Die Gesichtsform der Statue in San Jose ähnelt einem breiten Oval (vgl. KAT. 58), während die des Turiner Beispiels fast doppelt so hoch wie breit ist. Darüber hinaus weisen die Züge des Turiner Gesichtes Altersanzeichen auf, während die der Statue aus San Jose einen idealisierten *physkon*-Typ darstellt (KAT. 50). Mit dem Wiener Kopf (KAT. 32) hat der Kopf aus San Jose das Doppelkinn und die Venusringe am Hals gemein. Diese Details sind ohne Verwendung linearer Elemente in das Oval des Gesichtes eingearbeitet. Die Bearbeitung des Körpers erinnert an eine Statue in Stockholm (NME 73), wenn hier auch die Brustwarzen und das Volumen der auf die Brust fallenden Perücke stärker betont sind. Die beiden Statuen sind anscheinend mit den gleichen Werkzeugen und auch bis zum gleichen Vollständigkeitsgrad hin bearbeitet. Somit ergibt sich für die Statue aus San Jose eine Datierung in das dritte Jahrhundert v. Chr.

Cleopatra's Egypt, Nr. 69

66
Porträt Arsinoes III.

Basalt, 23,5
217–203 v. Chr.
Herkunft unbekannt
Kopenhagen, Ny Carlsberg Glyptotek, KAT.-NR. 329
(IN 586)

In seinem stark altägyptischen Charakter ist dieser Kopf ein gutes Beispiel für die zunehmende Bereitschaft der ptolemäischen Künstler, ägyptische Anregungen aufzunehmen und zu integrieren.

Der Kopf in Kopenhagen wurde erstmals von O. J. Brendel als Darstellung der Arsinoe III. Philopator erkannt. Er ist in seiner Konzeption eine Abfolge von kaum modellierten, abstrakten Flächen, die nahtlos ineinander übergehen, und findet daher seine engste formale Parallele im Kopf des Usir-wer (KAT. 23). Im vorliegenden Fall wurden jedoch die linearen Elemente zugunsten der dominanten geometrischen Struktur kreisförmiger Komponenten unterdrückt, die sich in konzentrischen Kreisen von den scharf gegrateten Brauen über die erste Lockenreihe und die *stephane* zum Oberkopf hin entwickeln. Dieses Schema ist einem kleinen Gesicht aufgesetzt, mit kleinem vorspringenden Kinn, kleiner schmalrückiger Nase und kleinem Mund mit geschürzten Lippen und eingetieften Mundwinkeln. Die Augen waren eingelegt – eine ägyptische Eigenart, die ab dem zweiten Jahrhundert v. Chr. immer beliebter wird.
Formale Elemente aus der pharaonischen Bildhauertradition, wie sie sich in diesem Kopf so deutlich zeigen, haben hellenistische Normen beeinflußt. Dieses Phänomen zu begreifen – daß Einflüsse im ptolemäischen Ägypten im allgemeinen vom pharaonischen Bereich zum hellenistischen hin geflossen sind – ist eine Grundvoraussetzung für das Verständnis der ptolemäischen Kunstgeschichte. Diese klare Ägyptisierungstendenz nimmt nach der Schlacht bei Raphia (217 v. Chr.) ganz deutlich zu. Diese Ansicht haben Historiker und Sozialwissenschaftler schon immer vertreten; die Griechen übernahmen demnach in Ägypten ganz allgemein andere Wertvorstellungen und Ausdrucksformen. Ein besonderes Beispiel für dieses Phänomen gibt J. Yoyotte in seiner Untersuchung einer bestimmten Denkmälergruppe aus Edfu. Hier versorgte man die griechisch sprechende Bevölkerung mit griechischen Texten, in denen besondere altägyptische religiöse Vorstellungen erklärt werden (s. S. 31 und KAT. 72). Diese Texte waren allerdings auf rein verbale Erklärungen beschränkt und bildlich nicht weiter ausgeschmückt. Somit scheinen die Griechen, zumindest in Edfu, Anstrengungen unternommen zu haben, ihre ägyptischen Zeitgenossen zu verstehen. Bemerkenswert ist aber, daß bis heute kein einziges Beispiel bekanntgeworden ist, das auf eine entsprechend umgekehrte Motivation in der einheimisch-ägyptischen Bevölkerung hinauslaufen würde. Das wiederum bestätigt W. Peremans' Ansicht, daß sich die Ägypter von allen Ausprägungen griechischer Kultur fernhielten und sich mit der Zeit immer stärker abkapselten. Jeder, der von einem sogenannten Mischstil der ptolemäischen Kunst spricht und scheinbar zwitterhafte Werke als Ergebnis hellenistisch-griechischen Einflusses auf die Grundprinzipien pharaonischer Kunst ansieht, wird sich vorwerfen lassen müssen, das kulturelle Ambiente nicht zu kennen, aus dem heraus diese Kunstwerke entstanden sind, und vorschnell viele Kunstformen fälschlicherweise als »Hellenismen« zu interpretieren, die in Ursprung und Entwicklung rein ägyptisch sind.

Cleopatra's Egypt, Nr. 71

67

Statue Kleopatras II. oder III. (?)

Kalkstein, 83/14/20,5
Zweites Jahrhundert v. Chr.
Herkunft unbekannt
Leiden, Rijksmuseum van Oudheden, F 1938/7.20

Ikonographisch den Darstellungen der Arsinoe II. eng verwandt, ist die Statue stilistisch doch eher dem späten 2. oder dem frühen 1. Jahrhundert v. Chr. zuzuschreiben.

Es ist außerordentlich schwierig, inschriftlose Kunstwerke der ägyptischen Spätzeit zu identifizieren und zu datieren, da es in der Entwicklung des formalen und visuellen Vokabulars der Künstler offensichtlich keine wirklichen Zäsuren gab. Auch in dieser Statue aus Leiden wird deutlich, daß ein Stilkriterium oder ein bestimmtes Motiv, wenn es erst einmal geschaffen ist, mittels des Mimesis-Prinzips jederzeit wiederholt werden kann. Die Dargestellte trägt ein enganliegendes Kleid, den Grundtypus der ägyptischen Frauentracht, der sich seit dem Alten Reich unverändert erhalten hat. Die dreifache Perücke mit dem Geierbalg ist ein Kopfputz, der sich im Neuen Reich entwickelt hat. Darauf sitzen die Rote Krone ohne Spirale, zwei Federn, Kuhgehörn, Sonnenscheibe und zwei Uräen mit Sonnenscheiben. Auf den ersten Blick unterscheidet sich diese Statue kaum von denen der 25. Dynastie, wie ein Vergleich mit dem Elfenbeinfigürchen einer Gottesgemahlin (?) in Edinburgh deutlich zeigt (1954.40). Allgemeine formale Elemente der 25. Dynastie sind über das Mimesis-Prinzip in eine spätere Epoche übertragen worden.

Bei den Stücken in Leiden und Edinburgh gibt es allerdings kleine, aber doch bedeutsame Unterschiede. Bei dem enganliegenden Gewand des Leidener Beispiels kann man kein Mieder erkennen. Das Mieder selbst ist kein sicheres Datierungskriterium, die Kompositkrone jedoch, der noch zusätzlich ein Widdergehörn aufgesetzt ist, hat J. Quaegebeur veranlaßt, diesen Kopfputz zunächst mit Arsinoe II. in Verbindung zu bringen; später ist er allerdings von dieser Ansicht abgerückt. Obwohl eine derartige Krone ursprünglich als Kopfputz für Arsinoe II. eingeführt worden sein könnte, heißt das noch nicht, daß man sie nicht auch noch später bei anderen Frauendarstellungen verwenden konnte; sie ist also kein sicheres Datierungskriterium. Eine Datierung dieser Statue auf Grund von stilistischen Parallelen zu einer beschrifteten und sicher datierten Frauenstatue in Paris ins erste Viertel des dritten Jahrhunderts v. Chr. läßt das Mimesis-Prinzip unberücksichtigt. Diese Ähnlichkeit gibt für das Leidener Stück höchstens einen *terminus post quem*.

Die bisherige Identifizierung dieser Statue mit Arsinoe II. muß in Frage gestellt werden, da sie mit dem gesicherten Bildnis der vergöttlichten Arsinoe II. (KAT. 62) zu wenig gemein hat und die Gesichtszüge weder den hellenistischen noch den pharaonischen (Abb. 19) Darstellungen dieser Königin entprechen. Im vorliegenden Fall sind ein geradliniger Mund und volle Wangen mit einem ovalen Gesicht kombiniert. Diese speziellen Züge sind aber erst für die königlichen Statuen des späten zweiten und des ersten Jahrhunderts v. Chr. charakteristisch. Somit kann die Leidener Statue vorläufig nur als ein Bildnis einer ptolemäischen Königin des zweiten Jahrhunderts v. Chr., evtl. Kleopatra II. oder III., bezeichnet werden.

Cleopatra's Egypt, Nr. 72

68
Statue einer Königin oder Göttin

Basalt, 48,6/23,5/14
Zweites Jahrhundert v. Chr.
Herkunft unbekannt
New Haven, Yale University Art Gallery, 1931.106;
Yale University Purchase Fund

Tracht und strenge Symmetrie des Körpers sind ebenso pharaonisch geprägt wie das Wechselspiel von Körper und Gewand. Auch die Frisur, die »Korkenzieherlocken«, ist seit dem 4. Jahrhundert v. Chr. bekannt.

69
Ägyptisierende Statue einer Göttin

Granodiorit, 66/25,5/15; Höhe mit Restaurierung 104
Zweites Jahrhundert n. Chr.
Herkunft unbekannt
Leiden, Rijksmuseum van Oudheden, F 1958/4.3

Beide Beispiele zeigen vollschlanke Frauen, deren Körpermodellierung sich von einer langen pharaonischen Tradition herleitet, die sich unabhängig entwickelt hat und nicht griechischen Einflüssen unterworfen war. Sie tragen die einheimisch-ägyptische dreiteilige Frauentracht, die erst in der Ptolemäerzeit auch rundplastisch wiedergegeben wurde (KAT. 62). Die Eigenart des Gewandes bot dem Bildhauer die Möglichkeit, dem Zusammenspiel von Körper und Gewandfalten nachzuspüren. Eine sorgfältige Betrachtung von KAT. 68 verdeutlicht das pharaonisch geprägte ästhetische Empfinden, das in diesem Zusammenwirken zum Ausdruck kommt. Die Körperformen sind flächig bearbeitet. Darüber ordnen sich die Gewandfalten, meist als lineare Stilelemente gestaltet, nicht als plastisch durchgeformte Flächen. Sie lassen die runden, kugelförmigen Brüste frei und bilden rings ein rahmendes Ornament. Ebenso verlaufen die Gewandfalten über dem Bauch: Die Nabelregion wölbt sich ungeachtet der Stoffalten, die von der Schlaufe zwischen den Brüsten herabführen, nach vorn. Die Bezeichnung der hier dargestellten Frau als »nackt« belegt die Statue mit einer subjektiven Interpretation, die J. Quaegebeur und andere in Frage gestellt haben (KAT. 26). Es handelt sich um eine einheimisch-pharaonische Auffassung von Körper und Gewandfalten (s. S. 72–74). Obwohl man die engsten Parallelen dazu in der 18. Dynastie findet, kann man weitere Beispiele für dieses Phänomen sogar in noch früheren Epochen aufspüren. Die einst von A. W. Lawrence geäußerte Meinung, der solche Stücke als künstlerisch minderwertige Arbeiten von Handwerkern bezeichnete, die nicht in der Lage waren, klassische Vorbilder zu kopieren, hat sicherlich auch noch neuere Bewertungen dieser Statuen negativ beeinflußt. Auffassung und Wiedergabe des Zusammenspiels von Körper und Gewand sind in diesen Beispielen rein pharaonisch, und so müssen diese Statuen nach ägyptischen, nicht nach klassischen Formprinzipien bewertet werden.

Die Frisuren von KAT. 68 und 69 bestehen aus sorgfältig arrangierten Korkenzieherlocken, einer Haartracht, die auch als »libysch« bezeichnet wird. Der Ursprung dieser Frisur ist noch unbekannt; sie ist allerdings bereits auf den Reliefs im Grab des Petosiris abgebildet, das ins vierte Jahrhundert v. Chr. datiert. Sie tritt im Verlauf des zweiten Jahrhunderts v. Chr. dann immer häufiger auf – möglicherweise ein Effekt der Abbildung dieser speziellen Haartracht auf den Münzen Ptolemaios' V. Epiphanes. Trotz gegenteiliger Meinungen gibt es keinen Beweis dafür, daß diese besondere Lockentracht bei ägyptischen Denkmälern ausschließlich mit Isis zu verbinden ist. Ebenso wie die dreiteilige Frauentracht scheinen Korkenzieherlocken bei einheimisch-ägyptischen Frauen recht populär gewesen zu sein. Auch die dreiteilige Tracht ist nicht nur ausschließlich mit Isis verbunden, da derartig gekleidete Frauenstatuen in ihren Inschriften öfter ganz andere Göttinnen als Isis ansprechen.

Die in KAT. 68 dargestellte Frau ist entweder eine Göttin oder eine Königin, sicherlich aber keine Privatperson, da sich am Haarband eine Uräusschlange befindet (dazu siehe KAT. 26). Die Gesichtszüge sind zu sehr idealisiert, und das einzige Abzeichen ist zu weit verbreitet, als daß man sich für eine Königin oder eine Göttin entscheiden könnte – gerade aber diese Idealisierung und das Attribut waren für einige Autoren ausschlaggebend dafür, sie als Königin zu bezeichnen, wobei die genaue

Identität allerdings nicht geklärt wurde. Bei der Bearbeitung der dreiteiligen Tracht scheint es sich um eine abstraktere Wiedergabe eines noch plastischer gearbeiteten Beispiels in Kairo zu handeln (CG 27472).

Eine Datierung der Statue kann aufgrund stilistischer Beobachtungen gewonnen werden. Die Bearbeitung der Gesichtszüge in weich ineinander verlaufenden Ebenen ohne eine Betonung linearer Details ließe auf eine Entstehung vor dem ersten Jahrhundert v. Chr. schließen, wofür auch das völlige Fehlen der axialen Asymmetrie sprechen würde. Obwohl Bearbeitungsspuren deutlich zu sehen sind, hat sich der Bildhauer doch bemüht, den Hell-Dunkel-Kontrast zu vermeiden, und hat die Statue zum Abschluß überall gleichmäßig poliert. Nur bei den Locken über der Stirn und am Nacken ist es ihm nicht gelungen. All das paßt aber nicht in die Entwicklung im ersten Jahrhundert v. Chr. und spricht eher dafür, diese Statue statt dessen im zweiten Jahrhundert v. Chr. anzusetzen. Die Leidener Statue (KAT. 69) erinnert in vieler Hinsicht an die aus New Haven, auch wenn moderne Restaurationen den Rückenpfeiler verfälscht und die Statue von den Knien abwärts ergänzt haben. Beide haben zusammen mit der Statue in Kairo einen gemeinsamen Vorläufer, wobei in den vorliegenden Fällen noch die Korkenzieherlocken dazukommen. Dieser gemeinsame Prototyp kommt am besten in der übereinstimmenden Auffassung der dreiteiligen Tracht zum Ausdruck. In den Beispielen aus Leiden und New Haven dient die senkrechte Mittelfalte des Gewandes, das mit dem Schal zwischen den Brüsten verknotet ist, als Ausgangspunkt für die schräg verlaufenden Falten. Auch der schräge Verlauf des Schals über dem linken Oberarm und der rechten Brust, nahezu horizontal zur Schulterlinie, ist bei beiden Stücken sehr ähnlich.

Es bestehen jedoch grundlegende Unterschiede in der Art, in der die Bildhauer an diese Details herangingen und sie dann ausgeführt haben. Die Haare der Leidener Statue entsprechen nicht den ägyptischen Normen; sie folgen erst exakt der Kontur des Oberkopfes, bevor sie sich von den Ohren abwärts zu Korkenzieherlocken formen. Hierin ähnelt die Haartracht der einer Statue aus Pompeji (Neapel 976). Der Stoffknoten wurde eher dekorativ als funktional dargestellt und verrät so die Unkenntnis des eigentlichen Gewands. Die Gesichtszüge, ganz deutlich von ägyptischen Normen abweichend, sind in breiten, stilisierten und hochpolierten Flächen wiedergegeben; sie erinnern an die Oberfläche von KAT. 131 aus der römischen Kaiserzeit. Auch der Rest der Statue ist hochpoliert. So dürfte es sich bei der Leidener Statue um eine ägyptisierende Arbeit eines römischen Bildhauers handeln, die in das zweite Jahrhundert n. Chr. zu datieren ist. Ihre engste Entsprechung findet sie in einer Statue aus der Villa Adriana, heute in München (Gl. WAF 26b). Das große Loch im Scheitel diente zweifellos zur Befestigung eines Kopfputzes, durch den diese Statue, sicherlich eher das Bildnis einer Göttin als das einer Königin, für die römische Umwelt eindeutig bezeichnet war.

Cleopatra's Egypt, Nr. 74–75

70
Porträt Kleopatras VII.

Grobkörniger Marmor mit gelblicher Patina, 35
Ca. 50 v. Chr.
1790 bei der Villa Cassia, nahe der sogenannten Tomba di Nerone, entdeckt
Vatikan, Vatikanische Museen, 38511

Trotz etwa 60 Münzbildern der Kleopatra sind nur ganz wenige Statuen der Königin erhalten geblieben. Das Vatikan-Porträt, vielleicht nach einem Bronzewerk gearbeitet, vermittelt einen Eindruck von der faszinierenden Persönlichkeit der jungen Königin.

Kleopatra VII. Philopator wurde um 69 v. Chr. geboren; ihre Eltern waren Ptolemaios XII. Auletes und dessen Gemahlin, Kleopatra V.; sie setzte ihrem Leben am 12. August 30 v. Chr. selbst ein Ende, möglicherweise durch das Gift eines Schlangenbisses. Obwohl man sie in der Antike mit Aphrodite und Isis gleichsetzte, wäre es falsch, ihr außergewöhnliche Schönheit zu bescheinigen. Ihre Erscheinung wird wohl am besten bei Plutarch beschrieben:
»Denn an und für sich war ihre Schönheit, wie man sagt, gar nicht so unvergleichlich und von der Art, daß sie beim ersten Anblick berückte, aber im Umgang hatte sie einen unwiderstehlichen Reiz, und ihre Gestalt, verbunden mit der gewinnenden Art ihrer Unterhaltung und der sie in allem umspielenden Anmut...« (Plutarch, Große Griechen und Römer, übersetzt von K. Ziegler).
Kleopatras politischer Scharfsinn und ihre Intelligenz werden von modernen Autoren gewürdigt. Was ihre Moral angeht, so war sie – entgegen allen Anschuldigungen – bei ihren Liebesbeziehungen zurückhaltend und lebte monogam; ihre einzigen Liebhaber waren Julius Cäsar und nach dessen Tod Marc Anton.

Ihr Bildnis hat sich auf einer ganzen Serie von Münzen erhalten (KAT. 57 n, o, u–w, z); etwa sechzig Emissionen sind bislang geschätzt worden. H. Kyrieleis hat davor gewarnt, diese Vielfalt zum Anlaß zu nehmen, jede beliebige allegorische Frauendarstellungen als Porträt Kleopatras VII. anzusehen. So wird die Königin auf keiner dieser Münzen mit ägyptischen Insignien abgebildet. Obwohl sich diese Münzporträts von Ausgabe zu Ausgabe im Detail unterscheiden, zeigen die Profile doch jedesmal eine Frau mit leicht gebogener Nase und gespitztem Mund mit etwas vorgeschobener Unterlippe. Diese Züge sind denen ihres Vaters ausgesprochen ähnlich (KAT. 53, 54) und erinnern sogar an das Bildnis Ptolemaios' I. Soter, den Gründer der Dynastie (KAT. 47. 48). Auch wenn der größte Teil der Nase von KAT. 70 fehlt, so reichen die Reste von Nasenwurzel und -rücken doch aus, den Kopf mit Kleopatra VII. zu identifizieren. Das wird auch – wie bereits von L. Curtius erkannt – durch die weitgehende Übereinstimmung dieses Kopfes mit einigen der qualitätvolleren Silberemissionen Kleopatras VII. bestätigt.
Der Kopf im Vatikan zeigt die Königin mit Melonenfrisur und einem breiten Haarband, das vielleicht einen goldenen Reif darstellen könnte, aber wohl eher das breite Diadem, ein charakteristisches Abzeichen der späten Ptolemäer, bezeichnet. Die weit geöffneten und von den Lidern deutlich markierten Augen liegen unter hochgewölbten Brauen, die an den Aufbau früherer Porträts erinnern (KAT. 50, 62). Die eleganten Züge dieses äußerst klassizistischen Porträts beschwören das Bild der jugendlichen Königin. Dieser Eindruck wird durch die Entfernung der modernen Restaurierungen, insbesondere der Nase, noch verstärkt; daß der Kopf von der Gewandstatue abgenommen wurde, zu der er gar nicht gehörte, intensiviert noch die unmittelbare Wirkung dieses Meisterwerks.
Bei den meisten ptolemäischen Herrscherporträts in Marmor waren Teile des Kopfes ursprünglich in Stuck ergänzt. Der Kopf Kleopatras VII. im Vatikan dagegen ist vollständig in Marmor gearbeitet. Das hat Kyrieleis zu der Überlegung veranlaßt, daß es sich um eine Kopie eines Originals aus Bronze handeln könnte, das in den ersten Jahren der Regierungszeit Kleopatras angefertigt wurde. Dafür sprechen das Muttermal auf der linken Wange und auch die amorphe Bosse in der Mitte des Diadems. In beiden Fällen handelt es sich zweifellos entweder um Attribute oder Merkmale des Originals, die der Bildhauer beim Kopieren in Marmor mißverstand.

Cleopatra's Egypt, Nr. 76

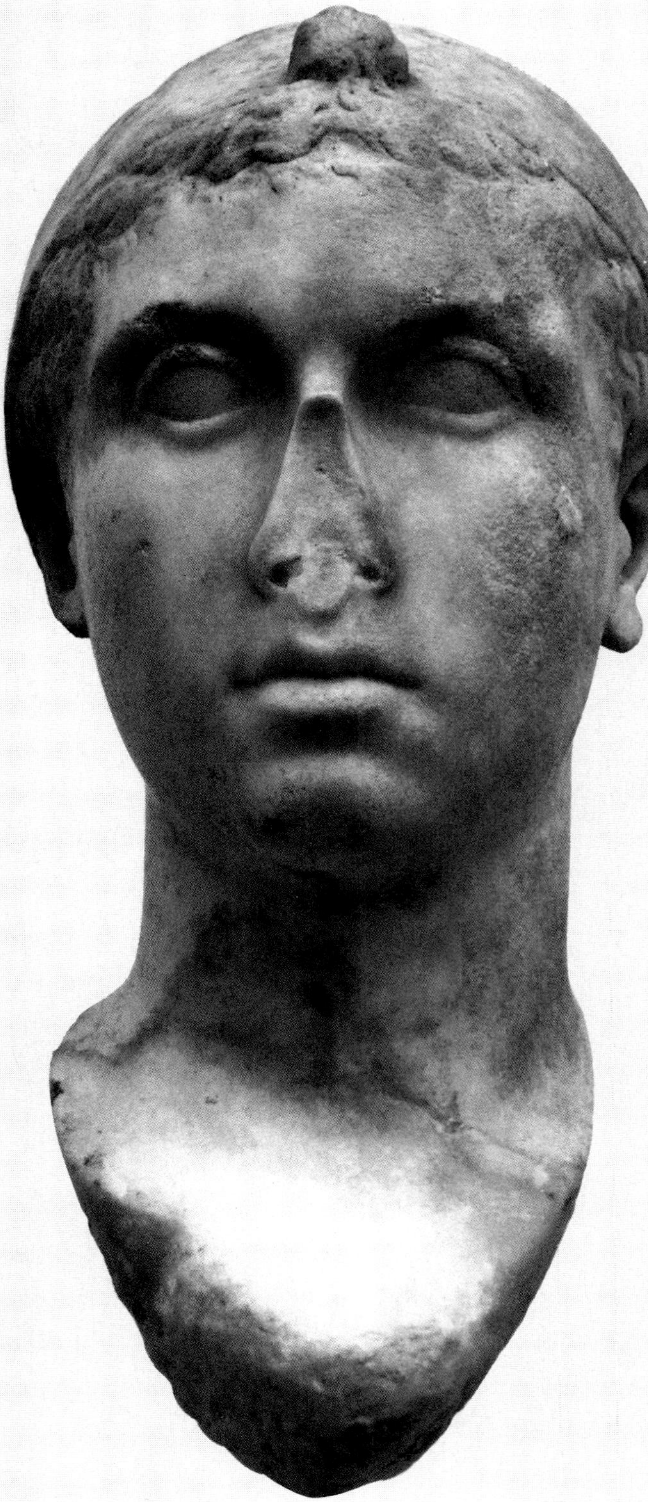

71
Porträt Kleopatras VII.

Marmor, 28
30–11 v. Chr.
Herkunft unbekannt
Berlin, Staatliche Museen Preußischer Kulturbesitz, Antikenmuseum, 1976.10

Vielleicht nach Kleopatras Freitod geschaffen, zeigt dieses Porträt die Königin nicht in unmittelbarer Lebendigkeit, sondern in manierierter Weichheit. Ihre unverkennbaren Gesichtszüge werden von dieser verklärenden Darstellungsweise nicht beeinträchtigt.

Dieses Porträt Kleopatras VII., als außergewöhnlich schönes und schmeichelhaftes Bildnis gerühmt, ist dennoch weicher und manierierter als das Beispiel aus dem Vatikan (KAT. 70). Das breite Diadem ist nicht so naturalistisch um das Haar gebunden und hat auch keine Verbindung mit dem Haarknoten, der hier eher wie ein Pferdeschwanz wirkt, nicht eigentlich wie konzentrisch am Hinterkopf zusammengewickelte Haarflechten. Darüber hinaus läßt das Diadem, im Unterschied zum Beispiel im Vatikan, die Ohren frei und hat anscheinend zu der darunter fest zusammengebundenen, fließenden Haarmasse keine Verbindung. Dazu kommt noch, daß das Diadem das Arrangement der Locken in der Melonenfrisur unterbricht, so daß die Locken vor dem Band mit dem Muster der sorgfältig in Kreise gelegten Locken dahinter nicht zusammenpassen.
Obwohl die Gesichtszüge generell mit denen Kleopatras VII. auf Münzporträts und im Beispiel aus dem Vatikan übereinstimmen, paßt dieses Stück stilistisch doch eher zu einem Kopf in Cherchel in Algerien, der mit dieser Königin identifiziert wird. Daher hat K. Fittschen vorgeschlagen, es könnte sich bei dem Berliner Kopf um ein posthumes Porträt Kleopatras VII. handeln, das ihre Tochter Kleopatra Selene in Mauretanien aufstellen ließ, nachdem sie Juba geheiratet hatte. Statuen Kleopatras VII. sind noch lange nach ihrem Tod als solche identifiziert worden, wie das Graffito eines Schreibers in Philae belegt, der vermerkt, daß er 373 n. Chr. eine ihrer Statuen wiedergefunden hat.

Cleopatra's Egypt, Nr. 77

72
Stele mit Kleopatra VII. beim Opfer vor Isis

Kalkstein, 52,4/28/4
2. Juli 51 v. Chr.
Herkunft unbekannt, aber zweifellos aus dem Faijum
Paris, Musée du Louvre, Département des Antiquités Égyptiennes, E.27113

Nach Aussage des Textes ist die Stele am 2. Juli 51 v. Chr. für Kleopatra VII. gestiftet worden. Das Bildfeld zeigt jedoch einen König beim Opfer vor Isis. Die Stele wurde wohl in Serie gearbeitet und erst später für Kleopatra verwendet.

Rechts auf dieser Gedenkstele steht die Königin; Gesicht und Arme sind beschädigt. Vor ihr befindet sich ein recht spärlich beladener Opfertisch. Sie bringt der thronenden Isis, die den Horus stillt (KAT. 96, 97), ein Weinopfer (?) dar. Am oberen Rand der abgerundeten Stele ist eine geflügelte Sonnenscheibe abgebildet, von der zwei Uräen herabhängen. Der griechische Text in der unteren Hälfte ist folgendermaßen zu übersetzen: »Der Königin Kleopatra, der Göttin, der vaterliebenden, [wurde gewidmet] der Sitz [*topos*] der Kultgemeinschaft [der Isis] Snonais, deren Vorsitzender Onnophris ist. Jahr 1, Monat *Epiphi*, Tag 1.« (= 2.Juli 51 v. Chr.). Trotz der Schwierigkeiten, die genaue Bedeutung von *topos*, wörtlich »Sitz«, festzulegen, der der Isis geweiht wurde, und die Grundbedeutung des Epithetons S[o]nonais für Isis zu ermitteln, handelt es sich bei dieser Stele um das früheste datierte Denkmal, das eindeutig mit einer Alleinregierung Kleopatras VII. verbunden werden kann. Ihr Name steht hier nämlich allein, obwohl sie möglicherweise mit ihrem Bruder Ptolemaios XIII. zusammen am 2. Juli 51 v. Chr. eine Koregenz führte (KAT. 103). Noch ungewöhnlicher ist ihr Epitheton *thea*, »Göttin«, das hier für die allerersten Monate ihrer Regierung belegt ist.
Es fällt auf, daß Kleopatra VII. hier als Pharao mit Schurz und freiem Oberkörper und der Doppelkrone auf dem Kopf dargestellt ist. Ikonographische Vorbilder stammen aus einem ägyptischen Bildschema, zu dem auch die Reliefs der Chapelle Rouge in Karnak gehören, die unter Hatschepsut und Thutmosis III. dekoriert wurde. Außerdem werden auch frühere ptolemäische Königinnen als Pharao dargestellt, so z.B. Berenike IV. auf einer Asylstele, deren Hauptmotiv eine bärtige Büste mit *nemes* ist (Kairo JE 40727). Zusätzlich zum Vorhandensein solcher Darstellungsmuster gibt es aber noch weitere Aspekte bei der Pariser Stele, die darauf schließen lassen, daß sie ursprünglich nicht für Kleopatra VII. in Auftrag gegeben wurde. Die Hilfslinien, deren Spuren zwischen den Zeilen der griechischen Inschrift in der vertieften unteren Hälfte der Stele noch zu erkennen sind, passen mit denen, die auf der erhabenen Umrandung rechts und links von dieser Inschrift eingraviert wurden, nicht zusammen. Eine genauere Untersuchung zeigt, daß es dem Bildhauer ganz offensichtlich nicht gelungen ist, den griechischen Text in den vorhandenen Rahmen einzufügen – er mußte die Buchstaben in den Zeilen 7–8 verkleinern und enger zusammenrücken. Dies könnte bedeuten, daß es sich bei dem griechischen Text um eine nachträgliche Zufügung handelt. Die Szene in der oberen Hälfte der Stele scheint Serienarbeit zu sein, die auf Vorrat hergestellt worden war. Auf einer heute ebenfalls in Paris befindlichen Stele mit demselben Bild steht, inschriftlich gesichert, Kleopatras Vater, Ptolemaios' XII. Auletes (Paris 14702). Trotz kleinerer Unterschiede im Bildaufbau sind diese beiden Stelen vom Typ her identisch. Nach Ausweis der veröffentlichten Aufnahme der Stele Ptolemaios' XII. Auletes wurde die jetzige Inschrift anscheinend über einen früheren Text geschrieben, dessen Schriftzeichen nicht vollständig ausgemeißelt sind. Diese Umarbeitungen scheinen nicht nur für königliche Stelen der späten Ptolemäerzeit typisch zu sein (Kairo JE 40720, eine Stele mit Inschrift Kleopatras VII. und Cäsarions), sondern auch für die Herrscherporträts (KAT. 55). Die Unsicherheiten der politischen Lage dieser Zeit erforderten eine umgehende Entfernung sichtbarer Denkmäler gestürzter Rivalen und die schnelle Umarbeitung und Wiederaufstellung mit dem Namen und/oder dem Bildnis des erfolgreicheren Herausforderers.
Diese Stele ist auch ein aussagekräftiges Dokument zum Leben der ptolemäischen Gesellschaft insbesondere im Faijum, einer landwirtschaftlich intensiv genutzten Region, die von der Krone dicht mit griechischen Veteranen besiedelt wurde. Trotz des griechischen Erbes und ihrer Privilegien im ptolemäischen Ägypten hat die griechische Geistlichkeit in dieser Region den ägyptischen Isiskult so sehr weiterentwickelt, daß die ohnehin schon zahlreichen griechischen Epitheta der Göttin unüberschaubar wurden. Mit dieser Entwicklung auf intellektueller und verbaler Ebene hat die bildliche, ikonographische Entwicklung nicht Schritt gehalten. Somit findet man z. B. auf dieser Stele das problematische Epitheton »S[o]nonais« in Verbindung mit dem traditionellen pharaonischen Bild der Göttin Isis, die Horus die Brust reicht (KAT. 96). Ein vergleichbares gesellschaftliches Milieu bestand in Edfu, wo man traditionelle Begriffe der pharaonischen Religion zum Verständnis für die dortige Gemeinde griechisch erklärte (KAT. 66; s. S. 31). Diese Anstrengungen der Griechen haben in der materiellen Hinterlassenschaft der einheimischen Ägypter keine Parallele. Was nach wie vor fehlt, ist ein ägyptisches Dokument, das ein griechisches Motiv zeigt und dazu einen altägyptischen Begleittext trägt. Trotz der ungelösten Frage, in welcher Sprache die königlichen Dekrete der Ptolemäer ursprünglich abgefaßt wurden, bleibt die Tatsache bestehen, daß ihre bildlichen Darstellungen normalerweise pharaonischen und nicht hellenistischen Normen entsprechen. Man kann aus diesem merkwürdigen Phänomen, das bei zwei in ihrer Herkunft und Kultur so unter-

ΥΠΕΡΒΑΣΙΛΙΣΣΗΣ
ΚΛΕΟΠΑΤΡΑΣΘΕ
ΑΣΦΙΛΟΠΑΤΩΡΤΟ
ΠΟΣΣΝΟΝΑΙΤΙΑ
ΚΗΣΣΥΝΟΔΟΥ
ΩΝΣΥΝΑΓΟΓΟΣ
ΕΠΙΦ

schiedlichen Bevölkerungsgruppen in der nichtgriechischen Provinz belegt ist, den Schluß ziehen, daß die griechische Bevölkerung versuchte, gesellschaftliche Schranken abzubauen und über das geschriebene Wort eine gewisse geistige Annäherung herbeizuführen. Die einheimischen Ägypter hingegen wollten auch weiterhin nur in ihren abgegrenzten, eigenen Traditionen verharren. Diese strikte Weigerung der einheimischen Ägypter, mit den Hellenen zusammenzuwachsen oder Griechisches anzunehmen, ist kennzeichnend für die einheimisch ägyptische Gesellschaft während der gesamten Ptolemäer- und Römerzeit. Letztendlich findet dies auch seinen Ausdruck in der typisch ägyptischen Erfindung des Mönchtums und in seinem nationalen Eintreten für die monophysitische Lehre, das zu der unüberbrückbaren Abspaltung von der byzantinischen Kirche führte.

Cleopatra's Egypt, Nr. 78

73
Porträt Julius Cäsars

Gelber, feinkörniger Marmor, 26
20–1 v. Chr., nach einem Original 45–44 v. Chr.
Herkunft unbekannt
Vatikan, Vatikanische Museen, 713

Aus verschiedenen früheren Cäsar-Portraits zur Standard-Physiognomie stilisiert, ist dieser Gesichtstypus zum »klassischen« Bild Cäsars geworden, des ersten römischen Partners Kleopatras VII.

Dieses Porträt ist das Werk eines hervorragenden Künstlers, dem es gelungen ist, in das überzeugende Porträt einer Persönlichkeit stereometrische Grundstrukturen einzuarbeiten. Der Künstler ging ursprünglich von einem ovalen Kopfvolumen aus, dem er eine ganze Reihe spezifischer Gesichtsmerkmale aufsetzte. Das Haar liegt wie ein Strahlenkranz aus S-Linien ringförmig um einen Scheitelpunkt am Oberkopf und umrahmt eine relativ hohe Stirn mit leichten Querfalten. Die Nasenwurzel ist durch je zwei im rechten Winkel zueinander stehende Runzeln akzentuiert. Ihr Schnittpunkt verstärkt den durchdringenden Blick der tiefliegenden Augen mit schweren Lidern und Krähenfüßen. Der schmale Nasenrücken – die Nasenflügel sind restauriert – entspricht rein thematisch dem hageren und asketischen Ausdruck der eingefallenen Wangen mit den dünnen, senkrechten Falten. Die Nasolabialfalten, die nahezu eine Diagonalachse des Gesichtes bilden, umrahmen den ausdrucksvollen Mund mit den schmalen Lippen. Sie nehmen die Dreiecksform des deutlich vorspringenden Kinns auf, das sich in einem markanten Unterkiefer fortsetzt.

Jedes dieser Details ist nicht nur auf die Vorderansicht des Gesichtes verwiesen worden, sondern greift auf die Profilansicht des Kopfes über. Gerade aber die Integration organisch voneinander abhängender, physiognomischer Kennzeichen – jedes einzelne hat seinen festen Platz auf der dominierenden, stereometrischen Masse des Kopfes – unterscheidet diesen Kopf und darüber hinaus auch andere Beispiele spätrepublikanischer, römischer Porträts von den zeitgenössischen ägyptischen Bildnissen (z.B. KAT. 40, 43). Dem Künstler ist es gelungen, diese charakteristischen Züge in einem überzeugenden, beinahe schon beunruhigend kraftvollen Bildnis Julius Cäsars zu vereinen, dessen Züge aus dem Marmor hervortreten und ihn zu einer ganz klar erkennbaren Persönlichkeit machen. Ein Vergleich mit den zwischen 45 und 44 v. Chr., Cäsars letztem Lebensjahr, geprägten Porträtmünzen (z.B. KAT. 57 x) sichert die Identifizierung ab.

In seiner streng stereometrischen Grundkonzeption ist dieses Porträt allerdings nicht naturalistisch. Es läßt sich letztlich auf ein früheres Porträt Cäsars zurückführen, dessen Gesichtszüge hier festgeschrieben und als Idealisierung eines Typs wiedergegeben wurden. Somit fällt dieses Porträt weder unter die spätrepublikanischen noch unter die augusteischen Kunsttendenzen. Es handelt sich vielmehr um eine Ausnahme außerhalb jeder bildhauerischen Tendenz, die man in die erste Hälfte des augusteischen Prinzipates datieren muß. Es ist ein bewußter künstlerischer Versuch, ein erkennbares Bildnis von Julius Cäsar zu schaffen, in dem eine idealisierte Standardphysiognomie verwendet wird, die unmißverständlich nur ihn bezeichnen kann.

Cleopatra's Egypt, Nr. 79

74
Porträt Marc Antons (?)

Schiefer, 23,5
50 v. Chr. bis 50 n. Chr.
Vermutlich aus Alexandria
The Brooklyn Museum, 54.51; Charles Edwin Wilbour Fund

Die Statuen Marc Antons wurden von den Römern zerstört, nachdem er mit Kleopatra VII. die Schlacht bei Actium verloren hatte. Erst Jahrzehnte nach seinem Tod wurde er wieder in Statuen dargestellt. Münzbilder erlauben die Bezeichnung dieser Büste als Marc Anton.

Nach der Schlacht bei Actium verfolgten die Römer die Statuen Marc Antons und ließen sie vernichten. Daher sind seine Münzporträts (KAT. 57 u–w, y, z) die einzigen erhaltenen zeitgenössischen Bildnisse. Ihre besondere Bedeutung liegt darin, daß Marc Anton nach Julius Cäsar der zweite Römer war, der Münzen mit seinem eigenen Bildnis prägen ließ. Auf einigen trägt er einen Vollbart. Sein charakteristisches, dreigestuftes Profil hingegen – mit fliehender Stirn, Adlernase und vorspringendem Kinn – ist auf den Emissionen, die ihn glatt rasiert zeigen, besser zu erkennen. Spätere julisch-claudische Kaiser Roms in der ersten Hälfte des ersten Jahrhunderts n. Chr. betrachteten Marc Anton als einen ihrer Ahnen und ließen ihm zu Ehren posthume Bildnisse errichten. Die störende Kluft zwischen den Münzen und einigen späteren Skulpturen, die, wie man glaubt, Antonius darstellen, ist vielleicht darauf zurückzuführen, daß hier nicht-zeitgleiche Belege miteinander verglichen werden. Das Problem wird dadurch vergrößert, daß kein inschriftlich gesichertes Porträt Marc Antons aus der Antike erhalten ist. Daher bezeichnet man gerne jede Statue eines Mannes mit den erkennbaren Merkmalen der Münzporträts und ohne Diadem – das genauso auf den Münzen fehlt – als ein Bildnis Marc Antons.
Bei der Büste aus Brooklyn (vgl. KAT. 1) handelt es sich um solch ein Bildnis. Im Profil scheint sie den dreigestuften Münzporträts des glattrasierten Antonius' zu gleichen. Hierin ähnelt sie auch noch einer zweiten Büste, auch sie aus Schiefer, aber in etwas größerem Maßstab, die sich heute in Kingston Lacy, Dorset, befindet. Die Form der beiden Büsten ist typologisch dieselbe: ein dreieckiger Ausschnitt des oberen Brustbereichs mit Angabe des Brustbeines und der Schlüsselbeine. Beide Köpfe wenden sich stark nach rechts; diese Wendung wird durch die Betonung von Nackenmuskulatur und Adamsapfel noch unterstrichen. Bei dem Beispiel aus Brooklyn sind Reste eines Mantels über der linken Schulter erhalten. Auch im Stil der Frisuren und der Art ihrer Bearbeitung bestehen geringfügige Unterschiede. Bisher konnte man diese Büsten noch nicht sicher datieren. C. Vermeule und B. V. Bothmer haben in der Besprechung des Stückes in Kingston Lacy eine Datierung in die augusteische Zeit vorgeschlagen (27 v. Chr.–14 n. Chr.). Sie räumen allerdings ein, daß eine solche Büste auch in Ägypten in der Zeit vor 31 v. Chr. hätte entstehen können. In ihren Ausführungen weisen sie darüber hinaus auch darauf hin, daß man solche Büsten entweder auf Säulen stellte oder in Nischen setzte.
Obwohl die beiden Büsten viel gemeinsam haben, wenn man Profilansicht und Material vergleicht, so gehen die Meinungen zu ihrer jeweiligen Identität doch auseinander. So sehen O. J. Brendel und J. Johansen in beiden Bildnissen Marc Anton, wogegen J. Toynbee und W.-R. Megow nur das Beispiel aus Kingston Lacy akzeptieren, H. Möbius nur das Brooklyner Stück. K. Parlasca schlägt als Weg aus dieser Sackgasse vor, daß es sich bei diesem Kopf auch um eine posthume Darstellung zum Gedenken an Antonius handeln könnte.
Ein abschließender Punkt muß noch besprochen werden. Die Büste aus Brooklyn wurde anscheinend noch in der Antike verändert. Man hat die rechte Gesichtshälfte zu einer glatten, flachen Oberfläche abgearbeitet, die vom Unterkiefer bis zur Schläfe hin verläuft. Eine solche Veränderung ist zwar nicht ohne Parallelen (KAT. 75), aber doch ungewöhnlich, da sie das Erscheinungsbild der dargestellten Persönlichkeit nicht grundlegend verändert hat. So könnte man meinen, daß die Abarbeitung dadurch nötig wurde, daß man die Büste in eine Nische setzte, um sie entweder aus der Profil- oder der Dreiviertelansicht zu betrachten. Der kleine Maßstab des Stückes spricht zweifellos dafür, daß die Büste im privaten Rahmen Verwendung fand und wohl kaum öffentlich aufgestellt war (vgl. KAT. 46).

Cleopatra's Egypt, Nr. 80

75
Porträt des Augustus

Weißer, grobkristalliner Marmor
Spätes erstes Jahrhundert v. Chr.
Aus Sakha bei Damanhur
Stuttgart, Württembergisches Landesmuseum,
Antikensammlung, 1.35

Ein spätes Ptolemäerporträt wurde durch Umarbeitung in diesen Augustuskopf verwandelt. Teile des Kopfes waren in Gips anmodelliert. Augustus als Sieger über Kleopatra und Marc Anton läßt seine Statuen in ganz Ägypten aufstellen.

Eine genaue Untersuchung dieses Stückes zeigt, daß hier eine schon vollendete Statue bereits in der Antike umgearbeitet wurde. Man erkennt dies am besten am Haar und an der Nase; beide Partien wurden überarbeitet und noch antik mit Stuck ergänzt. Das erhaltene Diadem, das bei der Abarbeitung nicht völlig entfernt werden konnte, gehört zum ursprünglichen Porträt, und seine Breite läßt darauf schließen, daß das Original ins erste Jahrhundert v. Chr. zu datieren ist. Das Diadem weist auch darauf hin, daß das Porträt ursprünglich vermutlich einen der späten Ptolemäer dargestellt hat – deren Bildnisse wiederum auch schon Veränderungen unterworfen waren. Es ist somit aussichtslos, über die Identität des in der Originalversion dargestellten Herrschers zu spekulieren.
Der Kopf in seiner jetzigen Form gehört zur Prima Porta-Gruppe der augusteischen Porträts. Durch die weichen, idealisierenden Gesichtszüge ist er ostgriechischen Traditionen verbunden und findet seine engsten Parallelen in einem Kolossalkopf des Augustus in Alexandria (24043). Die Frage, ob dieser Kopf auf den Körper einer Toga- oder einer Reiterstatue gehörte, muß offenbleiben. Es besteht aber kein Zweifel daran, daß man derartige Marmorköpfe und vielleicht sogar auch Büsten auf Körper aus einem anderen Material gesetzt hat. Einer der Gründe dafür lag darin, daß in Ägypten Marmor, das idealste griechische Material für Rundplastik, nicht zur Verfügung stand. Dieser Materialmangel war, wie bereits mehrfach vermutet, auch ein Grund dafür, Marmorporträts in zweite Versionen oder, wie hier, in völlig andere Bildnisse umzuarbeiten. Marmormangel war auch für den steigenden Gebrauch von Stuck verantwortlich, mit dem man Marmorstatuen zu vervollständigen pflegte. Man kann also davon ausgehen, daß die wirtschaftlichen und vielleicht sogar die politischen Aspekte des Marmorimports die Bildhauer zu einem Verfahren zwang, das heute als typisch für die griechisch-römische Porträtplastik in Ägypten gilt.
Diese These bedarf jedoch einer sorgfältigen Überprüfung. Bereits in der griechischen Marmorplastik des sechsten und fünften Jahrhundert v. Chr. gibt es Beispiele für Köpfe, die ganz ähnlich mit bemaltem Gips vervollständigt wurden. Ein entsprechendes Phänomen begegnet auch schon in der ägyptischen Rundplastik des Alten Reiches. Zahlreiche Beispiele ägyptischer Plastik, in den zahlreichen lokalen Varianten ägyptischen Kalksteins gearbeitet, wurden in gleicher Weise mit bemaltem Stuck ergänzt (z. B. Boston 27.442). Könnte damit das Verfahren, hellenistische und römische Marmorporträts in Ägypten mit Gips zu ergänzen, nicht einer bereits bestehenden Künstlertradition entstammen, die sowohl in den klassisch-griechischen wie auch in den einheimisch-pharaonischen Werkstätten zu Hause war? Zugunsten dieses Vorschlags spricht auch eine wenig beachtete Gruppe von eigenständigen Skulpturen ägyptischer Könige, die zur Gänze aus Gips bestehen (KAT. 31), noch vor der Ptolemäerzeit in Mode kommen und dann auch noch während dieser Zeit gefertigt werden. Die in Ägypten unter den Ptolemäern und Römern produzierte Rundplastik, bei der Marmor mit Stuck ergänzt wurde, ist somit eher eine Art Mischtechnik mit mehreren Materialien, angeregt durch eine alte künstlerische Tradition. Diese Traditionen galten für griechische und ägyptische Ateliers, möglicherweise unabhängig voneinander; eine politisch-wirtschaftliche Motivation dürfte dagegen ausscheiden.

Cleopatra's Egypt, Nr. 81

76
Mumienmaske einer wohlhabenden Dame

Leinen, vergoldeter Stuck, Glas, Fayence, 57,6/37,2/19
Erstes Jahrhundert n. Chr.
Herkunft unbekannt, Hawara im Faijum zugeschrieben
The Brooklyn Museum 69.35;
Charles Edwin Wilbour Fund

Reicher Hals- und Ohrschmuck, Armreifen und Fingerringe, aber auch Totenkranz und Ährenbündel in den Händen stehen in hellenistischer Tradition. Das idealisierte Gesicht, der Geier auf dem Scheitel, die Vergoldung und überhaupt der Brauch der Mumifizierung gehen direkt auf altägyptische Vorbilder zurück.

Mumienkartonage besteht aus einer Verbindung von Papyruslagen und/oder Leinen (wie hier) mit Gips oder Stuck, Pappmaché vergleichbar. Dieses traditionell ägyptische Material war während der Dritten Zwischenzeit, besonders in Theben, für anthropoide Mumienhüllen äußerst beliebt. In der Ptolemäer- und Römerzeit haben es die ägyptischen Künstler dann nochmals aufgegriffen und auf ihre Weise aktualisiert, indem sie die Kartonage mit Einlagen aus einer Vielfalt zusätzlicher Materialien verzierten.
In diesem Beispiel ist eine wohlhabende Dame bis in Taillenhöhe dargestellt. Es handelt sich um eine Kartonagenform, die besonders häufig im Faijum bei Hawara im ersten Jahrhundert n. Chr. belegt ist. Auf Scheitel und Hinterkopf ist ein Geier gemalt, vermutlich die Göttin Nechbet, die die Verstorbene mit magischem Schutz versieht. Das füllig modellierte Gesicht mit der dicklichen Halspartie leitet sich von dem weiblichen Schönheitsideal ab, das seit dem vierten Jahrhundert v. Chr. bestimmend war (KAT. 33, 45, 65). Die Idealisierung der Züge ist durch die zusätzlichen Fayence- und Glaseinlagen von Augen und Brauen noch verstärkt. Die Haare sind peinlich genau in drei Reihen von eng aneinanderliegenden Spirallöckchen gelegt, die an den Ohren von kurzen Löckchen eingefaßt werden. Bei dem Gewand handelt es sich um die traditionell ägyptische, dreiteilige Frauentracht, bei der der Schal vor der Brust verknotet wird (KAT. 62).
Die Vorliebe des ägyptischen Künstlers für die detailgetreue Wiedergabe von Accessoires kommt hier besonders gut zum Ausdruck. Die Ohrringe entprechen einem S-förmigen Typ mit einer Art Perlenanhänger (New York 07.228.170 A-B, unveröffentlicht). Die schlangenförmigen Ringe und Unter- und Oberarmreifen finden im Schmuck von KAT. 90–92 ihre direkte Parallele. Die imitierte Halskette mit den Beryllperlen gibt genau die Mode im ersten Jahrhundert n. Chr. wieder (KAT. 93). Bei der zweiten Halskette wechseln Rosetten mit Steinimitationen. Die drei Weizenähren in der linken Hand ahmen goldene Ähren nach (Brooklyn 67.13). Sie stehen für die echten Ähren, die man bei mindestens einer Mumie aus der römischen Kaiserzeit zwischen den Bandagen unversehrt gefunden hat (New York 25.3.152). Der Strauß, den die rechte Hand an die linke Brust drückt, ist ein häufig belegtes Motiv im Totenkult des römischen Ägypten; seine Bedeutung konnte allerdings noch nicht geklärt werden.
Es kann kaum Zweifel geben, daß das Schlangenmotiv beim Schmuck und die Weizenähren die Verstorbene mit Isis und Osiris als den Göttern der Wiederauferstehung verbinden. Diese Verbindung wird durch die Vergoldung der gesamten Vorderfront der Kartonage noch stärker betont – sie bedeutet Wiedergeburt und ewiges Leben (KAT. 117). In diesem Zusammenhang liegt es nahe, das verknotete, dreiteilige Gewand mit der Göttin Isis in Beziehung zu setzen, da auch Statuetten, die man als Bildnisse der Isis identifizieren konnte, mit entsprechendem Gewand dargestellt werden (KAT. 97). Andererseits finden sich aber auch oft königliche und private Frauenstatuen mit diesem geknoteten Gewand in Zusammenhängen, die ausdrücklich nichts mit Isis zu tun haben (KAT. 68, 69), und zahlreiche, nicht-pharaonische Isisbildnisse aus der Ptolemäer- und Römerzeit stellen die Göttin in einem einfacheren Gewand dar (KAT. 98; Kairo JE 47108). So ist das verknotete, dreiteilige Gewand jedenfalls nicht generell mit der Göttin Isis zu verbinden.

Cleopatra's Egypt, Nr. 82

77
Mumienmaske eines Aristokraten

Vergoldeter Stuck auf Leinwand, Einlagen
aus verschiedenen Materialien, Bronze, 52,2/42,2
Ca. 25 n. Chr.
Aus Hawara im Faijum
Berlin, Staatliche Museen Preußischer Kulturbesitz,
Ägyptisches Museum, 11414

Als männliches Gegenstück zu Kat. 76 erhält diese Maske ihren lebendigen Eindruck durch die aufwendigen Augeneinlagen aus Stein, Glas und Metall.

Vergoldete Stuckmasken, in denen der Verstorbene bis in Höhe der Taille dargestellt wurde, waren im ersten Jahrhundert n. Chr. im Friedhof von Hawara außerordentlich beliebt (vgl. die Maske einer wohlhabenden Dame, KAT. 76). Die Bearbeitung der eingelegten Augen, des Blumenstraußes und der Nagelhaut an den Fingerspitzen ist bei beiden Masken gleich. Im Unterschied zu der Maske der Dame wurden die Augenbrauen des Mannes nicht eingelegt, sondern schwarz aufgemalt, und sein Schmuck reduziert sich auf einen einzelnen Ring am Ringfinger der linken Hand. Der Umhang ist über den Kopf gezogen und betont auf diese Weise das Gesicht, welches von zwei Reihen lanzettförmiger Stirnlocken und einem Stoppelbart eingerahmt wird (KAT. 2). Eine bedeutende Neuerung bei diesem Berliner Exemplar ist die Verwendung von Bronzeblech für die Wimpern. In den Löchern an den Ellenbogen sind noch die Leinenstreifen zu erkennen, mit denen die Maske an der Mumie befestigt war.

Diese Mumienmaske stellt auf Grund ihres archäologischen Fundzusammenhangs ein wertvolles kunsthistorisches Dokument dar. Aus dem Grab, in dem sie gefunden wurde, stammt auch ein Grabstein (Berlin 11415) und ein bemaltes Leichentuch aus Leinen, die einer gewissen Aline gehörten. Dieser Fundkomplex ist ein wichtiger Fixpunkt in der Grabkunst in Hawara in den ersten Jahrzehnten der römischen Besatzung.

78
Vergoldete Lederpantoffeln

Leder, reliefiertes Goldblech, Kork, 26/7,5/1,5
Erstes bis zweites Jahrhundert n. Chr.
Angeblich in Ägypten erworben
Berlin, Staatliche Museen Preußischer Kulturbesitz, Ägyptisches Museum, 11857

Die kostbar mit Goldblech verzierten Pantoffeln weisen keinerlei Tragespuren auf. Sie sind wohl als Grabbeigaben ausschließlich für jenseitigen Gebrauch hergestellt worden.

Die beiden Lederpantoffeln mit offener Fußspitze haben Korksohlen und sind mit reliefiertem Goldblech verziert. Die Hauptszene wiederholt sich auf jedem Pantoffel dreimal und zeigt in ihrem als Dreieck angelegten Bildfeld einen Eber, der von einem Löwen angefallen wird. Der Kampf findet zwischen Olivenbäumen und Lorbeersträuchern statt. Die Zwickel zwischen den Bildfeldern sind mit dem Kopf eines Satyr, die restliche Bildfläche mit zart angedeuteten Grasbüscheln ausgefüllt. Über dem Rist ist in der Mitte eine herzförmige Lederlasche angebracht, mit der man den Pantoffel über den Fuß ziehen konnte. Sie ist mit reliefiertem Blattgold versehen, in das der mit Efeu bekränzte Kopf eines alten Satyr eingeprägt wurde. Obwohl Kork in Ägypten nicht vorkommt, stand das Material dem ägyptischen Schuster trotzdem zur Verfügung; der besondere Stil der Pantoffeln ist in Ägypten vom zweiten bis zum ersten Jahrhundert n. Chr. belegbar, wie die Ausgrabungen in Panopolis ergeben haben. Die Langlebigkeit dieses Stils macht eine Datierung der Pantoffeln schwierig. Die Art der Wiedergabe des Löwenkopfes im Relief findet in älteren Ohrringen (KAT. 80) eine Parallele und könnte daher auf einen früheren Stil zurückgehen. Die Reliefs selbst und die florale Dekoration waren hingegen im zweiten Jahrhundert n. Chr. in Mode. Somit ergibt sich für dieses Pantoffelpaar eine Datierung um 100 n. Chr.
Es läßt sich heute nicht mehr feststellen, ob sie für einen Mann oder für eine Frau angefertigt worden sind – sie wurden nie getragen. Auch ihr Verwendungszweck bleibt unklar: Häuslicher Bereich oder Festlichkeit im Tempel, Grabausstattung oder Votivgabe sind gleicherweise vorstellbar. Es handelt sich um einzigartige Exemplare, die wohl einem reichen Ägypter gehört haben, der im späten ersten bzw. im frühen zweiten Jahrhundert n. Chr. in Ägypten gelebt hat.

79

Goldkette mit Heraklesknoten

Gold, Länge 40,7
Spätes viertes bis drittes Jahrhundert v. Chr.
Herkunft unbekannt
Sammlung Christos G. Bastis, New York

Palmette, Rosette, Löwen- und Frauenköpfe sind typisch hellenistische Schmuckelemente. Die kostbare Kette ist ein repräsentatives Beispiel für den Prunk des alexandrinischen Hofes.

Das Motiv des Weberknotens, der leicht zu knüpfen ist, doch eine feste Verbindung herstellt, taucht als Dekorationsmotiv zum ersten Mal in der ägyptischen Kunst auf, wo er, wie bereits mehrfach erläutert, symbolische Bedeutung besessen zu haben scheint. Wie sich die makedonischen Griechen die Tierköpfe an Ohrringen (KAT. 82) angeeignet haben, so wurde auch dieses Motiv von Alexander d. Gr. und seinen Nachfolgern zu einem ihrer eigenen Insignien gemacht, ohne daß sein ägyptischer Ursprung respektiert worden wäre. Die Bedeutung des Knotens wurde vielmehr griechischen Vorstellungen angepaßt. Er wurde der Heraklesknoten, dessen beide Stränge die Vereinigung von Zeus und Rhea als Schlangen symbolisieren. Die Griechen glaubten, daß der Knoten die Zauberkräfte eines Amuletts habe und besonders zum Heilen von Wunden geeignet sei. Die vorliegende Goldschmiedearbeit ist ein ganz besonders prächtiges Beispiel für den Heraklesknoten. Den freien Raum in der Mitte des Knotens füllt eine Palmette, in die eine Rosette gesetzt ist. Die vier löwenköpfigen Abschlüsse der Knotenstränge gleichen stilistisch demselben Motiv an den beiden Ohrringen (KAT. 81). In den aufgerissenen Mäulern der beiden unteren Löwen hängen Ringe mit Quasten. Die eigentliche Kette ist mit dem Heraklesknoten über zwei hervorragend gearbeitete Frauenköpfe verbunden, die jeweils zwischen den Löwenkopfpaaren befestigt sind. Eine heute fehlende Schließe verband die beiden Löwenprotomen an den Kettenenden miteinander. Die Kette, die zu einer ganzen Gruppe ähnlicher Arbeiten gehört, demonstriert den hohen Stand des Kunsthandwerks, den die Goldschmiede der frühhellenistischen Zeit erreicht hatten. Sie läßt erahnen, welcher Luxus in dieser Zeit am alexandrinischen Hof geherrscht haben muß.

Cleopatra's Egypt, Nr. 83

80
Ohrringe mit ägyptischen Kronen

Gold, eingelegt mit Halbedelsteinen
und weißem und schwarzem Glas, Länge 7,2
Drittes oder zweites Jahrhundert v. Chr.
Herkunft unbekannt
Sammlung Christos G. Bastis, New York

Kaum noch erkennbar sind in diese Ohrringe altägyptische Motive eingearbeitet. Sonnenscheibe und Doppelfederkrone sind Elemente der typischen Krone der Göttin Isis.

Jeder dieser Ohrringe besteht aus zwei Teilen: einem Haken und einem Anhänger. In die Mitte des herzförmigen Anhängers ist ein Stein eingesetzt, eingefaßt von einem Band schwarzer und weißer Glaseinlagen, die ihrerseits von Goldperlchen gerahmt sind. Auch wenn die Verwendung von Halbedelsteinen im Schmuck der hellenistischen Zeit auf achämenidische Sitten zurückgeht (KAT. 79, 81–84), so könnte das bunte, undurchsichtige Glas aus der pharaonischen Tradition stammen. In dieser Hinsicht verbinden Steine und Glas diesen Ohrschmuck sowohl technisch wie auch optisch mit Ägypten.
Die ikonographische Verbindung wird durch die Verzierung des Hakens noch verstärkt: Es handelt sich um eine Variante des Emblems, das Plutarch (*De Iside* 19) als *basileion* bezeichnet. Der Aufbau entspricht der sogenannten Isiskrone in der kanonischen Zusammensetzung aus einer Sonnenscheibe mit zwei hohen Federn auf einem Kuhgehörn (vgl. Abb. 18). Wenn auch die Hörner bei diesen Ohrringen fehlen, so ist doch die Absicht des Künstlers offensichtlich. Ihm schwebte eine Darstellung des *basileion* vor, des wichtigsten Emblems der Isis, das auch in die Insignien von Königinnen Aufnahme fand. Man darf wohl annehmen, daß die Person, für die dieser Ohrschmuck gefertigt wurde, zu Lebzeiten an einem Isiskult teilnahm oder nach dem Tod den Beistand dieser Göttin erhoffte, um ewiges Leben zu erlangen. Diese Ohrringe sind Zeugnisse des Geschmacks jener Griechen der hellenistischen Zeit, die außerhalb Ägyptens ägyptischen Kulten in etwas modifizierter Form anhingen.

Cleopatra's Egypt, Nr. 84

81
Zwei Löwenkopfohrringe

Gold, Durchmesser 1,6
Spätes viertes bis drittes Jahrhundert v. Chr.
Aus Oberägypten
The Brooklyn Museum, 37.775E und 37.776E; Charles Edwin Wilbour Fund

82
Ohrring mit Luchskopf

Gold, Durchmesser 1,9
Zweites Jahrhundert v. Chr.
Aus Theben
The Brooklyn Museum 37.783E; Charles Edwin Wilbour Fund

83
Ohrring mit Gazellenkopf

Gold, Durchmesser 2,3
Spätes viertes bis drittes Jahrhundert v. Chr.
Aus Theben
The Brooklyn Museum 37.774E; Charles Edwin Wilbour Fund

84
Stierkopfohrring

Gold, Länge 3,3
Spätes viertes bis drittes Jahrhundert v. Chr.
Herkunft unbekannt
The Brooklyn Museum, 05.459.2; Ella C. Woodward Memorial Fund

Erst die Ptolemäerzeit beschert Ägypten nach einem halben Jahrtausend wieder herausragende Juwelierarbeiten, die aber fast gänzlich unter hellenistischem Einfluß stehen. Stark persisch geprägt finden sich hellenistische Goldschmiedearbeiten im ganzen Ostmittelmeerraum.

Die großen Traditionen pharaonischer Goldschmiedekunst scheinen am Ende der Dritten Zwischenzeit plötzlich zum Stillstand zu kommen. Der Schmuck aus Gräbern der Saitenzeit und der folgenden Dynastien ist – allerdings nicht aus königlichem Kontext – in technischer Hinsicht etwas enttäuschend, auch wenn pharaonische Motive und Ornamente weiterhin vorkommen. Der Schmuck aus Gräbern des vierten Jahrhunderts v. Chr. ist noch unscheinbarer. Auch wenn diese Beispiele keinesfalls den Gesamtrahmen abdecken und möglicherweise nur den wirtschaftlichen Status oder den persönlichen Geschmack des Grabinhabers widerspiegeln, so kann man doch einen allmählichen Verfall in der Kunstfertigkeit der einheimischen Goldschmiede zu Beginn der Spätzeit feststellen.
Als mit Alexander d. Gr. die Makedonen ins Land kamen und die Ptolemäerdynastie an die Macht kam, wurde diese einheimische Tradition altägyptischen Kulturerbes offenbar endgültig und unwiderruflich zerstört und durch eine andere ersetzt, die vom Wesen her der pharaonischen nicht entsprach. Der überwiegende Teil des Schmuckes, der aus dem ptolemäischen Ägypten erhalten ist, gehört zu einer Art, die man in vielen Ländern des östlichen Mittelmeerraumes finden kann. Darüber hinaus stammen viele Motive dieses hellenistischen Schmucks von Vorläufern ab, die zum Repertoire persischer Goldschmiede gehören. Die Tierköpfe auf den Ohrringen, die hier zusammengestellt sind, sind durch persische Vorlagen inspiriert worden, die die makedonischen Griechen in der Armee Alexanders d. Gr. bei ihrem Vorstoß nach Osten kennengelernt hatten. Die Behauptung, achämenidische Handwerker seien als Flüchtlinge aus dem zerstörten Persepolis umgehend nach Ägypten und anderswo emigriert, um dort neue Werkstätten zu eröffnen, ist allerdings schwerlich aufrechtzuerhalten. Jedes einzelne Tier, besonders Gazelle und Löwe, hatte eine uralte Verbindung mit den antiken Königshäusern im Vorderen Orient. Darüber hinaus ist es höchst unwahrscheinlich, daß die neue hellenistischen Kundschaft in die so übernommenen Formen eine achämenidische Bedeutung hineingelegt hätte. Die Vorstellungen der hellenistischen Griechen erforderten es vielmehr, daß die Tierköpfe auf solchen Ohrringen, die nach persischem Brauch ursprünglich mit dem Gesicht zum Ohr des Trägers hin gewandt waren, um 180 Grad gedreht werden mußten. Durch diese Veränderung blickt der Tierkopf in Richtung auf den gegenüberstehenden Betrachter und nicht auf den Träger bzw. die Trägerin.

Cleopatra's Egypt, Nr. 85–88

85
Armreif mit Göttern

Gold mit Glasfluß-Einlagen, 4,5/9/4,5
Regierungszeit der Königin Amani-schachete
(spätes erstes Jahrhundert v. Chr.)
Meroe, Nördlicher Friedhof, Pyramide 6 bei Begrawiya
München, Staatliche Sammlung Ägyptischer Kunst, Ant.2455

86
Schildring mit dem Gott Sebiumeker

Gold mit Glasfluß-Einlagen, 4,7/3,6/Ringdurchmesser 1,8
Regierungszeit der Königin Amani-schachete
(spätes erstes Jahrhundert v. Chr.)
Meroe, Nördlicher Friedhof, Pyramide 6 bei Begrawiya
München, Staatliche Sammlung Ägyptischer Kunst, Ant.2446c

87
Schildring mit Widderkopf und Tempelfassade

Gold mit Glasfluß-Einlagen und Karneolperle, 5,5/ 5,4/Ringdurchmesser 1,8
Regierungszeit der Königin Amani-schachete
(spätes erstes Jahrhundert v. Chr.)
München, Staatliche Sammlung Ägyptischer Kunst, Ant.2446b

Eine Sonderentwicklung erfährt ptolemäisch-römischer Schmuck im oberen Niltal, im Sudan. Aus einem Pyramidengrab in Meroe (Sudan) stammen Armreifen und Schildringe, deren Motive fast rein altägyptisch sind. Der Schmuck gehörte einer Königin, die kurz nach Kleopatras Tod im Sudan ein selbständiges Königreich regierte.

In der 25. Dynastie konnten sich die Kuschiten bzw. Nubier, deren ethnische Zugehörigkeit B. G. Trigger zu definieren versuchte, als Herrscher Ägyptens mit den Hochburgen Memphis und Theben behaupten. Sie wurden von den Assyrern vom Thron vertrieben und in Ägypten selbst durch die Mitglieder einer Fürstenfamilie aus Sais im Delta ersetzt; die Kuschiten haben sich dann weit im Süden wieder ein Reich aufgebaut. Dort regierten sie von der Stadt Napata aus bis ca. 300 v. Chr., als die Hauptstadt aus noch ungeklärten Gründen nach Meroe wechselte. Wohl eher zufällig als geplant lag die gemeinsame Grenze des nubischen Königreiches von Meroe und des ptolemäischen Ägypten bei Assuan im Gebiet des Ersten Kataraktes. Die Meroiten führten die Entwicklung eigener kultureller Ausdrucksformen weiter und erfanden sogar ein eigenes Schriftsystem, das Meroitische; die in dieser Schrift geschriebene Sprache ist noch nicht übersetzbar, obwohl der größte Teil der Inschriften einer Computeranalyse unterzogen worden ist.
Obwohl sich jede der beiden Kulturen in andere Richtung entwickelte, bot doch ihre gemeinsame Grenze ausreichend Berührungspunkte. Auf politischer Ebene war die Beziehung der beiden Königreiche durch gegenseitiges Geben und Nehmen gekennzeichnet, und wenn auch Meroiten in die Revolte in der Thebais (s. S. 21) verwickelt gewesen sein könnten, so fungierte der meroitische König Ạsechraman doch möglicherweise als Vermittler bei der endgültigen Beilegung der Streitigkeiten unter Ptolemaios V. Epiphanes. Im religiösen Bereich war sicher mancher Ägypter den meroitischen Nachbarn gegenüber feindselig eingestellt. Es gab aber beispielsweise auch Thebaner, die den Namen des meroitischen Gottes Arensnuphis als Element ihrer eigenen Namen verwendeten. Bronzearbeiten wurden in großer Menge und unablässig von Ägypten in das Königreich von Meroe exportiert. Die Göttin Hathor von Dendera kam nach dem Glauben der Ägypter jedes Jahr aus Nubien nach Ägypten zurück. Umgekehrt verschmolz der ptolemäische Gott Serapis (KAT. 100) in Meroe mit dem meroitischen Gott Apedemak, und die ägyptischen Götter Schu und Tefnut wurden in das Bildprogramm des großen Tempels von Mussawarat es-Sufra aufgenommen. Dieses Bild der friedlichen Koexistenz von Ptolemäern und Meroiten über nahezu dreihundert Jahre änderte sich ganz abrupt, als die Römer nach Ägypten kamen (s. S. 26).
Die römische Feindseligkeit gegenüber dem Königreich von Meroe könnte zumindest teilweise als Ausdruck der Angst Roms vor Ausländerinnen, die nach politischer Macht streben, erklärt werden. Nachdem die Römer Kleopatra VII. besiegt und somit Ägypten erobert hatten, sahen sie sich sogleich den Meroiten gegenüber. Deren Gesellschaftssystem aus Großfamilien ermöglichte es auch den Frauen, zur Stellung des allein regierenden Monarchen aufzusteigen. So traf es sich, daß die Herrschaft des Augustus über Ägypten mit der Regierungszeit der meroitischen Königin Amani-schachete zusammenfiel. Möglicherweise hat er sie als neue weibliche Gefahr für sein Herrschaftsgebiet betrachtet. Seine Befürchtungen wurden bald zur Realität: Die Streitkräfte Roms unter einem gewissen Petronius wurden vom Heer der Königin Amani-schachete ge-

schlagen. Die Römer nannten sie irrtümlicherweise »Kandake«, da sie davon ausgingen, es handle sich bei diesem meroitischen Wort, einem Titel der Königin, um einen Personennamen. Um 25 v. Chr. nahm die meroitische Armee die Grenze bei Assuan im Sturm und plünderte möglicherweise sogar die dortigen ägyptischen Heiligtümer. Denkmäler, die man zu Ehren des Augustus errichtet hatte, sind damals zerstört worden. Ein prächtiger Bronzekopf dieses Kaisers, einst Teil einer Statue (heute in London 1911.9-.1.1), wurde bei den Ausgrabungen in der Stadt Meroe gefunden, wo er Gegenstand eines rituellen Begräbnisses geworden war, das den Sieg Meroes über Rom symbolisierte: Man 'beerdigte' ihn ganz bewußt unter dem Fußboden eines Raumes, in dem ein meroitischer Thron abgebildet war, unter dem die besiegten, unglückseligen Feinde Meroes liegen – darunter auch ein Römer.

KAT. 85, 86 und 87 gehören zur Grabaustattung und zum Schmuck der Königin Amani-schachete. Das gesamte Ensemble wurde 1834 zufällig von dem italienischen Arzt Giuseppe Ferlini entdeckt, der die Pyramide der Königin in Begrawiya Nord abbauen ließ. Dort liegt einer der beiden Friedhöfe, in denen die Regierenden aus der Stadt Meroe bestattet wurden. Heute ist der Schatz zwischen München und Berlin aufgeteilt.

Im Gegensatz zu dem Schmuck der Ptolemäer in Ägypten, der in Form und Motiven auf außerägyptische Traditionen zurückgreift (KAT. 76–84, 88–93), stimmt dieser meroitische Schatz mit dem uralten ägyptischen Formempfinden überein: Das Gold verbindet sich mit anderem Material, hier mit Glasfluß, zu einem strahlenden Zusammenspiel, das das Auge mit seiner Farbenpracht blendet. Diese Wirkung geht jeweils von der Gesamtkomposition eines Schmuckstücks aus; im Gegensatz zum klassischen und späteren europäischen Geschmack steht kein einziger Stein isoliert im Mittelpunkt und wird zum Hauptanziehungspunkt des Stückes.

KAT. 85 ist ein Armreif aus zwei Teilen mit Scharniergelenk, das in geschlossenem Zustand von der Figur einer Göttin, wohl Mut, verdeckt wird. Eine strikte Gleichsetzung der ägyptischen Gottheiten mit dem meroitischen Pantheon ist jedoch nicht möglich, da die übernommenen Motive zwar häufig die Form, aber nicht immer die Bedeutung des Originalmotivs beibehalten (siehe KAT. 107). Darüber hinaus schließt die große Bandbreite der Bedeutungsmöglichkeiten einer ägyptischen Doppelkrone eine genauere Identifizierung aus. Der Mittelstreifen im breiten Band des Armreifens ist mit Darstellungen von bekrönten Gottheiten verziert, die an die Form von Schildringen erinnern.

Zwei derartige Ringe liegen in KAT. 86 und 87 vor, ein breiter ägisförmiger Schulterkragen ist mit einem Scharnier am eigentlichen Ring befestigt. In KAT. 86 ist der meroitische Gott Sebiumeker dargestellt, dessen ikonographische Merkmale im Gegensatz zu der geflügelten Frauengestalt von KAT. 85 genauer ausgearbeitet sind. Der Gott trägt den Götterbart und die Doppelkrone. Zu beiden Seiten wird er von meroitischen Versionen des schützenden *Udjat*-Auges flankiert.

Von den beiden Schildringen ist KAT. 87 im Aufbau noch komplizierter. Bei ihm verbindet sich ein breiter Schulterkragen mit einer Tempelfassade (siehe KAT. 3), einem in der meroitischen Kunst häufig auftretenden Architekturmotiv. Die Identität der von dem Widder symbolisierten Gottheit bleibt ebenso unklar wie die Bedeutung ihres Auftretens vor dem architektonischen Rahmen. Trotzdem gibt der Ferlini-Schatz einen wenn auch nur bruchstückhaften Eindruck von der Langlebigkeit ägyptischer Motive. Er bietet uns auch einen Einblick in das persönliche Eigentum einer Königin, die erfolgreich war, wo Kleopatra VII. scheiterte.

Cleopatra's Egypt, Nr. 89–91

91

88

Ring mit zwei Götterbüsten

Gold, Durchmesser 2,2, max. Breite 3,2
Erstes Jahrhundert n. Chr.
Herkunft unbekannt
The Brooklyn Museum, 67.2; Charles Edwin Wilbour Fund

89

Spiralförmiger Ring mit Götterbüsten

Gold, im Durchmesser 2,4, max. Breite 3,1
Erstes Jahrhundert n. Chr.
Herkunft unbekannt
The Brooklyn Museum, 16.148; Geschenk aus dem Nachlaß von Charles Edwin Wilbour

90

Schlangenring

Gold, Länge 5,1
Drittes Jahrhundert v. Chr.
Gefunden auf der griechischen Insel Ithaka
The Brooklyn Museum, 37.785; Charles Edwin Wilbour Fund

◁◁ 91

Armreif mit Schlangenkopfenden

Gold auf Metall (Bronze?) mit Glasschmelzeinlage, Durchmesser 9,9
Erstes Jahrhundert n. Chr.
Herkunft unbekannt
The Museum of Fine Arts, Houston, 37-48; Sammlung Annette Finnigan

92

Armreif mit Schlangenkopfenden

Gold, Durchmesser 6,6
Drittes Jahrhundert n. Chr.
Herkunft unbekannt
The Brooklyn Museum, 16.146; Geschenk aus dem Nachlaß von Charles Edwin Wilbour

Schlangenmotive sind im Schmuck des Vorderen Orients so verbreitet, daß sie auch im hellenistischen Schmuck Ägyptens nicht auf altägyptische Vorstellungen zurückgeführt werden können.

Alle bisherigen Belege weisen darauf hin, daß Ringe mit Götterbüsten überwiegend in der Zeit zwischen dem ersten Jahrhundert v. Chr. und dem ersten Jahrhundert n. Chr. in Mode gewesen sind. Dabei darf man aber nicht vergessen, daß bis heute noch keiner dieser Ringe aus einer wissenschaftlichen Grabung stammt. Jede der zwei unterschiedlichen Formen dieser Ringe ist hier mit einem Beispiel vertreten. Beim ersten Typ (KAT. 88) handelt es sich um einen offenen Ring, dessen ineinandergedrehte Enden in zwei bzw. mehrere Büsten auslaufen. Der zweite Typ (KAT. 89) besteht dagegen aus mehreren Spiralen, deren beide Enden ebenfalls in Büsten ausgeformt sind. Götterbüsten als Verzierung zu verwenden hat sich vermutlich aus ihrem Auftreten auf Münzen, Medaillons (KAT. 98) und anderen Materialien (KAT. 99) entwickelt.
Die Identifizierung der Gottheiten auf den beiden Ringen wird durch deren winziges Format erschwert; dazu kommt noch die Flüchtigkeit, mit der ihre Attribute ausgearbeitet sind. Die männliche Büste bei KAT. 88 könnte Osiris darstellen, da sie eine *Atef*-Krone auf dem kahlen Kopf trägt; folglich könnte die andere Figur Isis sein, deren Attribut trotz der undeutlichen Ausformung als ihr Thron identifiziert werden kann. Vollbart und langes Haar bei der Männerfigur von KAT. 89 sprechen dafür, daß in diesem Fall Serapis mit Isis kombiniert wurde (KAT. 100).
Diese Sammlung von schlangenförmigem Schmuck unterstreicht die Häufigkeit des Schlangenmotivs in der Antike. Allem Anschein nach tritt das Motiv bei Schmuck zum ersten Mal in Urartu im neunten Jahrhundert v. Chr. auf. Dagegen steht die Meinung, daß das Motiv in anderen vorderasiatischen Kontexten schon früher zu finden ist. In Griechenland taucht das Schlangenmotiv zum ersten Mal in Eleusis, einem Vorort Athens, in Form eines schlangenförmigen Armreifs aus einem Grab der geometrischen Epoche auf. Trotz der Verbindung der Schlange mit Isis kann man diesen Armreif, im Gegensatz zur Auffassung von B. Segall, nicht eindeutig mit dieser Göttin in Zusammenhang bringen, insbesondere da die Schlange als Mo-

tiv bei den Griechen mit verschiedenen Bedeutungen belegt war. So findet man schlangenförmige Accessoires z.B. manchmal in Form von Armbändern bei Figuren auf attischen Vasen aus dem sechsten Jahrhundert v. Chr. (Würzburg 530). Darüber hinaus gibt es aus historischer Sicht zu der explosionsartigen Verbreitung des Schlangenmotivs bei Schmuck im Verlauf des vierten Jahrhunderts v. Chr. keine entsprechende Ausbreitung des Isiskultes, obwohl dies zunächst fälschlicherweise angenommen wurde. Dieses Phänomen ist wohl vielmehr dem Umstand zuzuschreiben, daß das Schlangenmotiv im frühen Hellenismus ein gängiges Standardmuster der Schmuckkunst war, das weder besonders ptolemäisch noch typisch ägyptisch ist (KAT. 81–84). Die natürliche zusammengerollte Form der Schlange macht sie zum idealen Motiv für Schmuck, der sich wie ein Ring oder Armreif um Finger oder Arm legt.
Auch der Ring von KAT. 90 gehört zu diesem Typus; seine fünf Windungen passen gut auf einen Finger. Das extrem dünne und zerbrechliche Gold läßt darauf schließen, daß er nur im Grabzusammenhang verwendet worden sein kann. Die Datierung ins dritte Jahrhundert v. Chr. kann allerdings nicht als Argument dienen, für diese Zeit einen Isiskult auf der Insel Ithaka, dem Fundort des Ringes, zu postulieren. Vielmehr dürfte dieser schlangenförmige Ring mit der allgemein unterweltlichen Bedeutung der Schlange für die Griechen in Zusammenhang stehen.
Der Armreif mit den Schlangenkopfenden (KAT. 91) leitet sich von einem Typ aus Ägypten ab, den man z.B. auch in Sais gefunden hat (Kairo CG 52114). Er war in der hellenistischen Zeit sehr in Mode, und Beispiele, bei denen jedes der beiden Enden des Schlangenleibes in einen Kopf ausläuft, sind relativ häufig. Im vorliegenden Fall wurde jeder der beiden Köpfe einzeln gefertigt und dann am Reif befestigt, wobei die Nahtstelle mit einem Ring granulierter Perlen verdeckt wurde. Die Augen sind mit Glasfluß eingelegt. Das Stück erhält dadurch eine vielfarbige Wirkung, die sich ursprünglich aus dem achämenidischen Schmuck ableitet (KAT. 81–84). Eine interessante Einzelheit: Bei einer Bewegung des Armes vibriert die separat aus dünnem Goldblech gearbeitete Zunge in realistischer Gelenkigkeit im aufgerissenen Maul. Da dieses ungewöhnliche Detail auch bei einem anderen Armreif vorkommt, der sich heute in Athen befindet, und da derartige Armreifen für gewöhnlich paarweise getragen wurden, möchte A. Oliver in KAT. 91 das Gegenstück zu dem Armreif in Athen sehen. Aufgrund der Parallelstücke, die in Pompeji ausgegraben wurden, datieren solche Stücke ins erste Jahrhundert v. Chr.
Armreifen mit Schlangenkopfenden verändern ihre Form mit dem Zeitgeschmack der römischen Kaiserzeit. Der massive Reif wird bald durch gedrehte Golddrähte, wie bei KAT. 92, ersetzt. Die Köpfe dienen nun nicht mehr als frei endende Abschlüsse, sondern sind mit einem Verschluß versehen. Dieser neue Typ findet sich von Lyon in Südfrankreich bis nach Dura Europos am Euphrat und bleibt bis ins dritte Jahrhundert n. Chr. sehr in Mode.

Cleopatra's Egypt, Nr. 92–96

93
Halskette mit Beryllperlen

Gold, 18 sechseckige Beryllperlen, Besfigur aus Beryll, Augen mit Silberkügelchen in einem Golddrahtring eingelegt, Länge 34,4
Erstes Jahrhundert n. Chr.
Herkunft unbekannt
The Brooklyn Museum, 16.149; Geschenk aus dem Nachlaß von Charles Edwin Wilbour

Beryll-Perlen sind im ganzen römischen Imperium sehr beliebt. Wohl erst in jüngster Zeit eingefügt, ist auch die Besfigur kein Beweis für eine ägyptische Herkunft der Kette.

Das Besondere an dieser Kette sind die grünen Beryllperlen, die typisch für römischen Schmuck sind. Die Drahtmontierung ist bei diesem Stück allerdings modern. Derartige Halsketten waren im ersten Jahrhundert n. Chr. im gesamten römischen Kaiserreich außerordentlich beliebt; eine ägyptische Herkunft dieser Kette läßt sich nicht nachweisen. Zur Besfigur stellt J. Romano fest, daß Bes nicht länger als Bild eines O-beinigen Zwerges angesehen werden kann, sondern eher als Löwengottheit zu verstehen ist. Die Eingliederung der Besfigur in die Kette stammt vermutlich erst aus jüngster Zeit, als die Kette ihre jetzige Zusammensetzung erhielt. Hierbei ist interessant, daß eine ähnliche Kette, allerdings ohne Besfigur, auf der vergoldeten Mumienmaske einer adeligen Dame (KAT. 76) dargestellt ist, die ebenfalls ins erste Jahrhundert n. Chr. datiert werden kann. Die Vorliebe ägyptischer Künstler, ein einmal gesehenes Motiv nachzubilden, hat sich zweifellos bis in die römische Kaiserzeit erhalten, wie dieses Beispiel deutlich zeigt.

Cleopatra's Egypt, Nr. 97

94
Torso einer magischen Statue

Kalkstein, 18
Viertes Jahrhundert v. Chr.
Herkunft unbekannt
München, Staatliche Sammlung Ägyptischer Kunst, ÄS 2824

Büste und Stele sind mit magischen Texten und Bildern bedeckt. Sie wurden mit Wasser übergossen, dem sie durch die direkte Berührung ihren Inhalt mitteilten und dadurch die Wirkungskraft heiligen Wassers verliehen.

Cleopatra's Egypt, Nr. 98–99

95
Horus-Stele

Steatit, 23,2/13,5/5,6
Drittes Jahrhundert v. Chr.
Herkunft unbekannt
The Brooklyn Museum, 60.73; Charles Edwin Wilbour Fund

Beide Skulpturen sind von Inschriften bedeckt, die eine Auswahl aus einer Sammlung apotropäischer Zaubersprüche gegen Schlangenbisse, Skorpionstiche und andere giftige Tiere beinhalten. Hier wird Horus als Schutzgott angesprochen, der in dieser Funktion schon im Alten Reich in den Pyramidentexten auftritt. Diese Zaubersprüche fanden im späten Neuen Reich starke Verbreitung, wie ein Papyrus aus der Arbeitersiedlung von Deir el-Medina und eine Gruppenstatue mit dem Namen von Ramses III. (Kairo JE 69771) belegen. Im Verlauf der Dritten Zwischenzeit, insbesondere unter den libyschen Dynastien, begannen die ägyptischen Theologen mit der Kodifizierung dieser Sprüche, und damit beginnt der erste Boom der sogenannten Horus-Stelen. Die kanonische Form zeigt das Horuskind in Hochrelief vor einer Stele, die über und über mit diesen Zaubersprüchen bedeckt ist. In dieselbe Zeit datieren möglicherweise auch die ersten größeren Privatdenkmäler dieser Art, sofern die Deutung einer Statuenbasis korrekt ist, die anscheinend zu diesem Zweck verwendet wurde (Paris, Privatsammlung). Kurz darauf, in der frühen 26. Dynastie, wurde im Mutbezirk in Karnak eine Kapelle errichtet, auf deren Wände ein heilkräftiger Zauberspruch geschrieben war, der anderweitig nur von zwei Werken aus dem vierten Jahrhundert v. Chr. bekannt ist; eines davon ist eine besonders sorgfältig gearbeitete Horus-Stele, die sogenannte Metternich-Stele.
Im Verlauf des vierten Jahrhunderts v. Chr. wurden Horus-Stelen und Statuen, die mit Zaubersprüchen zum Schutz vor giftigen Tieren beschriftet waren, immer beliebter. Es gab mehrere Methoden, diese Skulpturen wirksam werden zu lassen. Man konnte eine Flüssigkeit, etwa Wasser, über die Stele bzw. die Statue gießen und dabei die Zaubersprüche rezitieren. Sobald die Flüssigkeit über die Hieroglyphen floß, wurde sie auf magische Weise von deren Wirkungskräften durchdrungen. Nachdem man sie in einem Behältnis aufgefangen hatte, konnte man sie entweder trinken oder rituell über den Fürbittenden gießen. Um die Heilkräfte zu übertragen, konnte man diese Objekte aber auch direkt auf eine Wunde legen oder sie küssen. Da man einige der Horus-Stelen auch in Gräbern gefunden hat, darf

man wohl davon ausgehen, daß sie den Toten vor denselben Gefahren wie den Lebenden schützen sollten.

Die bis heute am besten erhaltene und vollständigste Sammlung dieser Zaubersprüche befindet sich auf der Metternich-Stele, heute in New York (50.85). Ihre Inschriften datieren sie in die Regierungszeit Nektanebos' II. Der Text auf dieser Stele ist in Kapitel gegliedert. Die oben erwähnten Inschriften an der Mut-Kapelle aus der 26. Dynastie entsprechen dem XIV. Kapitel auf der Metternich-Stele.

Die Horus-Stele in KAT. 95 ist jünger als die Metternich-Stele und weist eine verkürzte Version von deren Zaubersprüchen auf. Man kann sie in die Ptolemäerzeit datieren, wo die Herstellung dieser Denkmäler ihren Höhepunkt erreicht. Der Künstler hat den kindlich runden Körper des Horus mit Speckfalten im Brust- und Bauchbereich noch zusätzlich betont.

KAT. 94 gehört zur Gruppe der magischen Heilstatuen aus dem vierten Jahrhundert v. Chr. Obwohl die Gesichtszüge stark zerstört sind, genügen die Nasolabialfalten, um zu erkennen, daß das Gesicht ursprünglich altersgeprägt war. Auf dem Kopf sitzt eine Beutelperücke, erkennbar an den zwei Hauptkriterien, nämlich dem Absatz, mit dem sie vom Gesicht abgetrennt ist, und der Rundung über den Schultern. Soweit die Arme erhalten sind, läßt ihre Haltung darauf schließen, daß diese Figur ursprünglich einen Naos vor sich gehalten hat (KAT. 30). Die engste Entsprechung dazu bieten die Würfelstatue des Djedhor in Kairo, die auf Grund ihrer Inschriften in die Zeit des Philippos Arrhidaios datiert (Kairo JE 46341), und die Tyskiewicz-Statue in Paris, die unterschiedlich ins späte vierte bzw. frühe dritte Jahrhundert v. Chr. datiert wird (Paris, E.10777). Die idealisierenden Gesichtszüge der Statue des Djedhor wurden in dem Münchner Beispiel nach den Formprinzipien der 'Eierköpfe' abgeändert (KAT. 41–44). Die Datierung ins vierte Jahrhundert v. Chr. stimmt somit mit den verfügbaren Belegen überein.

96 ▷

Isis mit dem Horuskind

Fayence, 13,5/3,6/6,4
Drittes Jahrhundert v. Chr. (?)
Herkunft unbekannt
Sammlung Christos G. Bastis

97 ▷▷

Isis mit dem Horuskind

Serpentin mit Spuren von Vergoldung, Sockel aus Kalkstein, 41/17/ 14,5
Spätes erstes Jahrhundert v. Chr. bis frühes erstes Jahrhundert n. Chr.
Mata'na el-Asfun bei Esna
München, Staatliche Sammlung Ägyptischer Kunst, ÄS 4201

Isis und Horus, Göttermutter und Götterkind, sind als weitverbreitetes Götterbild unmittelbare Vorstufen für die Darstellung der stillenden Muttergottes in der frühchristlichen Kunst.

Der spektakuläre Aufstieg der Isis als Muttergottheit läßt sich auf zwei Umstände zurückführen. Zum einen hat der Isiskult zunehmend charakteristische Züge anderer Göttinnen, vor allem der Hathor, übernommen. Anfänge dieses Prozesses werden in Theben bereits in der 22. Dynastie greifbar (KAT. 8), deutlicher wird er in der 25. Dynastie. Die Saiten führen diese Entwicklung fort und legen den Grund für die unauflösliche Verbindung der Isis als Göttin des Deltas mit allen nachfolgenden Dynastien in Ägypten. In der Ptolemäer- und Römerzeit blieb diese Verbindung bestehen, bis in der Göttin Isis langsam die Funktionen anderer Götter aufgingen. Ihr populärer Kult erfreute sich eines beispiellosen Zulaufs, der bis ins späte dritte und frühe vierte Jahrhundert n. Chr. anhielt.

Die Fayencestatuette aus der Sammlung Bastis (KAT. 96) zeigt die Göttin Isis in traditionell ägyptischer Weise: Sie trägt das enganliegende Frauengewand und auf dem Kopf die dreiteilige Perücke und einen Thron, ihr übliches Kennzeichen. Die parataktische Nebeneinandersetzung der beiden Figuren, die ohne irgendwelche formalen Verbindungselemente bleiben, ist Jahrtausende alt. Sie läßt sich direkt ins Alte Reich zurückverfolgen bis hin zur Statuette Pepis II. auf dem Schoß seiner Mutter (Brooklyn 39.119). Diese einheimisch-pharaonische Darstellung bietet einen guten Hintergrund für die Untersuchung einer alternativen Lösung desselben Themas in KAT. 97.

Diese Darstellung der Isis mit dem Horuskind zeigt einen Grundzug altägyptischer Kunst, die Verwendung zusätzlicher Materialien zur Unterstreichung der plastischen Komposition. So war der Serpentin ursprünglich vergoldet, zweifellos als Zeichen der Göttlichkeit (KAT. 66, 117), die Augen waren eingelegt, und das Loch auf dem Kopf war das Zapfloch für einen Kopfputz aus Metall, vermutlich Kuhgehörn und Sonnenscheibe. Dieser polychrome Effekt wird durch den Farbkontrast des Kalksteinsockels noch verstärkt.

Auch die so typischen Locken der Isis sind einheimisch-pharaonisch, manchmal als »libysch« oder als »Korkenzieherlocken« bezeichnet. Sie haben aber weder mit dem griechischen Epitheton εὐπλόκαμος »wohl frisiert« noch mit griechischer Kunst zu tun. Diese Locken tauchen zum ersten Mal in Szenen des Petosiris-Grabes aus dem späten vierten Jahrhundert v. Chr. auf. Sie erscheinen dann in Arbeiten im einheimisch-pharaonischen Stil (KAT. 62) und bleiben für gewöhnlich mit Werken aus dem Niltal verbunden.

Diese pharaonischen Locken sind hier mit einer Tracht kombiniert, die sich von dem traditionellen dreiteiligen ägyptischen Frauengewand ableiten läßt, das wiederum im Verlauf der Spätzeit unabhängig von griechischen Einflüssen oder denen des Isiskultes entstanden ist. Die typischen vertikalen, röhrenförmigen Gewandfalten, die bei der einheimischen Tracht in Brusthöhe von der Verknotung von Gewand und Schal herunterfallen, fehlen hier. Somit kann man diese abgeänderte Tracht als griechische Variante einer einheimisch-pharaonischen Mode betrachten, die bei einer Statuette in Berlin aus dem zweiten Jahrhundert n. Chr. noch deutlicher zum Ausdruck kommt. Bei beiden handelt es sich um Versionen der Isis Lactans, der stillenden Gottesmutter. Dazu gehört auch ein drittes Beispiel, eine lebensgroße Marmorgruppe der stillenden Isis mit klassischer Haartracht, die sich heute im Museum von Antalya in der Türkei befindet. Die Unterschiede zwischen den drei Figuren wie auch innerhalb des Gesamtbestands der Isisdarstellungen sind so groß, daß die Annahme einer Kultstatue in Alexandria als Vorbild für diese Variationen wenig Wahrscheinlichkeit besitzt. Das Bild der Isis Lactans war so verbreitet, daß es letztendlich in das Repertoire der christlichen Kunst einfloß und als ikonographische Grundlage für die Maria Lactans, die stillende Madonna mit dem Jesuskind, diente.

Die Datierung von KAT. 97 in die Zeit des Augustus beruht auf der Bearbeitung der eingelegten Augen und dem Fehlen einer abschließenden Politur der Oberflächen (wie in KAT. 127). Die syntaktische Komposition, das Zusammenspiel von Isis und dem (heute weitgehend zerstörten) Horuskind ist wohl eher auf hellenistische als auf einheimisch-pharaonische Traditionen zurückzuführen. Hierbei darf man aber die ägyptischen erotischen Gruppen (Symplegmata) nicht vergessen, bei denen kleinere Figuren problemlos in mehrfigurige, handlungsreiche Kompositionen eingegliedert wurden (KAT. 124). Der Kontrapost der Isisfigur wie auch ihr griechisches Gewand sprechen allerdings eher dafür, daß es sich bei der Statuette um die Arbeit einer römischen Werkstätte handelt. Hier ist es gelungen, pharaonische und hellenistische Formen in einer harmonischen Komposition zu vereinen. Der kleine Maßstab deutet darauf hin, daß die Figur möglicherweise in einem privaten Hausaltar gestanden hat (KAT. 46, 48, 74). Sie zeigt, daß die unterschiedlichen Kunstrichtungen der Ptolemäerzeit langsam zu einem Stil zusammenwuchsen, den man als die römische Kunst Ägyptens bezeichnen könnte. Im Gegensatz zu dieser Tendenz blieb die Entwicklung der pharaonisch-einheimischen Kunst (KAT. 127, 134) und Wissenschaft auch weiterhin in sich geschlossen, kaum berührt von den Veränderungen in anderen Bereichen der Gesellschaft im römischen Ägypten.

Cleopatra's Egypt, Nr. 100–101

98
Medaillon mit Isis und Serapis

Gold, 2,8/2,4
Regierungszeit Ptolemaios' IV. oder Ptolemaios' V.
(222–180 v. Chr.)
Herkunft unbekannt
The Brooklyn Museum, 73.85; Charles Edwin Wilbour Fund

Isis und Serapis als ägyptisch-hellenistisches Götterpaar werden zu Repräsentanten Ägyptens im ganzen Ptolemäer- und Römerreich. Von würdig-offiziellen bis zu satirisch-respektlosen Darstellungen reicht die Palette der Motivvarianten.

Zwei Figuren sind in dem Goldmedaillon in Vorderansicht dargestellt. Linker Hand eine Frau, die den einheimisch-ägyptischen Schal trägt, der mit dem Gewand verknotet ist (KAT. 62); ihr Haar ist in Korkenzieherlocken gelegt (KAT. 97); ihr Kopfputz besteht aus zwei Teilen, Kuhgehörn und Sonnenscheibe. Rechts neben ihr ein Mann im Chiton, mit Voll- und Schnurrbart; die Locken, in Anastole-Art frisiert, »von der Stirn abstehend« (KAT. 100). Sein Kopfputz ist eine Miniaturausgabe der *Atef*-Krone, die normalerweise zu Osiris gehört. Sie setzt sich zusammen aus der Weißen Krone von Oberägypten und einem Straußenfedernpaar auf einem Widdergehörn. Die Büsten sind in ein nicht näher definierbares florales Motiv gesetzt. Das Medaillon selbst hat einen separat gearbeiteten Rahmen mit Querrillen. Obwohl Inschriften fehlen, sind die Figuren ikonographisch so präzise, daß sie nur Isis und Serapis darstellen können. Serapis ist von größerer Bedeutung, da seine Büste die der Gefährtin teilweise überdeckt. Das Medaillon geht auf Münztypen zurück, die in der Regierungszeit Ptolemaios' IV. Philopator im Umlauf waren und auf denen ein Büstenpaar dieser beiden Gottheiten im Profil abgebildet war – in einer Weise, die sonst nur dem regierenden Königspaar vorbehalten blieb. Die Korkenzieherlocken beim Bildnis der Isis könnten bereits unter Ptolemaios IV. auftreten, sicher belegt sind sie erst in der Regierungszeit Ptolemaios' V. Epiphanes (KAT. 68, 69). Daher ist das Medaillon in die Epoche dieser beiden Herrscher zu datieren. Büsten von Isis und Serapis waren in der römischen Kaiserzeit eine beliebte Verzierung von Lampen; sie verzieren auch häufig eine interessante Gruppe von Votivschalen (München ÄS 5972, Alexandria 25519), deren Beziehung zu stilistisch ähnlichen Beispielen in der Gandharakunst noch nicht geklärt werden konnte.
Die Göttin Isis behielt ihre Identität in der gesamten griechisch-römischen Zeit, in der ihr Kult allmählich den aller anderen ägyptischen Göttinnen überstrahlte (KAT. 96, 97). Es bestand eine gewisse Beziehung zu Serapis (KAT. 89, 100), der allerdings zu keiner Zeit als ihr eigentlicher Gemahl angesehen wurde, da die Verbindung mit Osiris, ihrem pharaonischen Bruder und Gatten, nie völlig abgerissen ist. Dennoch bildete das Paar Isis-Serapis die Repräsentanten der Stadt Alexandria und des ptolemäischen und später des römisch-kaiserlichen Hofes.
Zur würdevollen Darstellung der Gottheiten auf diesem Medaillon, dessen Funktion nicht bekannt ist, steht KAT. 99 in selt-

samem Gegensatz, ein Gefäß, auf dem anscheinend eine ganz respektlose Burleske mit den gleichen Figuren abgebildet ist. Die Frau rechts trägt eine Halskette mit großen Perlen. Sie hält mit der Linken kokett einen Zipfel ihres Schals, der nicht, wie zu erwarten wäre, vor der Brust, sondern über der Schulter verknotet ist. Ihr Begleiter, der ihren Unterarm mit der einen Hand umfaßt hält und mit der anderen ihre rechte Schulter umarmt, ist als Neger mit kurzem, gekräuseltem Haar dargestellt. Der kulturpolitische Hintergrund dieser Darstellung ist bereits ausführlich untersucht worden. Diese wenig schmeichelhafte Burleske ist symptomatisch für die Vorliebe der Alexandriner für Satirisches. Das läßt sich auch aus einer Zeichnung auf einem Tongefäß aus Abydos ersehen, das sich heute in London befindet (52929). Die Alexandriner gingen in dieser Beziehung sogar so weit, sich über römische Kaiser lustig zu machen. Nero wurde zum Ziel besonderen Spottes, und Caracalla hetzte seine Legionen wegen einer unverschämten Beleidigung auf die Alexandriner. Die speziell satirische Absicht hinter dem Münchner Gefäß mit einer Parodie auf die beiden erhabensten Gottheiten des römischen Alexandria geht somit über eine einfache rassistische Verunglimpfung hinaus. Mindestens zwei weitere komplett erhaltene Gefäße, nahezu identisch mit diesem hier, haben sich aus der Antike überliefert (Berlin, ohne Nr., und Leiden, AT 29, möglicherweise aus derselben Form). Der thematische Zusammenhang ist schwer zu fassen; das Stück selbst ist auf Grund der schwarzen Glasur, die der Künstler hier auch zur Verdeutlichung der Hautfarbe der Dargestellten verwendet hat, wohl um Christi Geburt zu datieren.

Cleopatra's Egypt, Nr. 102–103

99
Reliefflasche mit burlesker Szene (Isis und Serapis)

Grauer Ton mit schwarzer Bemalung, 15,2/11,3/8
Spätes erstes Jahrhundert v. Chr.bis frühes erstes Jahrhundert n. Chr.
Herkunft unbekannt
München, Staatliche Sammlung Ägyptischer Kunst, ÄS 3991

100
Serapis-Kopf

Serpentin, 13,3
Antoninische oder severische Zeit, zweites bis drittes Jahrhundert n. Chr.
Aus Karanis, Oberflächenfund
Ann Arbor, Kelsey Museum of Archaeology, University of Michigan, 8526

Außerhalb Ägyptens genoß Serapis als »typisch ägyptischer« Gott in der Ptolemäer- und Römerzeit größere Beliebtheit als in Ägypten selbst. Seit Ptolemaios I. steht sein Kultbild in Alexandria, bärtig, langhaarig, mit dem Kalathos mit Ölzweig als Kopfputz.

Geschichte und Entwicklung des Serapiskults sind noch heute kontrovers diskutierte Themen. Allmählich allerdings scheinen sich trotz der unklaren Quellenlage grundlegende Erkenntnisse herauszuschälen. Wahrscheinlich besaß ein altägyptischer Gott, möglicherweise sogar Osiris selbst, in der Umgebung Alexandrias zur Zeit der Stadtgründung einen Kult. Als Alexander diesem Gott gegenübertrat, verehrte er ihn als Serapis. Kurz danach begann Ptolemaios I. Soter, den Kult zu fördern; er war auch derjenige, der das hellenisierte Bild des Serapis nach Ägypten brachte. Ein memphitischer Ursprung des Serapis, zuerst von U. Wilcken vertreten, aber auch in jüngeren Arbeiten wieder befürwortet, dürfte wohl eher die synkretistischen Tendenzen in Memphis im zweiten Jahrhundert v. Chr. (die Belege, die für diese These bemüht werden, stammen auch hauptsächlich aus dieser Zeit) als das religiöse Leben unter Ptolemaios I. Soter widerspiegeln. Der Serapiskult nahm Aspekte anderer Götterkulte, u. a. auch vom Apisstier in Memphis, in sich auf (KAT. 101). Es hat aber den Anschein, als ob man die Unterschiede zum Osiriskult nicht ganz außer acht gelassen hat (KAT. 130). Somit wurde Serapis für die Belange des Diesseits zuständig, während seine zeitweilige Gefährtin Isis mit ihrem rechtmäßigen Gatten Osiris zusammen weiterhin die Zuständigkeit für das Jenseits behielt. Serapis, der außerhalb Ägyptens besonders populär war, hat in seiner Heimat nie viel Zulauf erhalten. Sein Kult spielte für die einheimischen Ägypter nur eine sehr untergeordnete Rolle und ist im Bereich der rein ägyptischen Heiligtümer nicht belegt. Ph. Derchain möchte das auslösende Moment für die Einsetzung des Dionysos als Reichsgott unter Ptolemaios III. gerne dem Versuch zuschreiben, den immer größer und einflußreicher werdenden Serapiskult einzudämmen.

Man ist sich weitgehend darin einig, daß die hellenisierten Serapisstatuen in dem von Ptolemaios I. begründeten Kult die Gottheit im Chiton auf einem Thron mit dem dreiköpfigen Cerberus an der Seite darstellen; das Aussehen des Kopfes auf diesen Statuen ist aber immer noch Gegenstand der Diskussion, da sich die erhaltenen Beispiele generell in zwei Gruppen teilen. L. Castiglione ist der Meinung, daß der Typ mit der sogenannten Anastole-Frisur (KAT. 89) – bei dem der Ausgangspunkt der Locken unmittelbar »oberhalb der Nasenwurzel liegt« – die originale, hellenistische Kultstatue wiedergibt, die bei dem Judenaufstand 115–117 n. Chr. zerstört wurde. Nach der Wiederherstellung hat man sie in das Bildnis umgeformt, das im vorliegenden Kopf zu sehen ist: Fünf einzelne Locken fallen hier in die Stirn und kennzeichnen den sogenannten Fransenfrisur-Typus. W. Hornbostel hat diese Theorie in überzeugender Weise widerlegt. Er konnte beweisen, daß in der römischen Kaiserzeit beide Haartrachten nebeneinander existiert haben. Bei der Überprüfung der Belege erwies sich der Fransenfrisur-Typ als die ursprüngliche Haartracht, das beste Beispiel hierfür ist eine Statue in Alexandria (3916), in der, wie P. M. Fraser leicht spöttisch bemerkt, Hornbostel »wohl am liebsten das Original selbst erkennen möchte«. Fraser hat jedoch darauf hingewiesen, daß die frühesten Fransenfrisur-Typen augusteisch sind, wogegen die Anastole-Form bereits in der Ptolemäerzeit auftritt. V. Tran Tam Tinh sieht beim heutigen Forschungsstand keinen Ausweg aus dem Dilemma und deutet die Möglichkeit an, daß es damals bereits mehrere, zwar ikonographisch unterschiedliche, aber doch gleichzeitig nebeneinander bestehende Serapisstatuen in der hellenistischen Zeit gegeben hat. Castigliones Erwiderung auf Hornbostel bezieht sich auf ein Serapisbildnis mit *Atef*-Krone und kompliziert die Angelegenheit noch mehr. Bis neue Belege vorliegen oder die vorhandenen nochmals untersucht werden, bleibt das Rätsel um das ursprüngliche Erscheinungsbild des hellenisierten Serapis-Kopfes ungelöst.

Der Fransenfrisur-Typ, den dieser Kopf aus Karanis vertritt, weist mit den Spuren der fünf charakteristischen Locken über den Brauen ein besonderes Kennzeichen des Serapis auf. Der Schnurrbart ist dicht und der Vollbart zweigeteilt, d. h. in zwei Richtungen gekämmt. Der auffällige Kopfputz in der Form eines zylindrischen Gefäßes, auch als *Annona* oder *Kalathos* bezeichnet, ist hier mit einem Ölzweig verziert (München ÄS 5303). Die Datierung dieses Kopfes in die antoninische oder severische Zeit, also zwischen 150 und 200 n. Chr., ist durch Vergleiche mit zeitgenössischen Werken abgesichert.

Cleopatra's Egypt, Nr. 104

101
Apisstier

Grüner Serpentinit, 52,5/58
400 bis 100 v. Chr.
Herkunft unbekannt
The Cleveland Museum of Art, 69.118;
Ankauf, Leonard B. Hanna Jr., Vermächtnis

Rein tiergestaltig wird Apis, der traditionsreiche Gott aus Memphis, Symbol der Fruchtbarkeit und Auferstehung, noch bis in die römische Kaiserzeit dargestellt.

Die Identifizierung dieser Statue als Abbild des Apisstieres (KAT. 9) beruht auf den starken stilistischen Ähnlichkeiten zu einer zweiten Statue aus Kalkstein, die A. Mariette in Saqqara ausgegraben hat. Auf dem Beispiel aus Memphis sind auf dem Fell des Apisstieres noch schwache Spuren der Merkmale zu erkennen, die in den Augen der alten Ägypter für den Apisstier kennzeichnend waren. Daneben sind auch noch Reste einer heute unleserlichen Inschrift in Demotisch erhalten. Beiden Statuen gemein sind die breite Maulpartie, der Steg als Stütze für die Sonnenscheibe, die sich zwischen die Hörner schmiegt, Form und Plazierung des Uräus und der Schwung der Wamme. Dabei wurden das Maul in einer beinahe rechteckigen Blockform herausgearbeitet und die Nüstern, die Augen und die Ohren deutlich akzentuiert; dies unterscheidet diese beiden Arbeiten von nahezu allen anderen Darstellungen des Apisstieres in Stein. So sind beispielsweise die Mäuler von zwei Rinderdarstellungen in Privatbesitz knolliger – ein Merkmal, das man auch bei anderen Beispielen feststellen kann und das sich in einer noch abstrakteren Weise bei dem Kopf eines Apisstieres beobachten läßt, der in die römische Kaiserzeit datiert wird. Es ist bedauerlich, daß von den beiden im Serapeum von Luxor ausgegrabenen Apisstieren keine Photographien veröffentlicht worden sind, besonders, da sie in die Zeit des Hadrian datiert werden und als Vergleichsstücke von außerordentlich hohem Wert wären. Auf jeden Fall scheinen sich die Kopfformen der Stiere aus Memphis und Cleveland von dem Rindertypus abzuleiten, der in der 26. Dynastie geschaffen wurde. Das zeigt ein Vergleich mit der Hathorkuh, in deren Schutz sich Psammetich gestellt hat (Kairo CG 784).

Die Stierstatue aus Saqqara wird aufgrund ihres vermutlichen archäologischen Zusammenhangs generell der 30. Dynastie zugeschrieben. Obwohl diese These in bezug auf die Kleinfunde erst unlängst angezweifelt worden ist, gibt es keinen stichhaltigen Beleg für oder gegen eine Datierung dieses Stückes in diese Epoche. Die demotische Tinteninschrift zwischen den Vorderbeinen könnte allerdings ein Hinweis auf eine etwas spätere Datierung dieses Stückes, also in die Ptolemäerzeit, sein, da diese Zeit eine generelle Vorliebe zeigt, mit Tinte auf Kunstwerke jeglichen Materials zu schreiben (KAT. 114). Der Stier in Cleveland gehört in dieselbe Zeit, da er stilistisch stark von dem memphitischen Beispiel abhängt. Die beiden Statuen zeigen den Apisstier in der reinen Tiergestalt und leiten sich aus einer ikonographischen Tradition ab, die im Gegensatz zu der des stehenden, anthropomorphen Bildnisses derselben Gottheit steht (KAT. 9).

Cleopatra's Egypt, Nr. 105

ΛΕΟΝΤΩΝ ΙΕΡΑ

102
Stele eines Ptolemäers beim Opfer vor einem Löwen

Kalkstein, 51,1/28/9
200–30 v. Chr.
Angeblich aus Tell el-Moqdam
Amsterdam, Allard Pierson Museum, 7772

»Der lebende Löwe«, eine im Nildelta verehrte Gottheit, erhält, wie die griechische Inschrift sagt, »im heiligen Haus vom Grab der Löwen« ein Opfer.

Diese Stele, deren formale Komposition auch von anderen königlichen Stelen für Tiergötter (Kairo JE 54313) bekannt ist, wurde bereits von W. M. van Haarlem in vollem Umfang beschrieben. So mag hier die Konzentration auf bestimmte Details genügen, um Stil, Inschrift und Datierung näher zu bestimmen.

Der Text, »der König von Ober- und Unterägypten, Ptolemaios [der ewig lebt]«, über dem Kopf des Pharaos ist für die Gewinnung einer genauen Datierung zu zerstört. Die Komposition der geflügelten Sonnenscheibe mit den Uräen – die in der ursprünglichen Form des Königsringes, dem *šn*-Ring, Fächer halten – findet sich jedoch häufig auf Stelen, die von der Regierungszeit Ptolemaios' V. Epiphanes bis in die römische Kaiserzeit datieren (Kairo CG 22184, London 184). Diese Vergleiche sprechen für eine Datierung der Stele in die zweite Hälfte der Ptolemäerzeit.

Dieses Denkmal und viele ähnliche Stücke haben keine sichere Herkunftsangabe, da sie meist vom Kunstmarkt, nicht aber aus offiziellen Ausgrabungen stammen. Man kann die Beischrift »der lebende Löwe« über der Abbildung des Tieres nicht eindeutig mit Miysis, dem Löwengott von Tell el-Moqdam, gleichsetzen. Die griechische Inschrift »das heilige Haus vom Grab der Löwen« in der unteren Hälfte der Stele entspricht allerdings den Beschreibungen von Tell el-Moqdam in klassischen Quellen als der Löwennekropole in Ägypten, auch wenn die Bedeutung des Wortes »Haus« (οἰκία) in diesem Zusammenhang in Papyri nicht belegt ist. Diese griechische Inschrift, die möglicherweise anstelle einer ursprünglichen Beschriftung steht, wurde sicherlich erst nach der Fertigstellung des Bildfeldes angebracht, wie die Meißelspuren und die abgearbeitete Oberfläche der Stele an dieser Stelle beweisen.

Cleopatra's Egypt, Nr. 106

103
Buchisstele

Sandstein, 90/57
Vermutlich 29 v. Chr.
Im Bucheum, Armant, gefunden
Kopenhagen, Ny Carlsberg Glyptotek, AEIN 1681

Dem heiligen Apisstier in Memphis entspricht im oberägyptischen Hermonthis der Buchisstier. Der Stelentext erwähnt die Inthronisation des Stiers im 1. Regierungsjahr Kleopatras VII. und seinen Tod im 1. Jahr des Kaisers Augustus, der auch im Bildfeld als Pharao dargestellt ist.

In den späteren Epochen der altägyptischen Geschichte war der Glaube an heilige Tiere – jedes ein *Ba*, die Manifestation einer Macht oder Gottheit – von großer Bedeutung. Sie wurden verehrt, weil sie als Lieblinge einer Gottheit galten, die sich in Gestalt eines lebenden Vertreters der jeweiligen Spezies manifestieren konnte. Dies hat bei Nichtägyptern häufig Erstaunen hervorgerufen und auch ihren Spott herausgefordert und führte zu der immer noch verbreiteten Ansicht, daß es für die alten Ägypter ganz typisch war, Tiere anzubeten. Aber zumindest die Priester und die gebildeten Schichten waren sich immer des Unterschieds zwischen Göttern und deren »Symbolen« bewußt. Genau wie bei anderen heiligen Tieren, wie z. B. beim Apisstier (KAT. 9, 101), gab es immer nur jeweils einen Buchis. Bis zu seinem Tod blieb er ein lebendes Kultbild des Gottes, der sich alsbald in einem anderen lebenden Stier neu inkarnierte. Die Osiris-Gestalt des verstorbenen Gottes wurde mit großem Aufwand in unterirdischen Galerien bestattet, dem sogenannten Bucheum in Armant, nicht weit von Theben.
Buchis – auf der Kopenhagener Stele als »lebendes Abbild des Month« bezeichnet – gilt generell als Stier dieses Gottes. Seit langer Zeit war seine Heimat in der Thebais. Trotzdem bleiben sein genauer Ursprung wie auch sein Wesen unklar. Er wurde auch mit anderen Gottheiten gleichgesetzt. So verbinden ihn seine wichtigsten Epitheta, wie z. B. »der lebende *Ba* des Re« bei KAT. 103, mit diesem Sonnengott. Wie der vorliegende Stelentext zeigt, geht er manchmal aber auch mit Göttern wie Amun, Horus, Ptah und anderen eine Verbindung ein. Die weitgehende Verstrickung der Gottheiten untereinander ist typisch für die Spätzeit; der Buchiskult ist bisher auch nur ab der Zeit des Nektanebos' II. bis 340 n. Chr. belegt.
Die Kopenhagener Stele erinnert an einen Buchis, der im Jahr 1 des Augustus (29 v. Chr.) starb. Augustus ist hier ganz traditionell als altägyptischer Pharao abgebildet. Er bringt dem Gott, der hinter einem Opfertisch auf einem Podest steht, das altehrwürdige Felderopfer dar. Stilistisch ist das Bild mit anderen kleinformatigen Reliefs aus verschiedenen Epochen, einschließlich der eigenen, verwandt. Ein gutes Vergleichsstück bietet KAT. 72, die Stele mit dem Namen Kleopatras VII., die aber möglicherweise ursprünglich nicht für sie angefertigt worden ist. Ikonographisch steht die Kopenhagener Stele in mancher Hinsicht am Ende einer der Blütezeiten in der Entwicklung ihres Genres. So ist die Darstellung (wohl der Statue) des Buchis hier wie bei älteren Buchisstelen und einer Stele aus der Zeit des Tiberius die eines stehenden Stieres. Obwohl er als »Osiris-Buchis« bezeichnet wird, ist er nicht kauernd und mumifiziert abgebildet, wie das bei anderen Buchisstelen aus der römischen Zeit, darunter einer aus der Endphase der Regierungszeit des Augustus, der Fall ist. KAT. 103 könnte sich von älteren und jüngeren Buchisstelen in einem wichtigen Aspekt unterschieden haben: Auf der Stele scheint eine Stierfigur oder ein Stierkopf aus Holz oder Gips gesessen zu haben; zumindest deutet dies eine Zeile im Stelentext an, die den toten Buchis anruft, sich auf seinem Denkmal niederzulassen.
Der König von Ägypten war der eigentliche Priester aller ägyptischen Gottheiten (s. S. 34), und theoretisch versah er das oberste Priesteramt im kultischen Dienst. So ist es nicht weiter verwunderlich, daß Augustus bei Zeremonien dargestellt ist, bei denen er höchstwahrscheinlich gar nicht anwesend war und die ihn in Verbindung mit einem der »Tierkulte« bringen, die er nachweislich verabscheute. Da ägyptische Denkmäler häufig religiöse Wahrheit als historische Tatsache festhalten, ist die Kopenhagener Stele ein für die Untersuchung der späten Ptolemäerzeit wichtiges Dokument.
Neben dem Bericht über den Tod des Stieres erinnert der Text in knapper Form auch an die Inthronisation des Stieres als Buchis in Theben und an seine Prozession nach Armant drei Tage danach. Diese Ereignisse datieren in das Jahr 1 einer Königin, deren Kartuschen zwar leer sind, bei der es sich jedoch nur um Kleopatra VII. handeln kann, deren erstes Regierungsjahr 51 v. Chr. belegt ist. Die Beschreibung der Ereignisse erwähnt auch einen »König«, der möglicherweise ein Hinweis auf Kleopatra sein könnte. Daher ist diese Stele zusammen mit KAT. 72 (einer weiteren Stele mit einem Jahr 1 Kleopatras VII.) ein bedeutender Faktor in der Diskussion um Existenz und Daten möglicher Koregentschaften zwischen Ptolemaios XII., seiner Tochter Kleopatra VII. und ihrem Bruder Ptolemaios XIII.
Ein weiterer Diskussionspunkt ist die Frage, ob – wie der Text auf der Kopenhagener Stele behauptet – Kleopatra VII., mit oder ohne Koregent, bei den Zeremonien in Theben und Armant tatsächlich anwesend war. Wenn das der Fall ist, so handelte es sich möglicherweise um einen Teil einer rituellen Fahrt durch die Hauptkultzentren des Landes, entsprechend der altägyptischen Tradition, nach der der neue Herrscher das Land »in Besitz nimmt«.

Cleopatra's Egypt, Nr. 107

104
Totenstele eines Priesters des Amun-Re

Kalkstein, 32/25
Spätptolemäische bis römische Zeit (?)
Herkunft unbekannt
Leiden, Rijksmuseum van Oudheden, CI.327

Im Giebelfeld Mumie und vogelgestaltige Seele des Toten, der im Bildfeld vor Osiris, Horus und Isis betet – ein klares Bild der Gottesnähe des Toten, der durch die Mumie zu neuer Existenz erwacht.

Unter der geflügelten Sonnenscheibe mit zwei Uräen sind die Mumie des Verstorbenen, sein *Ba* als menschenköpfiger Vogel und der Totengott Anubis dargestellt. Man kann Varianten dieser Darstellung – Mumie mit Anubis und/oder *Ba*-Vogel – bei spätzeitlichen Grabausstattungen häufig als Bildmotiv beobachten (KAT. 118). Im Hauptbildfeld darunter hebt der Verstorbene eine Hand in Anbetung über einem Opferständer, ihm gegenüber stehen Osiris, Harsiese (»Horus-Sohn-der-Isis«) und Isis – Götter, deren Aufgaben nicht nur auf das Jenseits beschränkt waren.
Der mumifizierte Osiris bzw. die Osirisstatue (KAT. 19) steht auf einem trapezförmigem Podest, möglicherweise einem Symbol der Maat, und hält, wie üblich, die königlichen Insignien Krummstab und Wedel. Er trägt eine *Atef*-Krone, die auch mit dem Pharao und dem Sonnengott assoziiert wird, dessen nächtliche Gestalt Osiris verkörpern kann. Harsiese trägt die Doppelkrone von Ober- und Unterägypten und hält ein Anchzeichen und einen Stoffstreifen, bei dem es sich möglicherweise um eine Mumienbinde handelt, die das göttliche Totenhemd für den Verstorbenen symbolisiert. Isis, die durch die Thronhieroglyphe auf dem Kopf und die Inschriftspalte vor ihr eindeutig gekennzeichnet ist, hält ein Anch und eine Situla, ein Spendengefäß aus Metall (KAT. 106). Situlen verwendete man zur Libation, um den Toten zu reinigen, zu nähren und wiederzubeleben. Möglicherweise symbolisieren sie ein rituelles Untertauchen des Verstorbenen im heiligen und wiederbelebenden Nil. Daß Isis hier eine Situla hält, könnte aber auch mit dem Milchopfer zusammenhängen, das sie, insbesondere auf Philae, für Osiris darbrachte und das von hier aus auch die Ikonographie meroitischer Gräber beeinflußte. Bei J. Osing ist eine interessante, römerzeitliche Szene abgebildet, in der Isis für den Verstorbenen libiert.
Der Text in dem Quadrat zwischen Osiris und dem Verstorbenen kann nicht entziffert werden. Die untere Inschriftzeile identifiziert den Inhaber der Stele als einen »*wab*-Priester vor Amun-Re, dem König der Götter« und weist ihn als einen der privilegierten Träger der Prozessionsbarke des Gottes aus und könnte den Priester, aber nicht unbedingt die Stele mit dem Haupttempel des Amun in Theben in Verbindung bringen.
P. Munro hat diese Stele einer primär ptolemäischen Stelengruppe zugewiesen, die er als Abydos III bezeichnet hat – der Gott auf der Leidener Stele war in Abydos von ganz besonderer Wichtigkeit. Das Exemplar aus Leiden hat allerdings mit den anderen Stelen dieser Gruppe keine besondere Ähnlichkeit. Eine Herkunft aus Abydos, dem wichtigsten Heiligtum des Osiris, wäre ein Beweis dafür, daß die Stadt als Ziel von Pilgerfahrten immer noch Bedeutung besaß.
In seiner Bearbeitung dieser Stele hat Munro vermerkt, daß sie Charakteristika mehrerer Haupttypen spätzeitlicher und ptolemäischer Totenstelen aufweist. Problematisch dagegen ist Munros Beschreibung der Gesichtszüge des Toten als »negroid« und der Wiedergabe der Haare als nichtägyptisch, weil sie nicht schematisiert dargestellt sind. Selbst wenn man die Frage nach dem Begriff der Rasse ebenso außer acht läßt wie die Problematik, Rassen aufgrund von Darstellungen in der antiken Kunst voneinander zu unterscheiden, so bleibt doch das Faktum, daß Physiognomie und Haartracht wie auch das fransenbesetzte Gewand (KAT. 28, 29) am einfachsten als spätägyptische Variationen altbekannter ägyptischer Motive zu interpretieren sind. Wenn auch Munros vorläufige Datierung dieser Stele in »spätptolemäische – römische« Zeit gut möglich ist, so kann man doch seiner These, daß eine Verbindung von ägyptischen mit nichtägyptischen Elementen ein Datierungskriterium darstellt, nicht zustimmen, da die Stele sowohl im Stil wie auch in der Ikonographie rein ägyptisch ist.

Cleopatra's Egypt, Nr. 108

105

Figur in ägyptisierendem Gewand

Bronze, 8/3,5
Erstes Jahrhundert n. Chr.
Aus Gaza
Privatbesitz

Der Mann im Gewand der Göttin Isis stellt wohl einen Schauspieler dar, der im Isiskult eine Szene aus dem Leben der Göttin spielt.

Es bestehen kaum Zweifel, daß diese Bronzefigur einen Mann darstellt – möglicherweise einen Priester oder Anhänger des Isiskultes, der hier, wie D. G. Mitten bemerkt, in Frauentracht gezeigt wird. Diese besteht nicht nur aus einer römischen Version des dreiteiligen, verknoteten Gewandes der ägyptischen Frauen (KAT. 62), sondern auch aus dem Kopfputz mit den Korkenzieherlocken im Nacken (KAT. 68). Sandalen vervollständigen das Kostüm. Vergleiche mit Darstellungen von Priestern ägyptischer Kulte auf Wandmalereien aus Herculaneum in Italien bestätigen zwar die Identifizierung, helfen aber nur wenig bei der Deutung dieser rätselhaften Figur. Die Vorstellung, daß es sich um einen Schauspieler handelt, der gerade eine Episode aus dem Leben der Göttin Isis zum besten gibt, ist naheliegend. Diese Statuette findet ihre engsten thematischen Entsprechungen in gleich großen Bronzefigürchen von tanzenden Frauen mit demselben Kostüm, die in Galjub, ca. 16 Kilometer nördlich von Kairo, gefunden wurden und die heute in Hildesheim aufbewahrt werden (2251 und 2252). Die tanzenden Frauen finden ihre thematische Parallele wiederum in dem ägyptisierenden Relief aus Ariccia in Italien (Rom, Museo Nazionale Romano 77255). In diesen Beispielen fehlen, wie auch bei der hier besprochenen Bronze, auffälligerweise die Masken, ebenso bei dem Figurenpaar aus Terrakotta in Hildesheim, das Schauspieler darstellen soll (KAT. 110), und auch in der Beschreibung in Apuleius' »Der goldene Esel«. So ergeben sich nun zwei Möglichkeiten: Entweder stellen die Figuren gar keine Schauspieler dar, oder man konnte in kleinformatigem Kunsthandwerk Schauspieler auch ohne Masken darstellen. Die Belege bleiben zweideutig. Ebenso unklar ist die Funktion dieser Bronzefiguren, die wie die Tanagrafiguren (KAT. 108–110) möglicherweise in einem Motiv mehrere Funktionen miteinander verbunden haben.

Cleopatra's Egypt, Nr. 109

106
Situla mit ägyptisierenden Szenen

Silber mit Vergoldung, 15,2
62–79 n.Chr.
Pompeji, aus dem Bereich des Dreiecksforums nahe dem Isistempel, zu dem diese Situla angeblich gehörte
München, Staatliche Sammlung Ägyptischer Kunst, Ant. WAF 512

Nur in kultischem Gebrauch werden Situlen als Spendengefäße für Wasser und Milch verwendet. Als typisch ägyptische Gefäßform begegnen sie auch in den ägyptischen Heiligtümern außerhalb des Nillandes, wie hier in Pompeji.

Im Verlauf des ersten Jahrtausends v. Chr. hat sich die Situla, wörtlich »Eimer« oder »Kübel«, fest als ein spezifisch ägyptisches Gefäß im Kult etabliert (KAT. 104). Sie war bis in die Ptolemäer- und Römerzeit in Gebrauch und taucht häufig als Attribut der Göttin Isis auf. Man muß in diesem Zusammenhang darauf hinweisen, daß es sich bei der Situla um eine Gefäßform handelt, die bei zeitgenössischem Silbergeschirr für profanen Gebrauch nicht vorkommt. Als geheiligtes Gefäß enthielt die Situla entweder Wasser, durch das Isis mit den Nilriten des Osiris in Verbindung gebracht wird (KAT. 104, 130), oder Milch, die den mütterlichen Aspekt der Isis als Mutter des Horus betont (KAT. 96, 97). Entsprechend wurde ein altägyptisches Wort für Situla auch als Synonym für Brust verwendet. Apuleius, ein römischer Schriftsteller des zweiten Jahrhunderts n. Chr., war sich dieser Assoziation sicherlich bewußt, als er eine Situla als *aureum vasculum in modum papillae rotundatum* beschrieb (»ein kleines goldenes Gefäß in der gerundeten Form einer Brust«, Der Goldene Esel XI, 10).
Bei diesen und auch anderen ägyptisierenden Gefäßen werden in der Dekoration architektonische Elemente zur vertikalen Gliederung verwendet, um die einzelnen Bildmotive zu rahmen und voneinander zu trennen (KAT. 107). Die figürliche Dekoration auf dieser Situla teilt sich dementsprechend in zwei Vignetten, deren erstere besser erhalten ist. Die Hauptperson ist eine

Frau, die einen Untersatz mit einem Krokodil hält und dies einer Schlange mit Haube oder Krone darbringt, die auf einem hohem Sockel Platz genommen hat. Die Frau trägt ein ungewöhnliches Gewand mit einer ovalen »Schürze«, auf der ein Kreuz in einem Kreis abgebildet ist. Ihr Haar ist in Korkenzieherlocken gelegt; ihr Kopfputz, der eigentlich eine Geierhaube darstellen soll, ist hier mißverstanden und ähnelt eher einer Ente. Die Ikonographie steht der einer anderen Frauengestalt auf einem Silberbecher aus Pompeji so nahe (heute in Neapel, ohne Nr.), daß ein und dieselbe Person, Isis selbst, oder dasselbe Ritual dargestellt sein muß, das von einer Isispriesterin durchgeführt wird. Hinter der Frau steht ein mehrstöckiges Gebäude, in das man über eine Treppe gelangt, die hier als Leiter wiedergegeben ist, und auf dessen Spitze ein Feuer brennt. Es ist nicht gänzlich auszuschließen, daß dieses Bauwerk den berühmten Pharos, den Leuchtturm in Alexandria, darstellen soll.

Die zweite Vignette ist von der ersten dadurch abgetrennt, daß die Schlange und der Widder in der zweiten Szene Rücken an Rücken und in verschiedener Höhe dargestellt sind. Sie sind auch in der Komposition unterschiedlich behandelt und auf verschieden hohe Podeste gesetzt. Diese Vignette ist beschädigt. Ihre ursprüngliche Dekoration findet sich nur noch auf einer Zeichnung, die zum Zeitpunkt ihrer Entdeckung angefertigt wurde. Gut erhalten ist der Widder auf einem hohen Postament. Rechts folgen Reste eines weiteren Bauwerks; die Stelle ist jedoch so beschädigt, daß eine detaillierte Beschreibung der Anordnung nicht möglich ist. Möglicherweise sind die Darstellungen auf einem Steingefäß (jetziger Standort unbekannt) nach den originalen Zeichnungen der Situla gefälscht, da die Schürze der Hauptperson, ihr Haar und Kopfputz wie auch die Haube und die geteilte Zunge der Schlange dort – wenn auch mißverstanden – ganz ähnlich noch einmal belegt sind.

Die Situla kann nicht später als in das dritte Viertel des ersten Jahrhunderts n. Chr. datieren, da man sie in Pompeji gefunden hat. Die Motive wurden frei aus der ägyptischen Ikonographie übernommen, nicht nach bestimmten Vorlagen kopiert. Jede Interpretation dieser Vignetten muß daher auf zeitgleichen römischen Glaubenspraktiken beruhen. Dies scheint die These zu untermauern, daß Beispiele römischer Ägyptomanie des ersten Jahrhunderts n. Chr. (z.B. KAT. 107) weniger genaue Wiedergaben der tatsächlichen ägyptischen Praktiken sind als die des zweiten Jahrhunderts n. Chr. (KAT. 130).

Cleopatra's Egypt, Nr. 110

107
Parfümflakon

Opakes, weißes Glas auf dunkelblauem Glas,
7,6/Durchmesser 4,2
25 v. Chr. bis 25 n. Chr.
Angeblich aus Eskisehir, Türkei (das antike Bithynia)
Malibu, Kalifornien, The J. Paul Getty Museum, 85.AF.84

Ohne genau zu bestimmende Bedeutung sind ägyptisierende Motive für die Dekoration eines kostbaren Parfümfläschchens verwendet worden, um seinem Inhalt orientalisches Flair zu verleihen.

Der Boden des Gefäßes ist mit einer fünfblättrigen Rosette verziert. Um sie sind acht dreieckig geformte Blätter symmetrisch angeordnet. Auf einer Standlinie knapp unterhalb des größten Durchmessers des Gefäßes entwickelt sich die figürliche Dekoration, die in drei einzelne Szenen gegliedert ist. Die Äste eines einzeln stehenden Baumes scheinen ganz bewußt Anfang und Ende des Bildstreifens zu markieren. H. Jucker hat dies in seiner Publikation richtig erkannt und in der von ihm angefertigten Zeichnung entsprechend festgehalten. Der nackte Putto ist mit dem Ibis und dem Pavian auf dem zylindrischen Podest durch Blickkontakt verbunden. Der andere Putto mit Umhang wendet dieser ersten Szene den Rücken zu und scheint mit der ägyptisierenden Gestalt zusammenzugehören, die über den Hörneraltar (KAT. 64) mit Uräusverzierung zu ihm herüberblickt. Der Gegenstand, den dieser Putto in der Hand hält (oder sind es zwei Attribute ?), läßt sich nicht genau identifizieren, ebensowenig die Objekte in den Händen der stehenden, ägyptisierenden Gestalt auf der anderen Seite des Altars. Mit Doppelkrone auf dem *Nemes*-Kopftuch und mit dem Schurz bekleidet, hält diese männliche Figur einen runden Gegenstand in der linken Hand, vermutlich ein Gefäß. Mit der rechten Hand hält sie einen sich nach oben verjüngenden, gebogenen Stab, bei dem es sich wohl entweder um eine eingekerbte Palmrippe (𓆳) oder um den Hirtenstab (𓋾) handelt. Letzterer hätte eine Parallele in einem der Paneele im Tablinium der Villa dei Misteri in Pompeji, wo ein ibisköpfiger Thoth mit eben diesem Stab in der Hand abgebildet ist. Der Obelisk, dessen Inschrift trotz diverser Entzifferungsversuche keinen vernünftigen Sinn ergibt, steht hinter der ägyptisierenden Figur und, von der ersten Szene durch den Baum abgetrennt, völlig isoliert. Man hat hier anscheinend Szenen mit klassischen und ägyptisierenden Figuren, deren rätselhafte Attribute und Inschriften nicht eindeutig zu identifizieren sind, willkürlich nebeneinandergesetzt.

Das macht wohl auch eine so exakte Interpretation wie die von H. Jucker letztlich unmöglich, der den Bildstreifen mit einem Kult des ägyptischen Gottes Amun-Re in der Stadt Heliopolis verbindet.
Jucker geht bei seiner Erklärung zum Inhalt dieser Szenen auf dem Parfümflakon stillschweigend davon aus, daß ägyptisierende Motive in außerägyptischem Kontext immer noch eine gewisse pharaonisch-ägyptische Grundbedeutung haben, die durch griechische Traditionen leicht abgeändert wurde. Diese These ist nicht haltbar, da sie unberücksichtigt läßt, daß jedes Motiv aus dem pharaonischen Ägypten mit einer Vielzahl von Bedeutungen belegt ist, die man nicht einfach in klar definierte, aristotelische Kategorien zerlegen kann (KAT. 125). Juckers Interpretation der Szenen dieses Parfümflakons sind somit eine rein akademische Auslegung, die damals wohl kaum jemand so gesehen hätte.
Die chronologische Einordnung dieses Flakons ergibt sich aus dessen relativer Stellung innerhalb der engbegrenzten Gruppe von Kameogläsern, zu der auch das vorliegende Exemplar gehört. Im Gegensatz zu H. Juckers Ausführungen wurde die Kameoglasindustrie in Ägypten selbst wohl nicht heimisch; zumindest wurde sie dort in der frühhellenistischen Zeit sicher nicht betrieben. Die schnelle und auch nur kurzlebige Entwicklung von Kameoglas spielte sich vermutlich zwischen 25 v. Chr. und 100 n. Chr. ab. Die ägyptisierenden Elemente auf dieser Parfümflasche gehören thematisch zum Zweiten Stil der römischen Wandmalerei. Der Baum, ein Kompositionselement wie der Obelisk mit seinen Pseudohieroglyphen, bildet zugleich eine Art Waldlandschaft als Hintergrund für die ägyptisierenden Motive in den Szenen. Zweifellos spielt das mit Ibis und Pavian geschmückte Podest auf Thoth an, den man möglicherweise in der menschenköpfigen ägyptisierenden Figur mit der gekerbten Palmrippe erkennen darf. Der Uräus auf dem Hörneraltar verweist auf einen Isiskult (wie in der »Anbetung des Wassers« aus Herculaneum). Was immer auch die Bedeutung der Putti sein mag, möglicherweise einfach spielerischer Ersatz für erwachsene Adoranten – die Szenen sind nicht mehr als eine einfache Anspielung auf Ägypten als Quelle des Parfüms, das ursprünglich in diesem Flakon enthalten war. Als Luxusgegenstand könnte es sehr wohl die prätentiösen Neigungen eines reichen, aber ungebildeten Bewohners Kampaniens wiedergeben, der ein Anhänger eines ägyptischen Kultes war. Die Motive scheinen wahllos herausgegriffen, um eine ägyptisierende Gesamtwirkung zu erzielen, vergleichbar den Motiven im Tablinium der Villa dei Misteri in Pompeji, die genauso undeutlich bleiben und aus dem klaren Bildprogramm herausfallen, was Z. Le Corsu festgestellt hat. Die Parfümflasche und das Wandgemälde in Pompeji sind stilistisch vergleichbar und datieren vermutlich in die Zeit des Kaisers Augustus, auch wenn die Flasche typologische Anklänge an Glasgefäße des frühen Dritten Stils aufweist. Ganz generell läßt sich beobachten, daß ägyptisierende Motive in der bildenden Kunst Italiens aus der Regierungszeit des Augustus phantasiereichere Interpretationen pharaonischer Vorlagen liefern als unter den Kaisern in der zweiten Hälfte des ersten Jahrhunderts n. Chr. (KAT. 106, 130 und s. S. 80).

Cleopatra's Egypt, Nr. 111

108-110
Terrakotta-Figuren

Die Funktion der Frauenfiguren und grotesken Gestalten aus Terracotta ist nicht geklärt. Ausstattung von Wohnräumen und Unterhaltung des Toten im Jenseits erscheinen gleicherweise möglich. Ihr Verbreitungsgebiet reicht vom griechischen Mutterland bis nach Ägypten.

◁ 108
Frauenstatuette

Terrakotta mit weißem Überzug und Resten roter Farbe, 19,5
Spätes viertes bis frühes drittes Jahrhundert v. Chr.
Herkunft unbekannt
Sammlung Christos G. Bastis

109
Frauenstatuette ▷

Terrakotta mit Resten roter und blauer Farbe, 20,3
Drittes Jahrhundert v. Chr.
Herkunft unbekannt
Sammlung Christos G. Bastis

Die Statuetten der beiden Frauen werden nach einem Friedhof im griechischen Böotien, wo dieser Typ zum ersten Mal begegnete, als Tanagrafiguren bezeichnet. Vermutlich sind diese Figuren durch Theateraufführungen inspiriert worden, bei denen Frauen wie diese hier beim Publikum beliebte Rollen spielten. Die nach der von D. A. Buitron aufgestellten Datierung frühere der beiden Figuren (KAT. 108) stellt eine Frau dar, die in ihr *Himation* gehüllt ist, ein Obergewand, das hier wie ein Schal um den Körper gewickelt wurde. Die zweite (KAT. 109) ist ebenfalls in ein *Himation* gehüllt und hält in der linken Hand einen Fächer. Wenn auch Frauenstatuetten unter den erhaltenen Ta-

nagrafiguren statistisch am zahlreichsten sind, so sind doch auch andere Typen wie Kinder und erotische Darstellungen erhalten, nicht zuletzt auch Schauspieler, wie KAT. 110 zeigt.
Die Hildesheimer Gruppe, Teil der Sammlung, die W. Pelizaeus in Ägypten zusammengestellt hatte, ist in ihrer Komposition möglicherweise das anspruchsvollste Beispiel der Kunst des *Koroplasten*, des in Ton arbeitenden Künstlers, das aus der hellenistischen Zeit erhalten ist. Zwei Männer sind in lebhaftem Gespräch dargestellt. Da nichts darauf hindeutet, daß es sich bei ihren grotesken Physiognomien um Masken handelt, sind diese Figuren von den maskierten Charakteren in zeitgenössischen Dramen sicherlich nur inspiriert worden (KAT. 105). Die beiden Hildesheimer Figuren gehören zu den ganz wenigen derartigen Gruppen des Tanagratyps, die nahezu intakt erhalten geblieben sind. Bei früheren Sammlern waren diese Charakterköpfe so heiß begehrt, daß sie diese zu Hunderten erwarben. Allerdings trennten sie die Köpfe von den dazugehörigen Körpern ab und warfen diese einfach weg.
Die Funktion der Tanagrafiguren ist insbesondere deshalb umstritten, weil jeder Typ den unterschiedlichsten Anforderungen entsprechen konnte: Die jeweils gleichen Typen von Tanagrafiguren hat man aus Gräbern von Männern, Frauen und Kindern, aber auch aus Heiligtümern und Privathäusern geborgen, wo sie möglicherweise als Spielzeug gedient haben oder einfach zur Einrichtung gehörten (Higgins 1986:65). Allgemein werden die eindeutig mit den Traditionen des Theaters verbundenen Grotesken mit religiösen Vorstellungen in Verbindung gebracht, da das griechische Theater immer eng mit der Religion verknüpft war. Somit könnten die Grotesken mit eindeutig funerärem Kontext für den Verstorbenen im Jenseits zur Unterhaltung und Entspannung gedient haben. Andererseits hat die immense Popularität der Grotesken in Ägypten, wo rein statistisch mehr Beispiele dieses Typs vorkommen als in allen anderen Regionen, die Wissenschaft dazu veranlaßt, auch nach anderen Interpretationen zu suchen. Von P. Graindor stammt der Vorschlag, daß es häufig Aufgabe der Grotesken war, Unglück abzuwenden. R. A. Higgins, der sich aus einer solch symbolischen Deutung vorerst heraushält, meint, daß Tanagrafiguren von Frauen wie KAT. 108 und 109 einfach persönlicher Besitz gewesen sein könnten. Hierbei folgt er den Vermutungen von Cl. Préaux und D. B. Thompson, die davon ausgehen, daß diese »alexandrinischen« Grotesken, wenn sie zum Hausrat gehörten, einheimisch-ägyptische Fellachen, also die verarmten Bauern, darstellen könnten. Die deformierten Körper der Terrakotten seien somit eine bewußte Wiedergabe des Verlustes der Eigenpersönlichkeit dieser Bauern. Diese These ist recht interessant, denn sie würde bedeuten, daß diese grotesken Terrakottaköpfe die Antwort der hellenistischen Griechen auf die nicht-idealisierenden Köpfe der einheimisch-ägyptischen Werkstätten wären (KAT. 32–38, 40–44). Die anstehenden Fragen sind kompliziert, und der fehlende archäologische Zusammenhang dieser Terrakotta-Gruppe schwatzender Männer hüllt ihre ursprüngliche Funktion und Bedeutung in Schweigen.
Obwohl eine große Zahl von Tanagrafiguren nicht nur an zahlreichen Plätzen auf dem griechischen Festland, einschließlich Tanagra und Athen, entdeckt wurde, sondern auch in und um Alexandria, besteht doch kein Zweifel an dem Vorrang Athens, und nicht Alexandrias, als dem Zentrum der Entwicklung dieses Terrakottatyps in der Mitte des vierten Jahrhunderts v. Chr. Die belegbaren politischen Kontakte zwischen Athen und Alexandria in dieser Zeit erklären nicht nur die Übernahme dieser Athener Tradition durch die Alexandriner, sondern bieten auch eine interessante Alternative zur Herkunft wenigstens einiger Tanagrafiguren aus Alexandria. N. Himmelmann hat erkannt, daß die Figürchen aus Chatby und Hadra große Ähnlichkeit mit den Stücken vom griechischen Festland haben, und er hat darauf hingewiesen, daß der Ton für andere Stücke importiert und nicht einheimisch ist. Diese Beobachtung war auch schon früher bei ganz bestimmten Gruppen von Hadra-Vasen gemacht worden, von denen man heute weiß, daß es sich um kretische und nicht um alexandrinische Erzeugnisse handelt, die nach Ägypten importiert worden sind (KAT. 114). Wie die Untersuchung dieser Hadra-Vasen gezeigt hat, ist die These kaum aufrechtzuerhalten, daß massenhaft Ton in das ptolemäische Ägypten importiert wurde, um dann in einheimischen Werkstätten diese Statuetten herzustellen. Man scheint vielmehr eine größere Zahl von Tanagrafiguren nach Ägypten eingeführt zu haben, als man das bisher vermutet hat. Das Auftreten dieser Figuren im hellenistischen Alexandria läßt erkennen, daß sie im gesamten griechisch sprechenden Osten im späten vierten und frühen dritten Jahrhundert v. Chr. sehr in Mode waren. Das statische Übergewicht von Grotesken im ptolemäischen Ägypten sollte man nicht von vornherein als Beweis für ihren ägyptischen Ursprung nehmen. Nach dem heutigen Wissensstand kann man mit Sicherheit nur sagen, daß es sich bei den Grotesken um eine spezifisch alexandrinische Vorliebe für diese Figuren handelt; ob diese Nachfrage von einheimischen oder ausländischen Werkstätten befriedigt wurde, läßt sich nicht mit Gewißheit entscheiden.
Bestimmte Aspekte der staatlichen Wirtschaft der Ptolemäer müßten noch genauer untersucht werden, um Aufschlüsse über die Ein- und Ausfuhr von Kunstwerken zu erhalten. Die These, daß Alexandria Ägyptisch-Blau-Pigmente nach Griechenland exportierte, und zwar für die blau bemalten Tanagrafiguren (die somit sehr selten und teuer waren), würde bedeuten, daß sich die Regierung des Wertes sehr wohl bewußt war, den die natürlichen und einzigartigen Ressourcen Ägyptens für ausländische Künstler hatten. Materialien wie Marmor und dieses Ägyptisch-Blau, aber auch Kunstwerke, einschließlich Hadra-Vasen, Tanagrafiguren und Mosaiken, waren offensichtlich Teil eines ganz besonders lebhaften Handels zwischen Regierungen und Privatpersonen. Dieser Handel könnte mehr als jeder andere Faktor dafür ausschlaggebend gewesen sein, daß die Alexandriner die Kunsttendenzen anderer hellenistisch-griechischer Zentren immer wieder aufnahmen.
Die technischen Fortschritte der *Koroplasten* bei der Entwicklung von Teilmodeln und die Fähigkeit der Künstler, ihren Werken gesondert angefertigte Teile hinzuzufügen, befreite ihr Schaffen von den Gesetzen der Frontalität, die den Gebrauch

von zweiteiligen Modeln, jeweils für die Vorder- und die Rückseite, bestimmt hatten. Diese Fortschritte ermöglichten es dem Künstler, auch ausgefallene Prototypen in beliebigem Material zu formen und dann davon die Model abzunehmen. Die Kompositionen betrachtete man als Skulpturen; die Basisplatten, die für den Stand der Terrakotten notwendig waren, hat man nicht gleich mit angefertigt. Sie wurden häufig erst nach Fertigstellung des Stückes als separat angefertigte Platten angesetzt. Die Brennlöcher wurden so plaziert, daß sie kaum auffielen. All diese Details charakterisieren die Tanagraproduktionen der frühhellenistischen Zeit und deuten im Fall der Zwei-Personen-Gruppe aus Hildesheim auf eine Datierung zwischen 300 und 275 v. Chr (Paris MNB 904 ist ein ähnliches Exemplar mit nur einer Figur).

Cleopatra's Egypt, Nr. 112–114

◁ 110
Schauspieler (?) im Gespräch

Terrakotta, 14,5
Ca. 300–275 v. Chr.
Herkunft unbekannt
Hildesheim, Pelizaeus-Museum, 464

111
Fragment einer Wasseruhr

Basalt, 16/18,7/5
Makedonische Zeit (332–305 v. Chr.)
Herkunft unbekannt
Privatbesitz

Form und Reliefdekoration weisen das Fragment als Teil einer Wasseruhr aus; das konische Gefäß besaß regelmäßige Bohrungen, so daß der exakt kalkulierte Wasserauslauf eine genaue Zeitablesung ermöglichte.

Obwohl die Wasseruhr offensichtlich in Ägypten am Anfang der 18. Dynastie von einem gewissen Amenemhet erfunden worden ist, sind alle bisherigen Versuche, den altägyptischen Namen für dieses Instrument herauszufinden, ohne Erfolg geblieben. Der jüngste Vorschlag, diesen Namen mit *dd.t wnw*, »was die Stunden ansagt«, gleichzusetzen, und zwar auf Grund des altgriechischen Wortes ὡρολόγιον mit derselben Bedeutung, ist höchst spekulativ.
Auf diesem Fragment sind die Reste von drei Figuren erhalten: ein König in der Mitte, links von ihm die Göttin Sachmet und rechts die Göttin Hathor; sie stehen unter einem sternengeschmückten Himmel. Die Inschriften in den Kolumnen vor den Göttinnen (»geliebt von Sachmet, Herrin des Himmels, Herrin der Beiden Länder« und »geliebt von Hathor, Herrin der Beiden Länder«) identifizieren die beiden weiblichen Figuren. Eine dritte Inschrift steht hinter Sachmet (»Ich gab Dir Hunderttausende von Jahren...«), eine vierte bezieht sich auf ein Weinopfer und bezeichnet die Handlung des Königs. Unter allen bekannten Beispielen von Wasseruhren (Rom, Museo Barracco 27) gibt es mindestens fünf mit entsprechenden Szenen (London 938, Moskau I.1.a.5955, Berlin 19556, Leningrad 2507 und 2507b), wobei die Beispiele aus London und Leningrad Inschriften enthalten, die mit denen auf dem vorliegenden Fragment nahezu identisch sind. Auf Grund der großen stilistischen Ähnlichkeit dieses Fragments zu denen, die entweder den Namen des Philippos Arrhidaios und/oder Alexanders, Sohn des Alexander, tragen (London 938, London 933, Brooklyn 57.21.1), ist diese Wasseruhr der makedonischen Zeit zuzuschreiben. Die leeren Kartuschen, mit denen die alten Ägypter politisch instabile Zeiten angezeigt haben, treten besonders häufig in der makedonischen Zeit auf, so auf Wasseruhren und anderen königlichen Denkmälern (Kairo CG 22182, die Satrapenstele).
Da die erhaltenen Wasseruhren aus der makedonischen Zeit anscheinend keine Ausgußvorrichtungen haben und alle das Bild des Pavians ausschließen, das man auf früheren und späteren Beispielen (Chicago, OI 16875) finden kann, handelt es sich möglicherweise um Votivgaben ohne praktische Funktion. Der künstlerische Stil bei dieser Gruppe von Wasseruhren ist besonders fein. Man legte speziellen Wert darauf, den menschlichen Körper mit äußerster Sorgfalt zu modellieren (s. S. 74f.). Dies ist, wie auch J. Quaegebeur bestätigt hat, nicht auf griechischen Einfluß zurückzuführen, sondern kann direkt vom Bildhauerstil der 30. Dynastie abgeleitet werden.

Cleopatra's Egypt, Nr. 115

112 ▷

◁◁ 112
Phiale

Silber, 3,6/Durchmesser 14,6
Viertes bis drittes Jahrhundert v. Chr.
Herkunft unbekannt
New York, The Metropolitan Museum of Art, 18.2.16;
Rogers Fund, 1918

Als Trinkgefäß oder Spendenschale verwendet, vertritt diese Phiale einen Typus, der von mehreren Fundplätzen im Nildelta aus dem 4. und 3. Jahrhundert v. Chr. bekannt ist.

Diese Phiale, eine flache Schale, ist mit vierundzwanzig Eicheln und zwei Lagen lanzettförmiger Blätter verziert, die im Kreis um eine aus vierzehn Blütenblättern zusammengesetzte Rosette liegen. Man geht davon aus, daß diese Phialen auf Silberschalen zurückgehen, die seit dem vierten Jahrtausend v. Chr. belegt sind (New York 46.11.1). Dieser Typus tritt um 700 v. Chr. dann häufiger auf (New York 1981.11.13) und hält sich bis weit in die hellenistische Epoche. Phialen verwendete man entweder als Trinkgefäße oder zum rituellen Spenden von Flüssigkeiten.
Diese Phiale wurde angeblich an einem nicht näher bekanntgegebenen Ort im Nildelta zusammen mit vier weiteren Silbergefäßen im selben Hort gefunden. Solche Angaben sind für die Bewertung der einzelnen Stücke des Schatzfundes von höchst fraglicher Brauchbarkeit, da sie sich häufig als falsch erweisen (KAT. 15, 48). Andererseits kann man davon ausgehen, daß Horte von solchem Sibergeschirr, die man im Delta entdeckt hat, Teile von Tempelschätzen sind, die in unruhigen Zeiten zur Sicherheit vergraben, aber in der Antike nicht mehr geborgen wurden. Diese Tempelschätze konnten sehr wohl aus Stükken bestehen, die zu unterschiedlichen Zeiten dem Schatz zugefügt worden waren, was sicherlich die gravierenden Unterschiede im Stil und sogar in der Datierung bei zwei Objekten aus demselben Hort erklären würde, wie man im Fall dieser Phiale und einer anderen, die zusammen mit ihr gefunden wurde, recht gut sehen kann (New York 18.2.17).
Die Datierung von Hortfunden und der jeweiligen Einzelstücke ist problematisch, aber die Gemeinsamkeiten dieser Phiale mit anderen Silbergefäßen aus dem Mendes-Schatzfund (Kairo CG 3581-3585) und dem aus Tuch el-Qaramus sprechen für eine Datierung ins vierte oder dritte Jahrhundert v. Chr.

Cleopatra's Egypt, Nr. 117

113
Bes-Gefäß

Fayence, 10,7
Drittes Jahrhundert v. Chr.
Herkunft unbekannt
Brüssel, Musées Royaux d'Art et d'Histoire, E.4424

Fayencegefäße mit figuraler und floraler Dekoration wurden in Memphis und Alexandria in großer Zahl hergestellt. Der Kopf des Schutzgottes Bes ist ein beliebtes Motiv dieses Gefäßtyps.

In der Dritten Zwischenzeit scheint eine große Nachfrage nach Fayencekelchen geherrscht zu haben, die in mehreren Registern mit figürlichen Szenen in Relief verziert sind. R. A. Fazzinis These, daß die Produktion dieser Kelche bis zum Ende dieser Epoche weiterging, wird durch E. Russmanns Beobachtung untermauert, daß die Szene im Papyrusdickicht, ein Hauptmotiv auf diesen Gefäßen, am Ende der 25. Dynastie zu verschwinden scheint (Kairo JE 58924, eine satirische (?) Papyrusdikkichtszene aus Medamud im Zusammenhang mit Schepenupet II.). Dann erweiterte man das Repertoire an Fayencegefäßen um neue Formen: zuerst um das Alabastron, das auf Vorbilder aus Edelmetall zurückgeht, dann auch Rhyta (München ÄS 5980), Skyphoi und Gefäße wie dieses aus Brüssel. Die hauptsächliche Verzierung dieser Gefäße besteht aus alternierenden Registern mit figürlichen und/oder floralen Motiven, die auf der Gefäßwand in der sogenannten Sgraffito-Technik angebracht wurden.

Man nimmt allgemein an, daß diese Gefäße als Erzeugnisse Ägyptens in den gesamten Mittelmeerraum exportiert wurden und daß das Zentrum dieser Fayenceproduktion Memphis war, wo eine Gruppe von hellenischen Memphiten das traditionelle ägyptische Material Fayence mit fremden Formen und Motiven kombinierte. Dies sollte man aber angesichts von beinahe eintausend Fragmenten, die von Fundorten in und um Alexandria stammen und sich heute im Griechisch-Römischen Museum in Alexandria befinden (davon viele noch nicht registriert), nochmals überdenken. So findet z.B. die Wiedergabe der Federn der Wasservögel auf der Brüsseler Vase nicht nur bei entsprechenden Vögeln auf dem Gefäß in Thessaloniki eine Parallele, sondern auch auf Tonscherben in Brooklyn (75.113) und bei zwei Stücken in Alexandria (5824, das zweite ohne Inventarnr.). Darüber hinaus kann man die Dekoration um die Gefäßöffnung, ein Zungenmuster, das von den Rosetten durch ein Band getrennt ist, auch auf zwei weiteren Tonscherben in Alexandria (89991 und 16667, beim zweiten auch noch Linienverzierung) finden. Bei mindestens einem ähnlich verzierten Bruchstück (Alexandria, ohne Inventarnr.) ist der Kopf eines Bes erhalten, allerdings ohne Federn. R. A. Lunsingh Scheurleer hat versucht, die Bes-Darstellungen auf diesen Gefäßen mit der Arbeit des griechischen Naturwissenschaftlers Ktesibios zu verbinden, was jedoch dadurch fraglich wird, daß die von Ktesibios erschaffene mythologische Figur des Besas in diesem Fall mit einem Rhyton verbunden ist. Dennoch waren solche Bes-Bilder als Appliken auf Fayencegefäßen recht beliebt; ein von E. Breccia ausgegrabenes Gefäß kann aufgrund seines archäologischen Fundzusammenhangs ins dritte Jahrhundert v. Chr. datiert werden (Alexandria 19462).

Dieser Datierungsansatz stimmt auch mit den starken stilistischen Ähnlichkeiten der Bes-Darstellungen auf den Vasen in Brüssel und Alexandria überein und wird weiterhin durch einen Vergleich der Register mit den Wasservögeln auf der Vase in Thessaloniki gestützt, die durch den archäologischen Kontext ins zweite Jahrhundert v. Chr. datiert ist, deren Komposition jedoch starrer wirkt. Auf Grund der vorgestellten Belege könnte Alexandria ein Herstellungszentrum solcher Vasen gewesen sein, worauf auch die Übereinstimmungen zwischen Dekorationsmotiven auf einigen Hadra-Vasen (KAT. 114) und anderen Fayencegefäßen hinweisen.

Cleopatra's Egypt, Nr. 118

114
Hadra-Vase

Roter Ton mit lederfarbenem Überzug und brauner Glasur, 34,1
Ende des dritten Jahrhunderts v. Chr.,
dem Tatillon-Maler zugeschrieben
Angeblich aus Alexandria
Raleigh, North Carolina Museum of Art, G.79.6.15;
Geschenk von H. und Fr. Gordon Hanes

Wohl auf Kreta produziert, sind die Hadra-Vasen in Alexandria als Aschenurnen überaus beliebt gewesen.

In der Wissenschaft gilt trotz der Beobachtung B. F. Cooks, daß eine Vielzahl von Vasen dieses Typs auf Kreta gefunden wurden, immer noch die These A. Adrianis, daß man diese Vasen ursprünglich in einer oder mehreren Werkstätten in Alexandria fertigte und von dort aus exportierte. Seine mehrjährigen Ausgrabungen auf Kreta, insbesondere in der Mesara-Ebene, führten jedoch P. Callaghan zu dem Schluß, daß viele dieser Hadra-Vasen auf Kreta hergestellt und dann nach Alexandria exportiert worden seien. Das war eine so umwälzende Erkenntnis, daß A. Enklaar gleich darauf seine ursprüngliche Erwiderung auf Callaghan alsbald wieder zurücknahm. Callaghans These wird nun mehr und mehr akzeptiert. V. La Rosa hat Belege vorgestellt, die Callaghan noch bekräftigen und zeigen, daß die kretische Stadt Phaistos möglicherweise als ursprüngliches Herstellungszentrum dieser Hadra-Vasen angesehen werden kann.
hen werden kann.

Diese neuen Erkenntnisse zu den Hadra-Vasen machen es nötig, die Funktion(en) der Vasen nochmals zu untersuchen. Es scheint, daß man die große Mehrzahl der in Alexandria gefundenen Gefäße als Urnen für die Asche der Verstorbenen verwendet hat, wie sich aus den Beschriftungen ergibt, die man nach dem Brand auf die Vasen aufmalte. Zumindest in Alexandria hat man diese Vasen nicht als Siegespreis verliehen, jedoch kann man ihre Verwendung für andere Zwecke nicht ausschließen.

Die Beschriftungen weisen eine ausgesprochen enge Verwandschaft zu zeitgenössischen Handschriften auf ptolemäischen Papyri auf und sind somit ein typisch alexandrinisches Phänomen, da man Inschriften mit Pinsel und Tinte auch von manchen Ptolemäerkannen (KAT. 64) und sogar von antiken Gipsabgüssen kennt (Hildesheim 1144). Es ist trotz der Diskussion um die Chronologie dieser Vasen evident, daß sie nur während einer relativ kurzen Zeit in Mode waren. Man muß sich daher wundern, warum so viele der Verstorbenen, die, nach den Tinteninschriften zu urteilen, Botschafter gewesen sind, zeitlich so kurz aufeinander in Alexandria verstarben und warum es zum festen Brauch wurde, ihre Asche in einem ganz bestimmten Gefäßtypus aufzubewahren, der von Kreta nach Alexandria importiert werden mußte.

Die Vase in Raleigh verrät ihre kretische Herkunft durch die relativ glatte Oberläche, die vom roten Ton der Insel herrührt, der feiner ist als der grobkörnige ägyptische Ton (vgl. KAT. 108–110). Die schlanke Form und der Stil des Dekors weisen auf die »Werkstatt L«, eine kretische Gruppe von Vasenmalern. Insbesondere der Malstil bei dem Lorbeerzweig auf dem Hals des Gefäßes und bei der Palmette mit den seitlichen Spiralen auf der Gefäßschulter ist typisch für die Handschrift, die Enklaar als Tatillon-Maler identifiziert hat. In der Hauptszene des Bildfeldes, das recht hoch auf dem Gefäßkörper angebracht ist, stehen sich ein Steinbock und ein Hund gegenüber. Es ist nur eine einzige weitere derartige Szene auf einer Hadra-Vase bekannt. Diese befindet sich, allerdings ohne die Angabe einer Landschaft, auf einer Vase (heute in Alexandria), die dem El Manara-Maler zugewiesen wird. Daß dasselbe Motiv nur zweimal auftaucht, und zwar im Werk zweier unterschiedlicher Maler, scheint eher darauf hinzudeuten, daß beide von einem gemeinsamen Vorbild inspiriert worden sind, als daß der eine vom anderen kopiert hat. Da die Motive Steinbock und Hund auch in der Ikonographie der Enklaarschen Malergruppe D vorkommen, sind anscheinend sowohl der Tatillon- wie auch der El Manara-Maler durch diese gemeinsame Quelle beeinflußt worden.

Cleopatra's Egypt, Nr. 119

115

Grabstele des Horemachet (Harmachis), Hoherpriester von Memphis

Kalkstein, 58,5/36,7/11
Frühes zweites Jahrhundert v. Chr.
Vermutlich vom memphitischen Friedhof in Saqqara
London, Courtesy of the Trustees of the British Museum 391; Sammlung Salt

Der Hohepriester von Memphis war eine der Zentralfiguren für die Wahrung altägyptischer Traditionen in der Ptolemäer- und Römerzeit. Die Grabstelen dieser Priester sind in ihren Texten wichtige Quellen zur Geschichte und Religion Ägyptens.

Die Stele des Horemachet ist ein Beispiel aus einer Reihe von Grabstelen, die den Mitgliedern der wenigen eng miteinander verbundenen Familien gehören, die in der Ptolemäerzeit die wichtigsten memphitischen Priesterämter innehatten, einschließlich das des Hohenpriesters von Memphis (KAT. 116). Auch wenn das ägyptische Priesteramt für einheimische Ägypter unter den Ptolemäern nicht die einzige Möglichkeit war, einer lukrativen Beschäftigung nachzugehen, so war es doch der beste Weg zum Wohlstand; die Priester waren auch diejenigen, welche die meisten Privatstatuen und Stelen dieser Epoche in Auftrag gaben. Die besondere Machtstellung der Hohenpriester von Memphis ist ein Spiegel der Bedeutung ihrer Stadt für die Ptolemäer als Regierungssitz und ihrer Tradition als eines der religiösen Zentren seit Anbeginn der ägyptischen Geschichte. So könnte die traditionsreiche Rolle von Memphis für die Kulte der vergöttlichten Pharaonen eine der Ursachen gewesen sein, daß diese Stadt auch bei der Einrichtung der ptolemäischen Herrscherkulte und des Kultes der vergöttlichten Arsinoe II. eine bedeutende Rolle gespielt hat (s. S. 46, 50). Auf Grund politischer Ereignisse war Memphis für die ägyptische Priesterschaft generell von Bedeutung, und die Hohenpriester von Memphis bezeichneten sich als Führungsspitze des ägyptischen Klerus. Horemachet, der 223 v. Chr. Hoherpriester wurde und nach 194/193 v. Chr starb, hat möglicherweise bei vielen politischen Ereignissen eine wichtige Rolle gespielt und wirkte auch bei der Krönung des jungen Ptolemaios' V. Epiphanes mit. Doch spielten die Hohenpriester von Memphis entgegen einiger Theorien für die Ptolemäer nicht die Rolle von »Premierministern«, wie auch Horemachet niemals ein einheimischer Gegenkönig in Oberägypten gewesen war. Er war, wie auch teilweise durch diesen Stelentext belegt ist, in den Kulten einiger Ptolemäerherrscher beschäftigt, einschließlich dem Kult Arsinoes II.

Die Stele ist oben abgerundet und mit der Himmelshieroglyphe und der geflügelten Sonnenscheibe versehen, deren Bedeutung in KAT. 3 und 4 besprochen wurden. Darunter thront der Gott Osiris. Ihm gegenüber steht Horemachet; er räuchert und libiert über den Opfergaben, die auf einem Tisch angeordnet sind. Die Reinigungs- und Belebungsriten sind wohl kaum eine Erfindung der Spätzeit, wenn sie auch auf früheren Grabstelen der Spätzeit nicht so häufig auftreten. Horemachet trägt die Jugendlocke und das Pantherfell, die man traditionell (wenn auch nicht ausschließlich) mit den Hohenpriestern des Ptah verbindet (vgl. KAT. 124). Der Text erinnert an sein Begräbnis und nennt einige seiner Titel. Er wurde zu seinen Lebzeiten gemeißelt, wobei die frei gelassenen Textstellen, z. B. für sein Todesdatum, zeigen, daß die Stele nie vollendet worden ist.

Horemachets Stele gehört zu der ptolemäischen Stelengruppe Memphis II in der Typologie von P. Munro, die sich zum Teil aus Stelen der Familie der Hohenpriester des Ptah und ihrer Seitenlinien zusammensetzt. Einige dieser Stelen, ungefähr gleichzeitig mit der des Horemachet, sind ihr in vieler Hinsicht recht ähnlich. Munros Memphis II-Stelen sind mit den vorptolemäischen Stelen, die er in Memphis I zusammenfaßt, insofern verwandt, als bei ihnen zwischen dem Haupttext und dem Bildfeld noch eine gewisse Einheit besteht, die bei manchen Memphis II-Stelen durch die größere Betonung von Rahmenelementen noch verstärkt wird, wie durch das *was*-Szepter bei der Stele des Horemachet. Wie bei den Memphis I-Stelen zeigen auch die der Memphis II-Gruppe den Verstorbenen häufiger vor Osiris als vor einer Sonnengottheit wie Re-Harachte. Im Gegensatz zu nahezu allen späten Grabstelen zeigen manche Memphis II-Stelen, wie z. B. bei Horemachet, den Verstorbenen vor nur einem Gott und haben so Platz für eine breit angelegte und großzügige Komposition. Munro spricht darüber hinaus von einer um 200 v. Chr. spürbar werdenden Tendenz zu betont plastischen Körperformen und tief versenktem Relief. Er bezeichnet diese Stele als ein frühes Beispiel für die damalige Vorliebe, die Arme zu überlängen und die Köpfe zu groß darzustellen.

Cleopatra's Egypt, Nr. 121

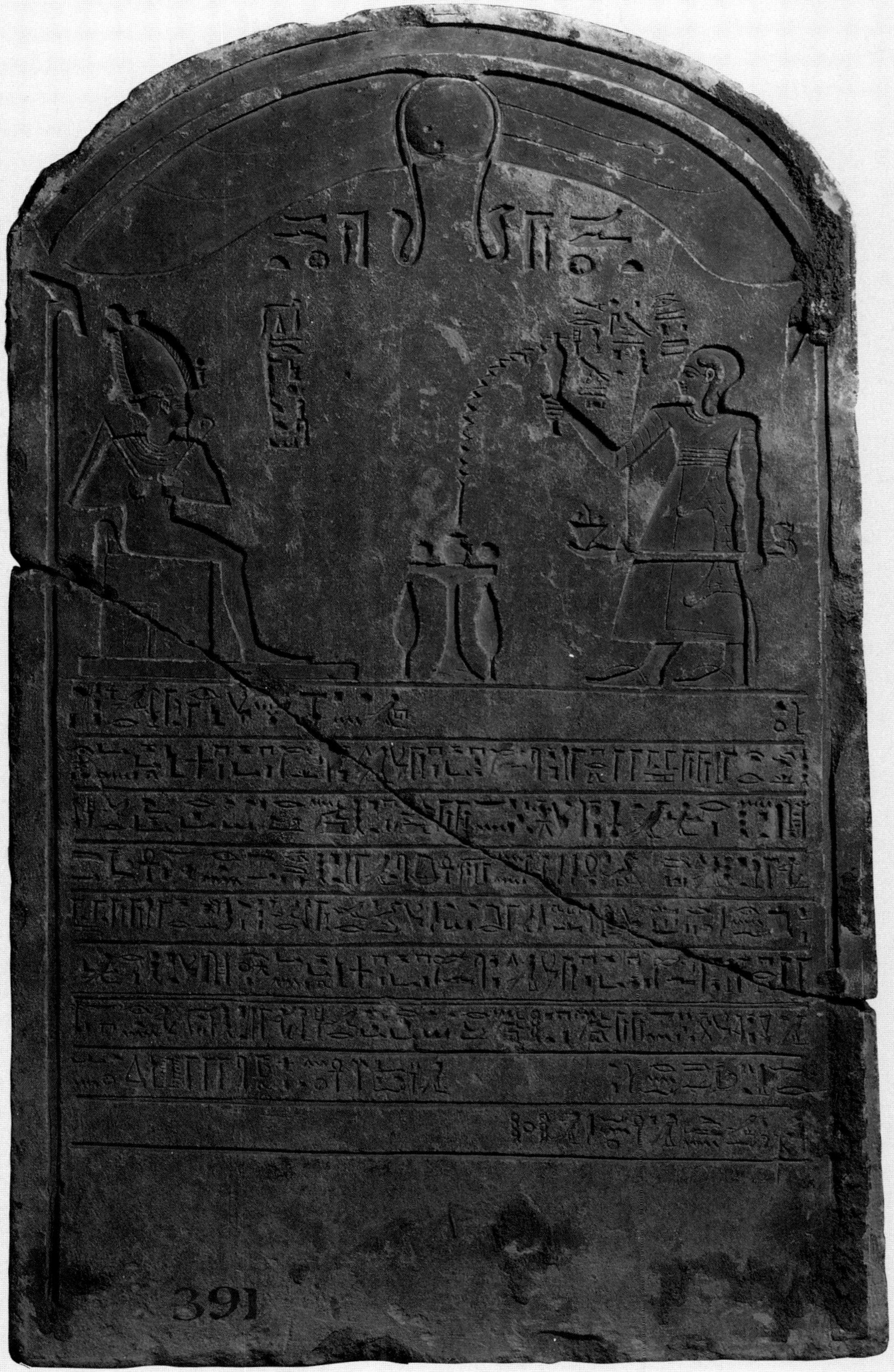
391

116
Grabstele der Taimhotep

Kalkstein, 89,2/46/12,5
Jahr 10 Kleopatras VII. (43/42 v. Chr.)
Vermutlich von einer Nekropole in Saqqara
London, Courtesy of the Trustees of the British Museum, 147; Sammlung Salt 1835

Im 10. Jahr Kleopatras verstorben, fordert Taimhotep ihren Gemahl, den Hohenpriester Psenptah auf, auch nach ihrem Tod das Leben zu genießen. Aus ihrem Leben berichtet sie von der Hilfe des Gottes Imhotep bei der Geburt ihres einzigen Sohnes.

Die lebhafte Diskussion um Form und Inhalt dieses wichtigen Dokumentes steht repräsentativ für die Polarität der Meinungen in der Wissenschaft, wenn es um die Grundfragen des Wesens der ptolemäischen Kunst und Kultur geht. Die Stele gehört der Dame Taimhotep, geboren im Jahr 9 Ptolemaios' XII. Auletes (73/72 v. Chr.), in dessen Jahr 23 (59/58 v. Chr.) mit Psenptah III. verheiratet und im Jahr 10 Kleopatras VII. (43/42 v. Chr.) verstorben. Die letzte Zeile der Inschrift verweist darauf, daß ihr Schwager, ein gewisser Harimuthis, hier als *sꜥnḫ* (»Bildhauer«) bezeichnet, bei der Herstellung dieses Denkmals beteiligt war. Welcher Art seine Mitarbeit war, ist allerdings nicht genau feststellbar, da *sš* (»schreiben«), das einzige in diesem Teil der Inschrift auftauchende Verb, eine Vielzahl von Bedeutungen haben kann.

Die Stele paßt gut in eine klar definierte Kategorie, die P. Munro als Memphis II bezeichnet hat (KAT. 115). Die qualitätvolle künstlerische Gestaltung der Bilddekoration im Bogenfeld kann man nur würdigen, wenn man die Stele aus der Nähe betrachtet. Die Zuweisung des Stils der Frauenfiguren an eine unterägyptisch-alexandrinische Schule mit einem gewissen griechischen Einfluß kann nicht aufrechterhalten werden, zumal eines der zur Untermauerung dieser These herangezogenen Stücke nicht länger als griechisch beeinflußt angesehen wird (KAT. 62). Der Stil ist mit dem der Grabstele von Taimhoteps Gatten in London verwandt (8856). Beide sind wohl die besten Beispiele für privates Relief, das jemals in der Ptolemäerzeit angefertigt wurde.

Die Stelengruppe, in die dieses Denkmal gehört, weist ein interessantes Phänomen auf: Der Inhalt der hieroglyphischen Inschrift wurde oft auf einer zweiten, ganz unabhängigen Stele in einer demotischen Version wiederholt (London 377). Aus dem Text beider Stelen erfahren wir, daß Taimhotep und ihr Mann, Psenptah III., keinen männlichen Erben hatten, dafür jedoch mehrere Töchter. Daraufhin bemühte das Ehepaar die Hilfe des Gottes Imhotep, der ihnen einen Sohn schenkte. Der ungewöhnliche Rat, den Taimhotep posthum ihrem noch lebenden Gatten gibt – sie fordert ihn zum Trinken, Essen und zur Fröhlichkeit auf – , bringt wohl eher die Wünsche von Psenptah und seinem Bruder Harimuthis zum Ausdruck als die Gefühle der verstorbenen Frau. Man kann diese Passage auf keinen Fall, wie das E. A. E. Reymond und S. Sauneron getan haben, als Hinweis darauf verstehen, daß Psenptah zusammen mit Ptolemaios XII. Trinkgelage gefeiert hätte. Sie verweist eher darauf, daß der König und der geistliche Würdenträger sich mit gegenseitiger Hochachtung begegneten, als Partner, nicht aber als enge Freunde.

Die Ausschnitte über die Geburt des einzigen Sohnes dieses Ehepaares und über den *carpe diem*-Rat an den Gatten sind altägyptischen Literaturgattungen verpflichtet. Die Frage, ob man diese und weitere Passagen in den beiden Stelen der Taimhotep mit ägyptischen literarischen Schöpfungen wie den »Weissagungen des Töpfers« und dem »Traum des Nektanebos'« in Verbindung bringen kann, muß noch näher untersucht werden. Diese Themen stehen jedenfalls außerhalb der Traditionen der hellenistisch-griechischen Literaturgattungen. Die Stele ist somit in Form und Inhalt ein bedeutendes altägyptisches Dokument, das die kulturellen Werte einer einheimisch-ägyptischen Familie zum Ausdruck bringt.

Cleopatra's Egypt, Nr. 122

117
Grabstele des Pachaas

Kalkstein, bemalt und vergoldet, 37,5/27/4,2
Zweites bis erstes Jahrhundert v. Chr.
Herkunft unbekannt, möglicherweise Theben
The Brooklyn Museum, 71.37.2; Charles Edwin Wilbour Fund

Der Stelenbesitzer, begleitet von Frau und Sohn, trägt auf seinen Knien eine Osirisfigur, die ihn selbst als Verstorbenen mit dem Auferstehungsgott identifiziert. Die schwach erhaltene Vergoldung seines Gesichts unterstreicht seine Gottwerdung.

Die zentrale Figur auf dieser Stele mit bisher einzigartigem Bildprogramm und einzigartiger Stilistik (s. S. 78) ist der verstorbene Pachaas, für den die Stele angefertigt wurde. Pachaas, Sohn von Parui und Nesihor, sitzt auf einem kunstvollen Stuhl und hält einen Stoffstreifen und einen Stab in Händen. Sein Gewand besteht aus einem breiten Halskragen, Gürtel und Schurz, der mit Streifen verziert ist – möglicherweise handelt es sich um einen gemusterten Stoff –, und einer Schärpe (Kairo JE 37076). Eine eigenartige Figur, die man mit Sicherheit als den Gott Osiris identifizieren kann, obwohl eine erklärende Beischrift fehlt, sitzt auf seinen Knien. Rechts steht sein Sohn Pachi, der ihm Weihrauch und kühles Wasser opfert; ganz links steht Nesihor II., die Gemahlin des Pachaas und Mutter von Pachi. Sie schüttelt ein Sistrum hinter ihrem Gemahl.
Das Osiris-Bildnis auf dem Schoß von Pachaas ist eine nähere Betrachtung wert, da sich S. Morenz und K. Parlasca in völlig entgegengesetzter Weise zu Darstellungen eines Verstorbenen zusammen mit diesem Gott in der bildenden Kunst Ägyptens äußern. In den Belegen aus der römischen Zeit, in denen wie hier zwei getrennte Figuren abgebildet sind, eindeutig der Verstorbene und Osiris, würde Parlasca dafür plädieren, die Szene »wörtlich« zu interpretieren, indem er an der Trennung von Verstorbenem und Osiris festhält. Morenz dagegen hat behauptet, daß ebendiese beiden Figuren als ein küstlerisches Mittel (»kontinuierliche Darstellungsweise«) verstanden werden müssen, das die Verwandlung des Toten zu Osiris zum Ausdruck bringt. Er steht somit im Einklang mit einer der häufigsten Ausdrucksweisen der ägyptischen Kunst, die einem einzigen Wesen innewohnenden verschiedenen Seinsformen darzustellen. So kann eine Wesensform des Gottes Amun die Gestalt des Gottes Bes annehmen, dessen sieben Köpfe gemeinsam die »Seelen« (*bau*) dieses Gottes repräsentieren (Brooklyn 47.218.156). In ähnlicher Weise wird auch oft der Gott Tutu mit einer ganzen Reihe von Begleitgenien dargestellt, welche die diversen Aspekte seines Wesens symbolisieren. Eine Erklärung der Osirisfigur auf dem Schoß von Pachaas auf der Brooklyner Stele muß sich an diesen Parallelbeispielen orientieren. Vielschichtige Charakteristika und Verschmelzungen werden in der altägyptischen Kunst häufig mit diesen Mitteln in sichtbare Formen umgesetzt. Somit sollte man diese Darstellung eher im Lichte der Entwicklung bildlicher Ausdrucksformen der altägyptischen Religion betrachten und weniger als ein von den Griechen eingeführtes Phänomen. Gerade durch die Tatsache, daß ein Osiris-Bildnis auf dem Schoß von Pachaas sitzt, wird Pachaas zu Osiris. Die Darstellung von Nesihor II., der Frau des Pachaas, unterstreicht dieses Bildprogramm, indem sie wie Isis abgebildet wird, die im allgemeinen mit dem Sistrum in der Hand hinter ihrem Gemahl Osiris steht. In diesem Zusammenhang könnte man Pachi als Horus ansehen, der pflichtgemäß seinen verstorbenen Eltern opfert. Die Spuren von Vergoldung auf der Figur des Pachaas betonen dessen Verschmelzung mit dem Gott Osiris. Der vermutlich thebanische Ursprung der Stele wird durch die unterste Inschriftzeile gestützt, die in ihrem Aufruf zu Leben und Verjüngung ihre engste Parallele in einer thebanischen Statue aus der Ptolemäerzeit findet (Kairo JE 37076). Die für diese Stele vorgeschlagene Datierung in die zweite Hälfte der Ptolemäerzeit fügt sich gut in den Gesamtbefund ein.

Cleopatra's Egypt, Nr. 123

118
Grabstele

Kalkstein, 46/35
Zweites bis erstes Jahrhundert v. Chr.
Herkunft unbekannt
Kopenhagen, Ny Carlsberg Glyptotek, AEIN 1071

Die Balsamierungshalle gibt den Rahmen für das Bild der aufgebahrten Mumie, an die Anubis, winzig dargestellt, Hand anlegt. Isis und Nephthys beschützen den Toten, seine Seele verläßt in Vogelgestalt die Mumie; unter der Bahre die Eingeweidebehälter.

Eine gebogene und geriffelte Himmelshieroglyphe läuft entlang der oberen Abrundung der Stele. Im Bogenfeld ist eine geflügelte Sonnenscheibe dargestellt, von der zwei Uräusschlangen herunterhängen, die beide jeweils einen Federwedel halten (KAT. 3, 4). Die Hauptszene findet in einer Balsamierungshalle statt, deren Hohlkehlenabschluß mit einer weiteren geflügelten Sonnenscheibe mit flankierenden Uräen verziert ist, ein Motiv, das direkt darunter auf dem Architrav nochmals wiederholt wird. Die geböschten Wände des Pavillons werden von Uräen geschmückt, die auf Papyrusdolden sitzen. Auf dem Boden der Balsamierungshalle liegt eine Schilfmatte, darauf stehen links Nephthys und rechts Isis in anbetender Haltung. In der Mitte befindet sich ein Schrein, der nach den Regeln des ägyptischen Flachbilds so verstanden werden muß, daß er die Löwenbahre enthält, auf die der Verstorbene gelegt ist. Vier Kanopenkrüge sind neben oder möglicherweise auch unter die Totenbahre gestellt. Anubis, der auf einem Gestell steht, beugt sich über den Toten, dessen *Ba*-Vogel im Schrein umherflattert. Die Inschriften enthalten nur Standardformeln; der Name des Verstorbenen ist so schwach eingeritzt, daß er heute unleserlich ist.

Die obere und untere Begrenzungslinie des Einbalsamierungspavillons laufen nicht parallel zueinander. Obwohl dieses Merkmal auch durch die Vorliebe des ägyptischen Künstlers der Ptolemäer- und Römerzeit für Asymmetrie bedingt sein könnte (s. S. 75 f.), ist W. Westendorf der Meinung, daß es sich um ein ganz bewußtes Detail handelt, wobei das Zusammenlaufen der beiden Horizontalen den Westen und die untergehende Sonne und das Auseinanderlaufen den Osten und die aufgehende Sonne symbolisieren sollen.
Die Szene mit Anubis, der sich um den auf einem Löwenbett aufgebahrten Verstorbenen bemüht, ist eines der traditionellsten und langlebigsten Bilder im funerären Zusammenhang in der altägyptischen Kunst seit dem Neuen Reich. Man begegnet ihm wiederholt in den Privatgräbern der Ptolemäer- und Römerzeit, und es ist rein statistisch das am häufigsten auftretende Bild auf den ansonsten undekorierten »Mumientäfelchen« und den demotisch beschrifteten Stelen aus Dendera. Diejenigen, die derartige Arbeiten in Auftrag gegeben haben, waren in ihren religiösen Vorstellungen und Anschauungen sicherlich stark konservativ, da das Wesen des Anubis unter Griechen und Römern eine ganz extreme Umwandlung erfuhr, um seine fest verwurzelte, mischgestaltige Natur den Nichtägyptern etwas näherzubringen.
Das Auftreten der Uräen mit den Federwedeln im oberen Bogenfeld könnte ein Datierungskriterium darstellen. Sie sind ein Motiv, das mit großer Häufigkeit im Verlauf des ersten Jahrhunderts v. Chr. auftaucht; zur selben Zeit erscheint auch das *sn*-Zeichen am gekrümmten Leib der Kobra (KAT. 116). Die klaren Umrißlinien der Figuren in stark erhabenem Relief und die detaillierte Innenzeichnung sprechen ebenso für diese Datierung (vgl. KAT. 61; Abb. 43) wie der demotische Text am unteren Rand der Stele. Diese Inschrift nennt einen »Osiris Nechtnebef« und verfolgt seine Ahnenreihe wenigstens zwei Generationen zurück. Es ist nicht ganz klar, ob man diesen demotischen Text als Eigentümerangabe verstehen soll, wie man sie auch auf anderen Grabstelen findet, so daß Nechtnebef der ursprüngliche Inhaber der Stele wäre, oder ob der demotische Text zu einem späteren Zeitpunkt hinzugefügt wurde, als die Stele von Nechtnebef entweder usurpiert oder erworben wurde.

Cleopatra's Egypt, Nr. 124

119
Stele eines Priesters vor drei Gottheiten

Sandstein, 50/33,5/8
Zweites Jahrhundert v. Chr. oder später
Herkunft unbekannt
Amsterdam, Allard Pierson Museum, 7776

Pa-di-Imhotep, vor den Gottheiten Chons, Mut und Anat opfernd, ruft im Hieroglyphentext die Passanten auf, für ihn zu opfern. Anat ist eine aus Syrien nach Ägypten eingewanderte Göttin.

Die Person auf der rechten Seite, der Priester »Osiris« (d.h. der verstorbene) Pa-di-Imhotep, trägt ein fransenbesetztes, ägyptisches Gewand (KAT. 28, 29), hält einen Räucherarm und gießt eine Wasserspende aus (KAT. 115, 117). Auf der anderen Seite des Opferständers sind die Figuren (oder Statuen) von drei Göttern abgebildet: von rechts nach links Chons-(das-)Kind, Mut und Anat. Im Gegensatz zu zahlreichen früheren Darstellungen hält Anat, die vorderasiatische »Kriegsgöttin«, hier nicht Schild und Waffen, sondern ist, wie manchmal in ptolemäischen Reliefs, in denen sie mit anderen Göttinnen auftritt, friedfertig abgebildet.
Die Textzeile am oberen Rand der Stele besagt, daß Pa-di-Imhotep ein Schreiber im Tempel (*ḥwt-nṯr*) der Anat war; diese Zeile ist gegen die Regel nicht zu seiner Person hin ausgerichtet, sondern zu den Göttern. Darüber hinaus befindet sie sich oberhalb einer großen Himmelshieroglyphe, die mit Zickzacklinien verziert ist (Kairo CG 22137 ist ein ähnlicher Fall), wie sie auch (ebenso ungewöhnlich) die Registerabschlußlinie unter den Figuren ausfüllen. Diese Stele weist einen geradezu »unerbittlichen« Gebrauch von Zickzacklinien auf, und zwar an den Thronseiten, wo man ein Federmuster erwarten würde, wie auch auf den Gewändern der Göttinnen. Selten sind Plissee- oder Federgewänder von Frauen so abstrahiert wie im vorliegenden Fall gemustert. Körper und Gesichter der Figuren sind dagegen in gewöhnlicher Weise dargestellt, Varianten dieser Gesichter lassen sich auf einigen Werken wiederfinden, die zeitlich von der Mitte der Ptolemäerzeit bis in die frühe Römerzeit reichen. Die Amsterdamer Stele wird generell ins zweite Jahrhundert v. Chr. datiert, sie könnte aber auch später entstanden sein.
Der Haupttext unterhalb des Bildfeldes ist ein »Anruf an die Lebenden«, eine Textgattung mit einer langen Tradition. Er bittet eindringlich um Zuwendungen für den Betroffenen (hier Pa-di-Imhotep) von denjenigen, die zu seinem Grab, zu seiner Statue oder Stele kommen. Der Text bezeichnet das Monument als »dieses *snn*«: entweder eine Statue oder ein anderes Denkmal. Hier bezieht es sich auf die Stele, die aus seinem Grab, aber auch von einem Tempel stammen könnte, da der Text ein Grab nicht erwähnt. Man ist versucht, die Stele mit dem oben erwähnten »Tempel« (*ḥwt-nṯr*) der Anat in Verbindung zu bringen, da die Beischriften aller drei Gottheiten diese mit einem »*pr* (Tempel oder Tempelbezirk) der Anat« verbinden. Leider kann das *pr* oder *ḥwt-nṯr* der Anat nicht mit einem bestimmten Ort identifiziert werden, für den ein Kult aller drei Gottheiten belegt wäre. Eine mögliche nördliche Herkunft wäre Tanis; hier allerdings war Anat der Mut untergeordnet, die mit Chons-dem-Kind ihre thebanischen Epitheta beibehielt, unter denen ein Hinweis auf einen Anat-Tempel fehlt. Dies macht auch eine Zuweisung der Stele nach Theben schwierig, auch wenn F. von Bissing sie in Luxor erworben hat.
Eine andere Frage, allerdings zu umfangreich, als daß man sie hier detailliert erörtern könnte, ist, wie Anat, Mut und Chons-das-Kind in so enge Berührung kamen, daß diese einmalige Darstellung aller drei miteinander entstehen konnte. Allein schon die Darstellung von zwei Göttinnen (außer Isis und Nephthys) mit einem Kindgott ist ungewöhnlich. Unter den vielen möglichen Erklärungen für die Verbindung von Mut und Anat verdienen zwei Beachtung: Anat ist wie Mut eine »Tochter des Re«, und beide können mit Hathor verschmelzen. Die Mut-Hathor-Verbindung vereinigt die tugendhafte Göttermutter und Göttin der »guten Frauen« (Mut) mit der Göttin der sexuellen Erregung (KAT. 5) und der »schlechten Frauen« (Hathor). Anat könnte die Brücke zwischen den beiden darstellen, wie auch einzelne Aspekte der beiden, die in ihr zur Einheit verschmolzen sind.

Cleopatra's Egypt, Nr. 125

120–121
Szenen aus zwei Totenbüchern

Jüngstes Gericht und Paradies auf altägyptisch: Das Wiegen des Herzens vor Osiris und das Gefilde der Seligen, ein von Bächen durchflossenes üppiges Ackerland, setzen Jenseitsangst und Ewigkeitshoffnung in konkret erfaßbare Bilder um.

120 ▷▷
Totengericht

Papyrus mit Tusche und Farbe, 30,3/79,8
Drittes Jahrhundert v. Chr. (?)
Herkunft unbekannt
London, Courtesy of the Trustees of the
British Museum, P.9908,2; Sammlung Salt

121 ▷▷
Die Gefilde der Seligen

Papyrus mit Tusche und Farbe, 40,9/84,2
Drittes bis zweites Jahrhundert v. Chr.
Herkunft unbekannt
London, Courtesy of the Trustees of the
British Museum, P.9911,2; Sammlung Anastasi 1839

Totenbuch (*TB*) ist eine von der Ägyptologie geschaffene Bezeichnung für eine Gruppe von Totenpapyri, die zum ersten Mal in der 18. Dynastie belegt sind. Jedes Exemplar eines *TB* enthält eine Auswahl aus einem großen Repertoire von Sprüchen, oft mit Vignetten illustriert; die Verklärung des verstorbenen Besitzers ist das wichtigste Ziel dieser Sprüche. Wenn der Wert eines gutbebilderten ptolemäischen *TB* dem hohen Preis entsprach, der für derartige Papyri in der 19. Dynastie bezahlt werden mußte, so war es ein recht teurer Bestandteil der Grabausstattung.
KAT. 120 stammt aus dem *TB* einer Frau namens Ta-scherit-min und zeigt eine Vignette mit einem Auszug aus ihrem To-

tengericht, in dem ihr Herz (das man als Sitz des Gewissens ansah) gegen ein Bild der Maat (KAT. 11 und S. 33) aufgewogen wird. Nur bei Gleichstand durfte sie auf ein gesegnetes Leben nach dem Tod hoffen. In den Totenbüchern begleitet diese Vignette normalerweise den Spruch 125 (der um ein positives Urteil im Totengericht bittet) oder 30B (der darum bittet, daß das Herz nicht gegen den Besitzer sprechen möge). Manchmal illustriert sie aber auch Spruch 1, den »Spruch für das Eintreten in die Halle des Osiris am Begräbnistag...«; in Ta-scherit-mins *TB* ist der Text Teil eines Zusatzes zu Spruch 1, der erstmals in der 21. Dynastie belegt ist.

In einer sorgfältigen Studie von C. Seeber werden die ägyptischen Darstellungen des Totengerichts in Haupt- und Untergruppen eingeteilt. Ta-scherit-mins Vignette paßt zu Typ E, der von der Dritten Zwischenzeit bis in die Römerzeit belegt ist; sie entspringt einer langen Entwicklung und entspricht einer »kanonischen Form« mit nur kleinen Abweichungen.

Einem alten Glauben entsprechend, aber bis zum Typ E selten dargestellt, spielt sich das Totengericht in der Halle der zwei Maatgöttinnen ab. Unmittelbar unter dem Dach der Halle kniet Ta-scherit-min in Anbetung vor einer Reihe von göttlichen Richtern. In der großen Szene rechts steht sie mit einer Hand an der Brust und der anderen vor ihrem Gesicht, zu beiden Seiten die zwei Maatgöttinnen, die, obwohl sie eigentlich das Prinzip verkörpern, nach dem die Tote abgeurteilt werden soll, hier als Schutzgöttinnen die Verstorbene begleiten. Diese Gruppierung und Ta-scherit-mins Haltung sind ein Beispiel für Seebers Untergruppe II/2 von Typ E.

Bei Typ E kann das eigentliche Wiegen des Herzens von zwei Göttern, hier Anubis und Horus, durchgeführt werden. Links von der Waage folgen: eine Kindgottfigur auf einem Krummstab, Symbol für die Verstorbenen im Zustand der Wiedergeburt; Meschenet, Personifikation eines Geburtsziegels und Schicksalsgottheit; Thoth, der das positive Urteil vor dem thronenden Osiris aufschreibt; die »Große Fresserin« der Verdammten, die auch Verjüngung für die Gerechtfertigten bedeutet; und die vier Totengötter, die Horussöhne, auf dem Lotus, einem Symbol der Wiedergeburt.

Diverse Faktoren machen die Datierung von Papyri schwierig, wie z. B. der Umstand, daß zu wenige publiziert sind, wie auch der Mangel an Untersuchungen über die Personen der Besitzer, die Veränderungen des Schrifttypus, die Herkunft der Papyri, die eine genauere Analyse ihrer Entwicklungsgeschichte ermöglichen würden. Ta-scherit-mins Vignette weist allerdings gute stilistische und ikonographische Parallelen zu einigen anderen Papyri auf, die – teils allerdings nur vermutet – aus der Ptolemäerzeit stammen. Eine Parallele, Berlin P.3008, einer Frau namens Ta-rudj, wird unterschiedlich dem dritten oder dem zweiten Jahrhundert v. Chr. zugeschrieben.

KAT. 120 gehört einem gewissen Kerkuni und datiert ca. 250–150 v. Chr. Man muß wohl kaum erwähnen, daß es andere ptolemäische Totenbücher gibt, die generelle Parallelen zu bestimmten Stildetails aufweisen. Eines wurde von L. Limme zusammen mit einer Besprechung weiterer Papyri zumeist aus dem dritten Jahrhundert v. Chr. veröffentlicht und zeigt ähnliche Figuren mit gestreiften Perücken und Gewändern sowie, z. B. bei den kleineren Figuren links auf diesem Papyrus, Figuren, deren Gliedmaßen nur als Striche angegeben sind. Der Papyrus der Ta-rudj (Berlin P.3008), der im Zusammenhang mit KAT. 120 zitiert wurde, bietet auch gute ikonographische, stilistische und kompositionelle Parallelen zu Kerkunis großer Vignette, an die sich links kleinere Vignetten und Text anschließen.

Die große Vignette auf diesem Ausschnitt von Kerkunis Papyrus ist die Illustration zu *TB* Spruch 110. Die Agrargesellschaft Ägyptens war von der Nilflut und der Bewässerung der Felder durch ein Kanalsystem abhängig. Spruch 110 dreht sich um eine Vorstellung vom Leben nach dem Tod, in dem sogar vornehme Verstorbene Nahrung für sich selbst und für die Götter erwirtschaften müssen, wie man ganz deutlich am mittleren Register erkennen kann, wo Kerkuni seinen landwirtschaftlichen Pflichten nachkommt und einem Gott der Fruchtbarkeit und des Überflusses für die reiche Ernte dankt. Generell entspricht die Vignette dem ptolemäischen Typus, der in vieler Hinsicht von früheren Darstellungen desselben ägyptischen Paradieses abhängt.

Die linke Hälfte der Bebilderung dieses Ausschnitts entspricht teilweise (einschließlich der Stilistik der Figuren und des Textes) den Vignetten von Berlin P.3008. Dort gehören alle Texte und Vignetten zu *TB* Spruch 18, der Thoth dazu aufruft, den Besitzer des Papyrus vor mehreren göttlichen Tribunalen gegen alle Widersacher zu verteidigen, wie er auch Osiris gegen dessen Feinde in Schutz genommen hat. Die Texte in der oberen Hälfte dieses Auszugs von Kerkunis Papyrus sind eine stark abgekürzte Version von Spruch 18, dazu gehören die Darstellungen, in denen er einige der Gottheiten dieses Spruches anbetet. Bei den darunter befindlichen Texten handelt es sich in erster Linie um eine auszugsweise Version von Spruch 89 (»Spruch, damit die Seele wieder ihren Körper im Reich der Toten berührt«). Eine der Vignetten über diesen Textspalten ist die gebräuchliche Illustration zu *TB* 89: ein *Ba*-Vogel schwebt über seiner Mumie.

Ebenso schwierig wie die präzise Datierung von Totenbüchern ist ihre genaue Deutung und auch die Klärung der Frage, was das *TB* eigentlich für einen alten Ägypter bedeutet hat. Für viele entspricht seine Bedeutung der der anderen Bestandteile einer Grabausstattung: Es sollte auf magische Weise dabei helfen, das, was es in Bild und Text ausdrückte, auch Wirklichkeit werden zu lassen, auch wenn dies mit der Betonung von Moral und Frömmigkeit beim letzten Gericht kaum vereinbar war. Unter den vielen unterschiedlichen Ansichten behauptet H. te Velde, daß man eine Vignette wie die der Ta-scherit-min wohl eher »als Bitte, als einen Überzeugungsversuch oder eine Beteuerung, daß die/der Verstorbene wie in der Darstellung gerechtfertigt sei« interpretieren sollte, nicht als magisches Mittel, das »ganz automatisch die Rechtfertigung des/der Verstorbenen herbeiführt«. Mit te Velde ist es »ein Gebet, nicht in Worten, sondern in Bildern«.

Cleopatra's Egypt, Nr. 126–127

9908. 2

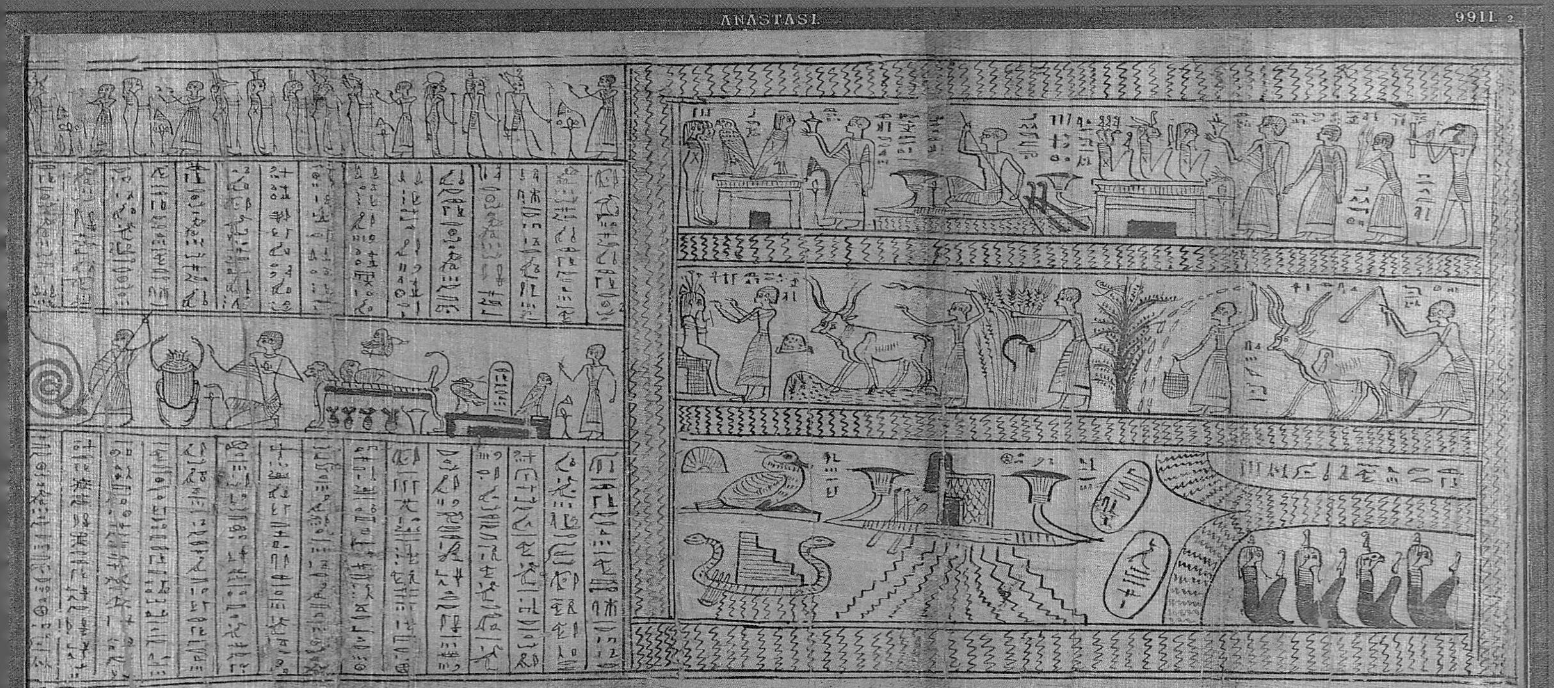
ANASTASI
9911. 2

◁ 120

◁ 121

122
Relief eines Opferträgers

▷▷

Kalkstein, 35,8/28,2
Viertes bis drittes Jahrhundert v. Chr.
Herkunft unbekannt
Hildesheim, Pelizaeus-Museum, 2244

Trotz gewisser Anklänge an die griechische Kunst steht dieses Relief doch stilistisch wie ikonographisch ganz in altägyptischer Tradition.

J. H. Schäfer kam bei seiner ersten Untersuchung dieses Reliefs zu dem Schluß, daß es ein Bildhauermodell sei, dessen Stil unter griechischem Einfluß stehe. Die ungewöhnlich breite Umrandung an drei Seiten der Szene wie auch ein nahezu identisches Stück in Berlin erinnern an die Reliefs der Opferträger im untersten Register des Petosiris-Grabes aus dem vierten Jahrhundert v. Chr. Solch breite Umrandungen kennzeichnen wenigstens drei Fragmente eines stilistisch und thematisch entsprechenden Reliefs, das in et-Tod gefunden wurde. In der ägyptischen Kunst verlangt das eigentliche Wesen der Opferszenen die Wiederholung von Figuren und ihrer Ausstattung, wie ein nur kurzer Blick auf derartige spätzeitliche Szenen im Asasif deutlich macht. Bei dieser vielfachen Wiederholung treten natürlich Detailvarianten auf, die auch das Berliner vom Hildesheimer Stück unterscheiden (KAT. 61; Abb. 43). Da diese beiden Stücke zweifellos im Stil und in der Technik zusammengehören, sollte man sie eher als Teil der Wanddekoration ein und desselben Monumentes, möglicherweise eines Privatgrabes, betrachten und nicht als Bildhauermodelle ansehen.

Die Verbindung dieser sogenannten neomemphitischen Reliefs mit griechischem Einfluß muß allerdings ernsthaft in Frage gestellt werden. Einige dieser Reliefs, die G. C. C. Maspero und F. von Bissing veröffentlicht haben, wurden mit Heliopolis in Zusammenhang gebracht, andere hat man in et-Tod und Tanis gefunden. Auch wenn kein einziges Beispiel sicher datiert ist, scheint doch alles darauf hinzudeuten, daß U. Schweitzers Annahme, sie setzten in der späten Saitenzeit ein, richtig ist, zunächst konzentriert auf bestimmte Motive im Papyrusdickicht, die ihre Vorbilder in Bootsszenen aus der Dritten Zwischenzeit (KAT. 113) haben. Somit hat sich der Stil dieser Reliefs im Verlauf von zweieinhalb Jahrhunderten erst allmählich entwickelt. Stil und Thematik der Reliefs im Petosirisgrab in Tuna el-Gebel sind somit eher als Höhepunkt einer Entwicklung denn als eine Schöpfung *ab ovo* anzusehen.

Die Modellierung des männlichen Oberkörpers in den Reliefs aus Berlin und Hildesheim steht in der ägyptischen Tradition der Dreiteilung (s. S. 74f.); das Gewand, das die Frau auf dem Berliner Stück trägt, ist nachgewiesenermaßen eine ägyptische Tracht, die nichts mit der Göttin Isis zu tun hat (KAT. 62, 96, 97); die Haartracht, sowohl die männliche wie auch die weibliche (KAT. 124), leitet sich aus dem Repertoire altägyptischer Ikonographie ab und hat in der Kunst der frühen Spätzeit gute Vorläufer. Der barocke Überfluß an Opfergaben, der an die schwerbeladenen Darstellungen des Gottes Hapi in einem Relief aus Cleveland (61.205) erinnert, begegnet, wenn auch nur in sehr fragmentarischem Zustand, bereits im Grab des Anchhor. Die Mode mit dem Kinnbart ohne Schnurrbart ist bereits in Reliefs aus dem Alten Reich häufig belegt; sie wird dann seit dem vierten Jahrhundert v. Chr. zum festen Bestandteil der Männermode (KAT. 2).

Die Gemeinsamkeiten in der Bearbeitung der Gewänder und die Ohrringe der Frau im Berliner Relief (siehe auch Brüssel E.5335) sprechen dafür, das Hildesheimer Relief in die Zeit vom vierten bis dritten Jahrhundert v. Chr. zu datieren.

Cleopatra's Egypt, Nr. 128

123

Sargbrett mit Reliefdekoration

Holz, 22,3/43,8
193–212 n. Chr.
Herkunft unbekannt
Hildesheim, Pelizaeus-Museum, 2373

Die drei priesterlichen Gestalten (eine vierte nur in Resten erhalten) mit Götteremblemen sind zwar motivlich noch mit Altägypten verbunden, haben sich aber in ihrem Stil bereits weitgehend römischen Vorbildern angeglichen.

Die noch erhaltene Szene zeigt vier Personen, die wohl eher als Priester denn als Gottheiten (vgl. KAT. 106, 107) anzusehen sind; sie halten Ritualobjekte für den Kult verschiedener Gottheiten, in deren Dienst sie stehen. Ganz rechts ein Mann in eine, wie es scheint, späte Version des Wickelschurzes gekleidet, der in der 27. Dynastie besonders beliebt war (KAT. 30). Der Oberkörper ist unbekleidet, der Schädel kahl rasiert. Er hält einen Palmwedel hoch, den man mit den Attributen der Isispriester verbinden kann, die in der Meroitenkammer in Philae dargestellt sind. Die zweite Person ist eine Frau in der geknoteten, dreiteiligen Tracht und mit Korkenzieherlocken. Ihr Kopfputz besteht aus zwei Federn; sie hält in jeder Hand ein bauchiges Gefäß mit Ausgußtülle. Man darf wohl davon ausgehen, daß es sich bei der rechteckigen Vertiefung links neben ihrem Kopf um eine leere Fläche ohne Bedeutung handelt, die sich beim Herausschneiden der Figur so ergeben hat, wobei die linke, nach unten verlaufende Kante mit der Umrißlinie der Figur zusammenläuft. Dieses Rechteck ist stärker herausgearbeitet als jenes bei dem Mann rechts, aber sicherlich in gleicher Weise zu verstehen. Die dritte Person, ein Mann, trägt einen kurzen, um den Körper gewickelten Schurz, der vom linken Arm festgehalten wird, den er in das lose Gewandende gewikkelt hat und in Taillenhöhe an den Körper preßt; mit der anderen Hand hält er einen kurzen Stab. Die Brust ist nackt. Auf seinem langen Haar trägt er einen Kopfputz aus zwei Federn auf Widderhörnern. Leider haben sich nur geringe Spuren der vierten und letzten Person ganz links erhalten, ein ausgestreckter Arm, der eine Standarte hält, auf der zwei ovale Gebilde ein undefinierbares Objekt in der Mitte einschließen.

Thematisch kann man diese Szene gut mit ähnlichen Priesterprozessionen aus römisch-italischem Kontext vergleichen; am ehesten kommen hier die Reliefs auf den vier Säulen aus dem Iseum Campense in Frage. Auf der Säule in Florenz (Museo Archeologico, ohne Nr.) und den drei Säulen in Rom (Museo Capitolino, Sala dei Monumenti dell'Iseo Campense) sind solche Priester, allerdings anders gekleidet, dargestellt; sie halten Palmwedel und Standarten. Dieser Tempel, der 80 n. Chr. durch ein Feuer zerstört worden ist, wurde unter Domitian wieder aufgebaut. Zwei Giebelfelder aus diesem Tempel, heute in Berlin (16785-16786), werden ins zweite Jahrhundert n. Chr. datiert. Dieses Heiligtum war bis in die severische Zeit, um 200 n. Chr., und später unter Elagabal (218-222 n.Chr.) in Betrieb.

Der Stil des hölzernen Sargbrettes ist durch das flache versenkte Relief mit eingeritzten Details gekennzeichnet. Die Figuren tendieren zur Frontalität, obwohl der Priester ganz rechts beinahe in Dreiviertelansicht dargestellt ist. Diese stilistischen Merkmale finden sich auch bei der Gruppe der sogenannten Terenuthis-Stelen, die in die Zeit vom ersten bis zum dritten Jahrhundert n. Chr. datieren. Die Neigung zu strengerer Frontalität wird im späten zweiten und im dritten Jahrhundert n. Chr. immer deutlicher (KAT. 129). Diesem Sargfragment am ähnlichsten ist ein Relief in Kairo (CG 27569), auf dem eine Szene in zwei Registern dargestellt ist, oben eine Figur mit Strahlennimbus. Obwohl das Kairener Beispiel, in das späte zweite Jahrhundert oder in die erste Hälfte des dritten Jahrhunderts n. Chr. zu datieren, besser gearbeitet ist, zeigt es den gleichen Reliefstil, der sich von den Terenuthis-Stelen ableiten läßt. Somit läßt sich auch für das Holzrelief eine Datierung um 200 n. Chr. veranschlagen.

Wenn diese Datierung stimmt, dann markiert das Holzrelief eine Etappe in einer allmählichen, aber unaufhörlichen Abkehr von altägyptischen Normen im Verlauf des dritten Jahrhunderts n. Chr. Man muß nur dieses Sargbrett oder das Kairener Relief mit dem Kopf Caracallas (KAT. 134) vergleichen, um die Auswirkungen dieser Entwicklung auf die pharaonische Kunst im dritten Jahrhundert n. Chr. ermessen zu können. Dieser Trend nahm dann allmählich überhand und verdrängte letztendlich jegliche altägyptische Ausdrucksform, die, wie es scheint, in der Regierungszeit Domitians (284–305 n. Chr.; s. S. 84) vollkommen zum Stillstand kommt.

Cleopatra's Egypt, Nr. 129

124
Symplegma (Erotische Gruppe)

Kalkstein, 16,5/17/9,5
Ptolemäerzeit (305–30 v. Chr.)
Angeblich aus der Umgebung von Alexandria
The Brooklyn Museum, 58.13; Charles Edwin Wilbour Fund

Isis, die von Osiris noch nach dessen Tod den Horus empfängt, steht Pate für die derb erotische Darstellung. Durch ihre Seitenlocken sind die männlichen Figuren als Priester ausgewiesen; durch ihre Potenz gewähren sie das Fortleben im Jenseits.

Obwohl Figurengruppen aus dem antiken Ägypten bekannt sind, so sind sie doch nahezu alle parataktisch zusammengesetzt, ihre Einzelfiguren sind also als eigenständige Einheiten behandelt, die ohne jegliches verbindende Element nebeneinandergesetzt und parallel oder senkrecht zu den Seiten des Steinblocks ausgerichtet sind. Dieses Grundmuster, im Alten Reich für Gruppenstatuen entwickelt, wurde in der ägyptischen Geschichte unverändert immer wieder aufgegriffen. Die parataktische Komposition wurde auch für die Statue Nektanebos' vor dem Falken verwendet (KAT. 7), und noch in der Ptolemäerzeit wurden parataktische Figurengruppen angefertigt (z.B. Alexandria 11261, heute im Serapeum; s. S. 48).

An dieser Tradition gemessen, fällt das Symplegma aus Brooklyn aus den ägyptischen Statuentypen heraus, da es auf einer hypotaktischen Komposition beruht, in der die Nebenfiguren mit den Hauptpersonen zusammen agieren. Die Komposition entwickelt sich im Raum und bietet von jedem Blickpunkt aus eine vollständige Ansicht der Figuren. Diese kompositionelle Anordnung findet sich auch bei allen anderen Symplegmata in

Kalkstein oder Fayence, die wohl in die Spätzeit zu datieren sind. Die weibliche Figur in der Brooklyner Gruppe kann man auf Grund ihrer Frisur und ihres Gesichtstypus in die Ptolemäerzeit datieren. Die Kurzhaarperücke wird zwar auch oft in der Spätzeit dargestellt, aber die hier gezeigte Form ist typisch für die Beispiele aus der Ptolemäerzeit. Die Bearbeitung der Gesichtszüge stammt aus dem Repertoire der idealisierenden Formen, das man bereits im vierten Jahrhundert v. Chr. entwickelt hat und aus dem man für die Darstellungen von Männern (KAT. 22) wie auch von Frauen schöpfte – das Brüsseler Beispiel (KAT. 26) bietet die engsten Parallelen.

Die Figurengruppe aus Brooklyn ist ein ausschließlich altägyptisches Erzeugnis; Thema und Komposition haben sich ohne jeglichen äußeren Einfluß entwickelt. Keines der hypotaktisch zusammengesetzten Symplegmata in Kalkstein oder Fayence, das zu dieser Gruppe in Beziehung steht, wurde in außerägyptischem Kontext gefunden. Obwohl sich ein Verständnis altägyptischer Erotika erst langsam entwickelt, läßt sich doch sagen, daß das vorliegende Beispiel die bis heute vielschichtigste Komposition bietet. Mittelpunkt ist eine große nackte Frau, umgeben von einer Gruppe von sechs männlichen Personen mit Seitenlocke (vgl. KAT. 51, 52, 115). Vorne rechts halten zwei von ihnen eine gefesselte Antilope. Vom Thema her muß man dieses Symplegma anhand eines komplizierten visuellen Vokabulars mit dem Mythenkreis um den Gott Osiris verbinden, der mit seiner Gemahlin Isis nach seinem Tod seinen Erben Horus zeugte und somit seine Erbfolge sicherte. Die tragenden Motive dieser Allegorie sind die männlichen Figuren, die trotz ihrer knabenhaften Erscheinung *sem*-Priester sind, wie sich an der Seitenlocke ablesen läßt. Diese Priester führten bei einem ägyptischen Begräbnis traditionell die abschließenden Riten durch. Die Antilope ist ein seit jeher mit Übel und Zerstörung verbundenes Tier gewesen. Der Sieg über die Antilope war gleichbedeutend mit der Überwindung von Gefahren – in diesem Zusammenhang mit dem Triumph über den Tod. Die Einzelfiguren rings um die zentrale Figur der Frau, die man hier als ptolemäische Reinterpretation der Totenkonkubinen aus dem Mittleren Reich betrachten muß, verweisen auf die Kraft des Mannes, durch sein Zeugungsvermögen im jenseitigen Leben zur Wiederauferstehung zu gelangen.

Cleopatra's Egypt, Nr. 130

125
Zweiseitiges Ex-Voto mit Katze und Widder

Kalkstein, 20,5/22,2/1,1
150–100 v. Chr.
Herkunft unbekannt
Boston, Museum of Fine Arts, 51.2474; Helen und Alice Colburn Fund, Martha A. Willcomb Fund, Geschenk der Mrs. Charles Gaston Smith's Group

Die Muschelkette der Katze stellt eine Beziehung zur Frauen- und Liebesgöttin Bastet her; der Widder dürfte demnach Chnum darstellen, der auf seiner Töpferscheibe die Kinder formt.

125

Diese Kalksteinreliefs werden auch heute noch als »Bildhauermodelle« bezeichnet. Das widerspricht der richtungweisenden Äußerung B. V. Bothmers vor über 25 Jahren, daß es sich bei diesen Stücken in Wirklichkeit um Votivgaben handelt, die man vom Stil her chronologisch ordnen kann (KAT. 1, 125). Das ungewöhnlich hohe Relief, das ein beinahe schon rundplastisches Bild liefert, wurde fälschlicherweise griechischem Einfluß zugeschrieben. Dieses schwellende Relief läßt sich weit in die altägyptische Kunstgeschichte zurückverfolgen. Es wird in Kom Ombo zum besonderen Kennzeichen der unter Ptolemaios VIII. Euergetes II. entstandenen Arbeiten. Besonders gut erhaltene Beispiele findet man auf den Innenwänden der Säulenhalle. Eine Szene mit diesem König in Begleitung von Kleopatra II. und III. beim Opfer vor Haroeris bietet einen besonders guten Stilvergleich, mit dem sich diese Votivgabe in die zweite Hälfte des zweiten Jahrhunderts v. Chr. datieren läßt. Auch ohne Inschriften lassen sich die abgebildeten Gottheiten auf Grund der Halskette der Katze identifizieren. Die Kette besteht aus Perlen in Form von Kaurimuscheln (*cypraea vitellus*), die bei Schmuck erstmals im Mittleren Reich in großem Umfang vorkommen. Die Kaurimuschel hat erotische Bedeutung, die im alten Ägypten mit Geburt und Kindern verbunden war (Brooklyn 44.226 und KAT. 124). Die Identifizierung dieser Katze mit der Bastet ist somit gesichert, da sie in der Ptolemäer- und Römerzeit in Zusammenhang mit Frauen im Kindbett oft in Katzengestalt abgebildet wurde (Kairo, Landwirtschaftsmuseum 601). Das *Udjat*, das Horusauge, ist als Schutzamulett ein passender Anhänger an der Kaurimuschelkette des Ex-Votos und wird häufig bei Katzendarstellungen verwendet (Boston 39.593). Daher kann man die widderköpfige Gottheit auf der anderen Seite dieses Reliefs eher mit Chnum, dem Schöpfergott, als mit Banebdjed, dem Widdergott von Mendes im Delta, identifizieren. Das Ex-Voto könnte demnach in der Hoffnung auf ein Kind oder nach einer Geburt in ein Heiligtum gebracht worden sein.

Zwei ungewöhnliche Details sind noch anzusprechen: Der trapezförmige Bart des Widders, heute nicht mehr erhalten, bestand aus anderem Material. Da keine Korrosionsspuren zu sehen sind, war er wohl eher aus Fayence als aus Metall (vgl. Tübingen 1716). Die zweite Besonderheit ist die offenbar perspektivische Wiedergabe des *Udjat*-Amuletts, das nach altehrwürdigen, ägyptischen Regeln für die Darstellung räumlicher Tiefe bei bestimmten Motiven (s. S. 78) abgebildet ist.

Cleopatra's Egypt, Nr. 131

126
Bastet, Göttin der Geburt

Kalkstein, vergoldet und bemalt, 47
Erstes Jahrhundert n. Chr.
Herkunft unbekannt
Hildesheim, Pelizaeus-Museum, 748

Wenn auch altägyptische Götterbilder oft mehrdeutig sind, so sind doch Sistrum und auf dem Arm getragenes Kind klare Hinweise auf Bastet als Beschützerin von Mutter und Kind.

Die Vielzahl von Bedeutungsmöglichkeiten altägyptischer Motive und die Tatsache, daß sich in der Katze mehr als nur eine Gottheit manifestieren kann (KAT. 125), machen die Identifizierung dieser Figur schwierig. Ihre Attribute beziehen sich allerdings alle auf ein bestimmtes Thema und sichern so die Identität mit Bastet ab, wenn auch die synkretistischen Tendenzen der Ptolemäer- und Römerzeit dieser Zuweisung eine schillernde Bedeutungsvielfalt belassen.
Das auffälligste Attribut ist ein Sistrum vom *sššt*-Typ in ihrer rechten Hand. Obwohl diese Musikinstrumente häufig Attribute der Hathor und der Isis sind, insbesondere in außerägyptischem Kontext, gehört das Sistrum unbestritten auch zu Bastet in ihrer Rolle als Beschützerin der Frauen bei Geburt und Kindbett (Kairo CG 69316). Die apotropäische Verwendung des Sistrums in der kritischen Zeit der eigentlichen Geburt ist wohlbekannt. Wenn auch das Kinderfigürchen, das die Göttin auf dem linken Arm hält, als der kindhafte Gott Nefertem angesehen werden kann, sollte man hierin doch wohl eher in Analogie zu einer beschrifteten Statuette aus dem Mittleren Reich (Berlin 14517) einen bildlichen Ausdruck für den Wunsch nach Kindern im allgemeinen sehen. Auf dem ungewöhnlichen Untersatz vorne links auf der Basisplatte stand einmal eine kleine, O-beinige Standfigur ohne Kopf mit vor der Brust verschränkten Armen. Die Haltung dieser Figur erinnert an einen Begleiter des Gottes Bes auf einer Stele aus den Bes-Kammern von Saqqara, auf der Bittsteller den Gott um Kinder anflehten. Das gemeinsame Auftreten von Sistrum, Kind im Arm und Begleiter des Gottes Bes in Zusammenhang mit einer Katzengöttin läßt keinen Zweifel daran, daß man die Hauptfigur dieser Komposition mit Bastet, der Göttin für Mutter und Kind, identifizieren muß. Diese Identifizierung wird auch durch griechische Texte in Ägypten bestätigt, die vom vierten Jahrhundert v. Chr. bis in die römische Kaiserzeit reichen. Hier wird Bastet in Katzengestalt mit Geburt und Kindbett verbunden. Die Göttlichkeit der Bastet wurde durch die Vergoldung der Figur noch stärker hervorgehoben (vgl. KAT. 62, 117), von der noch Spuren an Augen und Ohren erhalten sind.
Im Gegensatz zu früheren Behauptungen gibt es bei dieser Bastetfigur keine Vermischung stilistischer Traditionen. Die Körperhaltung entspricht der modifizierten S-Kurve, die sich aus den griechischen Formvorstellungen im vierten Jahrhundert v. Chr. zum Kontrapost entwickelt hat. Das kommt in der Stellung ihrer Füße im Verhältnis zum Kopf und in den sich schneidenden Schulter- und Hüftlinien zum Ausdruck. Diese Art der Darstellung entspricht klassischen und nicht ägyptischen Formprinzipien (vgl. Abb. 41). Dazu kommt noch, daß die dreiteilige Tracht zwar den Eindruck der einheimisch-ägyptischen Mode erweckt, aber nicht ihre wirkliche Zusammensetzung wiedergibt. Die Gestaltung des weiblichen Körpers und des Gewandes mit den Falten entspricht einer Figur aus dem ersten Jahrhundert n. Chr. in Brooklyn (74.220) so genau, daß man auch für diese Bastet-Statuette diese Datierung ansetzen möchte.
Trotz der synkretistischen Verbindungen von Isis und Bastet dreht sich die Ikonographie in dieser Gruppe in allererster Hinsicht um die Katzengöttin und geht nicht auf Isis ein. Somit ist auch diese Statuette eine weitere Warnung, jedes Auftreten dieser Tracht umgehend mit einem Bezug zu Isis zu belegen.

Cleopatra's Egypt, Nr. 132

127
Sitzfigur eines Beamten

Basalt, 50/18/29
14–50 n.Chr.
Karanis, Fußboden eines zerstörten Hauses nahe der Südwestecke der Umfassungsmauer des Südlichen Tempels; tiefstes Besiedlungsniveau
Ann Arbor, Kelsey Museum of Archaeology, University of Michigan, 8218

Ägyptische Privatplastik der Kaiserzeit belebt den Typus der Sitzfigur wieder, der über Jahrhunderte Königen und Göttern vorbehalten gewesen war.

Es ist noch recht unklar, wie Privatplastik in ägyptischem Stil bis in die römische Kaiserzeit fortdauerte. Die Untersuchung der Bildhauerschule im Faijum, aus der diese Statue stammt, könnte hier wichtige Aufschlüsse bringen. Dieser Typ der männlichen Sitzfigur ist mit erhaltenem Kopf in sieben Beispielen belegt. Die vorliegende Statue stellt eine sehr enge Parallele, beinahe schon ein Duplikat, zu einer zweiten in Kairo dar (CG 1192). Beide sind zwar weniger abstrakt und kantig als eine dritte in Alexandria (3203), aber alle drei Exemplare sind noch weniger naturalistisch als eine vierte Statue dieses Typs, heute ebenfalls in Alexandria (3193). Letztere ist wiederum ein Duplikat einer fünften Statue in Kairo, die inschriftlich in das Jahr 19 des Tiberius datiert ist (CG 1191). Unter Berücksichtigung chronologischer und geographischer Unterschiede kann man diese Bildhauerschule im Faijum recht gut mit der Entwicklung der Schule von Dendera vergleichen (KAT. 29). In beiden Fällen scheint die ägyptische Privatplastik mit der Zeit immer abstrakter und stilisierter zu werden. Daher sollte man die Gruppe, zu der auch die Statue aus Ann Arbor gehört, in die Regierungszeit des Tiberius oder in die unmittelbare Folgezeit datieren. Die mit Ausnahme des Kopfes fehlende Politur und auch der offensichtlich unfertige Zustand des Sitzes stellen in sich den letztendlichen Triumph des Materials Stein über die Bemühungen des Bildhauers dar. In der altägyptischen Rundplastik kann man zu allen Zeiten – bemerkenswerte Ausnahmen sind z. B. die Grauwackestatuen des Mykerinos in der 4. Dynastie (Abb. 40) – die latente Bereitschaft erkennen, unzugängliche und nicht einsehbare Stellen einer Skulptur nicht vollständig auszuarbeiten (KAT. 40). Dieses Phänomen kommt hier besonders deutlich zum Ausdruck, was um so erstaunlicher ist, als es sich bei dieser Sitzstatue eines Privatmannes höchstwahrscheinlich um eine Tempelstatue handelt, die, wie auch im Falle von CG 1191, in der Öffentlichkeit aufgestellt war und die jedermann sehen konnte. Ebenso interessant ist es, daß man bei den letzten rundplastischen Äußerungen der alten Ägypter eine Rückkehr zur Sitzstatue feststellen kann. Dieser Typus der Rundplastik war bereits seit langer Zeit aus dem Repertoire der ägyptischen Privatplastik verschwunden. Von größerer Bedeutung ist jedoch die Beobachtung, daß Grabstatuen im Faijum nahezu gänzlich außer Gebrauch gekommen sind und schließlich durch Tempelstatuen ersetzt wurden. Da der Pharao nicht in Ägypten selbst residierte, war das soziale Umfeld geschaffen, in dem eine Privatperson sitzend bzw. thronend in einer Tempelstatue auftreten konnte. Dieses Privileg war vorher ausschließlich den Königs- und Götterstatuen vorbehalten.

Cleopatra's Egypt, Nr. 133

128
Horus als *Imperator*

Bronze, 46/28,6/6,6
Erstes Jahrhundert n. Chr.
Herkunft unbekannt
London, Courtesy of the Trustees of the British Museum, 36062; Ankauf 1868

Ein römischer General mit Falkenkopf: Eine altägyptische Gottheit in »modernem« Gewand als gewappnete Schutzgottheit, die zum Vorbild für frühchristliche Heilige wird.

Diese großformatige, ikonographisch ungewöhnliche Bronzestatue stellt einen Mann mit Falkenkopf in der Rüstung eines römischen *imperator*, eines Generals, dar. Bei der Stoffbahn, die um seinen linken Arm gewickelt ist, handelt es sich wohl um das *paludamentum*, einen Mantel, der Generälen und höheren Offizieren vorbehalten war. Für die hier belegte Art der Darstellung findet sich allerdings keine vergleichbare Parallele. Die linke Hand ist zu einer fast geschlossenen Faust geballt, so daß das Attribut – eine Lanze kommt hier allerdings nicht in Frage – diagonal zum ausgestreckten Arm gehalten wurde. Der erhobene rechte Arm, der jetzt fehlt, könnte das fragliche Attribut mitgehalten haben. Das *nemes*-Kopftuch ist hier auf einen so kümmerlichen Rest zusammengeschrumpft, daß man sich fragen muß, ob der Künstler die Merkmale des *nemes* hier mit einer Strähnenperücke und/oder dem Gefieder des Falkenkopfes durcheinandergebracht hat. Das von einem großen Schnabel beherrschte Gesicht ist auf beiden Seiten mit einer U-förmigen Zeichnung versehen, die die Augenumrandung eines Falken wiedergibt (vgl. Brooklyn 05.394). Das Resultat ist wohl eine durch und durch unägyptische Wiedergabe eines Motivs, dem man häufig in den Reliefs der Ptolemäerzeit (z. B. Kairo CG 22182, Satrapenstele) und auch schon früherer Epochen begegnet (Seth in einer Szene in der Hypostylhalle des Hibis-Tempels in el-Charga; Alexandria 20723).
Die bereits in der pharaonischen Zeit entstandene Verbindung des Horus mit einem Krieger wurde in der Ptolemäerzeit, besonders aber in der Römerzeit, immer wieder aufgegriffen. Für diese Zeit läßt sich seine große Popularität durch die Anwesenheit von in Ägypten stationierten Legionären erklären. Darstellungen wie diese Statuette, die den Gott Horus in der Rüstung eines römischen Feldherrn abbilden, scheinen diese These zu unterstützen. Man darf jedoch nicht vergessen, daß genau zur selben Zeit diese Gottheiten auch bei der einheimischen Bevölkerung sehr beliebt waren. J. Quaegebeur hat gezeigt, daß die einheimische Bevölkerung Horus als einen Rächer betrachtete, dessen Einsatz für die Menschen genau dem der Nemesis im griechischen Bereich entsprach. Die spätere Übernahme des Horusbildes als Vermittler und Krieger durch die frühen Christen in Ägypten für ihre Heiligendarstellungen und Christusbilder kann man nur als Fortführung und Weiterentwicklung des Wesens des Horus erklären, der als Vermittler für die Menschen fungierte. Die Genialität der anonym gebliebenen Theologen des frühen Christentums beruht auf ihrer bemerkenswerten Fähigkeit, eine solche Synthese herzustellen. Ihnen gelang eine Verbindung der altägyptisch-pharaonisch geprägten Auffassung von Horus als Vermittler mit der äußeren Aufmachung eines römischen Generals, ihrem Erzfeind bei den blutigen Verfolgungen im dritten Jahrhundert n. Chr. Sie schufen ein neues Bildnis, das eine zwar traditionelle, aber doch veränderte Bedeutung besaß. Dieser Prozeß ging sicherlich nur langsam vor sich und scheint gleichzeitig mit der ebenso allmählichen Verwandlung des mischgestaltigen Horusbildes in das eines Menschen stattgefunden zu haben.
Die untypische Wiedergabe des Falkenkopfes und die ungenaue Form des *nemes* lassen auf eine römische Werkstatt schließen, die mißverstandene Form und Funktion des *paludamentum* und die Mißachtung der Gesetze der Schwerkraft sprechen dagegen für eine einheimisch-pharaonische Werkstätte. Da sich dieser Widerspruch zur Zeit nicht lösen läßt, sollte man dieses Stück vorläufig in das erste Jahrhundert n. Chr. datieren (s. S. 80–84).

Cleopatra's Egypt, Nr. 134

129
Katze und Maus beim Boxkampf

Terrakotta, 17/13
Erstes Jahrhundert n. Chr.
Angeblich aus Ägypten
Kopenhagen, Ny Carlsberg Glyptotek, AEIN 449

Vor einem Adler im Zuschauerrang stehen sich Katze und Maus als gleichrangige Kämpfer gegenüber. Eine Anspielung auf das Totengericht ist nicht auszuschließen; der Palmwedel in der Klaue des Adlers wäre das Attribut ewigen Heils.

Bereits im späten neunzehnten Jahrhundert haben H. Brugsch und kurz darauf auch F. J. von Lauth auf gewisse Ähnlichkeiten aufmerksam gemacht, die zwischen den bildlichen Darstellungen der altägyptischen, satirischen Tiergeschichten und dem Gesamtwerk der Fabeln bestehen, die dem Griechen Aesop zugeschrieben werden. Was immer es mit der etwaigen Beziehung zwischen diesen beiden Genres auch auf sich hat, die Tierfabel wurde bereits im späten Neuen Reich zu einem festen Bestandteil der altägyptischen Kultur. Diese Darstellungen sah man bisher entweder in Zusammenhang mit dem sprichwörtlichen Humor der alten Ägypter oder als Ausdruck einer einheimischen, volkstümlichen Tradition, die gänzlich frei von aggressiv satirischen Anspielungen war. Welche Meinung man auch vertritt, es steht fest, daß solche Fabeln bis in die Zeit der 25. Dynastie erfunden wurden, wie ein Relief aus Medamud beweist. In der Folgezeit, zwischen der 26. Dynastie und der römischen Eroberung Ägyptens, fehlen derartige bildliche Darstellungen; sie werden jedoch, besonders im Mosaik, in der römischen Kaiserzeit wiederaufgenommen. In der Literatur dagegen hat sich die Tradition der Tierfabel ununterbrochen gehalten. Dies zeigen die Erzählung des Eudoxos von Knidos, der von der demotischen Geschichte vom Geier und der Katze berichtet, aber auch Tiergeschichten auf zufällig erhaltenen Papyri. Die Tiere in KAT. 129 gehören in diese lange ägyptische Tradition, die auch als Quelle für ein Fresko im Kloster von el-Bawiti diente, das in humorvoller Weise die Unterwürfigkeit einer Gruppe von Mäusen vor einer Katze abbildet (Kairo, Koptisches Museum 8441).

Drei Aspekte weisen auf eine Datierung zwischen dem ersten und zweiten Jahrhundert n. Chr.: der Guß in einer zweiteiligen Form, die an der strengen Frontalität festhält; die Zusammensetzung des Tons, der zu anderen Terrakotten aus dem Faijum paßt; schließlich die Motive der Szene selbst. Dazu kommt noch, daß sich die Stilistik der ägyptischen Terrakotten nach 200 n. Chr. spürbar verändert.
Die Katze und die Maus stehen sich in Boxerhaltung in einer Arena gegenüber, die sowohl durch den Freiraum zwischen ihnen als auch durch den erhöhten Ausguck angedeutet ist, von dem aus ein nur unvollständig erhaltener Adler das Geschehen betrachtet. Er hält mit einer Klaue einen Palmwedel – den Siegespreis. Obwohl die Interpretation der Szene nicht gesichert ist, kann man die unbegründete These, daß Rauschgift in der Thematik eine Rolle spiele, zurückweisen. Die Haltung der Kämpfer erinnert an moderne Boxer, die einander nach dem Gongschlag zur Eröffnung einer Boxrunde gegenüberstehen. Diese Haltung hat dazu verleitet, diese Darstellung eher auf griechische als auf ägyptische Quellen zurückzuführen, da Darstellungen von Boxkämpfen in Altägypten nicht häufig belegt sind. Im vorliegenden Beispiel fehlen jedoch die Handschuhe, die griechisch-römische Boxer sicherlich getragen hätten, dazu kommt noch die Haltung der Tiere, die an die wenigen altägyptischen Darstellungen von Faustkämpfen erinnert und einen ägyptischen Ursprung der Szene nahelegt. Noch folgenschwerer ist die Beobachtung, daß die in dieser Terrakotta gezeigte Szene von nahezu allen anderen Katz-Maus-Darstellungen insofern abweicht, als keines der Tiere einen Vorteil hat; Haltung und Maßstab sind identisch. Jede Interpretation, die auf einer Umkehrung der ethischen und/oder moralischen Wertvorstellungen und der natürlichen Ordnung der Dinge oder auf der Gegenüberstellung entgegengesetzter Vorstellungen beruht, muß mit größerer Sorgfalt untersucht werden, da die einander konfrontierten Kräfte hier im Gleichgewicht stehen. Dieses Gleichgewicht muß mit einer zweiten Beobachtung verknüpft werden: Ägyptische Terrakotten aus der römischen Kaiserzeit stehen, mit der einzigen Ausnahme von Kinderspielzeug, selten in weltlichem Kontext. Man könnte das Thema somit in funerären Zusammenhang bringen und es als Wiedergabe des Totengerichts mit dem Aufwiegen des Herzens gegen die Feder der Wahrheit (vgl. KAT. 120) deuten. In der altägyptischen Kunst beruhte die Darstellung der Psychostasis in den Vignetten der Totenbücher auf diesem Gleichgewicht unter den Augen der Richter. In diesem Beispiel könnte somit eine römisch-ägyptische Version dieses uralten Themas vorliegen. Es wäre möglich, daß der Adler die höchste göttliche Autorität als Sarapis (KAT. 100) verkörpert und daß der Palmwedel als Attribut des Anubis das Heil symbolisiert.

Cleopatra's Egypt, Nr. 135

130
Isis-in-Hydria (»Isis-im-Krug«)

Marmor, 22,5/10,8
Zweites Jahrhundert n. Chr.
Herkunft unbekannt
Leiden, Rijksmuseum van Oudheden, F 97/4.1

Kultgefäß einer Gottheit und gleichzeitig Erscheinungsform der Gottheit selbst, galten diese krugförmigen Objekte mit Götterköpfen, mit Reliefs verziert, besonders außerhalb Ägyptens als typisch ägyptische Ritualgeräte.

W. Weber, E. Panofsky und unlängst R. Wild haben überzeugend nachgewiesen, daß die generelle Bezeichnung derartiger Objekte als Darstellungen des Kanopus – angeblich eines Gottes, dessen Name sich von dem Ort Kanopus im Delta ableitet – falsch ist. Es handelt sich vielmehr um Bildnisse des Osiris oder – seltener – des Anubis oder, wie im vorliegenden Fall, der Isis. Diese Kompositgebilde haben generell die Form von hochschulterigen Gefäßen oder Hydrien und stehen in Zusammenhang mit der Wasserspende. Ursprung und Entwicklung dieser eigenartigen göttlichen Manifestation sind umstritten, insbesondere, da die ältesten datierten Beispiele auf römischen Münzen aus der zweiten Hälfte des ersten Jahrhunderts n. Chr. auftauchen. Als man sich erstmals mit diesen Gefäßen beschäftigte, war die Bezeichnung »Kanopenkrug« als Terminus naheliegend; so nennt man die altägyptischen Gefäße mit menschen- oder tiergestaltigem Kopf als Deckel, in denen bestimmte Organe des Verstorbenen aufbewahrt wurden.
Der Einfluß der traditionellen Kanopenkrüge auf die Ikonographie und/oder die symbolhafte Ausprägung der Vorstellung einer Gottheit-in-Hydria ist noch nicht geklärt, man kann diese Möglichkeit jedoch nicht ausschließen. Die Vorstellung von einem Gott in einem Gefäß ist grundsätzlich altägyptisch, obwohl sie sich erst relativ spät entwickelt hat. Beispiele dafür sind nicht nur diese Vasen, sondern auch eine Abfolge von Reliefs in Dendera im zentralen Raum der östlichen Osiriskapelle, an deren Decke sich die Tierkreisdarstellung befand, die heute in Paris zu sehen ist (D 38). In diesen Reliefs sind die verschiedenen Gaugottheiten Ägyptens aufgeführt, wobei jede einen sogenannten Kanopenkrug trägt, die H. Beinlich in einer Monographie untersucht hat. In Dendera enthalten diese Gefäße – die als »Reliquien« bezeichnet werden, ein ebenso unpassender Terminus wie Kanopenkrug – auf symbolische Weise den jeweiligen Körperteil des Osiris, der mit einem bestimmten Gau identifiziert wird; der personifizierte Gau trägt den Krug vor sich her. Diese Gefäße sind in Zusammenhang mit der memphitischen Theologie zu sehen und beziehen sich auf die Fruchtbarkeitsriten des Osiris und die Darstellungen des Kornosiris.
Die altägyptischen Vorbilder für diese besondere Darstellungsform sind bisher noch nicht gefunden worden. Die Darstellungen des »Osiris-im-Krug«, die eindeutig einen Teil der in Dendera voll ausgeprägten Tradition ausmachen, können nicht irgendwann im Verlauf des ersten Jahrhunderts v. Chr. eingesetzt haben. Beinlich, der auf die Parallelen zwischen der memphitischen Theologie und dem in Dendera erhaltenen Ritual aufmerksam macht, setzt den Ursprung dieses Phänomens, unter Vorbehalt, in die Saitenzeit. Es ist jedoch bereits erwiesen, daß unter der 30. Dynastie ein Kult des Osiris Hydrios in Ägypten belegt ist und daß es in der hellenistischen Zeit auf der Insel Delos einen Wassergott Hydreios gab. Bis zur Veröffentlichung der von M. Malaise angekündigten Untersuchung, sollte man sich der vorherrschenden Meinung anschließen, daß es sich bei den bildlichen Darstellungen des Osiris-in-Hydria um ein rein römisches Phänomen handelt. Zum jetzigen Zeitpunkt steht fest, daß dieses Bildnis im ersten Jahrhundert n. Chr. in Ägypten weit verbreitet war. Dies zeigen Darstellungen auf Münzen, beginnend mit der Regierungszeit Galbas (68–69 n. Chr.), des weiteren die Reliefs aus Dendera sowie ein ungewöhnliches Denkmal aus Achmim, das einen griechischen Text mit ägyptischen Darstellungen von »Gottheiten-in-Krügen« verbindet (Kairo JE 26093 = CG 9267). Es hat sich auch gezeigt, daß sich im Verlauf des zweiten Jahrhunderts n. Chr. (s. S. 84) eine kodifizierte Theologie und eine gewisse Standardisierung des Bildnisses der Isis-in-Hydria entwickelt haben; diesem Zeitraum kann man auch das vorliegende Beispiel zuweisen.
Das Phänomen der Isis-in-Hydria läßt auf eine hochorganisierte theologische Administration schließen, über die es einer ägyptischen Synode vermutlich möglich war, mit den Mitgliedern ihrer Glaubensgemeinschaft am kaiserlichen Hof in Rom zu kommunizieren. Die Darstellungen des Osiris-in-Hydria, die geläufiger sind als die der Isis-in-Hydria, beschäftigen sich mit einer komplizierten Thematik, die in der für diese Gefäße typischen Dekoration im erhabenen Relief dargestellt ist. Das Bildprogramm steht in Zusammenhang mit Wasser, das hierbei sowohl als Quelle für das Leben nach dem Tod fungiert, wie auch als Mittel dient, mit dem der Gläubige den Tod besiegen kann. Der Körper des Osiris wird mit diesem Wasser getränkt, so daß sie zu einer Einheit verschmelzen. Es war niemals bezweckt, die Gefäße eines Osiris-in-Hydria bzw. einer Isis-in-Hydria als Behältnisse zu verwenden. Auf Grund der engen Verbindung dieser beiden Gottheiten konnten die Anhänger der Isis in bezug auf den Symbolgehalt des Wassers die gleichen Ansprüche stellen wie die des Osiris – der Kopf der Isis konnte, ohne die Wirksamkeit des Rituals zu beeinträchtigen, den des Osiris problemlos ersetzen.

Jeder einzelne Krug diente als Kultgefäß der Gottheit, das man mit verhüllten Händen bei Prozessionen tragen konnte, wie es in Darstellungen in Dendera und in Rom (Vatikan, Cortile del Belvedere 55) zu sehen ist. Die Krüge fungierten aber auch als Form, in der die Gottheit selbst verehrt werden konnte, wie Darstellungen in Luxor und Ras el-Soda zeigen. Exemplare in kleinerem Maßstab könnten auch in Privatgräbern verwendet worden sein.

Cleopatra's Egypt, Nr. 136

131
Römischer Kaiser in pharaonischer Tracht

Basalt, 31,6/29/25
Erstes Jahrhundert n. Chr.
Herkunft unbekannt
Paris, Musée du Louvre, Département des Antiquités Egyptiennes, A.35 (N.36)

Details der Tracht und der Embleme sowie stilistische Besonderheiten datieren diesen Kopf ins 1. Jahrhundert n. Chr. Die Nase ist ergänzt und verfälscht den Gesichtsausdruck.

Eine Bewertung dieses Kopfes muß zuerst die modernen Ergänzungen an der Nasenspitze und den Nasenflügeln berücksichtigen, die wiederum das Erscheinungsbild in der Profilansicht erheblich beeinflussen. Übrig bleibt ein recht fülliges, idealisiertes Bildnis mit beinahe unmerklichen Übergängen der Gesichtsebenen. Die einst eingelegten Augen sitzen in Augenhöhlen mit einer leichten Eintiefung unterhalb der naturalistisch gebogenen Brauen, die bruchlos in den Bereich der Nasenwurzel übergehen. Die Lippen sind voll und unorganisch, das Kinn ist vom Unterkiefer formelhaft durch eine waagerechte Einkerbung abgesetzt. Die auf die Vorderansicht verwiesenen Gesichtszüge passen in kein Repertoire nicht-idealisierender physiognomischer Formen; daher kann man das Bildnis keinem bestimmten Herrscher zuweisen; Vergleiche mit dem *Physkon*-Typus (KAT. 45, 50, 65) sind unergiebig.
Dieser Kopf weist jedoch einige Besonderheiten auf. Das Fehlen des Schläfenlappens beim *Nemes*-Kopftuch vor den Ohren hat in der Ptolemäerzeit seine Vorläufer (KAT. 49). Die Haarlocken über der Stirn sind aus einem Wulst herausgemeißelt, dessen unterer Rand noch erkennbar von einem Ohr zum anderen verläuft (Mantua 20). Dieses Detail fehlt bei allen Darstellungen entsprechender Locken anderer Statuen aus der Ptolemäerzeit (Brooklyn 54.117, KAT. 40, 49). Die Haltung und Plazierung des Uräus auf dem unverzierten *Nemes* ist für altägyptische Darstellungsweise untypisch. Die beiden Windungen haben einen unterschiedlichen Durchmesser (der linke ist kleiner), und der aufgeblähte Schlangenleib wird, um ihn deutlicher in Erscheinung treten zu lassen, von einem speziellen Steg gestützt, ein Charakteristikum ägyptisierender Statuen aus der römischen Kaiserzeit (Dresden 33). Der Schwanz der Schlange bricht vor dem Scheitel ab. Entsprechende Charakteristika dieser Bearbeitung des Uräus finden sich bei ägyptisierenden Statuen der römischen Kaiserzeit, wie bei KAT. 133 und einer Statue im Vatikan (101). Noch symptomatischer ist die Bearbeitung der Augen, insbesondere der undifferenzierten Lider, in die ursprünglich die Einlagen eingesetzt waren. Gerade im Hinblick auf die Lider und die Einlagen findet der Pariser Kopf seine engste Entsprechung in einer ägyptisierenden Statue in Benevent, die der Zeit des römischen Kaisers Domitian zugeschrieben wird. Die Datierung dieses Kopfes in das erste Jahrhundert n. Chr. scheint durch die Meißelspuren zwischen Nakken und *Nemes* und in den Windungen des Schlangenkörpers bestätigt zu werden. Diese Spuren erinnern an die bei anderen ägyptisierenden Skulpturen aus demselben Jahrhundert (Brooklyn 74.220). Eine Datierung dieses Kopfes ins erste Jahrhundert n. Chr. steht somit in Einklang mit den verschiedenen Kriterien – insbesondere, wenn man die Modellierung des Gesichtes in solch breiten Ebenen, die Bearbeitung der Lippen (die Oberlippe ist gekräuselt) und die Einkerbung, die das Kinn vom Unterkiefer trennt, berücksichtigt, welche die weiterentwickelte Gestaltung dieser Merkmale bei KAT. 133 vorwegzunehmen scheinen.

Cleopatra's Egypt, Nr. 137

132
Ägyptisierende Statue eines römischen Kaisers als Pharao

Serpentinit, 117/36,8/27,3
Zweites Jahrhundert n. Chr., möglicherweise aus der Zeit des Kaisers Hadrian
Herkunft unbekannt
Sammlung Charles Pankow und Heide Betz

Sowohl das Material, der in Ägypten für größerformatige Statuen nicht verwendete Serpentinit, als auch die Form der Uräusschlange und des Gürtels weisen darauf hin, daß die Statue im 2. Jahrhundert n. Chr. in Italien geschaffen wurde.

Vorbild für diese Statue ist ein Typ der ptolemäischen Königsplastik, der in einem Exemplar der Sammlung Barringer (New Haven, 1.1.1953) am besten zum Ausdruck kommt. Vergleicht man Haltung, Gestaltung des »Zopfes« des *Nemes*-Kopftuchs und Form des Rückenpfeilers, so wird die Abhängigkeit dieser Statue von pharaonischen Vorgängern deutlich. Sonst jedoch verweist die Verwendung von Serpentinit, einem den Ägyptern zwar bekannten, aber nie für großformatige Statuen verwendeten Gestein, auf eine außerägyptische Herkunft der vorliegenden Statue. Darauf weisen auch die schmalen Brustlappen des *Nemes*, der unregelmäßig breite Gürtel, dessen Ober- und Unterkante nicht parallel verlaufen, und Form und Gestaltung der Uräusschlange. Trotz der Beschädigung der rechten Faust kann man am Verlauf des Bruches erkennen, daß ursprünglich beide Hände einen Stoffstreifen umfaßt hielten. Schurz, Gürtel und *Nemes* wurden nicht weiter verziert. Der oder die für die Gestaltung dieser Statue verantwortlichen Künstler kannten die altägyptischen Formvorschriften für die Herstellung eines idealisierenden Bildnisses sehr genau. Man muß dieses Gesicht nur mit dem einer Büste in Brooklyn (KAT. 1) vergleichen: Die naturalistischen Brauen, die leicht schrägen, mandelförmigen, hieroglyphischen Augen, die charakteristische Nase, der gerade Mund mit den leicht lächelnden Lippen und das vorspringende Kinn stehen im Einklang mit den besten Traditionen der sebennytisch-ptolemäischen Königsdarstellungen. Die etwas harte Bearbeitung der Augenlider und das Weglassen ihrer *Kanthi* verraten die ausländischen Hersteller. Obwohl sich die Form des Uräus auf bekannte Vorläufer stützt (KAT. 50, 52), ist sein aufgebäumter Leib eher dekorativ und entspricht in dieser Hinsicht anderen ägyptisierenden Statuen aus der römischen Kaiserzeit (KAT. 131, 133). Die Modellierung des Torsos verrät am ehesten die Hand eines römischen Bildhauers; seine Bearbeitung ergibt sich aus der in der 30. Dynastie typischen Dreiteilung (KAT. 22). Ein Vergleich mit einem Torso aus Kalkstein, der in das zweite bis erste Jahrhundert v. Chr. datiert wird (KAT. 25), zeigt die Unterschiede in der Auffassung dieses dreiteiligen Körperaufbaus. Es waren zwar beide Schulen darum bemüht, die Schwellung des Bauches in Hüfthöhe anzusetzen, die römischen ägyptisierenden Exemplare betonen jedoch niemals die Nabelregion. Somit weisen letztere auch nur sehr selten die tropfenförmige Vertiefung auf, in die dann der Nabel eingesetzt wurde.

Eine sichere Datierung dieser römischen ägyptisierenden Statuen gestaltet sich schwierig, da datierte Vorgänger fehlen. Im allgemeinen sind die Beispiele aus dem ersten Jahrhundert n. Chr. eher schlecht gearbeitete Adaptionen (KAT. 107; Benevent 260 und 264) als getreue Wiedergaben der pharaonischen Originale. Eine Anzahl stilistisch ähnlicher Statuen aus dem Bereich von Tivoli, heute im Vatikan (71, 82, 93, 103) und in München, scheint diese Datierung zu bestätigen.

Zum Studium der Vorbilder war es für den oder die römischen Künstler nicht unbedingt nötig, nach Ägypten zu reisen. In den Heiligtümern wie dem der syrischen Götter auf dem Janiculum in Rom standen ptolemäische Originale, die man von Ägypten nach Italien gebracht hatte. An dieser Stelle hat man nicht nur eine männliche Gewandstatue aus der Ptolemäerzeit gefunden, sondern auch die Standfigur eines Ptolemäers im idealisierenden Stil mit *Nemes* und Schurz. Trotz ihrer eingelegten Augen gehört diese Statue zu dem Typus, von dem sich die römischen ägyptisierenden Darstellungen letztendlich ableiten (Rom, Museo Nazionale Romano 60921).

Cleopatra's Egypt, Nr. 138

133
Ägyptisierende Statue des Antinoos

Roter Marmor (*Rosso antico*), 135/46/42
Ca. 135 n. Chr.
Tivoli, aus der Villa Hadrians
München, Staatliche Sammlung Ägyptischer Kunst, Gl. WAF 24

Kaiser Hadrian hat seinen Gartenpalast in Tivoli teils altägyptisch ausstatten lassen. Römische Künstler schufen ägyptisierende Statuen, darunter Figuren seines Lieblings Antinoos in Gestalt eines Pharao.

Die Herkunft dieser Kolossalfigur aus der Villa des Kaisers Hadrian in Tivoli deutet darauf hin, daß in ihr der Liebling Hadrians, Antinoos, dargestellt ist. Viele der Ergänzungen, bei älteren Abbildungen dieser Statue noch zu sehen, sind bis auf Teile der Ohren, der Nase und des Mundes wieder entfernt. Die Verwendung von *Rosso antico* wird als ein bewußter Versuch des in Italien arbeitenden, nichtägyptischen Bildhauers interpretiert, auf diese Weise das dunkle, farbige Gestein der altägyptisch-pharaonischen Skulpturen nachzuahmen. Zum Vorbild scheinen sich jene Bildhauer eine zweite Kolossalstatue des Antinoos genommen zu haben, die ebenfalls aus der Hadriansvilla stammt und sich heute in der Sammlung des Vatikan befindet. Die Haltung der beiden Figuren entspricht mit der vorgewölbten Brust und den von den Körperseiten abgelösten Armen einem modifizierten polykletischen Kontrapost. Die Gestaltung und Ausarbeitung des Schurzes mit dem unverzierten Gürtel ist in beiden Statuen ähnlich. Die Hand des Kopisten verrät sich bei der Münchner Statue in der mechanischen Bearbeitung der Lendenpartie, die über den Gürtel herausquillt, wie auch in der Gestaltung des Nabels und der Brustwarzen.

Die Physiognomie der Statue bleibt trotz der Ergänzungen unverbindlich und idealisierend und hat mit den individualistischen Gesichtszügen jener klassischen Köpfe, die als Darstellungen des Antinoos identifiziert worden sind, nichts gemein. Daher möchte Z. Kiss diese unverbindlichen ägyptisierenden Werke als Produkte eines römischen Exotismus abtun, als Grenzfälle guten Geschmacks, anerkennt aber andererseits Uräus und *Nemes* als passende Attribute für derartige Antinoosdarstellungen. Da man als ursprünglichen Standort der Statuen in München und im Vatikan die Hadriansvilla voraussetzen darf, besteht wenig Zweifel, daß in beiden Fällen Antinoos dargestellt ist. K. Parlasca warnt jedoch mit Recht davor, diese inschriftlosen Statuen mit Schurz und *Nemes* aus der römischen Zeit alle als Abbilder von Hadrians Liebling zu bezeichnen, wenn sich dafür nicht noch weitere Argumente finden lassen.

Parlasca, dem sich L. Kákosy anschließt, betrachtet Schurz und *Nemes* als Attribute, die ihren Träger mit Osiris in Verbindung bringen. Fraglich bleibt, inwieweit dieser Symbolgehalt in außer-ägyptischem Kontext in der römischen Kaiserzeit überhaupt verstanden wurde (KAT. 132), wenn er auch für die ägyptisierenden Bildnisse des Antinoos zutreffend sein mag. Die Ägyptomanie Hadrians beschränkte sich nicht nur auf die bloße Übernahme ikonographischer Details Altägyptens, wie die hieroglyphische Inschrift auf dem für Antinoos in Italien errichteten Obelisken deutlich macht. Manche Einzelheit in der römischen Kultur ist unter Hadrian, aber auch schon unter Augustus von dem ehrlichen Versuch geprägt, sich mit dem Erbe Altägyptens auseinanderzusetzen.

Cleopatra's Egypt, Nr. 139

134
Porträt des Kaisers Caracalla

Rosengranit, 51/37,5/52,2
211–217 n. Chr.
Gefunden an den Stufen des Isistempels in Koptos
Philadelphia, The University Museum,
University of Pennsylvania, E.976

Unter die ägyptophilen Kaiser gehört auch Caracalla. Er hat sich in diesem grimmig wirkenden Statuentypus ein Bildnis schaffen lassen, das sein Porträt mit pharaonischen Bildprinzipien in Einklang zu bringen versucht.

Caracalla hat Ägypten zweimal besucht, einmal im Jahr 200 n. Chr. als Begleiter seines Vaters Septimius Severus und dann nochmals als Kaiser zwischen 211 und 217 n. Chr. Beim zweiten Mal ließ er seine Armeen in einem mehrtägigen Massaker gegen die Bürger Alexandrias wüten, die ihn wegen seiner persönlichen Angewohnheiten verspottet hatten. Trotz dieser unerfreulichen Episode war Caracalla ein wahrer Ägyptennarr und unterhielt eine enge Beziehung zu dem Gott Serapis (KAT. 100). Er ließ einen der Memnonskolosse auf der thebanischen Westseite restaurieren und befahl, daß der Name Getas, seines Bruders, den er umgebracht hatte, aus dem Chnumtempel in Esna getilgt werde. Diese Ächtung wurde möglicherweise von einer umfassenden Zerstörung oder Usurpierung anderer severischer Denkmäler begleitet, wie A. Reinach anhand einer ursprünglich für Commodus vorgesehenen Sitzstatue aus Koptos vorschlägt. Caracalla scheint entweder als Ergebnis dieser Usurpationen von Denkmälern anderer oder rein zufällig ganz Ägypten mit seinen Statuen überschwemmt zu haben.
In diesem Kolossalkopf ist die dämonische Grimasse Caracallas fast karikaturhaft in den Granit gemeißelt. H. Jucker verbindet die schweren, runden Formen dieser Köpfe mit einer entsprechenden Entwicklung im severischen Porträt in Rom. Z. Kiss betrachtet diesen und entsprechende Köpfe in Alexandria und Kairo als Podukte eines neuen Stils, den man wohl treffender als einen neuen ikonographischen Typus (s. S. 83 f.) bezeichnen kann, den Caracalla selbst eingeführt hat, um das verbindliche Kaiserporträt mit den vorherrschenden ägyptischen Normen zu verbinden. Die Betonung des Linearen ist ebenso ein Grundzug altägyptischer pharaonischer Skulptur wie die Bearbeitung des Haares, bei dem nur die Löckchen über der Stirn ausgearbeitet sind (vgl. KAT. 40). Die Augen sind schräg zur frontalen Gesichtsebene gearbeitet und scheinen daher auf den Betrachter herabzublicken. Diese Besonderheit, die die durch Größe und Volumen der Statue geschaffene Kluft zwischen Bildnis und Betrachter reduzieren soll, ist für altägyptische Kolossalstatuen charakteristisch. Die entsprechende Bearbeitung der Augen bei einer Kolossalstatue Ramses' II. aus Mitrahina liefert ein ausgezeichnetes Beispiel. Der Uräus ist in der asymmetrischen Gestaltung der einzigen großen Windung des Schlangenleibes, die für pharaonische Denkmäler ungewöhnlich wäre, nur noch als ornamentale Zutat zu verstehen.

Cleopatra's Egypt, Nr. 140

Museen und Sammlungen

City	*Museum*
Alexandria	Greco-Roman Museum
Amsterdam	Allard Pierson Museum
Ann Arbor	The Kelsey Museum of Archaeology, University of Michigan
Athens	National Archaeological Museum
Baltimore	Walters Art Gallery
Benevento	Museo del Sannio
Berlin/BRD	Staatliche Museen Preußischer Kulturbesitz, Ägyptisches Museum
Berlin/DDR	Staatliche Museen zu Berlin, Hauptstadt der DDR, Ägyptisches Museum und Papyrussammlung
Bologna	Museo Civico Archeologico di Bologna
Boston	Museum of Fine Arts
Brooklyn	The Brooklyn Museum
Brussels	Musées Royaux d'Art et d'Histoire
Bryn Athyn	Academy of the New Church Museum
Budapest	Szépmüvészeti Múzeum
Cairo	Egyptian Museum
Cambridge, England	Fitzwilliam Museum
Chercel	Musée Archéologique
Chicago, AI	Art Institute of Chicago
Chicago, OI	Oriental Institute Museum of the University of Chicago
Cleveland	The Cleveland Museum of Art
Como	Museo Civico Storico G. Garibaldi
Copenhagen	Ny Carlsberg Glyptotek
Dresden	Staatliche Kunstsammlungen Dresden
Edinburgh	The Royal Museum of Scotland
Frankfurt	Liebieghaus (Museum alter Plastik)
Glasgow	The Glasgow Art Gallery, Burrell Collection
Hamburg	Museum für Kunst- und Gewerbe
Hannover	Kestner-Museum
Hildesheim	Roemer- und Pelizaeus-Museum
Indianapolis	Indianapolis Museum of Art
Kansas City	William Rockhill Nelson Gallery of Art and Mary Atkins Museum of Fine Arts
Leningrad	The State Hermitage
Leiden	Rijksmuseum van Oudheden
Liverpool	Merseyside County Museums
London	The British Museum
Luxor	The Luxor Museum of Ancient Egyptian Art
Mantua	Museo Civico di Palazzo Te
Marseilles	Musée Borély
Moscow	Pushkin Museum of Fine Arts
Munich, ÄS	Staatliche Sammlung Ägyptischer Kunst München
Munich Gl WAF or WAF	Wittelsbacher Ausgleichsfonds
Naples	Museo Archeologico Nazionale di Napoli
New Haven	Yale University Art Galleries
New York	The Metropolitan Museum of Art
Omaha	Joslyn Memorial Art Museum
Paris	Musée du Louvre
Philadelphia	The University Museum, University of Pennsylvania
Stockholm	Medelhavsmuseet
Stuttgart	Württembergisches Landesmuseum, Antikensammlung
Thessalonike	Thessalonike Archaeological Museum
Toronto	Royal Ontario Museum
Tübingen	Sammlung des Ägyptologischen Instituts der Universität Tübingen
Turin	Museo Egizio di Torino
The Vatican	Museo Gregoriano Egizio
Venice	Museo Archeologico
Vienna	Kunsthistorisches Museum, Ägyptisch-Orientalische Sammlung
Würzburg	Martin-von-Wagner-Museum der Universität Würzburg

Literatur

Eine ausführliche wissenschaftliche Bibliographie findet sich in der amerikanischen Originalausgabe des Katalogs.

Sammelwerke

Egypt and the Hellenistic world. Proceedings of the international colloquium, Leuven 1982 (Studia Hellenistica 27)
Das ptolemäische Ägypten. Akten des internationalen Symposions 1976, Mainz 1978
Das römisch-byzantinische Ägypten. Akten des internationalen Symposions 1978 in Trier (Aegyptiaca Treverensia 2)
Alessandria e il mondo ellenistico-romano; Studi in onore di Achille Adriani, Roma 1983–1984

Geschichte

H. Idris Bell, Egypt from Alexander the Great to the Arab conquest, Oxford 1948
A. Bowman, Egypt after the Pharaohs, 332 B.C.–A.D. 642, from Alexander to the Arab conquest, Berkeley – London 1986
N. Lewis, Life in Egypt under Roman rule, Oxford 1983
G. H. Macurdy, Hellenistic queens, Baltimore 1932
P. W. Pestman, Chronologie égyptienne d'après les textes démotiques, Leiden 1967
S. Pomeroy, Women in Hellenistic Egypt from Alexander to Cleopatra, New York 1984
C. Préaux, Le monde hellénistique, II, Paris 1978
A. E. Samuel, Ptolemaic chronology, München 1973
A. Samuel, From Athens to Alexandria: Hellenism and social goals in Ptolemaic Egypt, Louvain 1983
T. C. Skeat, The reign of the Ptolemies, München 1969

Kleopatra

I. Becher, Das Bild der Kleopatra in der griechischen und lateinischen Literatur, Berlin 1966
M. Grant, Kleopatra, Bergisch Gladbach 1977
J. Lindsay, Cleopatra, London – New York 1971
H. Volkmann, Kleopatra, München 1953

Alexandria

A. Bernand, Alexandrie la Grande, Paris 1968
P. M. Fraser, Ptolemaic Alexandria, Oxford 1972

Münzen

J. Svoronos, Ta nomismata tou kratous ton Ptolemaion, Athen 1904

Religion

J. Bergman, Ich bin Isis: Studien zum memphitischen Hintergrund der griechischen Isisaretalogien, Uppsala 1968
Ph. Derchain (Hrsg.), Religions en Egypte hellénistique et romaine. Colloque de Strasbourg 1967, Paris 1969
W. Hornbostel, Sarapis. Studien zur Überlieferungsgeschichte, den Erscheinungsformen und Wandlungen der Gestalt eines Gottes, Leiden 1973
S. Sauneron – H. Stierlin, Edfu und Philae – Die letzten Tempel Ägyptens, Zürich–Freiburg i.Br. 1978
Les syncrétismes dans les religions grecques et romaines, Paris 1973
E. Winter, Untersuchungen zu den ägyptischen Tempelreliefs der griechisch-römischen Zeit, Wien 1968

Kunstgeschichte

A. Adriani, Repertorio d'arte dell'Egitto greco-romano, Palermo 1961 ff.
M. Bieber, The sculpture of the Hellenistic age, New York 1961
K. Bosse, Die menschliche Figur in der Rundplastik der ägyptischen Spätzeit von der XXII. bis zur XXX. Dynastie, Glückstadt 1936
B. V. Bothmer, Egyptian sculpture of the Late Period, 700 B.C. to A.D. 100, Brooklyn 1960

E. Brunelle, Die Bildnisse der Ptolemäerinnen, Frankfurt 1976
E. Buschor, Das hellenistische Bildnis, München 1949
C. C. Edgar, Greek sculpture, Catalogue général du Musée du Caire, Kairo 1903
C. C. Edgar, Sculptors' studies and unfinished works, Catalogue général du Musée du Caire, Kairo 1906
P. Graindor, Terres cuites de l'Egypte gréco-romaine, Antwerpen 1939
G. Grimm, Die römischen Mumienmasken aus Ägypten, Wiesbaden 1974
G. Grimm, Kunst der Ptolemäer- und Römerzeit im Ägyptischen Museum Kairo, Mainz 1975
N. Himmelmann, Alexandria und der Realismus in der griechischen Kunst, Tübingen 1983
H. Hoffmann – P. A. Davidson, Greek gold: Jewelry from the age of Alexander, Mainz 1965
Festschrift Jucker. Eikones – Studien zum griechischen und römischen Bildnis, Bern, 1980
Z. Kiss, Etudes sur le portrait impérial romain en Egypte, Warschau 1984
H. Kyrieleis, Bildnisse der Ptolemäer, Berlin 1975
I. Noshy, The arts in Ptolemaic Egypt. A study of Greek and Egyptian influences in Ptolemaic architecture and sculpture, Oxford 1937
K. Parlasca, Mumienporträts und verwandte Denkmäler, Wiesbaden 1966
C. Reinsberg, Studien zur hellenistischen Toreutik. Die antiken Gipsabgüsse aus Memphis, Hildesheim 1980
B. Schweitzer, Die Bildniskunst der römischen Republik, Leipzig 1948
D. B. Spanel, Through ancient eyes: Egyptian portraiture, Birmingham/Alabama, 1988
K. Vierneisel – P. Zanker, Die Bildnisse des Augustus: Herrscherbild und Politik im kaiserzeitlichen Rom, München 1979
M. de Vos, L'egittomania in pitture e mosaici romano-campani della prima etá imperiale, Leiden 1980

Photonachweis

Falls nicht anders angegeben, erfolgt die Veröffentlichung der Photos mit freundlicher Genehmigung des Besitzers oder des Photographen.
Allard Pierson Museum: KAT. 19, 33, 102, 119; Kelsey Museum of Archaeology, University of Michigan: KAT. 100, 127; Staatliche Museen zu Berlin/DDR, Ägyptisches Museum, Photo Staatliche Museen: KAT. 17, 28; © Ägyptisches Museum, Staatliche Museen Preußischer Kulturbesitz, Berlin: Abb. 29; KAT. 43, 51, 52, 77; Photo Margarete Büsing: KAT. 56, 78; Antikenmuseum, Staatliche Museen Preußischer Kulturbesitz, Berlin: KAT. 71; Archäologisches Institut und Akademisches Kunstmuseum der Universität Bonn, Photo Wolfgang Klein: KAT. 60; Museum of Fine Arts, Boston: Abb. 27, 30, 38; KAT. 42, 125; The Brooklyn Museum: Abb. 7, 14, 26, 31–33, 37; KAT. 1, 7, 15, 16, 22, 23, 36, 37, 40, 43, 46, 59, 74, 76–84, 88–90, 92, 93, 95, 98, 111, 117, 124; Musées Royaux d'Art et d'Histoire und A. C. L.-Brüssel: KAT. 21, 26, 44, 50, 113; The Harvard University Art Museums (Arthur M. Sackler Museum): KAT. 61; The Cleveland Museum of Art: KAT. 24, 101; © The Detroit Institute of Arts: KAT. 2, 28, 29, 34, 41, 55, 131,133; Kestner-Museum, Hannover: KAT. 30; Pelizaeus-Museum, Hildesheim: Abb 43; KAT. 4, 6, 20, 48, 110, 122, 123, 126; The Museum of Fine Arts, Houston: KAT. 91; Staatl. Kunstsammlungen, Kassel, Antikensammlung: KAT. 63; Nationalmuseum Kopenhagen: KAT. 47; © Ole Woldbye, Kopenhagen, mit Genehmigung der Ny Carlsberg Glyphotek: KAT. 47, 66, 103, 118, 129; © Rijksmuseum van Oudheden: 8, 11, 67, 69, 104, 130; © Trustees of the British Museum: Abb. 3; KAT. 4, 12–14, 115, 116, 120, 121, 128; The J. Paul Getty Museum: KAT. 107; Staatliche Münzsammlung, München: KAT. 57; Staatliche Sammlung Ägyptischer Kunst München: KAT. 2, 85–87, 94, 97, 99; Wittelsbacher Ausgleichsfonds, Photos mit Genehmigung der Staatlichen Sammlung Ägyptischer Kunst, München: KAT. 35, 106; Yale University Art Gallery: KAT. 49, 68; The Metropolitan Museum of Art: Abb. 41, 42; KAT. 7, 62, 64, 112; © Chuzeville, Paris, mit Genehmigung des Musée du Louvre: KAT. 9, 10, 18, 39, 45, 53, 55, 72, 131; The University Museum, University of Pennsylvania: KAT. 134; North Carolina Museum of Art: KAT. 114; Safani Gallery, New York: KAT. 25; Schopplein Studio, mit Genehmigung von Charles Pankow und Heide Betz: KAT. 132; Sotheby's, New York: KAT. 31; Rosicrucian Egyptian Museum: KAT. 73; Württembergisches Landesmuseum Stuttgart, Antikensammlung: KAT. 75; Royal Ontario Museum: Abb. 16; Vatikanische Museen: Abb. 19, 20; KAT. 70, 73; Kunsthistorisches Museum Wien: KAT. 32; Robert S. Bianchi: Abb. 1, 4, 6, 24, 25, 28, 34–36, 39, 40, 44–47; KAT. 25, 54, 105; J. Dillemente: Abb. 21, 22; Richard A. Fazzini: Abb. 2, 8–13; W. Bensen Harer: KAT. 27; Jack A. Josephson: KAT. 38, 58; John Parnell: KAT. 1, 8, 22, 32, 34–36, 39, 100, 104, 105, 129; Jan Quaegebeur: Abb. 17, 18, 23; © Sarah Wells, mit Genehmigung von Christos G. Bastis: KAT. 79, 96, 108, 109; D. Wildung: Vorsatz.

Konkordanz

(Erwerbungsnummern : Katalognummern)

STADT Leihgeber Erwerbungsnummer	KAT.-NR.
AMSTERDAM	
Allard Pierson Museum	
7763	19
7772	102
7776	119
7860	33
ANN ARBOR	
Kelsey Museum of Archaeology, University of Michigan	
8218	127
8526	100
BERLIN	
Staatliche Museen Preußischer Kulturbesitz: Ägyptisches Museum	
12500	43
13457	52
14568	51
Antikenmuseum	
1976.10	71
Verein zur Förderung des Ägyptischen Museums	
1–78	56
BERLIN/DDR	
Staatliche Museen zu Berlin, Hauptstadt der DDR, Ägyptisches Museum/Papyrussammlung	
2116	17
2271	28
BONN	
Akademisches Kunstmuseum der Universität Bonn	
B 284	60

STADT Leihgeber Erwerbungsnummer	KAT.-NR.
BOSTON	
Museum of Fine Arts	
04.1749	42
51.2474	125
BROOKLYN	
The Brooklyn Museum	
05.459.2	84
16.146	92
16.148	89
16.149	93
37.37E	1
37.774E	83
37.775E-.776E	81
37.783E	82
37.785E	90
44.120	15
49.61.1-4	16
52.89	22
54.51	74
54.162	46
55.175	23
58.13	124
58.30	40
60.73	95
62.46	6
67.2	88
69.35	76
71.37.2	117
73.85	98
86.226.14	36
86.226.32	59

STADT Leihgeber Erwerbungsnummer	KAT.-NR.
BRÜSSEL	
Musées Royaux d'Art et d'Histoire	
E.1839	50
E.3073	26
E.4424	113
E.7654	21
E.7946	44
CAMBRIDGE, MASSACHUSETTS	
Harvard University Art Museums (Arthur M. Sackler Museum)	
1983.96	61
CLEVELAND	
The Cleveland Museum of Art	
48.141	24
69.118	101
DETROIT	
The Detroit Institute of Arts	
40.47	41
40.48	34
51.83	29
HANNOVER	
Kestner-Museum	
1935.200.773	30
HILDESHEIM	
Pelizaeus-Museum	
464	110
748	126
1120	48
1537	20
1885	5
1899	3
2244	122
2373	123
HOUSTON	
Museum of Fine Arts, Houston	
37–48	91
KASSEL	
Staatliche Kunstsammlungen Kassel, Antikensammlung	
SK 115	63

STADT Leihgeber Erwerbungsnummer	KAT.-NR.
KOPENHAGEN	
Ny Carlsberg Glyptotek	
Kat.-Nr. 329 (IN 586)	66
Kat.-Nr. 453a (IN 2300)	47
AEIN 449	129
AEIN 1071	118
AEIN 1681	103
LEIDEN	
Rijksmuseum van Oudheden	
CI. 327	104
F 97/4.1	130
F 1937/6.9	8
F 1938/7.20	67
F 1958/4.3	69
F 1961/12.3	11
LONDON	
The British Museum	
147	116
391	115
1054	13
1056	12
1153	4
27390	14
36062	128
BM9908,2	120
BM9911,2	121
MALIBU, KALIFORNIEN	
The J. Paul Getty Museum	
85.AF.84	107
MÜNCHEN	
Staatliche Münzsammlung	
Münzen	57
Staatliche Sammlung Ägyptischer Kunst	
Ant. 2446b	87
Ant. 2446c	86
Ant. 2455	85
Ant. WAF 512	106
ÄS 2824	94
ÄS 3991	99
ÄS 4201	97
Gl 30	2
Gl WAF 24	133
Gl WAF 328	35